山地经济探索

Mountain Economy Explore

岑大明 主编

图书在版编目（CIP）数据

山地经济探索／岑大明主编. -- 北京：经济日报出版社，2019. 1

ISBN 978 - 7 - 5196 - 0447 - 9

Ⅰ. ①山… Ⅱ. ①岑… Ⅲ. ①山区经济 - 区域经济发展 - 研究 - 黔西南布依族苗族自治州 Ⅳ. ①F127. 732

中国版本图书馆 CIP 数据核字（2018）第 292519 号

山地经济探索

作　　者	岑大明
责任编辑	郭明骏
出版发行	经济日报出版社
社　　址	北京市西城区白纸坊东街 2 号 A 座综合楼 710
邮政编码	100054
电　　话	010 - 63567684（总编室）
	010 - 63538621　63567692（发行部）
网　　址	www. edpbook. com. cn
E - mail	edpbook@ sina. com
经　　销	全国新华书店
印　　刷	北京鑫瑞兴印刷有限公司
开　　本	710 × 1000 mm　1/16
印　　张	24. 75
字　　数	414 千字
版　　次	2019 年 3 月第一版
印　　次	2019 年 3 月第一次印刷
书　　号	ISBN 978 - 7 - 5196 - 0447 - 9
定　　价	58. 00 元

行在山水　思在山地

——《山地经济探索》自序

岑大明

当我把这部取名为《山地经济探索》的书稿杀青，又是一年岁末，时光如流水，白发徒生了许多。蓦然回首，三年的时光搓揉成绳，在这些或明或暗、或喜或忧的时光里，我们孤独地行走在南北盘江的山水之间，理智地思考着山地之州的未来，默默地探索山地经济的发展新路……一千多个日夜的行思，汇积成这部 32 万字的书稿，明日即将寄往首都北京经济日报出版社付印，不禁感慨万千。

1

我一直怀疑黔西南州这块一万六千八百平方千米的土地，是造物者特意在云贵高原、黔滇桂三省区结合部精心营造的一块山水福地，千年万年之后，才被人们渐渐地认识，或许还没有真正的认识。

你走南闯北看到过这样的地方吗？两条江水发源于同一座大山，像母亲的双臂将一块 1.68 万平方千米的山地紧紧环抱，然后两江汇合，向东奔流，汇入海洋。山高水长、山环水绕、水山相依、山海相连……这么一块神奇秀美的福地，又有多少人能真正的读得懂她？

有人说，这是一块荒蛮之地。在中国的版图上，贵州、云南、广西已经很边远了，黔西南州地处黔滇桂三省区结合部，那就是边远中的边远。在外界看来，边远之地就是荒蛮之地，山高谷深，人迹罕至，法制失效，野蛮当道，是“天高皇帝远”的典型代表。

有人说，这是一块闭塞之地。在外界人眼里，这里大山如屏、群山紧锁，村在山中，山在村里，开门见山，出门遇山，山里人一辈子走不出大山，不知汽车是何物，以为飞机就是鸟，不知山外还有精彩的世界，是“世外桃源”的典型代表。

有人说，这是一块无望之地。在他们的观念里，这里穷山恶水、山高谷深，土地贫瘠，刀耕火种，春种一坡坡，秋收一颗颗，观念守旧，经济落后，是“天无三日晴，地无三里平，人无三分银”的典型代表。

可是，这些人怎么不知道：工业文明时代，海洋最珍贵；生态文明时代，山地最值钱，黔西南州山地面积占国土面积的96%以上，比素有“山地王国”之称的瑞士高出11个百分点，是当之无愧的“山地之州”！

外界人眼里的荒蛮、闭塞、无望之地，难道真的就没有加快发展、后发赶超的希望之路了吗？难道就没有改写外界对黔西南州下的宿论的可能了吗？

2015年9月，黔西南州不声不响地组建了州人民政府经济发展研究室。从单位名称来看，主业应当是从政府站位，研究全州经济发展，探寻黔滇桂三省区结合部这块三角地带的经济发展新路。

我是先前临时抽调来州政府办起草政府工作报告的，也就是在这年的最后一天，完成了起草任务，准备收兵时，一纸调令，没有任何欢迎仪式，也没有就职的那些排场，我悄悄地来到了这个新组建的单位担任负责人。

说是“来到”，还有些不确切。我被借调到州政府办起草政府工作报告已经是第二次了，那时，我的办公室一直在三楼，因为来了副秘书长，得腾出重要位置的办公室，我就被“派”到二楼右挡头的角落，也就“来到”了经济发展研究室。

虽说这州政府研究室是正处级建制，我来时就我一人，既是领导，又是工作人员，“光杆师令”还能做什么呢？再说，在很多人眼里，研究室之类的单位，无权无势，无人问津，何况这经研室还是新组建的，何况还只有我一人，“独角戏”还能跳出什么舞蹈来？

平台再小，也是平台！“独角戏”只要舞起来，也是戏！一阵失落之后，我们选择了行动。因为再好的理想和报负，只有行动起来，才会变成现实。开完了“两会”，忙完了“赶考”，我开始行动了！

2

我清楚地记得，那是2016年4月5日。我率领临时组建的州政府经济发展研究室调研组，迎着春天明媚的阳光，第一次踏上不同寻常的调研之路，开始了历时近十天的“两江一河”调研。

“两江一河”是南盘江、北盘江、红水河的简称，是珠江上游的重要水系，也是黔西南州的母亲河，全州 350 万各族同胞就生活在“两江一河”流域的山山岭岭、沟沟谷谷之中。读懂“两江一河”，就读懂了黔西南；找到“两江一河”发展新路，就找到了黔西南的发展新路。

我们先后从南北盘江流入黔西南州的起点兴义三江口、普安龙吟镇沿江而下，直达册亨县双江镇南北盘江江汇合处（双江因此而得名），又从双江沿红水河而下，抵达红水河流出黔西南的终点望谟县昂武乡，沿途考察了千里盘江干流沿线 8 县市 30 多个乡镇 100 多个村寨。

一路“游山玩水”，一路思索前行，对“两江一河”流域的气候资源、土地资源、旅游资源、人口状况、贫困状况、产业基础、基础设施等进行全面深入的了解。一路走下来，我对“两江一河”有了全新的认识，找到“两江一河”的优势和机遇，也看到了“两江一河”的希望。

从区位上看，随着南昆铁路、汕昆高速、晴兴高速、惠兴高速、望安高速等重大交通基础设施建设，尤其是红水河水运出海通道的建设，促进了水陆大交通格局的形成，使“两江一河”流域成为贵州的南大门、西大门，是融入珠三角、长三角、东盟自由贸易区以及“一带一路”的前沿阵地。

从资源上看，“两江一河”流域汇聚了众多优质资源。这里，最高最低海拔相差两千米，造就了全国少有的立体气候，同山不同季，十里不同天。这里，山地面积广阔，山丘山地相依、平地坡地共存，水土干净，能长出好东西。这里，山多，每一座山都是宝，随便挖开，不是黄金，就是乌金。这里，旅游资源富集，山水游、人文游、乡村游、康体游、养生游，均能适宜。

从政策上看，“两江一河”流域集贫困地区、民族地区、革命老区、石漠化核心区、珠江上游生态功能区为一体，享受国发 2 号文件、左右江革命老区振兴规划政策恩泽，是国家脱贫攻坚、民族地区发展、革命老区振兴、连片石漠化治理、生态建设等多重扶持政策的叠加区，抢抓政策机遇，定能实现大发展。

总之，一句话，“两江一河”流域已从过去的荒芜之地、绝望之地变为经济发展的机遇之地、希望之地。

2015 年 6 月 18 日，习近平总书记在贵州考察时强调：“希望贵州的同志再接再厉，积极适应经济发展新常态，守住发展和生态两条底线，培植后发优势，奋力后发赶超，走出一条有别于东部、不同于西部其他省份的发展新路。”

可见，如何让绿水青山变成金山银山，是黔西南州乃至贵州要写好的一篇大文章！可见，守好发展和生态两条底线，是黔西南州必须扛起的使命和担当。

看到了优势！看到了机遇！看到了希望！牢记了嘱托！我们创造性地提出了“开发两江一河立体生态经济带”的理论创新，希望通过立体生态经济带的建设，实现山地经济的发展，实现既守好发展底线又守好生态底线，实现绿水青山就是金山银山！

这一理论创新，得到多位州委、州政府重要领导的批示，很快转化成为州委州政府推动山地经济发展、创建民族特色山地经济创新示范区的决策部署，“两江一河”立体生态经济带也由此拉开了开发序幕。

围绕“立体生态经济带”这一理论创新，我们系统地开展了构建山地经济体系、生态与产业融合发展、产业互动发展、培育经济增长极、融入“一带一路”、县域投资环境建设、特色小镇建设、出海水运通道建设等一系列的宏观战略研究，构建了山地经济发展的战略体系。

3

调研，永远在路上，在山与水之间；思考，永远不停止，在天与地之间。鲁迅说过：“世上本来没有路，走的人多了，也便成了路。”是的，孤独的行走，渐渐有了追随者，尤教授来了，谭博士来了，范科长来了，蒋科长来了，光龙、李丹“跟班”来了……经济发展研究室开始热闹起来。

不过，调查研究，是个清苦的活儿，要耐得住清贫、耐得住寂寞，要学会在孤寂中行走、在孤寂中思考，经研室没热闹几天，就冷清了下来。因为科长们、博士们都走了，有重要舞台、重要工作等着他们，经济发展研究就只剩下尤教授和“跟班”的光龙、李丹。

有点小小的凄凉，我非常感激他们能留下来！他们不占经研室的编制，却干经研室的活。他们不是经研室的人，却与经研室的头并肩战斗。我是个直性子，从不绕弯子，既然留下来了，就跟着我行走！跟着我思考！跟着我练笔！做一个有思想、有智慧、有谋略的人！

他们除了跟我一起完成不算太少的州政府重要文稿起草、打理经研室日常事务外，还要跟着我各自扛起一两个课题，开展调查研究，在黔西南的山水间、田野里奔跑，在清灯下、书房中沉思……就这样走过春夏秋冬！

物以类聚，人以群分。2017 年春天，州政府经济发展研究室推出了一个创新，面向社会公开招聘不拿任何报酬的特约研究员。令我想不到的是，招聘信息一发出，反响不小，短短几天里，居然收到六十多人的报名应聘，有领导干部、有教授学者、有企业老总……

看来，善思考、耐孤寂、有思想的人士不少，我像遇到了知音，从中择聘了首批二十八名特约研究员。这年三月九日，经研室召开成立以来的第一个会——全州经济发展研究工作会议，给首批特约研究员颁发证书，安排部署经济发展研究工作……会议的规模不大，但规格很高：

州人民政府州长杨永英作了重要批示："州政府经济发展研究室成立一年来，较好地发挥了政府研究室智库作用，要进一步统筹协调，围绕州委、州政府中心工作，坚持问题导向，紧紧围绕产业发展、经济运行等重大课题，开展深入系统研究，更好地发展参谋助手作用。"

时任州委常委、常务副州长邓家富出席并作重要讲话；州委常委、州委秘书长张谦也作批示；时任州政府党组成员、秘书长刘兴吉亲自主持会议！

这是何等的重视！这是何等的荣耀！这又是何等的责任！

经研室的春天缓缓走来！这特殊的荣耀、沉重的责任，激励和鞭策我和我的团队！我们迎着激荡的春风，迈着沉稳的步子，满怀信心，一路前行、一路寻思、一路探寻山地经济发展新路……

转眼，我们匆匆地走过 2017 年的 365 天……大浪淘沙，少数特约研究员中途退缩了，年初批发出去的二十多个课题，年底只回收到了十多个，但汇聚成册还是沉甸甸的、暖烘烘的，有种收获的喜悦，捧在手上就像捧着刚出生的婴儿。

2018 年的春天如期而至，我们又发布信息，招聘第二批特约研究员，应聘的报名表又是纷纷发来，经济研究团队又充实了二十名志同道合的思考者、智谋者。

今年的经济发展研究工作会议如期召开，州政府永英州长又作了重要批示，对经研室一年来取得的成绩给予了充分肯定，对今后的研究工作提出了要求、寄予了希望。州政府党组成员、秘书长詹丹志到会为优秀特约研究员颁奖，为新聘的特约研究员颁证，代表州政府作了重要讲话，要求"围绕中心、服务大局，推进经济社会发展研究成办公室和州直部门的新常态。"

为促进优秀成果的涌现，我们设立了州政府经济发展重大调研课题、州政府经济发展研究室特约研究员调研课题，并经州政府常务会议研究，出台了州政府经济发展重大调研课题管理办法，这标志着研究室的经济发展研究上升到了州政府的层面，这是一个质的飞跃，这是一个很有高度的跨越！

夏天，风和日丽。随着调研课题管理办法红头文件的印发，通过课题征求、课题申报、立项评审、立项公示一系列公正严格的程序，二十多个经济发展调研课题终于出炉，新一轮山地经济发展研究迅速展开，成果不断地涌现……

4

一晃又是年末岁首，梳理州政府经济发展研究室成立三年来的时光，蓦然发现我们围绕山地经济发展，进行的有益探索，形成了一系列新理念、新思路、新举措——

比如，我们提出了："构建山地特色农业、新型工业、现代服务业体系，创新产业互动、城乡联动、生态与经济融合的发展方式，强化创新驱动、开放带动、人才支撑等动力培育，推动山地经济发展的质量变、效益变革、动力变革……"的战略构想；

比如，我们提出了："准确把握全州经济形势，充分利用全国经济形势对地方经济发展的积极因素，努力克服全国经济形势对地方经济发展的消极因素，加快构建新经济体系，加快推进体制改革，加强企业扶持力度，加快优化投资环境……"守好发展底线的对策建议；

比如，我们提出了："实施青山蓄财、碧水纳财、蓝天添财、净土生财四大生态工程，推进生态建设与经济发展相融合，实现产业兴、百姓富、生态美的有机统一……"既守好发展底线又守好生态底线的新思路；

比如，我们提出了："坚持区域化布局、规模化发展、园区化推进、品牌化培育、市场化经营，推进生态畜禽、精品水果、优质蔬菜、薏仁米、食用菌、中药材、茶叶、烤烟八大扶贫产业加快发展……"的新路径；

比如，我们提出了："充分利用山地优势，构建传统工业、新兴工业、特色工业三大产业体系，提升区域发展能力，推进工业集群发展，创新工业发展方法，完善制度保障体系，推进山地新型工业发展……"的新举措；

比如，我们提出了："利用南北盘江红水河流域旅游资源，开发南北盘江千里精品旅游线，打造'一线联五湖'景区集群，构建全域山地旅游体系……”的新战略。

比如，……

于是，我们萌生了将这些零散如雨滴般的新理念、新思路、新举措、新发现，汇聚在一起，结集成为《山地经济探索》的想法，希望这一滴滴雨水，能汇积成为一汪泉水，滋润“山地之州”的草木，在全州创新推进“绿水青山变成金山银山”或许，我们的未来不可预知，前路迷茫，但我们珍惜了现有平台，没让岁月蹉跎，无怨无悔。

2018年12月28日深夜

目　录
CONTENTS

第一章　宏观战略

第二章　山地农业

第三章　山地工业

第四章　山地旅游

第一章　宏观战略

构建黔西南州山地经济体系研究

岑大明

内容摘要：构建现代经济体系，是深化供给侧结构性改革、推动经济高质量发展的必然选择。本文认真分析了黔西南州山地经济发展优势，立足于守好发展和生态两条底线，创造性地提出了构建山地特色农业、新型工业、现代服务业产业体系，创新了产业互动、城乡联动、生态与经济融合的发展的方式，强化创新驱动、开放带动、人才支撑等动力培育，强力推进经济发展动力变革。

关键词：山地经济　现代经济　产业体系　发展方式　动力体系

党的十九大报告明确提出："贯彻新发展理念，建设现代化经济体系。"这是进入社会主义新时代，党中央推动经济持续健康发展的重要指导思想，构建现代化经济体系将成为当前和今后一段时期经济发展的重中之重。黔西地州是山地之州，构建现代化经济体系，构建现代化经济体系，必须立足于山地优势，构建适宜山地发展的现代经济体系。

一、黔西南州山地经济发展优势分析

山地属地质学范畴，是指海拔在 500 米以上、相对高差 200 米以上的高地。海拔在 3500 米以上的称为高山，海拔在 1000 米 -3500 米的称为中山，海拔低于 1000 米的称为低山。黔西南州面积 1.68 万平方千米，山地占 96%，比素有"山地王国"之称的瑞士高出 11 个百分点，是当之无愧的"山地之州"。黔西南州丰富的山地资源，为发展山地经济提供了独特的优势和潜力。

（一）丰富的资源优势。**一是矿产资源优势**。全州有煤、金、铁、铝、铅、锌、汞等矿产 40 多种，其中铊（红铊）为世界储量第一，已探明的煤炭资源保有储量 75.28 亿吨，远景储量在 196 亿吨以上，黄金资源已探明储量约 324.7 吨，远景储量在 1000 吨以上，全州年精锑生产曾达 7300 多吨，出口量曾占全国出口量的90%，丰富的矿产资源，为山地新型工业发展提供了资源保障。**二是水利资源优势。**黔西南州境内河流均属珠江流域，10千米以上长的河流有144条，分别与南盘江、北盘江和红水河构成3个区域水系。南盘江境内流程264千米，流域面积6448平方千米；北盘江境内流程324千米，流域面积8760平方千米；红水河境内流程70千米，流域面积1595平方千米。全州可供开发的水能资源发电量达1000万千瓦以上，是全国三大水电基地之一的红水河水电基地的重要组成部分，已成为“西电东送”的重要电源基地、电力枢纽和通道，丰富的水力资源，为山地经济发展提供了用水保障。**三是农业资源优势。**黔西南州8县市全部被列入全国首批100个石漠化综合防治试点县；黔西南州海拔差异大、立体气候条件优越，适宜多种植物生长，低海拔低热河谷地带适宜种植亚热带水果，中海拔地带适宜种植中药材、食用菌、油茶、板栗、油菜等特色农业，高海拔地带，适宜种植茶叶、畜草等，在贵州出口的林副产品中，黔西南州的年板栗产量曾达9603吨（居全省第一）、油桐籽产量曾达46618吨（居全省第一），油茶籽产量曾达5951吨（居全省第三），丰富的农业资源，为发展山地特色农业创造了有利条件。**四是旅游资源优势。**黔西南州地处喀斯特地区，荟萃了峰林、石林、峡谷、湖泊、瀑布、地缝、洞穴、天坑、奇石等丰富奇特的自然景观，被称为世界锥状喀斯特地质地貌典型代表；人文遗址丰富，民族众多，风情独特，列入国家级非物质文化遗产保护名录的有布依族“八音坐唱”、布依铜鼓十二则、查白歌节等八项十处；黔西南州山川秀美、景色迷人，旅游资源组合良好，是中国西部一个颇具多彩黔西南潜力和开发前景的全域山地旅游区。

（二）良好的区位优势。黔西南州地处珠江上游黔、滇、桂三省区结合部，历史以来就是三省通衢的物资集散地和商贸中心。州府所在地兴义距贵阳、昆明300多千米，距南宁500千米，位于南（宁）贵（阳）昆（明）经济圈的中心地带和贵阳、昆明、南宁三个省会城市的三重辐射圈内，面向南部沿海、背靠西南内陆腹地，是西南地区入海最近通道的必经之地，区位优势突出，为发展外向型山地经济创造了有利条件。一是黔西南州处于正在形成和发展的中国—东盟自由贸易区、泛珠三角经济圈、南贵昆经济圈、毕水兴经济带等四大区域经济板块之中，并受到北部湾经济区、海南国际旅游度假中心的辐射，以贵阳为中心的贵州经济体无论是从广西的南宁进入东盟或是从云南的昆明进入东盟，途经黔西南才是最佳选择，黔西南将成为贵州联系中国—东盟自由贸易区的桥头堡。二是黔西南处于“泛珠三角”经济圈中，黔西南作为贵州重要的能源基地，是“泛珠三角”经济圈重要的腹地和投资的热土。三是黔西南州地处于“南贵昆”经济圈中重要的一极，根据赖利（W.J. Reilly）1931 年提出的“零售引力规律”，一个城市对周围地区的吸引力，与它的规模成正比，与离它的距离成反比。再根据美国学者厄尔曼空间相互作用研究，距离影响运输时间和费用，距离城市越远，受城市的影响力就越小。在贵阳、昆明和南宁的三角区域内，随着距离的逐渐增大，受三个城市的影响越来越小，甚至为零。为保持区域的整体性，而不是中间“飞地”型的区域经济发展，就必须在三个城市之间的区域内增加新的经济增长极，即次级经济增长体。在“南贵昆”经济区的次级经济增长体中，安顺和都匀由于距离贵阳较近而被看作贵阳的卫星城，而处于中心位置的还有兴义、河池、百色和曲靖四个地区，这四个地区哪一个最有机会成为区域的次级经济增长体？通过计算，这几个地区与相邻大城市的平均距离中，兴义距离最短，根据三角形几何理论，一个点与三角形顶点平均距离越小，这个点更接近三角形的重心位置。因此，在“南贵昆”经济区的次级经济增长体中，兴义比其他三座城市更具地理区位优势。四是黔西南州处于毕水兴经济带板块之中，毕水兴经济带是贵州四大经济板块之一，分别由毕节地区、六盘水市和黔西南州组成，是贵州省煤炭等矿产资源的主要集聚区，按照产业发展规划，毕水兴经济带主要是依托资源优势和产业优势，逐步建成西南重要的能源、化工、原材料基地，进一步拉动黔西南经济社会的发展。

（三）宜人的气候优势。黔西南州气候环境在贵州省境内优势明显。以州府所在地兴义为研究对象，兴义的年均温度为 16.2℃，年平均最高气温 20.9℃和年平均最低气温 12.9℃与昆明接近，特别是夏季温度比贵阳和遵义低 1.2℃和 2.5℃，而冬季温度又要偏高 2.5℃ –2.7℃，可谓冬暖夏凉。兴义的日照时数 1650 小时，仅比昆明少，比省内其他地州市所在地城市都多，紫外线辐射属全国乃至全球最少的地区之一。兴义海拔比昆明、毕节低，昆明常常因太阳辐射强而对人的皮肤造成灼伤，而兴义的阳光恰到好处，既可进行日光浴消毒，又不会因此而灼伤皮肤，可谓阳光和煦。全州无沙尘暴天气，加上降水丰富、夜雨多，起到了对天空的“清洗”作用，所以空气清新。空气湿度 80% 和降雨量 1500 毫米左右，可谓湿度适宜，空气清新滋润。按照“贵州省旅游气象舒适度标准”，兴义从 3 月中到 11 上旬都较舒适，时间长达 230 天，其余时间属次舒适，是全省乃至全国舒适期最长的地区。舒适度指数介于昆明和桂林之间，有明显的优越性，属于地球上最适宜人类居住的温暖气候地带。此外，黔西南州由于未受第四纪冰川时期北方大陆冰川大面积侵袭的波及，成为北方植物南移的“避难所”，南方植物北延的“栖息地”，是我国热带亚热带野生经济植物的“汇集地”，天然植物种质资源种类极为丰富，如兰花、百合、石蒜、杜鹃、榕树、野生苏铁、石斛、金银花等。优越的气候资源，有利于助推山地生态经济的发展。

（四）政策叠加的优势。2012 年国发 2 号文件《国务院关于进一步促进贵州经济社会又好又快发展的若干意见》赋予了包括黔西南州在内的贵州的财税、投资、金融、产业、土地、人才、对口支援等诸多扶持政策。**一是财税扶持政策**。国发 2 号文件提出：“适当提高部分黑色金属矿原矿、有色金属矿原矿和其他非金属矿原矿的税率标准，航空航天、电子信息、装备制造、生物医药、新能源等产业企业符合规定条件的，其固定资产可实行加速折旧，等。”**二是投资扶持政策**。国发 2 号文件提出：“国家有关部门专项建设资金要提高对贵州公路、铁路、民航、水利、市政公用等建设项目的投资补助标准和资本金注入比例，等等。”**三是金融扶持政策**。国发 2 号文件提出：“支持贵州设立创业投资引导基金，扶持发展创业投资，规范发展股权投资，等。”**四是产业扶持政策**。国发 2 号文件提出：“实行差别化产业政策，适当放宽贵州具备资源优势、有市场需求的部分行业准入限制；对有条件在贵州加工转化的能源、资源开发利用项目，予以优先规划布局并优先审批核准；加大中央财政对淘汰落后生产能力的支持力度，等。”五是土地扶持政策。国发 2 号文件提出：“在安排土地利用年度计划、城乡建设用地增减挂钩周转指标等方面加大对贵州的倾斜支持力度等。”抢抓这些政策实施地机遇，必将有力的助推工业的发展。

二、科学构建黔西南州山地经济产业体系

山地经济是以山地为载体的包含山地资源生产与加工和销售的独立的综合经济体系，它不同于大农业经济、工业经济，但又包含了二者，因此它是独立的经济部门。它的范畴包括：林业、药业、畜牧业（家禽、禽类、野生动物）、采掘业、水电、山地农业、山地渔业等生产部门；此外，还包括农、林、牧产品及药用植物加工业其他非农产业。

产业体系是经济体系的核心。经济由高速增长阶段转向高质量发展阶段，是全国经济发展的基本特征，也是经济发展新常态。地方经济发展，必须适应这一基本特征，必须适应经济新常态，加快构建具有区域优势的产业

体系。黔西南州最大的优势是山地，黔西南州经济发展，必须深化供给侧结构性改革，牢固树立绿水青山就是金山银山的理念，贯彻新发展理念，立足山地资源优势，加快构建山地产业体系，推动经济发展质量变革、效率变革。

（一）加快构建山地特色农业体系。农业是黔西南州的基础性产业，近几年来，虽然城镇化、工业化步伐不断加快，但全州200多万农民脱贫致富依然离不开农业。应深入推进农业供给侧结构性改革，充分利用我州立体气候优势，结合山多地少的实际，坚持区域化布局、产业化发展、品牌化经营，构建山地特色高效农业体系。**一是构建特色种植产业体系。**紧盯城市“餐桌需求”，充分利用山地立体气候条件，发展低、中、高三条立体特色产业带，即：在海拔800米以下“两江一河”低海拔地带，发展以火龙果、芒果、百香果、香蕉为主的精品水果产业带；在海拔800米至1250米的中海拔地带，发展以精品蔬菜、中药材、薏仁米、油茶等为主的特色产业带；在海拔1250米以上的高海拔地带，发展以茶叶、苣草等生态产业带。**二是构建特色养殖产业体系。**充分利用山地草场、林木、荒坡等资源，发展种草养畜、林下养鸡、生态养猪，构建晴隆黑山羊、盘江小黄牛、贞丰小黑猪、普安长毛兔、盘江生态鸡等特色养殖业；充分利用“两江一河”水资源，科学规划、合理布局，适度发展生态渔业，加快构建山地特色养殖产业体系。**三是构建农特产品加工体系。**立足推进农业产业化发展，依托特色种植、养殖等农业资源，加快发展薏仁米、中药材、食用菌、油茶等精深加工，构建粮产品、果产品、畜产品、油产品、药产品、林产品等农特产品加工体系。**四是构建特色农产品牌体系。**坚持一个产业培育一个品牌，紧紧围绕我州山地特色种植、养殖、加工产业的发展，精心培育兴义矮脚鸡、兴仁薏仁米、安龙中药材、晴隆黑山羊、普安红茶、册亨油茶、望谟板栗、盘江精品水果等一批绿色品牌。

（二）加快构建山地新型工业体系。无农不稳，无工不富。应充分利用黔西南州的矿产、电力、气候等资源，按照新经济发展理念，着力发展四大产业，推进传统产业转型升级，加速新兴产业发展，构建符合山地实际、特色鲜明、竞争力强的新型工业体系。**一是构建传统优势产业体系。**深入实施“大电强网 + 大产业”战略，培育地方电价优势，加快煤电冶、煤电化、煤电建一体化发展，推进冶金、化工、建材等生态载能产业升级壮大，支撑工业发展基础。**二是构建大数据产业体系。**大数据产业是信息时代经济发展的主要方向，也是实现换道超车、后发赶超的发展方式。抢抓全省实施大数据发展战略的机遇，加快发展以大数据技术广泛应用为重点的数字经济产业，加快发展以存储采集、加工分析、运营服务、交换交易和人工智能等为重点的大数据核心业态，加快发展以智能终端制造、芯片与集成电路、电子材料和元器件、呼叫中心和大数据外包、软件开发与信息技术服务等为重点的大数据关联业态，加快发展以互联网工业、电子商务、智慧农业等为重点的大数据衍生业态，形成互为链条、相互支撑的大数据产业体系。**三是构建大健康产业体系**。充分利用黔西南州的生态优势和山地多元化资源，加快发展以智慧医疗、特色医药、医疗器械等为主的医疗医药产业，以温泉养生、休闲养生、滋补养生等为主的康养旅游产业，以山地运动、水上运动等为主的健康运动产业，形成医疗医药、康养旅游、健康运动产业为支撑的大健康产业体系。**四是构建大生态产业体系**。坚持绿水青山就是金山银山的发展理念，大力发展以绿色农产品、水产品、林产品等为重点的生态利用型产业，以原材料精深加工、绿色轻工、资源化利用和无害化处理为重点的循环高效型产业，以新型建材、装配式建筑等为重点的低碳清洁型产业，以节能环保技术装备、循环经济技术装备等为重点的环境治理型产业，形成产业发展与生态建设相融合的大生态产业体系。

（三）加快构建现代服务产业体系。无工不富，无商不活。充分利用黔西南州丰富独特的山地旅游资源，全力发展全域山地旅游，引领现代服务产业体系建设。**一是构建山水旅游产品体系**。全域化打造旅游景区景点，大力发展山地生态观光、休闲度假、乡村体验、户外运动、康体疗养等多元化的山地旅游产品，加快实现“景点旅游”向“全域旅游”的转变，推进“旅游观光”向“运动养生”渗透，着力打造“山地玩都·峰会世界”和国际山地旅游目的地，把山地变为“聚宝盆”。**二是构建文化旅游产品体系**。保护传承民族文化、民族风情、民间风物、历史文化、农耕文明等独特的地域文化资源，深度挖掘牂牁文化、夜郎文化，精心打造“布依戏、苗族歌、彝族舞”等民族文化品牌，培育一批地域特色文艺精品，建设一批文化产业基地，让景区景点与地域人文各美其美、美美与共，提升景区景点的品读价值，把文化变成“摇钱树”。**三是构建生态旅游产品体系**。农业文明时代平原最正规，工业文明时代海洋最珍贵，生态文明时代山地最珍贵。应发挥生态优势，推进农旅一体、林旅一体、水旅一体多元化生态旅游发展，适度开发农耕体验、山地运动、森林康养、水体疗养等生态旅游业态。

三、科学选择黔西南州山地经济发展方式

守好发展和生态两条底线，既是黔西南州经济发展必须坚持的基本要求，又是必须遵循的基本原则。黔西南州经济发展面临双重同等重要的任务，既要守好发展底线，保持经济快速增长，后发赶超、同步小康，又要守好生态底线，保护绿水青山、实现可持续发展。这就要求黔西地州必须筑牢绿水青山就是金山银山的发展理念，创新山地经济发展方式，更加科学地处理好发展与生态、质量与效益、产业与产业、城镇与农村的关系。

（一）切实推动产业互动发展。产业互动的实质，是打破一二三产业的分工界线，促进产业链要素相互衔接和优化重组，降低生产成本，增强产品的竞争力。黔西南州是边远落后地区，产业区域性产能弱、发展质量低、物流成本高，推动产业互动发展是科学的选择。**一是推进一二三产互动发展。一方面，要推动一产与二产互动发展。**农副产品加工是实现农业与工业联动发展的链节和纽带，既能延长农业产业链、增加附加值，又就地解决工业原料、降低工业成本。应围绕全州正在发展薏仁米、中草药、食用菌、油茶、生态畜禽等山地特色农业，加快推进精深加工业发展，开发系列山地优质产品，培育一批山地绿色品牌，拉动山地农业扩大规模，促进山地特色工业发展壮大。**另一方面，要推进一产与三产互动发展。**黔西南州的山地，有青山有绿水、有山坡有盆地、有田野有峰林，一片山地一处风景，应结合山地特色，规划建设一批山地特色农业综合体，以产业为核心，发展观光农业、休闲农业，配套建设电子商务、交易市场、精深加工、旅游服务、文化娱乐等设施，促进农业与旅游观光、健康养生、信息产业、商贸服务等现代服务业融合发展，打造多元化、多层次产业链条，实现山地农业效益的提高。**二是推进传统产业与新兴产业互济发展。**十九大报告提出：“加快构建制造强国，加快发展先进制造业，推动互联网、大数据、人工智能和实体经济深度融合。支持传统产业优化升级，瞄准国际标准提高水平”。这指明了工业供给侧结构性改革的方向。黔西南州传统工业发展落后，新兴工业尚在培育过程中，不能担重担，要突破困境，必须深化工业供给侧结构性改革，推进传统产业与新兴产业互济发展。**推进煤电网产融合发展。**煤、电、金是我们州三大传统产业，支撑工业的半壁江山，但煤炭受市场影响效益低下、黄金受税制调控、电力产能过剩，工业增长乏力。要用好十九大关于“支持传统产业优化升级”的政策，发挥我州地方电力优势，深入实施“大电强网＋大

产业”发展战略，加快安龙、贞丰、兴仁自备电厂建设，加速全州工业园区地方电网建设，尽快实现全覆盖。加快推进冶金、化工、建材等产业企业升级改造，力求生产工艺达到国际标准或国内最高标准，通过实施电价优惠、降低电价本成，扶持兴仁铝业、安龙铁合金、义龙振华新材料等一批重点项目，培育壮大煤电冶、煤电化、煤电建（材）等生态载能产业，实现煤电网产融合发展。**推进大数据产业发展。**我州大数据产业已开始起步，要按照十九大关于“推动互联网、大数据、人工智能和实体经济深度融合”的要求，加快推进义龙大数据产业园建设，推进协同制造、网络制造、云制造、数据制造等新型生产模式，依托“兴兴安贞”城市经济圈，承接产业转移，加快集聚发展新型元器件、汽车电子、智能化仪器仪表、LED 节能电子、信息家电、新能源电池等电子信息产业，打造具有竞争优势的核心产品，推动产业高端发展。加快义龙宝康数控机床项目建设，推动高档数控机床、增材制造等核心技术、软件开发、关键零部件及加工材料的研发和产业规模化发展，积极引入上下游企业，促进数控机床产业集群。**推进装备制造业发展。**积极引进装备制造龙头企业，加快装备制造业补链升级步伐，做大做强能矿装备、工程机械、农机装备、特种装备产业链，实现装备产业聚集发展。加快推进义龙电梯产业园建设，以联合通用电梯为龙头，加快发展电梯生产及配套产业，打造电梯全产业生态链，形成集电梯设计、制造、销售、安装和维保的一体化发展格局。**推进新材料产业发展。**加快义龙新材料产业园建设，以深圳振华新材料股份有限公司为龙头，加快推进年产 6 万吨（产值 100 亿）锂离子电池正极材料生产线建设，以此为依托，引进国内外优强企业发展新能源、新材料等相关配套产业，带动上下游产业链加快发展，形成新材料产业集群。**推进民族制药产业发展。**加快义龙新区红星医药产业园建设，推动以民族医药、保健食品、养生养老为主导产业的大健康产业加快发展，支持德良方药业、苗药药业、心意药业、吉仁堂药业等骨干企业发展壮大，完善我州产地中药材、民族药材、中成药、民族药等质量标准，提升药品质量标准和技术标准，打造一批民族制药拳头产品和知名品牌。

（二）切实推动城乡联动发展。实施区域发展战略，坚决打好精准脱贫攻坚战，是党的十九大作出的解决发展不平衡问题战略部署。黔西南州是欠开发欠发达地区，从全州 8 县市来看，兴兴安贞（一圈）发展快一些好一些，普晴、册望（两翼）发展慢一些差一些，全州区域内存在发展不平衡的问题。这不平衡，主要体现在基础设施的差距、产业发展的差距和公共服务的差距。应抢抓国家实施脱贫攻坚战略机遇，按照十九大提出的“抓重点、补短板、强弱项”的要求，全力补齐短板，推动“一圈”与“两翼”联动发展。**一是推进区域基础设施联动**。贫困地区之所以贫困，最根本的原因就是基础设施建设薄弱。我州要从根本消除绝对贫困，首先要坚持基础先行的原则，从基础设施扶贫抓起，夯实贫困地区的发展基础。**推进交通基础设施建设**。加快推进关岭经贞丰至安龙、贞丰经册亨至八渡、纳雍至晴隆、兴义经文山至河口（黔西南段）、兴义环城高速公路，普安至兴义、兴仁至安龙、巴铃至白层、威舍至鲁屯一级公路等“一圈”“两翼”县与县之间的联网工程和贫困乡村“组组通”公路建设，加大对断头路、瓶颈路、年久失修路、机耕道路和危桥改造，打通基层贫困乡村与外界的交通联系。**推进水利基础设施建设**。围绕“县县有中型水库、乡乡有稳定水源”目标，优先解决贫困地区灌溉问题，加快推进重大水利工程、农田水利建设、中小河流治理、“五小”水利工程建设，在“十三五”期间建成兴义马岭水利枢纽工程等骨干水源工程，规划建设一批骨干水源工程，基本解决工程性缺水问题。**推进易地扶贫搬迁**。特别是要全力推进跨区域易地搬迁，将普安、晴隆、册亨、望谟四县生活在“一方水土养不起一方人”的深山区、石山区群众，跨区域搬迁到生产生活条件好、发展空间大、公共服务完善的兴义、义龙，推动“一圈”“两翼”联动发展。**二是推进城乡产业发展联动**。贫困地区之所以贫困，其根本原因在于产业发展滞后、发展不充分，应抢抓全省实施产业扶贫的机遇，用好用活产业扶贫子基金，精准发展山地特色产业，全力补齐产业发展短板，培育支撑群众脱贫致富的持续财源。**推进贫困村特色产业全覆盖**。充分利用山地资源和立体气候优势，围绕“两江一河”精品水果产业带、中海拔特色产业带、高海拔绿色产业带为重点的十大山地特色农业和全域山地旅游布局，按照“一县一业”“一乡一特”“一村一品”的思路，指导帮助各贫困村编制主导产业发展详细规划，围绕产业链编制产业项目，引导产业发展分工，实现主导产业覆盖到村、产业链项目覆盖到户（贫困户）。**推动特色品牌引领扶贫产业发展**。加大特色品牌培育，各县（市、区）围绕“一县一业”，加大农业产业化龙头企业的扶持和引进力度，精心培育一个以上绿色农产品品牌，充分发挥品牌的引领作用，建立覆盖全县主导产业标准化生产体系，统领各村主导产业的标准化生产，带动脱贫产业发展。着力推动扶贫产业惠及千家万户。整合各行业、各部门产业发展扶持政策，编制出台贫困村贫困户发展山地特色农业、山地旅游业的扶持办法，采取多种宣传方式，推进产业扶持政策进村入户，用扶持政策撬动群众发展特色产业的积极性，引导贫困户围绕主导产业规划，因户制宜发展特色产业项目，充分发挥群众发展产业的主体地位、主导作用，推动贫困户发展项目脱贫致富。**推动扶贫产业不断发展壮大。**坚持因村因户施策，紧紧围绕产业发展的资金组织、技术保障、品牌培育、产品销售等重要环节进行真帮真扶，坚持缺什么扶什么，切实解决贫困村贫困户发展产业缺资金、缺技术、无品牌、销售难等实际问题，助推扶贫产业发展，真正实现扶贫产业贫困村、贫困户全覆盖，支撑群众有效脱贫。**三是推进城乡公共服务联动。**贫困地区之所以贫困，最关键的因素在于缺乏有力的社会保障。我州要从根本上消除绝对贫困，应坚持共享发展，切实在保障和改善民生上补短板、增福祉。**优先发展教育事业。**办好学前教育，扩大普惠性学前教育资源，基本普及学前三年教育，提高保育教育质量。办好特殊教育，为家庭经济困难残疾学生提供免费高中阶段教育，更好保障残疾人基本教育权利。普及高阶段教育，巩固提高中等职业教育发展水平，促进普通高中多样化发展。健全学生资助制度，实现家庭经济困难学生资助全覆盖，努力让每个孩子都能享有公平而有质量的教育，有力推动全州教育均衡发展。**实施社保兜底工程。**推进“全民参保计划”，完善最低生活保障制度，推进城乡低保统筹发展，确保60周岁以上城乡居民实现应保尽保。建立健全残疾人基本福利制度，完善扶残助残服务体系，全面提升儿童福利服务水平。激发慈善主体发展活力，规范慈善主体行为，完善监管体系。全面提高城乡住房保障水平，扩大住房保障覆盖面。**实施全民健康工程。**加强基层医疗卫生服务体系建设，多措并举把更多人才、技术引向基层、财力物力投向基层、优惠政策倾斜基层，促进基层“软件”和“硬件”双提升。实施健康老龄化工程，健全医疗卫生机构与养老机构合作机制，支持社会力量兴办医养结合机构，提供治疗期住院、康复期护理、稳定期生活照料、安宁疗护一体化的健康养老服务。

（三）推动经济与生态融合发展。黔西南州是滇桂黔石漠化片区核心区、珠江上游生态功能区，是全省深度贫困地区，加快经济发展和保护生态环境显得同等重要，必须坚持“绿水青山就是金山银山”的发展理念，努力实现百姓富、产业兴、生态美的有机统一。**加快实施“青山蓄财”工程，推进生态建设与林果产业融合发展。**黔西南遍地是山，资源在山，出路在山，生态弱点也在山。黔西南的山有三个特点：海拔差距大，最底海拔275米，最高海拔2207.2米；山高坡地多，水土流失严重；石漠化面积大、石漠化程度深。要充分利用黔西南州是珠江上游重要生态屏障的地理优势，抢抓国家加大珠江上游生态建设投入的机遇，转变生态建设思路，跳出“就生态抓生态、就治理抓治理”的传统思维模式，找准生态建设与产业发展的结合点，结合退耕还林、植树造林、石漠化治理和水土流失治理等生态建设工程的实施，大力发展林果产业、石漠化特色产业、草地畜牧产业，把“青山”变成“金山”。**加快实施“碧水纳财”工程，推进水源保护与涉水产业融合发展。**水，是黔西南州的宝贵财富、重要资源。州境内共有长度10千米以上的河流144条，分别与南盘江、北盘江和红水河构成3个区域水系。随着工业化、城镇化进程的加快，水源保护的综合措施未能完全同步跟上，水源污染日益加重。加强水源保护，既是共建珠江流域水生态环境的历史责任，又是培育黔西南州后发优势的时代使命。应坚持“在开发中保护，在保护中开发”的原则，实施“碧水纳财”工程，推进水源保护与涉水产业融合发展。结合“两江一河”综合治理，打造“绿水青山”为底色的“两江一河”千里精品旅游线；结合加强山村溪水保护，大力发展水疗养、水保健等产业；结合加强地下水保护，大力发展矿泉水、饮水用等水产品，真正把“水源”变成“财源”。**加快实施“蓝天添财”工程，推进空气治理与康养产业融合发展。**抬头看到蓝天白云，张口吸到清新空气，是现代人们的美好生活向往。与工业化城市相比，黔西南州工业发展滞后，但我们空气质量相对优良，必须高度重视“保卫蓝天”，持之以恒厚植空气优势。加大企业环境污染治理力度，严格控制污染物排放和高能耗、高污染行业项目准入，确保城市（县城）环境空气质量达标率保持100%。充分利用优良空气资源，抓好生态养生、健康养老等康养产业发展规划，精心编制一批康养产业项目，加大招商引资力度，建成一批康养产业项目，真正把“空气”变成“福气”。**加快实施“净土生财”工程，推进土地治理与优质高效农业融合发展。**全州共有耕地面积450.45千公顷，其中水田109.19千公顷，旱地341.26千公顷，这是全州农业发展的主要资源。农业历来是我们的基础产业，面对二产不强、三产不活的实际，更应珍惜有限土地，全力整治土地污染，提高土壤质量，使“干净”的土地长出绿色、有机、无公害的农作物，培育出优质的农产品。蔬菜、水果、大米对于千家万户都必不可少，应转变农业发展思路，紧盯城市“菜篮子”“果盘子”“粮袋子”，充分利用优质土壤资源，大力发展有机蔬菜、精品水果、优质大米等高效农业，提高农业的经济效益，真正把“土地”变成“宝地”。

四、科学构建黔西南州山地经济动力体系

创新是引领发展的第一动力，是建设现代化经济体系的战略支撑；人才是实现创新驱动的基本保障；开放带动经济发展的重要力量。黔西南州山地经济要实现高质量发展，必须强化创新驱动、开放带动、人才支撑等动力培育，强力推进经济发展动力变革。

（一）切实推进创新驱动。党的十九大报告指出，创新是引领发展的第一动力，是建设现代化经济体系的战略支撑。黔西南州经济发展滞后，最根本的原因在于产业发展滞后，产业发展滞后的原因又在于科技创新的支撑力不足，我们要建设现代化经济体系，必须围绕产业发展，构建适应黔西南州产业发展的科技创新体系。**一是构建基础研究体系。**党的十九大报告指出，要瞄准世界科技前沿，强化基础研究，实现前瞻性基础研究、引领性原创成果重大突破。结合黔西南产业发展实际，应突出三个重点。**建设技术创新平台。**应围绕我州的重点产业、主导产业科技创新，比如，兴仁薏仁米、贞丰糯食、晴隆羊等。积极争取国家、省级重大科技项目支持，搭建技术创新平台，整合高校、科研院所、科技服务机构以及相关企业等资源，开展产业、产品基础性科技研究，提高产业发展的科技水平。**建设科技服务平台。**加快研发、咨询、专利服务、检验检测、技术交易等开放式公共科技服务平台建设，发挥龙头企业、高新技术企业的科技创新主体作用，加快培育创业投资公司、生产力促进公司等科技服务机构，促进基础性科技研究的开展。**构建科技领军企业体系。**加大高新技术企业和创新型企业培育力度，为我州培育创新型领军企业打实基础。以贵州指趣公司互联网产业、安龙大秦光伏、义龙垃圾发电厂等高成长性企业为主，积极参与创新型领军企业 2.0 培育计划、省科技厅“黔灵计划”，引领全州产业科技创新。**二是构建应用研究体系。**党的十九大报告明确提出，加强应用基础研究，拓展实施国家重大科技项目，突出关键共性技术、前沿引领技术、现代工程技术、颠覆性技术创新，为建设科技强国、质量强国、航天强国、网络强国、交通强国、数字强国、智慧社会提供有力支撑。黔西南州科技基础薄弱，推进科技应用研究，应从基础性工作抓起。**建设创新创业孵化平台。**鼓励发展创客空间、创新工厂、创业新媒体、创新创业虚拟社区等新兴孵化器。加快推进由高校、龙头企业、高新技术企业等作为建设主体，培育创建一批众创空间、大学科技园和科技企业孵化器，探索建设众创、众包、众扶、众筹“四众”平台，使之成为产业

科技应用的研究平台。**建设科技创新示范基地。**围绕全州产业园区的优化升级，坚持“一个园区、一个导产业、一个领军企业、一项科技创新”，建设一批主导产业突出、创新能力强、服务功能完善、承载能力强的科技创新产业园（基地），促进产业、知识技术、人才和服务向园区（基地）集聚。**推进中小微企业创新发展。**大力实施科技型企业培育计划，组织不同层级、不同体量、不同区域科技型企业申报大学生创业企业、科技型种子企业、小巨人成长企业和小巨人企业，注重企业成长梯队建设在九个县（市、区）均衡发展、有序推进。围绕我州产业特色和可持续发展技术需求，培育发展“专、精、特、新”科技企业和以高新技术企业为骨干的中小微企业。**三是构建成果转化体系。**党的十九大报告指出，深化科技体制改革，建立以企业为主体、市场为导向、产学研深度融合的技术创新体系，加强对中小企业创新的支持，促进科技成果转化。充分发挥科技成果转化对产业发展的驱动作用。**完善科技成果转化的绩效评价机制。**健全科技人才考核评价和职称评定制度，将科技成果和产业化等指标作为评价的重要依据，支持科研人员科技成果转化，使高校和科研机构的科研成果，催化一批关键技术、培养一批专业人才、孵化一批科技企业，发挥科技人才在促进科技和经济紧密结合中的骨干作用。**营造有利于成果转化的市场环境。**优先建设发展面向产学研结合的公共技术平台和中介服务机构，加强科技成果信息开放共享。激活企业技术创新的内在动力，加大对中小企业特别是中小型科技企业的扶持力度，使其成为“拉动”科技成果转化的重要力量。**支持科技中介服务企业发展壮大。**进一步规范技术转让交易、技术产权交易、科技信息交流、科技成果发布等行为，对技术中介服务采取扶持政策，促进优质中介服务企业脱颖而出。鼓励科研人员兼职或全职创办科技企业和中间服务机构，开展公益性专业培训，培养造就专业化的技术转移与成果推广人才队伍。

（二）切实强化开放带动。开放带来进步，封闭必然落后。党的十九大报告提出，要以“一带一路”建设为重点，坚持引进来和走出去并重，遵循共商共建共享原则，加强创新能力开放合作，形成陆海内外联动、东西双向互济的开放格局。贵州是全国内陆开放型经济发展试验区，黔西南是全省南下出海的重要通道，应充分发挥区位优势，积极融入“一带一路”“泛珠三角”“东盟贸易”等区域发展战略，构建内陆开放体系，实施全方位开放，大力提升开放型经济发展水平。**一是加快开放型经济带建设。**加快编制“两江一河”立体生态经济带发展规划，强化开放功能，完善配套设施，增强承载力、吸引力和竞争力，大力推进“两江一河”千里精品旅游线、精品水果产业带、优质油茶产业带建设，培育一批特色明显、规模较大、竞争力强的绿色出口产品。着力扩大农业领域开放，以引进资金、先进种植养殖技术、先进生产经营方式和市场网络为重点，促进农业结构调整；着力扩大旅游领域开放，推进文化旅游发展创新区建设，提升文化旅游产业国际化水平；支持外资投向交通、电力、水利、旧城改造、给排水、垃圾处理等基础设施，将“两江一河”打造成为面向珠三角及东南亚全方位开放的开放型经济带。**二是加快开发区升级版打造**。加快完成开发区建设总体规划、控制性详细规划、产业规划、招商引资规划以及环境影响评价；创新开发区管理体制机制，探索直管、托管、代管和共建等模式，探索与省外、境外联合开发，委托战略投资者和跨国公司成片开发等多元化开发机制；鼓励按照市场化运作模式，通过整合、配置和激活各种资源打造开发区投融资平台和经营模式，推动符合条件的省级开发区与发达国家和地区共建产业园区；积极申建国家产业转移示范园区，承接东部地区和境外的制造产业，形成开放型经济发展的产业支撑，推进省级开发区进入“千亿级”开发区和国家开发区。**三是加快口岸和港口建设**。加快建设兴义机场航空口岸，争取建设电子口岸和在州内设立海关、出入境检验检疫、外汇管理等机构，进一步推动投资贸易便利化；抢抓全省新规划和启动一批“无水港”的机遇，争取“无水港”项目在州内建设。加快推进南北盘江—红水河古航运复兴工程，争取中央和省的支持，建设红水河千吨级水运航道及龙滩、岩滩电站千吨级过船设施，打通黔西南州出海的水运大通道。**四是创新区域开放合作模式**。加强与瑞士、韩国在经贸、旅游、文化等领域合作交流，深化与东盟自由贸易区、大湄公河次区域合作；积极搭建与探索借道渝新欧铁路、中印缅孟经济走廊发展对外贸易；加强与泛珠三角及周边地区经贸联系，探索经贸协作新模式，争取与对口帮扶城市在合作共建产业园区方面取得新突破。

（三）切实强化人力支撑。人才是科技创新的源泉，更是现代化经济体系建设的重要保障，是现代化经济体系的重要组成部分。党的十九大报告提出，着力加快建设实体经济、科技创新、现代金融、人力资源协同发展的产业体系。我州经济发展，必须立足实体经济，加强产业科技人才、管理人才、营销人才的培养，形成完善的人力资源保障体系。**一是围绕产业布局，优化产业人才层次结构**。现代化经济体系下的产业发展，主要是以产业集群为载体，我们应根据本地区重点行业、重点领域，通过产业关联度、社会资本、资源要素的紧密程度，建立以适应区域产业发展的人才需求预测机制，动态调整产业结构和人才结构，合理分配区域内产业集群内外部协调互动的人才资源。针对区位优势、资源优势、产业优势，结合本地产业的特征、发展现状，因地制宜，以企业为主体、市场为导向、产学研一体协同培养本土产业稀缺性人才。**二是推进校企合作，创新产业人才培养模式。**应根据产业发展人才需求，依托师院、职院和企业，建立产业人才技能培训基地，开展产业人才技能培训、组织职业竞赛，进行技能鉴定，围绕山地高效农业、新型工业、现代服务业，培养“适销对路”的产业人才。推进高校、企业、科研机构建立产学研合作战略联盟，联合组建人才培养基地，高校应根据产业技术创新动态、市场需求动向、产业发展趋势，及时调整和优化专业设置，企业应加大引进高校取得重大科技创新成果的博士、资深教授、经济管理专家到公司任职、挂职、技术参股、联合立项等，推动产业人才培养。**三是完善人才激励，营造产业人才发展环境。**建立健全产业高层次人才的科技奖励政策，完善人才创新的激励机制，鼓励企业建立以知识、技能、管理等创新要素参与利益分配，对技术成果、知识产权试行股权期权等激励方式，促进产业人才脱颖而出；鼓励企业以自身经营战略、产业定位为基础，塑造开放度高、适应力强、鼓励创新，适宜自身发展的企业文化，促进产业产品、经营活动与企业文化的高度融合，使企业文化成为凝聚高层次人才的无形力量。**四是注重人文关怀，优化产业人才服务机制。**农业、工业、现代服务业等产业发展服务部门，应增强服务意识与合作意识，优化服务体系，建立产业人才数据库，多渠道、多途径掌握产业高层次人才动态，组织企业和科研单位推进双方信息及时交互共享。人才管理部门应简化人才优惠政策的落实程序，提高审批效率，拓宽服务领域，建立全程高效的一站式服务体系，要按“人岗相适”原则，用好人才，让人才发挥最大作用。

总之，构建山地经济体系，是黔西南州贯彻落实新发展理念，守好发展和生态两条底线，深化供给侧结构性改革，推动经济发展质量变革、效率变革、动力变革的必然选择，只有科学构建山地特色农业、山地新型工业、山地服务业等山地产业体系，创新山地经济发展方式，推进产业互动、城乡联动、生态与产业融合发展，强化创新驱动、开放带动、人才支撑，才能实现山地经济高质量发展。

（作者单位：黔西南州人民政府经济发展研究室）

“两江一河”立体生态经济带开发研究

岑大明

内容摘要：黔西南州地处南北盘江红水河（简称“两江一河”）流域，既是边远贫困地区，又是珠江上游的重要生态功能区，加快发展与保护生态都同等重要。针对“两江一河”的战略地位、资源优势、区位优势和生态状况，笔者以如何守住发展和生态两条底线为研究视角，提出了“开发‘两江一河’立体生态经济带”的设想，并从开发条件、战略地位、战略思路、开发路径等角度进行深入研究，形成此研究报告。

关键词：黔西南州　两江一河　生态经济　立体经济

南盘江、北盘江是珠江流域西江上源的两大支流，“两江”将黔西南州紧紧环抱，流经全州 8 县（市）35 个乡镇，在册亨双江口汇合后为红水河。为谋划“两江一河”流域产业开发，笔者沿“两江一河”深入考察，采取实地调查、走访座谈等方式，对“两江一河”流域的资源、产业、基础设施、贫困状况等进行深入调查，提出了一系列推进“两江一河”立体生态经济带开发的战略构想。

一、开发“两江一河”立体生态经济带的条件分析

南盘江、北盘江、红水河简称“两江一河”，均发源于云南省沾益县乌蒙山脉马雄山，在州境内干流总长652千米。流经全州8县（市）36个乡镇，流域面积约2万平方千米。其中，南盘江从兴义市三江口镇入境，流经兴义、安龙、册亨 3 县（市）13 个乡镇，干流长 264 千米；北盘江从普安县龙吟镇入境，流经普安、晴隆、兴仁、贞丰、册亨、望谟 6 县（市）21 个乡镇，干流长 327 千米；红水河流经望谟县 2 乡镇，干流长 70 千米。“两江一河”流域的资源优势、区位优势以及迎来的发展机遇，为开发“两江一河”生态经济带创造了有利条件。

（一）“两江一河”资源富积，为开发生态经济带提供了基础条件。“两江一河”除了水资源以外，主要有旅游资源和农业资源。**一是旅游资源独特。**黔西南州“两江一河”流域旅游资源组合良好，融山水、乡村、人文资源为一体。（1）山水旅游资源。南盘江以万峰林、万峰湖为核心的旅游资源具有唯一性，沿岸有三江口、云湖山、万峰林、万峰湖等以自然光风。北盘江以光照湖、马马崖湖、董箐湖以及沿江的V形峡谷、U形峡谷山水风光为核心的旅游资源极为独特，沿岸分布有二十四道拐、三岔河、双乳峰、花江峡谷、燕子洞等景区，旅游资源密集、组合好。（2）乡村旅游资源。南盘江沿江有三江口、巴结、万峰湖、八渡、双江等小城镇，有南笼、坝盘等10多个布依古寨。北盘江沿江有光照、百德、兴北、者相、白层、岩架、蔗香等小城镇，有茅口、河塘、茅草坪、小花江、董岗等20多个乡村元素保存完好的原生态村寨。（3）人文旅游资源。南北盘江民族文化多彩，有布依族“查白歌节”、苗族“走亲节”、彝族“火把节”等民族节日；有“八音坐唱”“阿妹戚托”等民族歌舞，彝族舞蹈“阿妹戚托”被誉为“东方踢踏舞”，布依族“八音坐唱”被称为声音的活化石，查白歌节、土法造纸、布依戏等被列入国家级非物质文化遗产；有晴隆二十道拐、盘江铁桥、白层渡口、卡法连队遗址等特色红色文化资源；有牂牁湖（光照湖）、普纳山古战场、花江古驿道、者相古城遗址等历史文化资源。**二是农业资源丰富。**“两江一河”农业资源优势体现在土地资源、气候资源、耕作条件的优良组合。（1）土地资源。“两江一河”干流可开发的土地资源主要集中在北盘江鲁容至双江口110千米江段两岸、南盘江沧江至万峰湖80千米江段北岸、南盘江坡脚至双江口120千米江段北岸、红水河干流蔗香至昂武70千米江段北岸，共500千米，州内“两江一河”流域海拔400米至800米区域内的土地约有90万亩以上，按可开发利用的土地占60%计算，适宜发展农业的土地约有50万亩以上，此区域土壤以红壤为主，土层深厚，适合种植精品水果；海拔800米以上的区域约有土地30万亩，适宜发展经果林。此外，北盘江光照湖库区一线天至河塘江段南岸，约有3万亩土地适宜发展农业。（2）气候资源。“两江一河”流域属南亚热带湿润季风气候类型，年日照数1481.2小时，太阳总辐射98–108大卡/平方米/年，年降雨量1200毫米–1266毫米之间，全年无霜，年均气温在19.2℃–19.6℃之间，元月平均温9.1℃，雨量充沛、热量丰富、雨热同季，昼夜温差大，春季气温回升早，此区域种植的水果糖分含量高、口感好、品质佳。独特的旅游资源、丰富的农业资源，为开发“两江一河”生态产业带提供了良好的基础条件。

（二）“两江一河”区位凸显，为开发生态经济带创造了必要条件。南盘江、红水河是贵州黔西南州与广西百色地区的界河，北盘江是黔西南州与六盘水市、安顺市的界河，过去因为地处偏僻、交通落后，“两江一河”沿岸多为荒芜之地，不具备开发条件，资源优势难以转化为产业优势、经济优势。近几年来，随着交通建设的迅猛发展，汕昆高速、晴兴高速、惠兴高速、望安高速等高速公路穿越“两江一河”流域，加上原有的1条国道、4条省道，织密了“两江一河”流域的交通网络，特别是随着红水河水运中通道的建设，促进了水陆大交通格局的形成，使“两江一河”的区位优势逐渐凸显，从过去的“边缘”地带变为黔西南州融入毕水兴经济圈、黔中经济圈、珠三角、长三角以及东盟自由贸易区的前沿阵地。“两江一河”流域区位优势的凸显，有利于吸纳外部的信息、资金、技术、人才等要素向区域流动，为开发生态经济带准备了必不可少的条件。

（三）国家区域发展的战略机遇，使“两江一河”生态经济带开发变成可能。一是“十三五”时期是脱贫攻坚、同步小康的决胜时期，国家实施脱贫攻坚战略，“两江一河”流域作为贫困人口聚集区，为争取国家基础设施、产业扶贫资金投入“两江一河”生态经济带开发提供了重大机遇。二是“两江一河”是《西江—珠江经济区发展规划》《左右江革命老区振兴规划》的重要组成部分，为将“两江一河”生态经济带纳入这两个规划推进实施，争取中央的政策、资金支持上提供了直接机遇。三是“两江一河”是珠江流域西江上源的两大支流，国家加强珠江流域生态保护，必将加大生态工程建设力度，为将“两江一河”生态经济带纳入珠江流域生态保护工程建设争取支持提供了现实机遇。四是国家实施“一带一路”、长江经济带等区域发展战略，有利于“两江一河”生态经济带在对外开放中迎来发展机遇。抢抓这些机遇，将有利于借助外力推动“两江一河”生态经济带的开发进程，加快形成产业优势和经济优势。

二、开发“两江一河”立体生态经济带的战略意义

生态经济是在生态系统承载能力范围内，运用生态经济学原理和系统工程方法改变生产和消费方式，挖掘一切可以利用的资源潜力，发展经济发达、生态高效的产业，建设体制合理、社会和谐的文化以及生态健康、景观适宜的环境，实现经济腾飞与环境保护、物质文明与精神文明、自然生态与

人类生态的高度统一和可持续发展的经济。开发“两江一河”生态经济带，能创造“两条底线”一起守、两个效果一起来的新样板，具有重要的战略意义。

（一）撬动盘江流域脱贫攻坚。黔西南州“两江一河”干流的总人口达68万人，占全州总人口（349万）的19.48%，其中贫困人口16.9万人，占全州贫困人口（43.23万人）的39.09%。在“两江一河”流域36个乡镇、145个行政村中，分别有贫困乡镇29个、贫困村120个，占比高达80%以上。“两江一河”贫困乡镇、贫困村分别占全州贫困乡镇（98个）、贫困村（639个）的29.59%、18.78%。由此可见，“两江一河”流域贫困面大、贫困程度深、自然条件恶劣、经济发展滞后、产业基础薄弱，要实现全州43.23万人口脱贫、639个贫困村出列、98个贫困乡镇“摘帽”，必须加快推进“两江一河”流域产业开发。旅游资源、农业资源是“两江一河”流域的最大优势资源，充分利用其资源优势，开发生态经济带，变资源优势为产业优势、经济优势，推动流域经济的整体发展，才能实现流域贫困人口的整体脱贫。

（二）推动全域山地旅游发展。省委、省政府将全域山地旅游作为全省旅游发展定位，黔西南州将打造全域山地旅游标杆作为旅游发展的目标，如何推动全域山地旅游发展，开发“两江一河”生态经济带是最好的结合点。黔西南州的自然景观、民族村寨、文化古迹等重点旅游资源80%分布在南北盘江流域，万峰林、万峰湖、马岭河峡谷、云湖山、双乳峰、二十四道拐等已开发成形的重要景区也大都分布在南北盘江流域，并且南北盘江流域的旅游资源融山水游、乡村游、人文游为一体，是黔西南州山地旅游的代表，开发“两江一河”生态经济带，就是要统筹整合开发南北盘江的旅游资源，推动旅游景区的集群发展，通过打造南北盘江精品旅游线，将全州景区联动起来，推动全域山地旅游的发展。

（三）带动县域经济发展壮大。“两江一河”流经黔西南州8县（市），在兴义、贞丰、晴隆、册亨、望谟5个主要流域县（市）中，晴隆、册亨、望谟3县县域经济缺乏支柱产业、经济总量小，属县域贫困；兴义、贞丰县域经济虽然有所发展，但发展不平衡，兴义市沿南盘江畔的南部地区、贞丰县沿北盘江畔的北部地区属区域性贫困。开发“两江一河”生态经济带，通过发展旅游业、高效农业，实现农旅一体化，使之成为晴隆、册亨、望谟县域经济以及兴义南部区域经济、贞丰北部区域经济的支柱产业，必须带动县域经济的发展壮大。

（四）推进盘江流域城乡一体化。"两江一河"干流沿岸有三江口、巴结、万峰湖、八渡、双江、蔗香、岩架、乐元、白层、光照等13个沿江小城镇，"两江一河"生态经济带建设，利用资源优势，发展流域旅游产业和高效农业，将带动城镇基础设施的改善，带动现代服务业的发展，特别是旅游业的发展，必须配套建设一批承接旅游接待服务的沿江旅游小镇。小城镇作为城乡一体化的重要节点，通过"两江一河"生态经济带建设，必将拉动沿江小城镇的发展，必将助推盘江流域的城乡一体化。

（五）筑牢珠江上游生态屏障。州境内"两江一河"600多千米干流有20%的江段是悬崖绝壁的U形峡谷，80%的江段是V形河谷，干流两岸有60%是石山区，石漠化程度较深，流域生态环境比较脆弱。北盘江白层至双江口85.5千米江段、南盘江坡脚至双江口120千米江段、红水河蔗香至昂武70千米江段V形土山河谷，"两江一河"干流森林覆盖率不超过10%，石山江段石漠化严重，土山江段两岸坡度较大，水土流失严重，筑牢珠江上游生态屏障任务非常艰巨。"两江一河"生态经济带建设，坚持产业发展与生态建设相结合，通过发展绿色精品水果、经果林，实施水土保持工程，建设沿江绿色产业带，将提高"两江一河"干流沿岸的森林覆盖率，进而筑牢珠江上游生态屏障。

三、开发"两江一河"立体生态经济带的战略思路

立足"两江一河"资源优势，坚持农旅一体、立体布局，按照"水上搞旅游，山腰种水果、山头经果林"的立体生态经济带，开发"一线两带"生态经济。坚持基础设施、服务设施、生态设施一起完善，坚持风光游、乡村游、人文游融合发展，以全域山地旅游拉动南北盘江流域观光农业、现代服务业、城乡一体化多元发展。

（一）开发600千米盘江精品旅游线，构建全域山地旅游新格局。

根据南北盘江的旅游资源，按照"一条主线、五个组团、N个接入点"的布局，将南北盘江流域的各类旅游资源整合开发。一条主线，即：以州内南北盘江干流为主线，从南盘江三江口沿江而下，途经万峰湖、八渡、抵达双江口（南北盘江交汇处），沿北盘江沿江而上，途经岩架、乐元、白层、董箐、马马崖、光照湖抵达一线天，将南、北盘江沿岸的山水、乡村、人文等旅游资源整合开发、集群发展，形成600千米精品旅游线，构建山水游、乡村游、人文游相融合的全域山地旅游新格局。五个组团，即：在600千米

南北盘江干流上，以南北盘江梯级电站形成的湖泊为核心，聚集周边旅游资源，突出特色旅游主题，打造万峰湖、双江湖、董箐湖、马崖湖、光照湖五个旅游组团。N个接入点，即：将南北盘江流域的景区景点、旅游小镇、民族村寨、古度码头、茶马古道以及者楼河、清水江、麻沙河等支流旅游资源接入主线、融入组团，形成“一线穿五湖”的精品景区集群。

1. 打造万峰湖精品旅游组团。充分利用兴义市独一无二的“一城三景”优势，**以城市旅游为主题**，以兴义国际山地旅游城市为载体，以万峰湖、万峰林、马岭河峡谷为内核，聚集上下游和周边景区景点、旅游资源整合开发，拓展三大景区的外延和内涵，拉长产业链、拓展旅游业态，促进城在景中、景在城中的城市旅游集群的形成，打造城市旅游“三个界世之最”。**一是围绕“玩水”**，将万峰湖旅游外延向上游的三江口、云湖山景区拓展，包装“渔舟晚唱”“云湖观海”“垂钓天堂”等一批精品景点，规划建设巴结、沧江、三江口旅游休闲度假小镇，沿江规划开发开放南龙古寨等3至5个乡村旅景点，实现旅游观光、休闲度假、野外垂钓、乡村体验融合发展，**打造“世界最大高原城市湖泊”**。**二是围绕“游山”**，将泥凼石林、何应钦故居、刘氏庄园等景点融入万峰林景区通盘布局，融入地理风水文化整合开发，规划建设上述景点的连接线，推进万峰林旅游向峰林深处拓展，实现“观万峰林”向“游万峰林”转变，规划建设纳灰河水景生态旅游工程，实现山的秀美与水的灵性有机结合，提升万峰林的品质，**打造“世界最大的城市峰林”**。**三是围绕“玩峡谷”**，将“贵州龙”地质公园、“猫猫洞”古人类遗址等纳入马岭河峡谷景区统一规划，调整景区定位，规划建设城市峡谷公园，修通马岭河至万峰湖的水运通道，拓展峡谷荡舟观光，修建马岭峡谷沿谷通往万峰湖的旅游步道，促进城、峡、湖、峰的贯通融合，提高市民的参与度，**打造“世界最大的城中峡谷”**。

2. 打造双江湖精品旅游组团。充分利用龙滩电站库区及南北盘江交汇处形成的宽水域、多港湾、多山坡等自然资源，册亨、望谟深厚的布依族文化资源，以及南北盘江入海口的区位优势，以海洋旅游为主题，围绕“一核三向”布局打造双江精品旅游集群。“一核”：就是在南、北盘江交汇的“双江”口规划建设由旅客服务中心、水上运动中心、滨水度假保健、海滨沙滩观光、布依美食城、布依民歌城、布依纺织城、绝技演艺城等功能区组成的水上旅游综合体，发挥南北盘江精品旅游线对外门户和旅客南北聚集分流的平台作用，旅客从这里可以沿南盘江而上，可以沿北盘江而上，也可沿红水河而下。“三向”：就是以双江水上旅游综合体为核心，沿南盘江、北盘江、红水河三个方向各开发一条旅游文化长廊。即沿南盘江开发双江至万峰湖百里乡村旅游文化长廊，将板万古寨、坝盘古寨、板其溶洞、寒泉洞、八渡古渡口、“龙王石”、古方红糖等物质文化和布依摩经、布依歌舞、布依节日、布依风情等非物质文化接入南盘江乡村旅游文化长廊，形成乡村文化旅游精品线。沿北盘江开发双江至白层百里亚热带农业观光长廊，将岩架旅游小镇、者楼河风光、者楼模式、乐元布依小镇、洛凡燕子洞、清水江风光、白层渡口等景观接入农业观光长廊融合开发，打造沿江“诗画田园”景观，形成农旅一体精品旅游线。利用龙滩湖水域丰富的野生鱼类资源，沿红水河建设百里垂钓长廊，使之成为龙滩湖天然温室度假养生旅游区。

3. 打造董箐湖精品旅游组团。充分利用北盘江董箐电站大坝至九盘 60 千米江段聚集的湖、峡、桥、古驿道等旅游资源，以原生态峡谷旅游为主题，保持原生态景区风貌，体现真山、真水、真树、真景，包装“一湖一峡一道”精品景区集群。“一湖”，即董箐湖。坚持在保护中开发，实施山、水、树等生态细胞保护工程，保护好清澈的湖水、秀美的小岛、脆弱的生态；规划建设旅客服务中心，增强“一湖”服务整个景区的功能；规划建设沿湖观光步道，将湖畔的董箐、董岗等村寨接入董箐湖统筹开发，将董箐湖的生活服务功能引入村寨，减轻董箐湖的环境承载能力，将董箐湖打造成为观湖水山色的精品景区。“一峡”，即花江峡谷。从董箐到小花江约 50 千米峡谷，不建游道不修栈道，乘船观景，乘船游峡，实施游船管控，禁用“噪音船”，采用“静音船”，打造“静游观光、净心洗肺”修身养性峡谷游品牌。“一道”，即花江古驿道。沿江畔修复花江铁索桥至平街 13 千米古驿道，复建平街古驿站，挖掘展示古驿道文化；沿江岸栽种百果百花，再现“花江”景观；将绝地逢生的“顶坛模式”接入古驿道包装打造，丰富景区内涵。此外，将双乳峰、三岔河、者相旅游小镇、北盘江旅游小镇接入北盘江董箐湖统筹打造，形成精品景区集群。

4. 打造马崖湖精品旅游组团。以抗战文化旅游为主题，以马马崖电站库区“水体”为平台，充分利用沿江的奇特山崖、百德温泉、麻沙河支流、缓坡草场、抗战文化、三宝文化等旅游资源优势，打造“一镇一河一场一画廊”精品景区集群。“一镇”，就是利用兴仁百德镇温泉资源，在紧靠马马崖电站大坝规划建设马马崖温泉旅游小镇，打造高品位的旅游服务综合体，搭建景区接待服务平台。“一河”，就是开发河谷漂流、九重岩、观音洞、香炉石等自然景观为一体的麻沙河旅游线，接入马马崖湖景区。“一场”，就是将“晴隆模式”“阿妹戚托”接入景区，在马马崖湖畔规划建设万亩牧场，培植草原风光，移植草原旅游，让游客游湖登岸就能感受到异域风情。“一画廊”，马马崖至铁索桥80千米江段两岸有许多色彩缤纷、质地奇异的石崖，每壁石崖就像一幅天然石画，对其进行艺术包装，赋予其意象，打造百里石崖画廊。此外，将二十四道拐、盘江铁桥等接入马马崖湖，形成精品景区集群。

5. 打造光照湖精品旅游组团。光照湖是北盘江光照水电站蓄水发电形成的人工湖泊，利用“高山峡谷出平湖”这一区别于其他湖泊的独特优势、水体特征以及沿湖乡村文化资源，打造高原湖光山色、峡谷风光、民族文化相融合的精品景区。光照湖水体由河塘、皮坡两个宽水域和中营至龙吟一条峡谷带组成，光照湖景区应依托“水体”进行布局。依托河塘宽水域湖泊优势，规划建设景区游客服务中心，修建码头、酒店、停车场等服务设施，修通河塘至晴隆县城旅游公路，使光照湖与二十四道拐连为一线；依托皮坡水域湖泊，在湖畔的缓坡、小岛、湖弯规划建设农业观光园、布依风情园、盘江垂钓园，拓展农耕体验、民族美食、文化产业、水上运动等旅游业态；利用中营至龙吟江段峡谷的雄、奇、险、峻、秀的自然风光，重点包装“仙人屯”“一线天”、飞水岩瀑布等景点，在北盘江入境处的普安河阳规划建融苗族民居、饮食文化、歌舞演艺等为一体的苗族风情园及游客服务中心，形成精品旅游景区集群。

（二）开发沿江千里精品水果产业带，打造低热谷河高效农业新样板。

目前，“两江一河”现种植的水果品种有香蕉、火龙果、芒果、荔枝等近十种品种，其中香蕉4万亩、芒果1万亩、火龙果1万亩、甘蔗1万亩、澳洲坚果0.01万亩、龙眼0.05万亩、荔枝0.08万亩、葡萄0.7万亩、猕猴桃0.2万亩，品种多、规模小，难以形成规模经济。要提高水果经济效益，必须走规模化、品牌化发展之路，坚持生态优先、因地制宜、农旅一体，利用“两江一河”低热河谷气候优势，规划建设沿江“千里精品水果产业带”。

1. 精品水果产业带品种选择。为科学选择精品水果产业带品种，选择现有的亚热带5种主要品种进行效益比较分析。从表1可以看出，火龙果的投入产出比最高，在现有品种中效益最好，应优先选择；芒果、荔技、香蕉三个品种投入产出比相差不大，效益仅次于火龙果，但香蕉规模较大，应巩固发展，芒果保鲜期长、加工前景好，荔枝保鲜期短、不便加工，应选择发展芒果；甘蔗效益最差应该放弃。通过对上述5种主要水果的投入产出比进行综合比较，**“两江一河”千里精品水果产业带在品种选择上可选择投入产出比高、管理成本低、种管技术成熟的香蕉、芒果、火笼果三个品种。**

2. 市场需求及发展规模分析。为适应市场需求，科学确定千里精品水果产业带各种品种的发展规模，对本课题建议选择的香蕉、芒果、火笼果三个品种市场需求及预测作如下分析。**（1）香蕉。**据有关资料显示，近10年来中国市场香蕉的需求量逐年稳步增长，2015年香蕉总需求量达到1300万吨，相比10年前增长了一倍，目前中国人均香蕉年消费量仅为7.6公斤，国际消费水平约为14公斤，达到国际消费水平每年需要增加1300万吨香蕉。目前全国香蕉种植面积共600万亩、年香蕉产量仅为900万吨，供应量缺口400万吨，需扩大香蕉种植300万亩，因香蕉受地理气候条件制约，国内香蕉产区“十三五”期间难以实现大规模扩张，规模化发展香蕉，市场风险较小。**根据黔西南州“两江一河”地理条件和香蕉种植基础，可发展20万亩香蕉。（2）芒果。**据有关资料显示，2015年中国芒果种植面积为210万亩、总产量为100万吨，市场需求缺口500万吨以上，加之芒果可以加工成多种加工品，加工需求量更大，市场前景广阔。目前，我国芒果产业发展趋势为：东南沿海传统热区芒果种植面积增长缓慢或趋于停滞，广东省区有较大幅度下降；主要芒果产区正由东部热区逐步向西南部南亚热带区域转移，广西、云南、四川已成为我国新兴的芒果主产区和优势产业区，芒果价格一路上涨。**黔西南州“两江一河”处于广西、云南之间，又紧靠“芒果之乡”百色田东、田阳，融入芒果主产区和优势产业区，发展20万亩芒果不会引起市场波动，市场风险较小。**并且，可以利用“两江一河”冬、春两季出现一定低温干旱天气延迟芒果开花结果期的独特优势，种植中晚熟品种（如金煌芒、凯特芒、桂热10号、桂热82号、红玉芒、红芒6号），自然成熟期为8月至9月份，比海南、广东、广西芒果晚熟15天至20天，错过芒果大上市时间，可提高市场销售价格。**（3）火龙果。**目前，全国火龙果种植面积较小，全国仅为26万亩，年产量不足30万吨，其中贵州种植面积为10.5万亩，主要集中于罗甸、望谟、册亨、贞丰、关岭和镇宁6个县。鲜火龙果市场空间较大，加之火龙果的花、茎、果都可进行深加工，因火龙果种植受气候条件影响，全国火龙果种植面积大规模扩强的可能性极小，发展火龙果，市场风险较小。**根据黔西南州“两江一河”的土地资源，可规划发展10万亩火龙果。**

3.“两江一河”千里精品水果产业带区域布局。根据“两江一河”现有精品水果产业基础，坚持区域化布局、标准化种植、规模化发展，建议千里精品水果产业带由火龙果、香蕉、芒果产业带组成。**火龙果产业带：**在北盘江鲁容至岩架80千米、清水江20千米沿江两岸海拔800米以下区域规划种植火龙果10万亩。**香蕉产业带：**在北盘江岩架至双江口30千米沿江两岸、南盘江双江口至三江口264千米北岸海拔800米以下区域规划种植香蕉（西贡蕉）20万亩。**芒果产业带：**在红水河双江口至昂武北岸70千米沿北海拔800米以下区域规划种植芒果20万亩。

表1 “两江一河”亚热带水果主要品种投入产出分析表

品种	种植周期（年）	现有规模（万亩）	年均亩投入（元）	年均亩产值（元）	年亩纯收入（元）	投入产出比
香蕉	10	4	1870	6000	4130	1：2.21
甘蔗	4	1	982.5	1320	337.5	1：1.34
火龙果	10	1	2860	7800	4940	1：2.73
芒果	10	1	2233	6000	3767	1：2.7
荔枝	10	0.08	2233	6000	3767	1：2.7

（三）建设沿千里经果林生态产业带，创建“两条底线”同时守的新典范。

坚持生态效益与经济效益并重，在“两江一河”沿岸海拔800米以上的地域建设“千里经果林生态产业带”，重点考虑种植水土保持、生态环保效果好，兼顾经济效益好的经果林。

1. 经果林生态产业带品种选择。根据“两江一河”气候、土壤以及沿江经果林种植基础，沿江千里经果生态产业带，可重点发展澳洲坚果、板栗和油茶。**（1）澳洲坚果。**属山龙眼科、植物常绿乔木，热带、亚热带高档经济作物，素有“干果之王”的誉称，适宜在海拔1200米以下的丘陵或平地、气温10℃–30℃、年降雨量在1000毫米–2000毫米地区种植生长，4至5年进入投产期。“两江一河”气温、降雨量、土壤适宜种植澳洲坚果，年平均每年亩投入2000元左右，年亩产值6000元，投入产出比1:3。**（2）板栗。**适宜在海拔370米–2800米、年平均气温为10.5℃–21.7℃的地区（山地）种植生长，对气候土壤条件的适应范围较为广泛，6年左右开始开花结果。“两江一河”气温、降水量，比较适宜板栗生长发育，兴义、望谟、贞丰等县板栗种植面积已达20多万亩，种植管理成本低，年平均亩产投入1000元左右，年亩产值2500元左右，投入产出比为1:2.5。**（3）油茶**。属茶科、常绿小乔木，是我国南方主要的经济林木，与油棕、油橄榄和椰子共称世界四大木本食用油料树种，生长在中国南方亚热带地区的高山及丘陵地带，喜温暖，怕寒冷，适宜在平均气温16℃-18℃、阳光充足、水分充足、年降水量一般在1000毫米以上、坡度和缓的地方栽植，对土壤要求不很严格，一般适宜土层深厚的酸性土壤，目前册亨、望谟等县油茶种植面积已达10万多亩，种植管理成本低，年平均亩产投入1000元左右，年亩产值2500元左右，投入产出比为1:2.5。

2. 市场需求及发展规模分析。**（1）澳洲坚果**。市场前景看好，生态效益、经济效益俱佳，是一种含油量高、营养丰富、风味独特的食用坚果。全球对澳洲坚果的市场需求量在40万吨以上，但由于其生长对光、热、水、风等自然条件的选择性极强，全球种植面积仅60万亩，种植区主要在美国夏威夷和澳大利亚，年产量不足3万吨，发展澳洲坚果具有较大的市场潜力和广阔的市场前景，**根据"两江一河"流域的土地资源，可规划发展10万亩澳洲坚果**。**（2）板栗**。板栗素有"千果之王"的美誉，国外称为健康食品，属健脾补肾、延年益寿的上等果品，板栗含糖量低、淀粉含量高、肉质偏粳性，可用作菜栗，中国板栗年产量160万吨左右，占世界总产量的78%以上。中国板栗市场年需求量约在300万吨左右，市场需求量大、市场价格稳定。加之，望谟县已建设板栗龙头企业光秀板栗加工厂，目前仅一条生产线生，州内板栗供应量仅达50%，**在"两江一河"发展10万亩板栗，仅能满足光秀板栗厂加工需求**。**（3）油茶**。油茶是中国特有的一种纯天然高级油料，茶油的不饱和脂肪酸含量高达90%，远远高于菜油、花生油和豆油，与橄榄油比维生素E含量高一倍，并含有山茶甙等特定生理活性物质，具有极高的营养价值，随着人们生活质量的提高，茶油的需求量将不断增大。目前，全国油茶年产量仅为20万吨左右，远远满足不了市场需求，州内的油茶加工企业处于原料严重紧缺的状况。**因此，在"两江一河"规划种植10万亩油茶，不存在市场风险**。

3. 千里经果林生态产业带区域布局。根据"两江一河"现有经果林、经济林种植基础，坚持区域化布局、标准化种植、规模化发展，建议千里经果林生态产业带由10万亩板栗、10万亩油茶、10万亩澳洲坚果产业带组成。**板栗生态产业带**：在北盘江鲁容至岩架80千米、清水江20千米，沿江两岸、南盘江三江口至巴结80千米北岸海拔800米以上区域规划种植板栗10万亩。

油茶生态产业带：在南盘江双江口至巧马 120 千米北岸海拔 800 米以上区域规划种植油茶 10 万亩。澳洲**坚果产业带**：在北盘江岩架至双江口 30 千米沿江两岸、红水河双江口至昂武北岸 70 千米北岸海拔 800 米以上区域规划种植澳洲坚果 10 万亩。

四、“两江一河”立体生态经济带经济效益预测

“两江一河”生态经济带建成后，据初步预测，盘江精品旅游线年旅游总收入可实现 88 亿元以上，精品水果产业带预计可实现年销售收入 50 亿元、纯收入 28 亿元以上，经果林生态产业带预计可实现年销售收入 10 亿元、纯收入 6 亿元以上。“一线两带”预计年总收入达 150 亿元以上。具体分析如下：

（一）盘江精品旅游线经济效益预测。盘江 600 千米精品旅游线总长相当于 12 个九寨沟景区（总长 50 千米）、3 个长江三峡景区（全长 192 千米）。九寨沟年均接待国内外游客 450 万人次、旅游总收入 10 亿元，长江三峡年旅游接待总人次为 2300 万人次、旅游总收入为 87 亿元。以九寨沟为参照预测，旅游热度按九寨沟的 50% 折算，盘江精品旅游线预计能实现年接待游客 2700 万人次（450×12×50%）、旅游总收入 60 亿元。以长江三峡为参照预测，旅游热度按 50% 折算，盘江精品旅游线预计能实现年接待游客 3450 万人次（2300×3×50%）、旅游总收入 117 亿元。取两个参照预测样本的平均值，盘江精品旅游线建成后，预计年旅游总收入可实现 88 亿元以上。

（二）精品水果产业带经济效益预测。**香蕉**：平均亩产 2000 公斤，售价按 3 元 / 公斤计算，每亩总收入 6000 元、纯收益 4130 元，20 万亩香蕉可实现年销售收入 12 亿元、纯收入 5.4 亿元；**火龙果**：平均亩产 1300 公斤，售价按 6 元 / 公斤计算（产地最低价），每亩销售收入 7800 元、纯收益 4940 元，10 万亩火龙果可实现年销售收入 7.8 亿元、纯收益 4.94 亿元。**芒果**：平均亩产 1500 公斤，售价按 4 元 / 公斤计算（产地最低价），每亩销售收入 6000 元、纯收入 3767 元，20 万亩芒果可实现年产销售收入 12 亿元、纯收入 7.53 亿元。50 万亩精品水果产业带预计可实现年销售收入 51.6 亿元、纯收入 28.21 亿元。

（三）经果林生态产业带经济效益预测。**澳洲坚果**：平均亩产 300 公斤，售价按 20 元 / 公斤计算，每亩预计销售收入为 6000 元、纯收益 4000 元，10 万亩澳洲坚果预计年销售收入 6 亿元、纯收入 4 亿元。板栗：平均亩产 600 公斤，售价按 4 元 / 公斤计算，每亩销售收入为 2400 元、纯收益 1400 元，10 万亩板栗预计年销售收入 2.4 亿元、纯收入 1.4 亿元；油茶：平均亩产 300 公

斤，售价按 8 元 / 公斤计算，每亩预计销售收入为 2400 元、纯收益 1400 元，10 万亩油茶预计年销售收入 2.4 亿元、纯收入 1.4 亿元。30 万亩经果林预计可实现年销售收入 10.8 亿元、纯收入 6.8 亿元。

五、“两江一河”立体生态经济带开发路径建议

（一）统筹配套基础设施。坚持基础设施建设先行，切实改善生产条件，筑牢“两江一河”生态经济带开发的基础保障。**一是统筹配套交通基础设施。**统筹抓好产业路与旅游路建设，修通贞丰鲁容至昂武（经白层、鲁贡、罗元、油迈、岩架、蔗香）、岩架至八渡（经双江、百口）环湖精品水果产业路兼旅游路，修通安龙万峰湖至兴义三江口（经巴结、沧江）、普安河阳至晴隆光照（经长流、中营、大田）环湖旅游路兼产业路，形成“两江一河”生态经济带产业路、旅游路与高速公路、国省干道互联互通的交通网络。统筹抓好陆路交通与水运交通建设，加快推进已规划的“两江一河”水运中通道建设，尽快打通红水河水运航通，在盘江精品旅游线的旅游小镇、民族村寨、农业观光园等旅游接入点规划建设一批旅游码头，在精品水果产业带、经果林生态产业带重点区域规划建设一批生产码头，实现水路与陆路的互联互通。**二是统筹配套水利基础设施。**统筹抓好农业用水工程建设，在千里精品水果产业带、经果林生态产业带规划建设 10 个提灌站及配套灌溉工程（每 50 千米一个），解决农业灌溉用水问题；统筹抓好旅游用水工程建设，在盘江精品旅游线的重要组团、重要景区、生活服务区规划建设饮用水供水工程，解决旅游用水问题。**三是统筹配套电力通信设施。**规划建设精品旅游线沿线服务中心、景区景点以及精品水果产业带、经果林产业带的供电工程，解决旅游景区用电和农业用电问题；结合城乡通讯基础设施建设，统筹规划将通信设施延伸到“两江一河”生态经济带区域，实现“三网融合”和免费 WIFI 全覆盖，切实解决通讯不畅、信息闭塞的问题。

（二）建立开发联动机制。坚持县域发展，建立科学有效的开发机制，筑牢“两江一河”生态经济带开发的组织保障。**一是构建州抓规划、县抓平台、乡抓项目、村抓产品的“四抓”联动机制。**州抓规划，就是坚持区域统筹、多规合一，州直有关职能部门统筹协调，做好旅游线路、景区景点、产业发展、配套设施等详细规划，将规划细化到项目，并抓好规划的组织实施，确保规划“落地”，引领“两江一河”生态经济带开发；县抓平台，就是坚持县域发展，各县（市）按照“两江一河”生态经济带建设详细规划，

抓好辖区内的基础设施、产业园区、投资环境等建设，搭建优越的开发平台；乡（镇）抓项目，就是坚持建设任务项目化，抓好辖区内项目的组织实施；村抓产品，就是坚持项目标准化建设，涉及“两江一河”生态经济带的村组，严格按照项目建设标准组织生产，提高产品质量，培育产品品牌。**二是构建任务链、责任链、利益链相统一的“三链”驱动机制**。任务链，就是坚持开发任务目标化，州政府将“两江一河”生态经济带开发总体目标、年度目标分别分解到各县（市），各县（市）将目标任务细化到项目分解到乡镇，各乡镇将项目落实到地块。责任链，就是坚持责任到人，建立州直部门、县（市）、乡（镇）、村四级目标任务落实责任机制，严格考核，严格问责。利益链，就是坚持利益驱动，实施全产业链打造，建立州、县（市）、乡（镇）、村四级利益分配机制，调动各个层级在“两江一河”生态经济带建设中的积极性。

（三）推行多种发展模式。坚持群众主体地位，推行多种生产经营方式，筑牢“两江一河”生态经济带开发的生产力保障。**一是推行“合作联动”**。农村专业合作社是组织群众参与生产发展面最大、群众受益面最广的生产组织方式，在群众参与“两江一河”生态经济带开发积极性高的村组，组建一批专业合作社，组织群众发展一批精品水果园、经果林产业园。**二是推行“园区带动”**。引进一批实力雄厚的公司（龙头企业），采取“公司+农户”或“公司+合作社”方式，对生态经济带开发积极性不高的村组的土地进行流转或采取以土地入股的方式，发展一批现代农业园区。**三是推行“公司带动”**。在有条件、有资源的乡镇、行政村组建旅游发展公司、农业发展公司等股份公司，鼓励群众以资金、土地、房屋等入股，开发景区景点，发展乡村旅游、精品水果产业或经果林产业。**四是推行“基地带动”**。各乡镇创建一批精品水果或经果林示范基地，以基地为平台，组织群众到基地进行参观体验和技术培训，增强基地的示范作用，带动群众投入“两江一河”生态经济带开发。

（四）拓宽资金融资渠道。坚持投资主体多元化，拓宽资金的融资渠道，筑牢“两江一河”生态经济带开发的资金保障。**一是抓好项目申报，向政策要资金**。认真研究国家脱贫攻坚、国发二号文件、《左右江革命老区振兴规划》等有关政策，认真编制一批基础设施、产业发展、生态建设等方面的项目，通过项目申报争取国家资金投入生态经济带建设。**二是抓好农村改革，向农民要资金**。深入推进“两江一河”流域农村改革，加快农村土地确权颁证，积极创造条件，深化“三变”改革，让资源变资产、资产变资金、资金变股金，使更多的农民资金投入“两江一河”生态经济带开发。**三是抓好招商引资，向社会要资金。**加快推进“两江一河”生态经济带区域交通、水利等基础设施建设，营造良好的投资环境，精心编制包装一批旅游项目、精品水果项目、经果林项目，实施项目招商，广泛吸纳社会资金投入“两江一河”生态经济带开发。**四是抓好平台建设，向金融要资金。**组建“两江一河”生态经济带建设投资公司，建立融资平台，采取向商业银行（如工商银行、建设银行）申请抵押贷款、向政策性银行（如国家开发银行、农业发展银行、中国农业银行）申请贴息贷款、向世界银行申请贷款，或采取卖方信贷、发行基金等方式进行融资，解决开发资金不足的问题。

（五）实施品牌发展战略。坚持品牌培育，增强产品的市场竞争力，筑牢“两江一河”生态经济带开发的市场保障。**一是打造盘江旅游品牌。**立足旅游资源，坚持高标准规划、高质量建设、高效益经营、高效能管理，精心设计包装打造盘江精品旅游线，突出旅游产品的多样性、唯一性、地域性，力求做到600千米盘江旅游线上的每个组团、每个景区、每个景点都具有个性特征、都是旅游精品。**二是打造绿色水果品牌。**注重从生产过程培育品牌，严格按照绿色食品、无公害农产品、有机食品的标准进行生产，确保20万亩芒果、20万亩香蕉、10万亩火龙果实现“三品”产地认定，盘江芒果、盘江香蕉、盘江火龙果通过产品定证，打造盘江绿色水果品牌。**三是打造农特产品品牌。**依托千里精品水果产业带、经果林生态产业带以及盘江精品旅游线，规划建设沿江农特产品加工工业园，培育和引进农特产品加工企业，开发芒果、香蕉、火龙果、澳洲坚果、板栗、油茶等列系农特加工产品，打造一批农特旅游产品品牌。

（六）强化人力资源开发。坚持人才发展战略，实施人力资源深度开发，筑牢“两江一河”生态经济带开发的人才保障。**一是强化旅游人力资源开发。**针对黔西南州旅游人才紧缺的现状，采取“内培外引”双管齐下的办法，加快旅游行政管理人才、高素质职业经理人、旅游营销人才、旅游商品开发人才、旅游专业技术人才、导游服务人才等旅游发展急需人才的培养。**二是强化农业人力资源开发。**充分发挥乡镇农技、畜牧、林业等农业站所农技培训职能，加强农业技术培训，整合人社、农业、扶贫、科技等部门的涉农培训资源，发挥职院、职校作用，切实开展职业农民长期技能培训，为“两江一河”千里精品水果产业带、经果林生态产业带培训高素质的农民队伍。

总之，“两江一河”生态经济带开发是黔西南州变资源优势为经济优势，培育新的经济增长点，实现脱贫攻坚、同步小康目标的重要抓手，只有按照生态经济理论谋划产业布局、指导产业发展，将盘江精品旅游线、千里精品水果产业带、千里经果林生态产业带开发任务落到实处，才能既守住发展底线、又守住生态底线，实现经济发展与环境保护、自然生态与人类生态的高度统一和可持续发展目标。

（作者单位：黔西南州人民政府经济发展研究室）

推进生态与产业融合发展战略研究

岑大明

内容摘要：守好发展和生态两条底线，是黔西南州发展山地经济的基本要求，创新经济发展方式是守好两条底线的唯一出路。本文创造性地提出“实施青山蓄财、碧水纳财、蓝天添财、净土生财四大工程，推进生态建设与经济发展相融合”的发展思路，立足黔西南州山地优势，提出了构建山地绿色生态产业体系的发展任务，并根据发展任务，研究了实现生态与产业融合发展的路径建议。

关键词：生态建设　产业发展　融合发展　路径建议

2015年6月，习近平总书记视察贵州时指出：“强调发展不能破坏生态环境是对的，但为了保护生态环境而放弃发展就绝对化了，既要绿水青山，也要金山银山，这是贵州要写好的一篇大文章。”贵州省第十二次党代会提出：守好山青、天蓝、水清、地洁四条生态底线，决不走“先污染后治理”的老路，决不走“守着绿水青山苦熬”的穷路，决不走“以牺牲生态环境为代价换取一时一地经济增长”的歪路，坚定不移走百姓富、生态美两者有机统一的新路。如何写好“绿水青山就是金山银山”这篇文章，是黔西南州乃至贵州应首先研究的重要课题。

一、“四大工程”充满着唯物辩证法的思想智慧

黔西南州是少数民族地区、滇桂黔石漠化片区核心区、珠江上游生态功能区，是贵州贫困程度最深、贫困人口最多的贫困地区，目前全州还有33.22万贫困人口尚未脱贫，加快经济发展和保护生态环境显得同等重点。如何同时守牢发展和生态两条底线？应坚持以生态文明理念引领经济发展，实施青山蓄财、碧水纳财、蓝天添财、净土生财四大工程，大力发展绿色经济，努力实现百姓富、生态美有机统一。这是对唯物辩证法的自觉运用，是科学处

理发展与生态矛盾做出的战略思考和适应供给侧结构性的战略抉择。

（一）实施“四大工程”，是辩证推进绿色发展的实践创新。绿色发展是科学发展的思想精髓，追求人与自然和谐共荣的文化内涵，走生产发展、生活富裕、生态良好的文明发展道路，这是马克思主义自然辩证法思想，把世界看作是“自然—人—社会”复合生态系统，深刻揭示了“万物相连、包容共生，平衡相安、和谐共融，平等相宜、价值共享，永续相生、真善美圣”的生态文化思想精髓，重点回答了生态系统的有机创造性和内在联系性。黔西南州实施青山蓄财、碧水纳财、蓝天添财、净土生财四大工程，是以构建蓝天白云、青山绿水、气爽地洁的生态环境为基础，更加注重生态产业发展，将生产发展与生态文明建设有机地结合起来，有效地统筹实现自然资源和生态环境的生态价值、经济价值、社会价值和文化价值，是自觉运用辩证思维推动生态文明建设、促进绿色发展的实践创新。

（二）实施“四大工程”，是处理发展与生态矛盾的科学方法。黑格尔说过，既对立又统一，这就是矛盾。世界是由矛盾构成的，矛盾无时不有、无处不在。对立和统一是矛盾的两个根本属性，矛盾的对立属性称为斗争性，矛盾的统一属性称为同一性。矛盾的同一性是指矛盾着的对立面之间内在的、有机的、不可分割的联系，体现着对立面之间相互吸引相互转化的性质和趋势，表现为矛盾双方相互依存、互为条件、相互渗透、相互贯通，在一定条件下相互转化。经济发展和环境保护就是一对矛盾体，既存在对立性也有统一性，共处于自然界这个统一体中。许多人有这么一个观点，加快经济发展就会破坏生态环境，保护生态环境就会影响经济发展。这一观点只看到矛盾的斗争性，未看到矛盾的同一性。黔西南州实施“四大工程”，就是运用矛盾的同一性，寻求经济发展与环境保护的结合点，生态建设与生态产业、水生态保护与涉水产业、空气保护与康养产业、耕地保护与优质农业这些都可以相互渗透、相互促进、相互转化、共同发展，这是科学处理发展与生态矛盾的有效方法。

（三）实施“四大工程”，是适应供给侧结构性改革的必然选择。提高发展质量是供给侧结构性改革的手段，提高有效供给是供给侧结构性改革的目标。黔西南州实施“四大工程”，注重经济效益与生态效益有机结合，既是推进供给侧结构性改革的方法措施，又能实现改革的最终目标。青山蓄财工程，在加强生态建设中，优化林种结构，发展优质高效林木、水果、干果，提高优质林果产业的有效供给；碧水纳财工程，在加强水资源治理和保护中，发挥水资源优势，大力发展涉水产业，提高优质水产品有效供给；蓝天添财工程，在蓝天保卫中，发挥优质空气优势，大力发展康养产业，提高优质健康产品的有效供给；净土生财工程，在加强土地污染治理和保护中，大力发展优质高效农业，提高绿色、有机、无公害农产品的有效供给。

二、发挥生态优势，构建山地绿色生态产业体系

生态环境是经济发展的主要载体，按照人们的常规思维，加快经济发展，必然增加生态环境的负荷，甚至牺牲生态环境。习近平总书记视察贵州时要求贵州“守牢发展和生态两条底线”。这实际上就是要求贵州要树立正确的发展思路，确立科学合理的发展方式，既要保持经济的快速增长，又要保护生态环境。要破解经济发展与生态保护的矛盾，必须坚持以生态文明理念引领经济发展，寻求经济发展与生态建设的结合点，着力构建山地绿色生态产业体系，在经济发展中厚植生态优势，在生态建设中推动绿色经济发展，变生态优势为经济优势，推进生态建设与经济发展互动，实现生态美与百姓富的有机统一。

（一）实施“青山蓄财”工程，推进生态建设与林果产业融合发展，把“青山”变成“金山”。黔西南遍地是山，资源在山，出路在山，生态弱点也在山。黔西南的山有三个特点：海拔差距大，最底海拔 275 米，最高海拔 2207.2 米；山高坡地多，水土流失严重；石漠化面积大、石漠化程度深。要充分利用黔西南州地处珠江上游重要的生态屏障的地理优势，抢抓国家加大珠江上游生态建设投入的机遇，转变生态建设思路，跳出“就生态搞生态、就治理搞治理”的传统思维模式，找准生态建设与产业发展的结合点，实施“青山蓄财”工程。**一是实施退耕还林工程，建设立体林果产业基地。**结合“十三五”期间，全州计划实施 400 万亩退耕还林、荒山造林工程，充分利用海拔和气候差异，大力发展山地特色优质高效的经果林、经济林，在“两江一河”低海拔河谷（海拔 800 米以下区域）重点发展澳洲坚果、芒果两大产业，在中海拔山区（海拔 800 米至 1250 米区域）重点发展油茶、板栗、核桃三大产业，在高海拔山区（海拔 1250 米以上区域）重点发展茶叶产业，打造高、中、低三条优质林果产业带，实现“坡地退下来，产业搞上去”。**二是实施石漠化治理工程，发展石漠化特色产业。**黔西南州是全省石漠化最为集中连片的地区，全州 8 县市均处在滇桂黔石漠化片区核心区，石漠化治理任务艰巨，结合“十三五”期间全州计划实施的 870 平方千米石漠化治理工程，

切实推广“顶坛模式”，将石漠化治理与培育特色生态产业结合起来，大力发展花椒、金银花等石漠化特色产业，实现“石漠化减少，产业化扩大”。**三是实施水土流失治理工程，建设优质种草养畜基地。**黔西南州地处云贵高原东南边缘与广西丘陵山地过渡的斜坡地带，山高坡陡，水土流失严重，结合“十三五”期间全州计划实施1500平方千米水土流失治理工程，大力推广晴隆“种草养畜模式”，发展既有水土保持效果又有经济价值的皇竹草、苣菌草、构树等畜草产业，配套发展草地畜牧业，打造优质种草养畜基地。总之，在实施生态建设工程中，将林果产业、石漠化特色产业、草地畜牧业培育成为支柱产业，让一座座“青山”蓄积绿色财富。

（二）实施“碧水纳财”工程，推进水源保护与涉水产业融合发展，把“水源”变成“财源”。水，是黔西南州的宝贵财富、重要资源。州境内共有长度10千米以上的河流144条，分别与南盘江、北盘江和红水河构成3个区域水系，均属珠江流域，地处珠江上游。随着工业化、城镇化进程的加快，水源保护的综合措施未能完全同步跟上，水源污染日益加重。加强水源保护，既是共建珠江流域水生态环境的历史责任，又是培育黔西南州后发优势的时代使命。应坚持“在开发中保护，在保护中开发”的原则，实施“碧水纳财”工程，推进水源保护与涉水产业融合发展。**一是治理江河污染，大力发展水旅游产业。**南盘江、北盘江、红水河是黔西南州的三大水系、重要江河，“两江一河”流域旅游资源丰富，聚集山水风光、民族风情、历史文化、特色风物等旅游资源，具有广阔的开发前景，应全力推进“两江一河”流域水污染综合治理与旅游业融合发展。在水污染治理上，实施污水、洪水、涝水、供水、节水“五水共治”，强力推进“两江一河”流域污染综合治理，特别是要铁腕整治南盘江、红水河网箱养鱼，切实提高江河的水质，还江河以清澈绿碧。在旅游业发展上，以“两江一河”水体为主线，加快流域各类旅游资源开发，丰富以“玩水”为主题的旅游业态，打造“绿水青山”为底色的“两江一河”千里精品旅游线。**二是加强溪水保护，大力发展水疗养产业。**黔西南山多、溪流多，一个山弯便有一条溪流，形成山环绕、水环抱的生态环境，为发展水疗养产业提供了优越条件。但是，农村污水处理设施、生活垃圾收运系统建设滞后，污水乱排、垃圾乱倒的现象极为严重，溪水污染、溪水枯竭日益加剧，既破坏了生态环境，又削弱了发展优势，应全域推进农村污水处理设施、生活垃圾收运系统建设，扎实开展农村全域卫生环境整治，切实解决“污水乱排、垃圾乱倒”的问题，全力保护好溪水，同时利用山水相融的生态优势，大力发展水疗养、水保健等产业，让溪水增值创富。**三是加强地下水保护，大力发展矿泉水产业。**黔西南州山高水长，地下水、泉水丰富，含有多种矿物质，为发展水产品提供优质的生产资料。一方面，应加快推进矿山环境恢复治理、城乡垃圾污染治理和农业面源污染治理，切实保护地下水、山泉水不受污。一方面，要充分利用地下水、山泉水资源，大力发展矿泉水、饮水用产业，培育壮大一批矿泉水、饮用水企业，打造特色矿泉水、优质饮用水品牌，将矿泉水产业培育成为支柱产业之一。总之，在推进水生态建设中，通过大力发展水体旅游、水疗养、水保健、矿泉水、饮用水等涉水产业，让黔山秀水吸纳八方财富，成为源源不断的财源。

（三）实施“蓝天添财”工程，推进空气治理与康养产业融合发展，把“空气”变成“福气”。抬头看到蓝天白云，张口吸到清新空气，是人类生活的基本要求。与工业化城市相比，黔西南州空气质量相对优良，这是工业发展滞后给我们的补偿，必须高度重视“保卫蓝天”，持之以恒厚植空气优势，并充分利用空气优势，加快发展健康养生产业，让蓝天添财。**一是提升城市空气质量，加快城市康养产业发展。**康养产业是大旅游业态之一，城市是聚集人口的重要载体，也是康养产业发展的主要平台，各县市应立足县城的优势特色，加快建设个性鲜明的旅游康养城市，严格治理污染物排放，严格控制高能耗、高污染行业项目准入，以优质的空气、优越的环境增强城市吸引外来人口的功能。以城市为依托，大力发展医疗保健、健康管理、新型健康、健身美容、美食养生、养老地产等健康养生产业。特别是作为全州旅游发展龙头的兴义市，应严格依法整治宜化、兴化污染问题，为打造国际山地旅游城市、休闲养生城市创造优越的空气条件。**二是利用城镇空气质量，加快特色康养小镇建设。**小城镇是城镇化建设的重要节点，是产业发展的重要平台，目前黔西南州绝大多数的乡镇属于农业乡镇，工业尚是一块空白，工业污染物排放几乎为零，应充分利用城镇优良空气，以特色康养产业为核心，以地域文化为灵魂，以主题旅游为主线，精心打造一批以医疗产品、保健产品、营养产品、生态休闲、医疗养生等健康养生产业为核心的特色小镇，推进健康养生产业品牌化、集群化、连锁化、系统化发展。**三是利用乡村清新空气，加快自然养生产业发展。**空气清新是全州农村的共性优势，优越的空气条件为发展自然养生产业奠定了基础。应结合美丽乡村建设、新农村产业发展，在依山傍水、有山有水、田原风光秀美的村寨着力发展农耕养生、水疗养生、素食养生、空气养生、休闲度假等自然养生产业，推进养生产业与乡村旅游融合发展。总之，在推进空气治理中，通过大力发展健康、养生、养老产业，用空气吸引人口、增强人气、增添财气，变为福气。

（四）实施“净土生财”工程，推进土地治理与优质高效农业融合发展，把“土地”变成“宝地”。全州共有耕地面积450.45千公顷，其中水田109.19千公顷，旱地341.26千公顷，这是黔西南州发展的主要资源。农业历来是全州的基础产业，面对二产不强、三产不活的实际，更应珍惜有限土地，全力整治土地污染，提高土壤质量，使“干净”的土地长出绿色、有机、无公害的农作物，培育出优质的农产品。蔬菜、水果、大米是千家万户必不可少的农产品，应转变农业发展方式，紧盯城市“菜篮子”“果盘子”“粮袋子”，充分利用优质土壤资源，大力发展有机蔬菜、精品水果、优质大米等高效农业，提高农业的经济效益，实现“净土生财”。**一是加快农田土壤改良，大力发展有机蔬菜。**随着城镇化步伐加快，城镇垃圾、污水等污染源对土地污染不断加重，在加强治理和防治的同时，在靠近城镇、耕作条件较好的区域，规划建设全国有机蔬菜供应基地，根据有机蔬菜种植的土壤标准，对土地进行土壤改良，采取区域化布局、园区化推进、专业化生产、产业化经营，大力发展无公害、有机蔬菜，打造盘江有机蔬菜品牌。**二是加快损毁土地修复，大力发展精品水果。**煤矿、金矿等矿产资源的开发，造成不少耕地污染损毁、肥力退化，应加大对污染损毁、退化耕地的修复和改良力度，同时调整农业产业结构，充分利用海拔、气候等差异，在低海拔河谷地带加快发展芒果、火龙果、澳洲坚果等亚热带精品水果，在中海拔丘陵地带大力发展红星猕猴桃、五星大枇杷、紫王葡萄等精品水果，打造全国精品水果供应基地，培育盘江绿色水果品牌。**三是整治农业面源污染，大力发展优质大米。**针对化肥、农膜使用不科学造成的土壤性状恶化、农业面源污染，应严格实施“坝长制”，加大基本农田保护，严格整治农业面源污染，切实提高耕地质量，在主要产粮大坝，建设优质商品粮基地，实施标准化耕作、集约化经营等现代农业措施，发展绿色、无公害优质大米，全面提高粮食品质，打造盘江绿色大米品牌。总之，结合土地污染治理，发展壮大有机蔬菜、精品水果、优质大米三大产业，实现“净土生财”，推动山地特色优质高效农业的发展。

三、推进“四大工程”实现“四变”的路径建议

“四大工程”是黔西南州践行习近平总书记提出的绿水青山就是金山银

山的发展理念、落实贵州省第十二次党代会提出的“大生态战略行动”的创举，不仅需要干部群众发展理念更新、发展方式的转变、工作方法的创新，而且需要全州统一布局、统筹推进等保障措施，才能有效推进“四大工程”的实施，实现“青山”变“金山”“水源”变“财源”“空气”变“福气”“土地”变“宝地”。

（一）转变发展理念，增强发展动力。长期以来，我们在发展过程中把经济发展与生态建设割裂开来，先经济后生态、重经济轻生态、先发展后治理的发展理念根深蒂固。“四大工程”是黔西南州探索同时守牢发展和生态两条底线的创新之举，只有更新发展理念，转变发展方式，增强发展的内在动力，才能有效地推动“四大工程”的实施。**一是坚持绿色发展理念。**自觉地将生态文明建设融入经济建设各方面和全过程，既要自觉守住生态底线，又要从环境保护活动中获取经济效益，将维系生态健康作为新的经济增长点，自觉把培育生态文化作为经济发展的重要支撑，自觉把绿色、循环、低碳作为经济发展的基本途径。**二是坚持协调发展理念。**发展是一个整体、一个系统，需要各方面、各环节、各因素协调联动，各级各部门要树立产业与生态、产业与产业、城市与乡村、物质文明和精神文明协调发展的理念，使推进产业协调、城乡协调、经济发展与生态文明建设协调共进，成为各级干部推动发展的基本方法和自觉行动。**三是坚持互动发展理念。**经济发展与生态建设相辅相成、相互促进、相互转化，才能相得益彰。要坚持经济与生态互动发展，自觉转变发展方式，走经济与生态互动发展之路，变生态优势为经济优势，用经济优势厚植生态优势，在经济发展中推进生态建设，在生态建设中推动经济发展，实现生态建设与经济发展双赢。

（二）坚持统一布局，严格规划引领。“四大工程”是黔西南州生态文明建设的创新载体，工程重点目标是有效治理山、水、气、土四大生态任务，培育壮大林果产业、涉水产业、康养产业、优质农业四大生态产业。大自然是一个相互依存、相互影响的系统，实施“四大工程”应坚持区域化布局、专业化规划，构建完善的生态系统和新型的产业体系。**一是综合规划“四治”生态工程。**治山、治水、治气、治土是“四大工程”的基础工程，应坚持综合规划，按山脉规划“治山”工程，按水系规划“治水”工程，按镇域规划“治气”工程，按坝区规划“治土”工程，使山、水、气、土治理工程有机结合，形成相互融合、相互补充、相互协调的生态体系。**二是合理布局“四大”生态产业。**推进林果产业、涉水产业、康养产业、优质农业四大生态产业发展是实施“四大工程”的核心和目标，应充分利用海拔差异、立体气候、溪水河流、山坡田野等山地资源优势，按照绿色发展、循环发展、协调发展的原则，合理布局四大生态产业，编制详细的生态产业发展规划，构建绿色高效山地特色的新型生态产业体系。**三是科学统筹生态与产业的关系。**“四大工程”既是生态建设工程，又是产业发展工程，要科学处理好生态与产业的关系，转变发展方式，在发展中寻找实现生态与产业双赢的结合点，既要利用生态优势推进产业发展，又要在加快产业发展中厚植生态优势，最终实现生态与产业协调发展。

（三）强化统筹配合，整合力量推进。“四大工程”是生态与产业融合发展的系统工程，涉及林业、农业、水务、环保、工信等部门，各部门只有统筹配合，整合各方力量，才能有效推进，取得实效。**一是统筹行动计划。**建立由相关部门组成的“四大工程”推进协调领导小组，统筹制定“四大工程”实施总体方案及年度行动计划，坚持区域综合治理，制定年度行动计划的任务书、时间表、线路图，将青山蓄财工程、碧水纳财工程、蓝天添财工程、净土生财工程各项年度目标任务细化落实到版图上，挂图推进，挂图攻坚。**二是统筹资金投入。**建立资金集中使用机制，按照“四大工程”年度行动计划，将林业、农委、水务、环保等部门的生态建设项目集中安排在年度综合治理区域，使各部门的资金集中投向相同区域，形成各路项目资金向生态综合治理区域聚集效应，提高区域生态综合治理的成效。**三是统筹人力保障。**建立人力统一调度机制，根据完成“四大工程”年度行动计划目标任务所需的人力保障需求，从项目涉及的部门、县市、乡镇、村组抽调人力及技术力量集中调配使用，根据工程实施的需要组建若干个工作推进组，形成合力，全力攻坚，确保年度行动计划的有效实施。

（四）实施观摩倒逼，严格考核问效。任何一项工程，责任不明容易推诿，督促不紧容易拖延，考核不严容易流于形式。“四大工程”关系到守牢发展和生态两条底线，是实现“百姓富、生态美”的重要抓手，必须采取有效的推进措施，才能真正实现“四变”目标。**一是实施分级落实机制。**建立任务链，坚持任务目标化，将“四大工程”总体目标、年度目标分别分解到各县（市），各县（市）将目标任务细化到项目分解到乡镇，各乡镇将项目落实到地块。建立责任链，坚持责任到人，建立州直部门、县（市）、乡（镇）、村四级目标任务落实责任机制，增强各个层级在“四大工程”建设中的责任感。**二是实施观摩倒逼机制。**建立“四大工程”观摩机制，坚持把“观摩倒逼”作为推进“四大工程”的基本方法，每年对各县市实施的“四大工程”进行两轮现场观摩，通过现场观摩、倒逼各地加大工作力度、加快工作进度，推出成功经验和工程样板，促进“四大工程”建设项目加快成长。**三是实施考核问效机制**。完善“四大工程”考核评价体系，把体现经济发展与生态建设状况的指标，纳入经济社会发展评价体系和各级领导干部政绩评价体系，建立体现经济发展与生态文明相融合的目标体系、考核办法、奖惩机制，使之成为推进“四大工程”建设的重要导向和约束机制。

总之，实施“四大工程”是厚植生态优势，变生态优势为经济优势，推动生态建设与经济发展相融合，实现同时守牢发展和生态两条底线的实践创新，是开创百姓富与生态美有机统一的新路，只有切实抓好“四大工程”的落地落实，全面提升生态文明建设水平，同时发挥生态优势，转变发展方式，加快构建山地生态产业体系，才能开创黔西南州科学发展的新境界。

（作者单位：黔西南州人民政府经济发展研究室）

新常态视角下产业互动发展研究

岑大明

内容摘要：新常态是当前和今后中国经济运行的新特点，要适应新常态趋势变化，必须以“非常态作为”应对“新常态”，积极探索“有别于东部、不同于西部其化省份的发展新路”，这对黔西南州经济发展特别是产业发展具有方向性的影响。黔西南州经济长期处于欠开发欠发达阶段，产业发展面临“阵痛期”，经济下行和风险增大。选择什么样的产业发展路径不仅是黔西南州适应经济新常态的重要命题，而且是黔西南州实现后发赶超同步小康的重要途径。

关键词：经济新常态　产业互动　对策建议

2015年6月，习近平总书记到贵州考察工作时要求：“贵州要积极适应经济发展新常态，守住发展和生态两条底线，培植后发优势，奋力后发赶超，走出一条有别于东部、不同于西部其化省份的发展新路。”产业是经济发展的基础，是物质财富的重要来源，没有产业发展，经济发展便失去根基，离开了产业发展，后发赶超便是无源之水、无本之木。当前，全国已进入经济新常态，作为欠开发、欠发达、发展相对落后的黔西南，只有运用“新常态”理念，准确把握经济形势，抓住新机遇，应对新挑战，切实推动产业发展，才能走出一条具有黔西南特色的发展新路。

一、准确把握新常态下黔西南州的经济形势

经济的“常态”是一个经济体运行的“经常性状态”或“稳定性状态”的简称。2014年5月，习近平总书记在河南考察时指出：“中国发展仍处于重要战略机遇期，我们要增强信心，从当前中国经济发展的阶段性特征出发，适应新常态，保持战略上的平常心态。”这标志着全国经济进入新常态，经济发展方式将发生重大变革，即：发展速度将从高速增长转为中高速增长；经

济结构将不断优化升级；发展动力将从要素驱动、投资驱动转向服务业发展及创新驱动。认识和把握黔西南州的经济形势，必须在经济新常态的基本特征下进行。

（一）用新常态特征判断黔西南州经济发展现状。新常态反映中国经济运行的三个新特征：从速度层面看，经济增速换挡回落，从过去10%左右的高速增长转为7%–8%的中高速增长；从结构层面看，经济结构发生全面深刻的变化，不断优化升级；从动力层面看，经济将从要素驱动、投资驱动转向创新驱动。用新常态"中高速、优结构、新动力"三大主要特征来分析黔西南州经济发展现状，可概括为三句话：发展速度缓慢，产业结构不优，发展动力不足。**一是发展速度缓慢。**发展慢依然是黔西南州的主要矛盾。从小康实现程度来看，黔西南州小康指标体系中人均GDP、城镇居民可支配收入、农民人均纯收入这三项权数较大的指标均落后于全国平均水平。据统计，2014年黔西南州人均GDP为23664.52元，为全省平均水平的89.58%，为全国的51.46%；城镇居民人均可支配收入为21348元，为全省平均水平的94.67%，为全国平均水平74%；农民居民人均纯收入为6354元，为全省平均水平的95.25%，为全国平均水平64.23%。从工业化程度来看，全国发达地区已于10年前就进入了工业化中期，而黔西南州现在才进入工业化初期，落后于全国发达地区整整一个时代。**二是产业结构不优。**参照不同收入地区的结构来分析，低收入、中下收入、中上收入、高收入地区的三次产业结构分别是24.8∶25.1∶50.1；12∶40∶48；8∶32∶62；2.5∶28∶69.5。2014年黔西南州三次产业结构为16.9∶35.8∶47.3，处于中下收入地区，要向中上收入或者高收入地区迈时，必须在做大各产业总量的同时，大力发展第三产业，进一步优化三次产业结构。从产业内部结构来看：农业产业化水平较低，农产品规模小、竞争能力较弱，农业缺乏增收的主导产业，农业产业效益较低；轻重工业结构不合理，重工业不"重"，轻工业较"轻"，工业体系不完善，产业层次低，企业规模小、环境负荷大、市场化能力弱，经济总量小；在三产结构上，商业餐饮、交通运输等传统服务业比重大，消费产品供给力不足，新兴服务业比重不高，发育不全，消费没有成为需求增长主体。**三是发展动力不足。**政府治理能力不足，维护社会公平与正义的能力不强，有效化解社会矛盾能力不高，应对突发性公共危机反应能力及处理能力不足；创新驱动力不足，企业生产一线科研力量的薄弱，产业改造升级和高新技术产业发展缺少具有突破性并能转化成生产力的科研成果，难以真正形成生产力，产品缺乏市场竞争力；开放的活力不足，开放型经济发展不充分，对外开放的规模亟待扩大，开放平台亟待进一步打造，外向型经济发展水平亟待进一步提升。

（二）新常态给黔西南州产业发展带来的机遇。新常态更注意经济高质量发展，注重区域协调发展，因此在新常态背景下，国家不会对贵州发展边缘化，反而会对贵州产业发展带来“四大”机遇。**一是中央政策倾斜力度加大的机遇**。新常态的重要特征之一是“优结构”，区域结构调整是“优结构”的核心内容之一，黔西南州作为全国典型的欠发达地区、珠江重要生态屏障区、“星火计划·科技扶贫”示范区、生态文明建设示范区以及少数民族治自州，在分享中央“优结构”政策倾斜上具有先天优势，能够有效获得国家层面上的政策倾斜。**二是析出资本寻找投资机会的机遇**。新常态下将会迎来新一轮产业结构大调整和产业的区际转移，劳动密集型产业、重化工业的撤退，必将析出大量的富余资本，需要寻求新的投资机会，黔西南州劳动力和资源禀赋极易获得资本的青睐，从而给资本运作创造更大的回旋空间。加之，新常态下东部地区产业结构调整的机会成本远高于黔西南，从而为黔西南州的产业发展创造了比较优势。**三是生态优势带来的产业发展机遇**。当前，环境问题已成为大部分省份特别是工业化程度高的省份的首要问题，新常态经济发展对环境的要求将更加严格，东中部地区在经济社会发展中必须花更大的精力去解决之前未能妥善解决的环境问题，而黔西南州良好的生态优势能让产业发展得以“轻装上阵”。**四是倒逼机制带来的产业发展机遇**。新常态要求必须注重改革创新、科技进步的高质量发展，资本对产业发展质量更加严格。长期以来，黔西南州产业发展过度依赖资源，发展成本较低，要实现后发赶超就必须承受“高成本时代”带来的巨大压力，因此在新常态的倒逼机制下，黔西南州自身发展中不得不对外开放，促进投资与营商环境成熟发展，内生动力逐渐增强，这就为产业发展创造了良好的发展机遇。

（三）新常态给黔西南州产业发展带来的挑战。“多挑战”是新常态的又一重要特征。新常态给黔西南州产业发展带来“四大”机遇的同时，也带来了“四大”挑战。**一是产业结构优化任务艰巨的挑战**。新常态下，经济稳中有进、稳中提质是产业发展的硬性约束。黔西南州农业现代化进程缓慢、工业化面临着产业结构不合理，三产不繁荣，工业与农业、服务业关联度不高，工业化发展滞后难以促进农业的现代化进程，同时又抑制生产性服务业发展，阻碍了现代产业体系的发展。产业链之间难以形成有效的上下游关联性，导致产业集聚度不高，竞争优势和品牌优势弱化，对区域经济未能形成有效的增长极作用。因此，如何通过优化产业结构来适应新常态成为产业发展的一大挑战。**二是创新能力难以适应新常态的挑战。**技术创新是产业结构升级，经济可持速发展的动力来源，也是适应新常态的动力支撑，但是科技含量低、创新能力弱带来的动力不足成为黔西南州产业发展的瓶颈，致使经济发展后劲不足，容易落入“资源诅咒”。因此新常态下如何通过技术创新寻求发展新动力成为黔西南州产业发展的又一挑战。**三是生态环境问题越发艰巨的挑战。**新常态下经济的发展更加注重质量的提升，这意味着新常态下经济发展将面临资源环境压力较大，节能减排任务更加艰巨。能矿产业在黔西南州经济构成中占有举足轻重的地位，随着节能降耗、淘汰落后产能、全国性产业升级等多重效应叠加，能矿产业面临的发展形势会愈发严峻。适应新常态，黔西南州产业发展面临的另一挑战就是如何处理好生态环境问题。**四是前期刺激政策消化艰难的挑战。**近几年来，各县（市）在产业园区建设和城镇化建设中，出台了大量税收、土地等优惠政策捉进投融资，推动了产业发展，但也带来了地方政府债务、生态环境、区际不平等风险。在新常态发展下，随着这些优惠政策被淡化和消化，地方政府将面临经济下行压力，加之前期发展留下的债务将与偿还能力形成极大的不对称，对产业发展带来负面影响。因此，如何消化这些前期政策是黔西南州产业平稳健康发展的重要挑战。

二、新常态下黔西南州产业发展的定位与路径

新常态下，黔西南州后发赶超面临着双重任务，即：既要保持较快增速和扩大总量，又要提升发展效率和品质。习近平总书记在贵州考察工作时强调“要把有质量有效益的发展作为发展是硬道理战略思想的内在要求，搞好经济结构的战略性调整，推动新型工业化、新型城镇化、农业现代化、旅游产业化四个轮子一起转。”针对黔西南州产业发展现状，只有抢抓新常态带来的发展机遇，积极应对新常态带来的挑战，推动农业、工业、三产互动发展，城市、旅游、商贸互动发展，增强一二三产业间的系统性和关联度，提高产业发展的整体效益，开辟一条具有黔西南州山地特色的产业发展之路，才能实现后发赶超。

（一）紧盯城镇消费，立体开发农业，推动农商互动，做强农业。黔西南州是农业大州，农民占总人口的90%以上，全州二产、三产还处于初级发展阶段，农民增收仍然离不开农业，没有农村的后发赶超，就没有全州的后

发赶超。应充分发挥黔西南州的水源、土壤、空气等良好的生态环境优势，以提高农业发展效益为目标，盯着城镇消费的“果盘子”“粮袋子”“餐桌子”“菜篮子”调整农业结构和产业布局，打造全国安全绿色精品食品基地，推动以绿色有机无公害为标准的现代山地高效农业发展，以此实现农业农村的后发赶超。**一是紧盯城镇“粮袋子”**，在全州的主要产粮大坝，建立优质商品粮基地，采取改善生产条件、提高耕地质量、推广优质品种、集约化经营等现代农业措施，提高粮食产量和质量，进而提高本地粮食的市场竞争力，打造城镇绿色“粮袋子”；**二是紧盯城镇“菜篮子”**，在耕作条件较好的区域规划建设绿色精品蔬菜基地，优化品种结构，提高产量质量，打造一线城市的绿色“菜篮子”；**三是紧盯城镇“果盘子”**，利用贵州地形海拔差距形成的植物生长多样性优势，发展多品种的绿色精品水果产业，打造全国的绿色“果盘子”；**四是紧盯城镇“餐桌子”**，利用全州丰富的淡水资源、林地资源、草地资源，大力发展水产养殖、生态家禽养殖和草地畜牧业，打造全国的绿色“餐桌子”。

（二）优化工业结构，走出资源陷阱，推动产业互动，做精工业。当前，黔西南州工业仍属于“矿产资源依赖型”发展模式，这种发展模式导致过度资源开采，环境生态破坏严重，不利于产业的互动发展。黔西南州工业发展，应以推动新型工业化为目标，调整工业结构，转变发展方式，破解矿产资源依赖型工业发展模式。**一是整合各种优势资源，推进现代工业集聚发展**。工业园区“县县开花，效益不佳”是县域工业发展现状，应按照“一园一产”“一园一特”进行园区产业定位调整，重点选择工业发展条件较好的区域规划建设一大型工业集聚区，集聚各种环保指标、资源、资金、人力等生产要素，重点扶持，重点发展，提高基础设施效率和环境指标的使用效率，减少环境污染，降低环境治理成本，提高工业发展的规模效应、集聚效应、经济效应、社会效应。**二是发展农副产品加工业，推动工业农业互动发展。**农副产品加工业是实现农业与工业联动发展的链节和纽带，要充分利用黔西南州粮食作物、经济作物、中草药、畜禽等丰富的绿色再生性植物、生物资源优势，大力发展绿色农副产品加工工业，特别是要加快做强做大烟、酒、茶、药、食品等传统特色优势产业，拉动农业的良性发展，促进工业迅速壮大。**三是发展日常用品工业，实现工业与商贸互动发展。**本地生产本地销售是提高工业效益的有效途径，黔西南州在全国的地理位置相对边远，工业产品外销物流成本较高，日常工业用品消费就是一个大市场，目前从大部分从省外流入，黔西南州工业发展，应发挥“地处边远”的比较优势，瞄准本地消费市场，调整工业结构，大力发展日常用品工业，实现本地生产本地销售，降低物流成本，增强市场竞争力，实现工业与商产业互动发展。**四是走出“资源优势陷阱”，优化发展重型工业。**坚持守住生态底线，推进粗放型经营方式向集约型经营方式转变，坚持优势资源“就地转化”方略，抓好资源的深度加工和综合利用，通过拉长和扩展初级产品产业链，在阶梯性地提高产品附加值与技术含量的基础上，发挥整个产业群体集约化生产的效应，变单一的资源优越为多种优势。此外，大力发展循环经济，从源头上减少环境污染，实现经济建设和环境保护相协调，推动产业结构的优化升级，促进经济增长方式转变，降低重型工业对环境的消耗。

（三）开发文化旅游，打造宜居城镇，繁荣商贸物流，做活三产。第三产业是经济结构重要组成部分，具有推动一二产业发展、扩大内需加快经济发展速度、扩大就业门路、缩小贫富差距、拓展经济发展空间等等强大的经济发展拉动作用。**一是深度开发旅游，推动旅游产业化。**旅游资源是黔西南州最具竞争力的资源，应深度开发一批精品旅游景区，以游客需求为导向，开发一批快乐型、舒适型、体验型、文化型旅游景点，大力开发地域文化，拓展景区内涵，延长旅游产业链，增强景区吸引和留住客人的功能；同时精心打造精品旅游线，将州内的单个景点进行有机组合，精心包装，高端推荐，形成旅游景点的集群效应和品牌效应，推动旅游产业化发展。**二是打造承接人口平台，推动新型城镇化。**生态良好、气候宜人是黔西南州得天独厚的资源和优势，也是工业进程缓慢对黔西南州的一种补偿。在全国各大城市空气质量逐渐下降、气温居高不下、生态环境日渐恶劣，威胁着人类生存的大背景下，良好的生态环境日渐成为人类生存的稀缺资源，日渐成为大中城市市民追寻的生存、发展的领地。黔西南州要后发赶超，发展观念应从“承接产业转移”向“承接人口转移”转变，用吸引人口转移，来实现产业转移。为此，既要保护好现有的生态环境，又要发挥好生态优势，建设一批宜居宜业生态城镇，打造承接东部人口转移平台，吸纳和承接全国一、二线城市人口到黔西南州生活、就业、创业，推动旅游与城镇互动发展。**三是推动城商互动，繁荣第三产业。**“第三产业逐步成为产业主体，消费需求逐步成为需求主体”是经济新常态的基本要求，适应新常态，应推动城商互动，在中心城市和重要集镇重点开发“两大领域”、拓展“三大空间”，即：开发以健康养老、休闲娱乐等为主的生活性服务业和以电子信息、金融、现代物流、研发设计等为主的生产性服务业，双轮驱动，形成具有市场竞争力、可持续的现代产业体系；拓展旅游景区、中心商贸区和城镇产业区，把城镇建设成为服务业发展各具特色、各有春秋的第三产业发展新空间，促进第三产业的发展。

三、推动产业发展实现后发赶超的相关对策

黔西南州要实现后发赶超，必须主动适应新常态，围绕产业发展定位，采取一系列相关对策措施，推进产业的发展。

（一）加强基础设施建设，提升产业发展承载能力。基础设施薄弱是制约贵州发展的“瓶颈”，要实现后发赶超，必须首先突破制约发展的“瓶颈”，为加速发展创造条件、奠定基础，提升区域发展的力能。**一是加强交通基础设施建设，提升区位的比较优势。**抢抓新一轮西部大开发和国发二号文件实施的机遇，继续加强交通基础设施建设，尽快完善铁路系统建设，抓紧推进“县县通高速”工程进程，加快水运出海通道、航空等建设，形成快捷、便利、高效、绿色的现代化综合运输体系，缩小黔西南州与外界的距离，提升区位的比较优势，培植后发优势，夯实后发赶超的基础。**二是加强水利基础设施建设，为产业发展提供基本保障。**以重大水利枢纽工程为龙头，以大中型水利工程为骨干，以小型水利工程为基础，以微型水利工程为补充，逐步建立生活、生产、生态用水安全保障体系，加快解决工程性缺水问题，为工业、三产发展提供用水保障。加强农田水利和烟水配套工程建设，提高农业生产灌溉能力，为农业产业发展提供基本保证。**三是加强乡村基础设施建设，增强农村发展的综合能力。**农村人口多，发展基础差，自我发展能力弱，推进农村产业发展，必须加强基础设施建设，增强发展的综合能力。抢抓全省启动实施同步小康“六项行动计划”的机遇，切实改善农村的生产生活条件，提升农村产业发展的综合能力。

（二）完善制度保障体系，激活产业发展内在活力。后发赶超，必须加快改革步伐，最大限度地从根本上消除束缚生产力发展的体制性障碍，解放和发展生产力，完善市场经济体制，建立起良好的制度保证。**一方面，建立州内统一的大市场，促进各种要素自由有序流动。**市场体系是市场经济重要的运行载体，全州应建立公平合理、竞争有序、统一开放、诚信规范的统一大市场，打破地区资源封锁，促进生产要素的合理流动和优化组合；加强协调，推动解决行政、执法中相互关联的重大问题，增强区域的整体竞争力；强化监管合作，共同营造法制、诚信、文明、公平的市场环境，促进各种要

素在全省范围内自由有序流动。**另一方面，落实好土地制度改革，破解产业发展供地难题。**加快建立有利于存量建设用地盘活利用的制度政策体系，以节约集约用地推动产业升级和城镇化转型发展；加快建立有利于农业转移人口市民化的制度环境，建立对失地农民的住房、社保、就业培训等合理保障制度，建立专项基金用于对失地农民就业指导、技能培训、社会救助等努力化解工业化、城镇化中的人地矛盾和社会冲突，为产业发展供地创造有利条件。

（三）发挥财税金融作用，增强产业发展持续动力。财税金融作为现代经济发展的核心，既可以为企业生产经营提供资金支持，又可以引导资源向产业流动，推动产业结构优化。新常态下，要增强产业发展的持续动力，必须发挥财税金融的调控作用。**首先，发挥绿色金融调控作用。**坚持可持续发展理念，通过信贷、保险、证券等工具发挥扛杆调节作用，调动资源向绿色产业流动。**其次，发挥财政税收调控作用。**按照财力与事权相对称的准则，明晰各级政府间财政分配关系，合理保障和充实地方政府的基本权力，使国家调控政策和各税收政策落实到位，激发地方政府推进产业发展的积极性，促进产业的健康发展。

（四）集聚产业发展人才，增强产业发展创新能力。人才缺乏是黔西南州的一项短板，推进产业发展，必须尽快弥补人才短板。按照“重点培育创新型领军企业、科技小巨人企业、科技型种子企业，推动科技成果加快向生产力转化，推动产业创新、市场创新、产品创新、管理创新”的产业创新驱动发展的要求，引进一批高层次创新人才，培养一批技术攻关人才，集聚一批高技能人才，培育一批引领经济社会发展的实用人才，推动人才向重点发展产业、向产业园区集聚，切实增强产业发展的创新能力。

总之，新常态下黔西南州实现后发赶超，应客观地分析经济形势、产业现状，抢抓机遇，应对挑战，深挖农业、工业、三产发展潜力，实施产业互动战略和做强农业、做精工业、做活三产的产业发展重点，采取加强基础设施建设、创新产业发展方法、完善制度保障体系等保证措施，才能确保到2020年与全国全省同步实现小康。

（作者单位：黔西南州人民政府经济发展研究室）

全国经济形势下守好发展底线研究

岑大明

内容摘要：本文在全国经济形势下，客观地分析了黔西南州 2017 年经济运行的特点、影响因素及发展机遇，结合黔西南州经济发展实际，提出了加快构建新经济体系、加快推进体制改革、加强企业扶持力度、加快优化投资环境等一系守好发展底线的对策建议。

关键词：经济形势　发展底线　新经济　对策建议

随着经济全球化的加速，全局经济对局部经济的影响越来越大，全国经济对地方经济固然产生巨大影响。当前，面对"结构调整不断深化，新旧动能加快转换，产能利用率上升"等全国经济形势，作为发展相对落后的黔西南州，只有准确地把握全州的经济形势，充分利用全国经济形势对地方经济发展的积极因素，努力克服全国经济形势对地方经济发展的消极因素，才能守好"发展底线"。

一、2017 年全州经济运行情况分析

2017 年，全州上下贯彻落实新发展理念，深化供给侧结构性改革，深入实施大扶贫、大数据、大旅游、大生态战略行动，在稳增长、促改革、调结构、惠民生、防风险上主动作为，全州经济实现了稳中有进、稳中有为、稳中向好的发展目标。

（一）经济总量保持持续增长态势。**一是三次产业平稳增长。**第一产业增加值完成 204.08 亿元，比上年增长 6.6%。第二产业增加值完成 340.68 亿元，增长 10.7%，其中完成工业总产值完成 812.44 亿元、工业增加值 315.94 亿元，增长 10.6%。第三产业增加值完成 522.84 亿元，增长 16.2%，其中，旅游总收入 339 亿元，增长 50%；**二是投资消费较快增长。**全年完成 500 万元以上固定资产投资 981.4 亿元，比上年增长 22.7%，其中工业投资完成 235.41 亿

元，同比增长 12.8%，道路运输投资完成 143.12 亿元，同比增长 33.9%。全年社会消费品零售总额为 243.92 亿元，同比增长 12.5%，其中批发业商品销售额 422.95 亿元、零售业销售额 314.31 亿元、住宿业营业额 10.37 亿元、餐饮业营业额 21.0 亿元，同比分别增长 14.7%、17.6%、17.1%、21.2%。全年进出口总额完成 5500 万美元，同比增长 42.2%。**三是财政金融平稳运行。**全年完成财政总收入 1734601 万元、公共财政预算收入 1143798 万元，同比分别增长 3%、3.1%，其中完成税收收入 141.05 亿元，同比增长 16.2%，地方税收收入占一般公共预算收入比重达 72.1%；金融机构人民币各项存贷款余额增长 18.5%。**四是民生进一步改善。**城镇新增就业 4 万人；城镇居民人均可支配收入 27758 元，同比增长 9.2%；农村常住居民人均可支配收入 8596 元，同比增长 10.5%；共减少农村贫困人口 10.53 万人，贫困发生率下降到 7.66%。

（二）经济运行保持稳中有进态势。**一是经济总体规模迈进新台阶。**全州地区生产总值突破 1000 亿元，达到 1067 亿元，比增长 12.5%，全社会固定资产投资、金融机构人民币各项存、贷款余额、企业和个体工商户注册资本金等 4 项经济指标均保持两位数增长。**二是主要经济指标增速高于全国。**全年生产总值增速高于全国 5.6 个百分点，其中三次产业值加值分别高于全国 2.7、4.6、8.2 个百分点；固定资产投资、社会消费品零售总额、金融机构人民币各项存贷款余额增速分别高于全国 15.7、2.3、6.5 个百分点。**三是经济结构不断优化。**三次产业结构不为调优，占比为 19.12∶31.91∶48.97；工业结构不断优化，轻工业发展提速，全年完成轻工业增加值 41.38 亿元，同比增长 35.7%，比规模以上工业增加值增速高于 25.1 个百分点；投资结构不断优化，全年完成产业投资 308.16 亿元，占固定资产投资的比重 31.4%。

（三）发展后劲保持逐步增强态势。**一是山地特色农业发展势头喜人。**到 2017 年底，全州建成山地特色产业基地达 427.9 万亩，粮经比由 35∶65 调整为 30∶70，精品水果、食用菌、中药材、茶叶等特色产业规模不断扩大、品牌效应不断显现、经济效益不断提升，逐渐成为山地农业的支柱产业。**二是重大工业项目支撑作用增强。**“大电强网 + 大产业”发展战略深入实施，“煤电网产”融合发展步伐加快，工业发展优势逐步显现，促进了兴义清水河煤电冶一体化循环经济、兴仁登高煤电铝、安龙金源铁合金、贞丰贵耀玻璃、义龙振华新材料等一批重大生态载能工业项目建成投产，将成为工业发展的重要支柱。**三是旅游产业引领作用不断显现。**完成旅游投资 108 亿元，建成一批重点旅游项目，成功创建 2 个国家 4A 级旅游景区、14 个景区获评国家

3A 级旅游景区，成功举办了 2017 国际山地旅游暨户外运动大会等一批重大赛事，促进旅游持续“井喷”，全年接待游客 4185 万人次，增长 45%，山地旅游引领现代服务业发展作用不断增强。**四是大数据产业发展助推新旧动能转换**。大数据战略行动深入推进，义龙大数据产业园初具规模，上架服务器 2000 台，引进华为、货车帮、中联创投等大数据优强企业入驻，华为云数据中心建成运营。信息化与工业化加快融合，电力、冶金、建材、化工、煤炭等行业智能化进程不断加快，电子信息制造、软件、信息服务等大数据关联产业开始起步，新的发展动能不断培育。

二、全州经济运行影响因素及发展机遇分析

尽管 2017 年黔西南州主要经济指标平稳较快增长，增速高于全国平均水平，但是，放在全国经济的大背景下，黔西南州经济发展既有来自于自身许多深层次的制约因素，又有来自于全国经济形势的影响，同进也有众多有利于全州经济发展机遇。

（一）自身制约因素比较突出。**一是交通条件没有根本改变**。公路设施等级低，二级及以上公路仅占比较低；铁路建设滞后，全州只有一条铁路（南昆铁路）通过，运力严重不足，高速铁路没有通达；红水河水运大通道等级低、并且尚未通航，出海水运通道名存实亡。出州骨干交通网络尚未建立，物流成本较高，成为制约经济发展的最大瓶颈。**二是工业化城镇化水平较低**。2017 年，按照不变价格折算，全州人均 GDP 相当于全国 2012 年的水平，与全国平均水平相比相差 5 年；在就业结构上，目前全州的劳动力在农业与非农产业间的就业结构同全国 2008 年水平相当，比全国平均水平相差 9 年；从城市化水平方面比较，2017 年全州城市化率为 43%，只相当于全国 2006 年的城市化水平，比全国落后 11 年。从总体水平衡量，当前黔西南州工业化、城镇化水平比全国平均水平落后 8 至 10 年，仍处于工业化、城镇化的初级阶段，对经济发展的“引擎”动力不足。**三是产业结构性矛盾仍未解决**。工业结构性矛盾突出，重工业不重，轻工业过轻，产业链条短，初级产品以及资源性工业产品多，精深加工、高附加值产品少，工业项目绝大多数是采掘工业、原材料工业，第二产业占生产总值比重较低仅为 31.91%，于全国水平 5 个百分点，工业对经济增长的贡献有待进一步提高。旅游接待旅游人数虽然高速增长，但总量在全省挂末，对现代服务业的引领作用较弱，社会消费品零售总额、零售业销售额、住宿业营业额、餐饮业营业额、文化及相关产业

增加值总量较小。**四是经济发展新动力培育不足。**科技创新能力弱，高新技术制造业发展缓慢，增加值占地区生产总值比重较低，综合科技进步水平指数处于全省中下水平，新动能培育不足，新旧动能接续转换不畅。对外开放水平低，招商引资实际到位资金、进出口总额、利用外资总额总量小，对经济发展的拉动作用较弱。

（二）全国经济形势影响加深。**一是全国经济增长下行宏观调控的影响。**2017 年全国内生产总值完成 827122 亿元，比上年增长 6.9%，继 2012 年以来连续五年保持 7% 左右的平稳增长。作为欠发达、欠开发、经济总量小、历史欠账大的黔西南州，要缩小与全国的差距，必须加速发展。但全国面临经济增长的下行压力加大的经济形势，必将采取强有力的宏观调控手段，确保经济下行运行的目标。全面经济发展放缓，全国宏观经济调控将影响地方的经济的发展速度。**二是全国深化供给侧结构性改革的影响。**去产能是深化供给侧结构性改革的主要任务，全国产能过剩行业已从煤炭、钢铁、有色金属、建材、化工、造船等传统行业扩展到风电、光伏、碳纤维等战略性新兴产业，而煤灰、有色金属、建材、化工等是黔西南州的重要工业，在全州工业总量中占有很大的份额，这些产业的全国性产能过剩，将影响黔西南州工业的发展。此外，国内许多行业，特别是重化工业、能矿产业产能利用率严重不足，存在严重产能过剩现象，化解产能过剩和调整产业结构必将对处于产业链上游的黔西南州资源原材料行业产生冲击，进而影响黔西南州的工业增长。**三是金融支持经济增长效率下降的影响。**2017 年全国社会融资规模增量为 19.4 万亿元，按可比口径计算，比上年多 1.6 万亿元，但对实体经济支持效率并不高，其主要原因是，地方政府融资平台负债增长较快，大量货币资金被用于“借新还旧”。加之，2017 年四季度以来宏观杠杆率增速放缓，很大程度上受益于名义 GDP 的上升，去杠杆的基础仍不牢固，依靠债务驱动的投资扩张模式尚未根本扭转，金融和实体经济、金融和房地产、金融体系内部结构性失衡仍然突出，杠杆率有可能再度反弹，就会出现资源流动性不足。而作为经济发展相对滞后的黔西南州，更需金融的大力支持，才能实现经济快速发展，而全国金融支持经济增长效率下降的形势，必将影响包括黔西南州在内的地方融资，进而影响经济发展。

（三）发展新机遇在不断涌现。**一是国家打好三大攻坚战的机遇。**党的十九大报告明确，将坚决打好重大风险防范化解、精准脱贫、污染防治三大攻坚战，作用建设全国小康社会的重大战略部署。2018 年国务院政府工作报告对坚持打好三攻坚战做出一系列部署：在防范化解地方政府债务风险上，2018 年安排地方专项债券 1.35 万元，比上年增加 5500 亿元，优先支持在建项目平稳建设；在精准脱贫上，2018 年再减少农村贫困人口 1000 万以上，易地扶贫搬迁 280 万人，补齐基础设施和公共服务短板；在污染防治上，加强生态系统保护和修复，完成造林 1 亿亩以上，等等。国家打好三大攻坚战必将增加资金投入、实施政策倾斜，黔西南州既是贫困地区又是珠江上游生态攻能区，抢抓这一机遇，定能推动地方经济社会发展。**二是国家实施乡村振兴战略机遇。**2018 年是实施乡村振兴战略的第一年，一方面着力推进农业供给侧结构性改革，加快建设现代农业园和特色农产品优势区，多渠道增加农民收入，促进农村一二三产业融合发展。这为黔西南州加快发展山地特色高效农业带来了千载难逢的机遇。一方面，国家全面推动农村各项事业发展，改善交通、供水、供电、信息等基础设施，加快实现农业农村现代化。抢抓这一机遇，争取更多的农村基础设施项目的实施，有利于加快农业农村基础设施建设，改善农村发展条件，助推农村经济的发展。**三是国家推进区域协调发展机遇。**2018 年国务院政府工作报告提出："完善区域发展政策，推进基本公共他务均等化，逐步缩小城乡区域发展差距，把各地比较优势和潜力充分发挥出来。"特别提出，要加大对革命老区、民族地区、贫困地区改革发展的支持力度。黔西南州既是左右江革命老区，又是民族地区、贫困地区，在国家实施区域发展中，将获得国家层面的支持。

三、守好黔西南州经济发展底线的对策建议

随着经济全球化的加快、新一轮经济结构战略性调整的到来，黔西南州要守好发展底线，必须重构经济体系、推进体制改革、优化投资环境，抢抓发展机遇，用好国家政策，增强本地区在区域分工格局中的协作配套能力，促进本地资源比较优势向产业竞争优势转化，推动高质量发展不断取得新进展。

（一）加快构建新经济体系。随着全国经济增速保持在合理区间的韧性增强，经济工作的重心应从"稳增长"为主转向"高质量发展"为主。党的十九大报告指出"我国经济已由高速增长阶段转向高质量发展阶段，正处在转变发展方式、优化经济结构、转换增长动力的攻关期。要坚持质量第一、效益优先，深化供给侧结构性改革，推动经济发展质量变革、效率变革、动力变革。"随着经济发展阶段的变化，原来的经济体系已不能适应新时代经

济发展的需要，要实现高质量发展，必须构建新的经济体系。新经济是伴随着新一代信息技术革命、新一轮科技革命和产业变革产生的经济形态，特别是数字技术、互联网技术在现实生产生活中应用所产生的新业态。黔西南州要守好发展和生态两条底线，必须以创新驱动为核心、以扩大有效供给和提高质量效益为主攻方向，构建以数字经济、绿色经济、旅游经济等为重点的独具特色的新经济产业体系，着力发展大数据、大生态、大旅游、大健康、新能源、新材料六大新经济产业，大力发展资源型、技术型、融合型、服务型四型数字经济产业，加快生产和服务方式向数字化、网络化、智能化转变，培育智慧物流、智慧旅游等数字化网络化服务新业态。推动黔西南州经济高质量发展。

（二）加快推进体制改革。推进经济领域体制机制改革，重点理顺政府与市场的关系，破除由于政府和市场关系未划分、职责未界定而存在的“弹簧门”“玻璃门”和“旋转门”。营造低门槛进入、低成本运行、高利润回报的投资环境；发挥好资源原材料丰富、特色产业发展潜力大等优势，全面实施负面清单，加快推进工商注册便利化，吸引实体产业投资，增强发展后劲；加快扩大对外开放，理顺全州开发区管理体制，加快体制创新和机制创新，推动开发区职能“归位”，充分发挥开发区对外开放的平台作用，成为全州发展外向型经济的主平台；加快推进特色园区建设，加大园区产业招商，推进产业集群发展。

（三）加强企业扶持力度。坚持和遵循“宏观政策要稳，微观政策要活，社会政策要有托底”的原则和思路。加强事前引导，加大预调微调，加大政府扶持力度，确保宏观经济保持稳定。积极打造“有为政府”，深入调研，切实帮助占比较大、产值高、有发展潜力、生产经营又存在临时性困难的行业和企业，有针对性地实行“一企一策”帮扶，切实帮助困难企业渡过难关、健康发展。落实好国家减轻企业负税负、降低企业非税负担等政策，让企业轻装上阵、聚力发展，促进实体经济转型升级，激发市场主体的创造力。

（四）加快优化投资环境。环境问题实质是发展问题，抓环境就是抓发展。**一是着力改善硬环境**。按照优化结构、调整布局、完善功能、提高效益的要求，加强以交通、水利、能源、通讯、文化教育、医疗卫等为重点的基础设施建设。**二是大力整治软环境**。努力建设好以完善的体制环境、高效的政务环境、良好的人文环境、规范的市场环境、稳定的治安环境、宽松的政策环境和健全的信用环境为主要内容的软环境。**三是高度重视生态环境**。树立保护生态环境就是保护生产力、改善生态环境就是增强竞争力的理念，坚定不移地实施可持续发展战略，强化生态建设和环境保护，实现经济社会与资源环境协调发展。

（作者单位：黔西南州人民政府经济发展研究室）

推进义龙新区建设培育经济增长极研究

岑大明

内容摘要：创建义龙新区，是州委州政府为探索区域经济跨越式发展路子进行的区域经济重大战略调整。准确地分析和把握义龙新区的发展条件，制定科学发展思路，利用优势找准发展定位，围绕功能定位科学布局产业，结合实际探索实现战略目标的科学路径，将有利于推进义龙新区的建设。

关键词：发展条件　发展定位　产业布局　路径选择

新区是指在发展优势相对突显的地方创建的经济区域，其目的是通过整合资源、集中力量推进区域经济集约发展，实施产业聚集，开辟新的经济增长点。2012 年 11 月，黔西南州委、州政府为探索区域经济跨越式发展新路，在兴义、兴仁、安龙三县（市）结合部，组建规划面积 1250 平方千米的经济开发区域——义龙新区，在黔西南州经济发展中具有极其重要的战略地位，将推进全州工业集聚发展，调整全州经济结构，成为全州经济发展新的增长极，助推全州实现同步小康。

州委、州政府还提出了义龙新区的发展目标：到 2020 年，实现工业总产值 1000 亿元以上，实现税收收入 100 亿元以上，实现兴义市与安龙县同城化发展，形成 200 万人口的现代化生态工业新城。义龙新区的发展目标令人倍受鼓舞，但如何实现战略目标，值得研究和探索。笔者从发展条件、发展定位、产业布局、发展路径等一系列问题进行研究，仅供参考。

一、义龙新区发展条件的客观分析

准确把握自身的发展条件，客观地分析自身的优势与劣势，是科学制定发展思路、找准发展定位的基础。义龙新区的发展条件，既有优势也有劣势，应客观地分析。

（一）发展优势

发展优势是指一个区域优越于另一个区域的发展条件。义龙新区与黔西南州的其他县市相比，有其独特的发展优势：

1. 交通优势。义龙新区交通优势突出，南昆铁路、汕昆高速、晴兴高速等交通要道在区内贯通，成为黔西南州的交通枢纽和南下北上、通江达海的快速通道。南昆铁路在区内设客站 1 个、货站 4 个，货运吞吐量达 1000 万吨以上，成为物资运输大动脉；汕昆高速、晴兴高速在区内贯通接轨，将新区所辖的两个省级开发区、9 个乡镇连接起来，形成了新区的快速通道；连接新桥、龙广、郑屯、顶效四个乡镇的 324 国道与连接万屯、雨樟两个乡镇的 214 省道在顶效开发区交汇，使新区管辖内的各乡镇形成了更加严密的交通网络。大交通必将带来物资流、信息流、资金流，这是义龙新区最为有利的发展条件。

2. 区位优势。义龙新区大交通格局的形成，使其区位优势更加凸显。从大区位来看，该区地处黔、桂、滇三省（区）结合部和经济辐射圈内，紧邻东盟贸易区，是大西南"南下"最便捷的出海通道，是黔桂滇三省区结合部物资集散地，是南昆产业带的"桥头堡"；从小区位来看，义龙新区是全州七县通往州府的必经之地，地处"兴兴安"半小时经济圈的轴心，"轴心"优势和交通优势，使该新区能坐享全州各县市的各种资源。独特的区位优势，为义龙新区的发展提供了有利条件。

3. 地理优势。义龙新区 133 平方千米的核心区，海拔 1250 米 ~ 1350 米，地势平缓，规划区内多平地少山丘，以顶效开发区、安龙开发区、兴仁雨障镇为三个点构成三角形"盆地"，地理位置处于黔西南州的"金三角"地带，辖区内的9个乡镇分布在"三角形"的三条边上，汇集了三大地理资源：一是土地资源，133 平方千米的规划建设用地土地平坦，海拔差不超过 100 米，处于同一平面上；二是水资源丰富，辖区内有中型水库 2 座，储水量达 4000 万立方米；三是旅游文化资源密集、品位高，有马岭河峡谷、东峰林、贵州龙、猫猫洞、查白歌节等。地理优势，是义龙新区重要的发展条件。

（二）发展劣势

义龙新区虽然具有交通、区位、地理等发展优势，但是由于组建时间晚，存在不少制约发展的劣势：

1. 经济总量较小。据不完全统计，2012 年义龙新区年生产总值 40 多亿元，年财政总收入 3 亿多元，属于"吃饭财政"，财政投入开发建设的实力较弱。这一现实背后潜伏着深层次的经济劣势：一是经济结构单一，除顶效开发区二、三产业成为主导产业以外，新区所辖的其他乡镇仍是农业乡镇，以种粮为主，产出较低；二是工业基础薄弱，在新区辖区内，工业基础较好的是顶效开发区，初步形成建材、冶金、化工、加工等工业产业，年工业总值也仅 20 亿元，其次就是安龙开发区有一定的基础，但年工业总产值不足 10 亿元，其他乡镇的工业几乎处于“零”起步；三是三产发育不全，辖区内的三产以煤焦转运占主导地位，受市场波动较大，难以撑起经济发展的支柱。

2. 发展基础薄弱。一是工业基础设施薄弱。顶效开发区“十二五”开局规划建设的木陇工业园、合心工业园、郑鲁万工业园，因多种原因推进不前，园区的基础设施只实现“一通”，离“五通一平”还有很大的差距；安龙开发区虽然系省级开发区，但仍然停留在开发的起步阶段，园区的“五通一平”尚未启动，难以发挥吸引项目的磁场效应；其他乡镇的工业基础设施就更薄弱了，难以满足工业发展的需要。二是城镇基础设施薄弱。除顶效开发区的镇城建设有一定规模、基础和功能相对完善外，其他乡镇的集镇建设标准低、规模小、基础弱、管理差，承载三产、服务工业、拉动农村的功能较弱。三是城镇化率低，据调查，义龙新区平均城镇化率不超过 30%，比全国、全省的城镇化率低 10 个百分点左右，这给新区实现“产城一体化、城乡一体化”带来很大的难度。

3. 人才比较缺乏。义龙新区是以经济开发为主要任务的经济区域，在以农业为主导的区域搞经济开发，能否顺利达到预期的开发目标，一个重要的保障就是必须有一支善用经济战略、掌握经济规律、精通经济管理、熟悉开发区工作的才人队伍。原顶效开发区经过十多年培养和锻炼的 100 余名熟悉开发区工作的干部均已在体制改革中分流到兴义市。从目前义龙新区的干部队伍组成情况来看，乡镇干部和村组干部占新区干部的 80% 以上，绝大多数是从事农业农村和社会事务工作，无论是在市场经济思想理念上，还是在把握和运用经济规律上，抑或是驾驭市场经济的能力上，都难以适应新区开发建设的需要，难担起新区开发建设的重任。陆续招聘补充的百余名事业人员，不熟悉新区、开发区情况，缺乏工作经验，一时难以发挥开发建设的中坚力量。

二、义龙新区发展定位的现实选择

发展定位是否准确、发展重点是否明确，是新区能否实现战略目标的先决条件。基于上述对义龙新区发展条件的客观分析，确定义龙新区的发展定位，应扬长避短，充分利用交通、区位、地理三大发展优势，突出三大发展重点。

（一）利用地理优势，建设现代工业城。

利用自身发展优势，建设现代工业城，是实现兴义市与安龙县同城化发展和实现义龙新区科学发展的现实选择。

1. 义龙新区是建设新型现代工业城的理想之地。首先，交通便捷，既解决了工业的原料运进问题，又解决了工业产品的运出问题，这是发展工业应具备的基本条件；其次，义龙新区地处“兴兴安”半小时经济圈轴心的区位优势，为该区发展工业提供了丰富的资源供给；第三，义龙新区平缓的地理优势，为布局现代工业城提供了优越的平台。

2. 建设现代工业城是建设百万人口城市的“引擎”。“实现兴义市与安龙县同城化发展，形成200万人口的现代化生态工业新城”是州委、州政府确定的远期（到2020年）城市发展目标，但城市人口的扩容，仅靠扩大城市建设规模是不能实现的，要实现城市人口的增加，必须抓好城市产业的培育，提供更多的就业机会和岗位，增强城市吸纳人口的功能。工业是整个经济产业链的关键链节，既能带动一产的发展，又能拉动三产的繁荣。要建成200万人口的城市，必须通过发展工业提供就业岗位来吸纳150万人口。但兴义城市发展空间明显不足，不能布局工业，而义龙新区作为连接兴义市与安龙县的重要板块，工业发展空间大，建设现代工业城，实现工业与城市融合发展，既能增加就业岗位为城市吸纳人口，又能扩大城市建设规模，拉动200万人口生态城市的建设。

3. 依托工业发展建设城市是科学发展的必然选择。发展产业——聚集人口——形成城市，这是城市发展的自然规律，没有产业支撑的城市将是空城、死城。就义龙新区而言，一产难以成为支撑城市的产业，三产必须依托二产和一定城市规模来发展，只有大力发展二产，将其培育成为支撑城市发展的产业，走“产城一体化”“以产带城”开发之路，优先发展现代工业，依托工业发展，配套建设服务工业发展的现代工业城市，才能促进义龙新区的科学发展。

（二）利用区位优势，建设工业集聚区。

义龙新区是全州工业发展条件最为优越的区域，工业的发展应站在全州的视角来谋划，充分利用现有工业条件，建设全州工业集聚区，是实现义龙新区发展目标的科学选择。

1. 黔西南州的工业发展必须走集聚发展之路。发展工业需要具备原料及产品流通的便捷交通、集聚信息资金人才的区位优势、维持生产运行的能源保障以及企业生存发展的基础设施等条件，并非所有区域都适宜发展工业。从目前来看，黔西南州“县县建工业园区”的条件并不成熟，主要体现在交通区位不具优势，供水供电等能源保障能力较弱，基础设施投入不足，这些问题和困难制约了园区的发展，难以成为吸引外资的平台，园区的工业聚集作用难以发挥，“遍地撒网”效果不佳。黔西南州的工业必须走集聚发展之路，选择发展工业条件较好的区域规划建设大型工业集聚区，整合各种资源、集聚各种优势、集中人力财力，重点开发，重点扶持，重点发展，使工业形成规模效应、集聚效应，才能促进工业的大发展。

2. 义龙新区是布局全州工业集聚区的首选之地。从全州工业发展的条件来看，义龙新区无论是在交通优势，还是区位优势，无论是能源保障，还是工业基础，与全州各县市相比，都占有绝对优势。首先，该区全州交通枢纽的交通优越，为工业集聚区的原料运输和产品流通提供了便捷的通道；其次，交通优势带来的区位优势，为工业聚集区聚集资金、信息、人才等工业要素提供了优越的条件，这些要素必将助推工业聚集区的发展；再次，义龙新区的交通、区位优势将发挥聚集全州各县市资源、能源的效应，将有效地解决工业聚集区的工业原材料、劳动用工等工业发展最基本的要素；第四，义龙新区规划的 133 平方千米的核心区，土地平坦，交通、电力、供水等资源组合优势，为布局大型工业聚集区提供了得天独厚的地理条件；第五，义龙新区辖区内的顶效开发区经过二十年的开发建设，工业经济已成为经济结构的重要组成部分，为工业聚集区的开发建设，奠定了的工业经济基础和群众思想基础，积累了工业发展经验，有利于工业聚集区的发展。

3. 建设全州工业集聚区是义龙新区实现工业发展目标的主要途径。在义龙新区现有的经济基础上，要实现“十三五”期末工业总产值达到 1000 亿元以上，实现税收收入 100 亿元的目标，必须实现跨越式发展，即工业年均保持 30% 以上的速度递增。但是，目前该新区工业经济基础薄弱，工业基础投入不入，只有整合各种资源，走工业聚集发展之路，提高各种工业要素的使用效率，形成聚集效应，促进工业总量与质量双提升，才能确保战略目标的现实。

（三）利用交通优势，建设现代物流中心。

在义龙新区建设现代物流中心，既是全州物流布局的需要，也是义龙新区服务工业发展、优化产业结构的需要。

1. 建设现代物流中心是全州物流布局的需要。物流，简而言之就是物资的流动，是生产资料和消费产品根据各地市场供求需要流动而形成的流通产业。物流的形成必须具备两个基本条件，一是有可供流动的物资，二是承载物资流动的运输条件。为此，物流产业的布局必须依赖于交通条件和区位条件。便捷的交通为物流提供最基本的载体，优越的区位发挥物资“集散”作用。利用义龙新区的交通优势和区位优势，建设现代物流中心，既能凭借其优越的交通和区位，轻好地聚集全州的各种资源和产品向外流出，又能更快更畅地将流入全州的各类消费品向州内各县市分散。此外，在义龙新区建设物流中心，不仅能缓解兴义城区交通压力，而且能节约物流运输成本，提高物流效益。

2. 建设现代物流中心是义龙新区工业发展的需要。从义龙新区的产业发展战略来看，工业是强区产业、主导产业、动力产业，工业产品外运、外销进入全国市场，才能实现工业发展的终极目标。工业产品的外运是物流的基本形式，只有建设体系健全、系统发达、服务优越的现代物流中心，才能有效地聚集义龙新区各类工业产品，使之便捷、有序、高效、安全地运往各地，流往各类市场。建设现代物流中心，不仅较好地解决工业产品的“流出”问题，而且解决工业生产所需生产资料的“流入”问题，是发展工业必不可少的链节，是工业持续健康发展的基础性保障。

3. 建设现代物流中心是优化产业结构的需要。在三次产业结构中，各个产业是相互联系、相辅相成、共同发展的，只有优化产业结构，才能促进区域经济全面协调可持续发展。义龙新区承载着全州经济增长极的历史使命，工业发展使之成为经济发展的支柱为业，这固然重要，但只发展工业，产业结构显得单一，难以撑起区域经济发展的大厦，在加快工业发展的同时，加快建设现代物流中心，以此拉动三产的发展，使产业结构进一步优化，实现二产三产联动发展，才能实现经济的快速增长。

三、义龙新区产业园区的科学布局

产业布局是指产业在一个地区范围内的空间分布和组合的经济现象。科学布局产业，是实现区域经济良性发展、实现发展定位的基础。刚组建的义龙新区，更应该重视产业布局，用科学布局产业引领产业集聚发展，形成产业集聚效应。根据该新区“建设工业集聚区、现代工业城、现代物流中心”的发展定位，应科学布局“三大”重点产业。

（一）创新发展理念，科学布局工业园。

工业园布局是否科学，直接影响工业城和工业集聚区的建设，因此，必须创新发展理念，根据区域环境的承载能力和区域内部的工业基础状况，对工业进行科学布局。

1. 用“产城互动”的理念，布局顶效开发区工业园。顶效开发区系全省创建最早、经国家发展改革委员会审核通过的省级开发区，扩区后的顶效开发区（含顶效、郑屯、万屯、鲁屯四个乡镇及马岭镇马岭峡谷北岸的村寨），省政府批准的开发建设面积50平方千米，经过20年的开发建设，完成了工业的原始积累，进入了工业转型期。这个区域既是义龙新区的城市建设核心区，又是产业发展的核心区，用“产城互动”的理念布局工业园，能使工业发展与城市建设形成良性互动（即，工业发展拉动城市建设，城市建设推动工业发展），实现“产城一体化”。为此，在布局顶效开发区的工业园时，必须首先考虑城市建设的生态环境，以提高质量、转型升级为发展目标，重点布局生态工业园。根据省政府批准的建设用地规划，可考虑布局四个工业园，即：在靠近马岭河峡谷的西部片区，考虑景区的环境保护和兴义城市扩容，布局木陇高新技术工业园和红星轻工业园，重点发展食品加工、新型材料、生物制品、精细化工、电子电器、包装及服饰、民族制药等高产值、高效益、低能耗、低污染、低排放的专业化产业；在靠近安龙、兴仁方向的东部片区，布局合心工业园、郑鲁万工业园，重点发展机械制造、铝材加工、木材加工、水泥建材等轻型偏重的工业产业。通过工业园的科学布局，引领生态工业发展，提升工业发展质量，促进工业与城市融合发展、良性互动。

2. 用“资源经济”的理念，布局安龙开发区工业园。2011年底省政府批准成立的安龙开发区是义龙新区的重要组成部分，规划面积23.42平方千米，建设用地21.34平方千米，交通、电力、供水等工业发展条件相对较好。安龙县及兴仁、贞丰等县矿产资源丰富，义龙新区的要扩大工业总量，应树立“资源经济”理念，立足资源的深度开发，依托安龙及周边县市丰富的煤炭、石英砂、硫铁、钾、木纹石矿等矿产资源，按照产业分工、产业聚集发展的理念，在德卧、新桥、龙广“三角”区域规划布局3至5个重型工业园，重点发展电石、聚氯乙烯、铁合金、煤电铝、石材等主导产业，将顶效开发区区域内现有的铁合金、钢材、电石等生产企业迁入相应产业园，形成产业集聚发展效应。

（二）利用自身优势，合理布局物流园。

物流园是指为了实现物流设施集约化和物流运作共同化，或者出于城市物流设施空间布局合理化的目的而在城市周边等区域，集中建设的物流设施群与物理集结地。围绕建设黔滇桂三省区结合部现代物流中心这一发展定位，义龙新区应利用得天独厚的交通和区位优势，合理布局一批物流园。

1. 依托交通优势，布局现代综合物流园。依托顶效开区的交通、区位优势以及南昆铁路客货站，坚持“五位一体”（即：物流信息、仓储配送、流通加工、采购分销、商务办公）的功能定位，布局现代化综合服条型物流园，有利地承接黔、桂、滇的货物集散和集装箱处理业务，承接黔、桂、滇与全州公路运输的中转联运业务，而成为黔西南州货物外运的整备地和黔、桂、滇结合部大通道的端点。

2. 服务工业发展，布局工业产品物流园。十二五、十三五时期，顶效合兴工业园、郑鲁万工业园、安龙开发区工业园的发展，必然需要工业原料，必然产生工业产品，无论是原料的供给，还是产品的销售，都必须提供物流平台，即物流园。龙广镇处在安龙开发区、顶效合心工业园、郑鲁万工业园之间，具有铁路、公路交通条件，地势平坦，在龙广镇布局物流园，建设集物流仓储、商品配送、集装箱中转等多功能于一体的工业产品物流业基地，凭借良好的区位优势、完善的交通网络，既服务工业发展，又引领现代物流业发展。

（三）突出服务功能，优化布局城镇群。

城镇是政务服务、商务服务、生活服务、社会服力的综合体，城镇与产业互为条件、相互促进，城镇是产业发展的基础，产业发展又带动城镇发展，围绕“产城一体化、以产为主、以城为辅”的理念，结合产业布局，突出城镇的服务功能，优化布局城镇群。

1. 利用比较优势，布局中心城市。中心城市是一定区域内的城镇体系中等级最高的城市，在社会生活中具有主导作用和核心作用，区域之间的竞争，在相当程度上是城市实力的竞争，尤其是中心城市的竞争。义龙新区要增强竞争能力，必须布局打造好一座中心城市，形成区域的政治、经济、科技、文化、教育的中心，增强中心城市的辐射力和对经济社会能量的集聚力。义龙新区中心城市的布局，既要考虑州府城市的辐射带动作用、又要考虑区域扩展空间及城市拉动作用，还要考虑现有的城镇人口、基础设施等条件。从义龙新区管辖的德卧、龙广、雨樟、鲁屯等乡镇，均离州府兴义城区较远，加之这些集镇的人口少、基础设施薄弱、经济总量轻小，十三五时期，这些集镇都不可能形成中心城市。顶效开发区，紧临兴义城区，道路、供水、供电、市场、教育、卫生等基础相对完善，城市建设初具规模，加之顶效是“贵州龙”“兴义人”“查白节”发祥和发源地，文化底蕴深厚，相比之下，是义龙新区中心城市规划布局的最佳选择，借助兴义城市的辐射带动作用，立足顶效开发区现有的城市基础，重点向万屯镇、郑屯镇扩张，形成“一效三屯”（顶效、郑屯、万屯、鲁屯）中心城市，辐射带动龙广镇、德卧镇、雨樟镇城乡一体化发展。

2. 坚持产城融合，布局城镇综合体。义龙新区开发建设核心区域面积133平方千米，中心城市不能全面服务产业园区的发展，需要合理布局一定数量的城镇综合体，更好地服务工业园、物流园的发展。一方面，在离中心城市较远的安龙开发区、龙广物流园、郑鲁万工业园，围绕服务产业园区为目标，在产业园内或产业园外合理布局一定数量的生活区，规划建设融金融、商店、教育、医疗、文化、体育、娱乐、通讯、信息等为一体的城镇综合体，并充分依托和利用产业园内或产业园外的自然地貌资源建立生态和环保调剂区，做到园中有林，林中有厂，实现“产城一体化”。另一方面，将新区核心区内的集镇、村寨纳入新区功能区整体规划，进行“改、拆、建”，按照城市综合体的标准，对符合功能区规划的集镇、村寨进行升级改造，对不符合功能区规划的集镇、村寨进行拆除重建，既能节约土地支持产业发展，又能提升村镇的城市化建设水平，有效地促进产城融合发展。

四、义龙新区加快发展的路径建议

义龙新区要实现战略目标，必须紧紧围绕发展定位、发展重点、产业布局，充分利用有利条件，探索一条符合新区实际、行之有效的科学路径。

（一）构建适应发展的管理体制，形成推动发展的内在活力。

管理体制是指管理系统的结构和组成方式，即采用怎样的组织形式以及如何将这些组织形式结合成为合理的有机系统，并以怎样的手段、方法来实现管理的任务和目的。有效的管理体制，是保证组织目标任务实现的基本保证。义龙新区要实现发展目标，必须构建适应新区发展的管理体制，形成推动发展的内在活力。

1. 科学设置管理机构。管理机构的设置是管理体制的核心。各机构职权的分配以及各机构间的相互协调，它的强弱直接影响到管理的效率和效能，也直接影响组织目标的实现。义龙新区应构建什么样的管理机构呢？管理学理论指出："组织（机构）处在动荡而又复杂的环境之中，应采取分权的组织形式，充分发挥各个方面的积极性与主动性。"义龙新区由 3 县 2 区（开发区）9 乡镇构成，环境比较复杂而动荡，组织（管理机构）设置适合"纵高型"组织（即，组织的管理幅度小、管理层次多的组织结构），具体设置为三个组织层次：新区—开发区—乡镇。新区为州委、州政府直接管理开发区的宏观管理部门；新区管理的顶效开发区、安龙开发区系省政府批准的省级开发区，是合法的开发主体，主要承担工业园、物流园、中心城市的开发建设和管理，应给予其政策支撑，充分发挥其创造力、创新力，成为开发中最为活跃的组织机构；乡镇受开发区直接管理，承担农业农村和社会事业工作。

2. 科学划分开发范围。义龙新区开发建设面积过大，开发建设和管理难度较大，由义龙新区直接开发建设，难以调动两个省级开发区的积极性和创造性，在新区内难以形成竞争态势，让顶效开发区、安龙开发区独立开发，有利于形成竞争态势，推进整个新区的发展。州委、州政府于 2011 年 7 月已决定将顶效镇、郑屯镇、万屯镇、鲁屯镇以及马岭镇马岭河以北的村划归顶效开发区，由于雨樟镇与顶效开发区接壤，将其划入扩区后的顶效开发区，一并作为顶效开发区开发范围，管理顶效、郑屯、万屯、鲁屯、雨樟5个镇。龙广镇与安龙开发区接壤，将其划入安龙开发区，一并作为安龙开发区的开发范围，管理德卧、龙广、新桥、木咱 4 个镇。两个开发区独立开发建设，各自发挥优势，争比进位，加速发展。

3. 构建有效运行机制。运行机制是引导和制约决策并与人、财、物相关的各项活动的基本准则及相应制度，是决定行为的内外因素及相互关系的总称。要保证各项工作目标任务的实现，必须建立一套协调、灵活、高效的运行机制。构建义龙新区有效的运行机制，应立足于充分发挥开发区的开发主体功能，给予开发区"三权"，即独立行政权、干部任免权、财政管理权。原顶效开发区，通过多年探索形成的运行机制曾得到省开发区办的肯定和在全省推广，应恢复顶效开发区原有的管理体制和运行机制，并在安龙开发区推行。一是建立行政机制，给予开发区管委会独立行政权，管委会设立下属行政部门，确保行政执行到位；二是建立用人机制，给予开发区工委干部任免权，独立履行使用和管理干部的职能；三是建立管财机制，给予开发区财政管理权，调动开发区当家理财的积极性。只有给予开发区“三权”，才能充分发挥开发区工委、管委领导班子的能动性和创造性，增加凝聚力、号召力和战斗力，形成攻坚克难、推动发展的合力。

（二）用好顶效开发区平台，找准加速发展的突破口。

义龙新区承担着全州工业发展的重任，工业要在“十二五”时期实现加速发展，必须找准突破口。顶效开发区既是义龙新区的重点开发核心区域，又是义龙新区工业化、城镇化基础较好的区域，顶效开发区的发展将有力地拉动整个义龙新区的发展，将发挥“龙头”带动作用。基于此，义龙新区应从发展条件较好的顶效开发区入手，用好其有利的平台，以推进顶效开发区发展，来实现义龙新区发展上的突破。

1. 利用工业平台，加速工业发展。2012 年 1 月，省政府已批准顶效开发区扩区，列入全省创500万元工业总产值的开发区。该区工业发展基础较好，木陇工业园、合心工业园、红星工业园、郑鲁万工业园四个工业园的规划已通过审批，“三通一平”已启动，这是发展工业合法、有利的平台。应组建园区建设攻坚集团，建立奖惩机制，强力推进四大工业园建设，这是义龙新区加速发展最有效的途径，通过努力，到“十二五”末期或“十三五”初期，使顶效开发区工业总产值突破 500 万元，升格为国家级开发。通过强力助推顶效开发区跨越式发展，来实现义龙新区的跨越式发展。

2. 用好政务平台，助推区域管理。顶效开发区通过多年的探索，开发区工委、管委在政务平台上，形成了“小政府，大社会，小机构、大服务”精简高效、运转灵活的政务机构，特别是探索了招商引资、征地拆迁、项目建设、企业管理、服务客商等一套系统工作经验，这是推进工业园区发展的宝贵资源。应恢复顶效开发区原有的管理体制和运行机制，组建开发区强有力的领导集体和一支适应开发区发展精干高效的干部队伍，恢复开发区工委、管委及其部门运转，发挥招商引进、项目建设、服务客商、管理企业的开发区职能作用，用好开发区政务平台，以此助推经济社会的健康发展。

3. 用好招商平台，加快招商引资。多年来，顶效开发区致力对外宣传，不断扩大顶效开发区对外的知名度、美誉度，顶效开发区在全国有了一定有影响力和信誉度，招商引资品牌效应已经形成，顶效开发区已成为重要的招商平台。义龙新区组建不久，无论外界对新区的认知度还是信誉度，都还需要进一步提升，而认知度和信誉度，都不是一朝一夕能够提高的，当前，提高招商引资成效，用好顶效开发区招商平台，是明智的选择。用好顶效开发区的招商平台，整合人力资源进行招商，将有效地加快招商引资，促进外向型经济的发展。

（三）坚持产业优先发展战略，加快培育壮大支柱产业。

新组建的义龙新区，经济总量小，产业基础薄弱，应坚持产业优先发展战略，优先规划产业园区、优先推进园区建设、优先推进产业招商，围绕建设工业聚集区、现代工业城、现代物流中心三大发展重点，加快培育壮大支柱产业，通过产业发展，壮大财力，为实现“产城一体化”提供物质基础。

1. 优先规划产业园。产业园是产业聚集发展的基本平台，要根据新区的产业布局，坚持走产业专业化聚集发展之路，高标准规划一批市场前景好、关联度强、附加值高、劳动密集的产业园。根据新区的发展定位，对顶效开发区原有工业园的规划进行调整和完善，使之更加科学合理；在安龙开发区切实做好聚氯乙烯、烧碱、管材型材、铁合金、钢材、石材等专业化产业园规划；按照物流布局，在顶效开发区依托南昆铁路火车站规划现代综合物流园，在龙广、郑屯一带依托南昆铁路货运站优势，规划工业产品物流园。规划产业园时，坚持“产城一体化”规划理念，围绕建设现代工业城的发展目标，渗透城市规划理念，增加城市元素，增加产业园的绿化率，使产业园成为城市的重要组成部分。

2. 优先建设产业园。一是优先配置产业园建设资源。资金优先投入产业园区“三通一平”“五通一平”基础设施建设，为产业项目入园创造条件；土地优先供给产业园建设，腾出存量土地、争取土地增量，确保产业园建设的供地；人力优先投入产业园建设，整合各种人力资源，新区上下形成合力，全力解决征地拆迁、项目进场、企业服务等园区建设遇到的困难和问题，全力推进项目建设。二是提升产业园创新和技术能力。新型工业化必须依靠强大的科技创新，应鼓励和支持企业加快对高新技术的引进、消化、吸收和利用，采用新工艺、新设备、新技术改造传统产业，加快产业结构的优化升级；鼓励企业进行产品的更新换代，创名牌、出精品，延长产业链，提高产品市场竞争力和资源利用率，实现经济增长向创新驱动模式转变。三是不断完善产业园发展的配套体系。充分利用国家各项政策，优化科技资源和土地资源配置，营造良好的投资环境和创业环境；从园区长远发展和提升产业集聚能力出发，坚持适度超前、逐步推动、滚动发展的原则，不断完善产业园发展的配套体系，为企业落户园区发展打牢基础。通过加快产业园建设，加快培育一批支柱产业，实现产业集聚发展。

3. 优先产业园招商。招商引资是新区的生命线，只有着力加强园区招商，才能不断壮大支柱产业。一是抓好项目库建设，按照工业总产值1000亿元的发展目标，根据新区的产业发展定位，结合国家产业政策，认真研究编制一批优质项目，以优质的项目吸引资金，以优质的项目吸引客商，优选发展潜力大、行业前景好、集群特征明显的新材料、新能源和节能环保、先进制造技术、农业高新技术产业、生物技术与新医药等重点产业，通过政策引导、资金扶持和环境优化等措施大力促进特色优势产业的发展；二是建好招商平台，加大融资力度，加强园区“五通一平”的建设，将各类园区建成招商引资的平台，利用平台吸引外资，在引进带动能力强、科技含量高、产品附加值高、环保型的高效率项目上下功夫，吸引更多更具有实力的企业入园发展，增强园区的聚集效应和联动效应；四是整合人力资源，组建一支强有力的招商引资队伍，出台招商引资奖惩机制，调动干部职工招商引资的积极性，推动招商引资。通过招商引资，重点培育和优选一批具有较强创新能力和良好市场前景的龙头企业，帮助他们发展壮大，提高企业的辐射带动能力，使其发挥示范带动作用，加快形成产业集群，不断壮大园区经济。

（四）致力打造良好发展环境，增强区域吸引外资引力。

发展环境是指经济发展中不具有物质形态的非经济因素，是一个地区思想解放程度、市场发育程度和政府行政水平的重要标志，直接影响着经济建设的速度和对外开放的广度。义龙新区担负着黔西南州深化改革开放先行地、探索区域经济发展试验区的重要使命，需要更广更深入地参与省内外竞争，必须下大力打造良好的经济发展环境，增强新区吸引外资的引力，促进经济快速发展。

1. 构建宽松的创业环境。宽松的环境，能充分调动各种经济成分的积极性和创造性，激发创业激情的迸发。义龙新区要领跑全州经济，必须优化创业环境。一是要为企业的持续发展创造良好的外部环境。切实减轻企业负担，降低企业的生产经营成本，实现创业“零门槛”，切实解决征地拆迁难、项目进场难等难题，实现“零骚扰”，强化信用意识、坚持办事规则、遵守商业制度，推动法治化营商环境建设。二是优化企业服务环境。加快完善以信息服务、技术服务、市场服务、资金服务、人才服务、政策服务为主要内容的创业支持和服务体系，形成综合性、社会化的投资创业服务网络，把服务的潜力挖到最大，努力优化服务环境。通过构建宽松的创业环境，将义龙新区打造成为黔、桂、滇结合部最具吸引力的创业地，以此吸引更多的创业者。

2. 构建高效的政务环境。新组建的义龙新区，涉及三县市两个开发区 9 个乡镇，上下左右关系尚未理顺，加之管理体制不够科学，存在上下之间、部门之间配合难，服务不到位，影响服务环境。首先，要理顺新区与开发区、开发区与乡镇的关系，确保政令畅通，形成新区、开发区、乡镇三级联动，通力合作。其次，构建项目审批和服务体系，理顺新区与县市的关系，建立项目立项、审批、国土、规划、建工、环保等项目审批权和综合管理权限及行政管理职能，建立完善办事机构、投资服务、创业服务机构，同时简化审批程序、缩短审批时限、提高审批效率，为投资者和企业提供优质、高效的政务服务，用优质的政务环境吸引客商、推动发展。

3. 构建和谐的生态环境。和谐的生态环境是良好投资环境的基础，也是优化投资环境的基本要求。构建和谐的生态环境，是义龙新区实现产城一体化、建成现代化生态工业新城的先决条件，在大力发展工业的同时，应严格实行环境保护制度，做到"四个凡是"，即：凡是污染严重的落后工艺、技术、装备一律不准入园；凡是不符合环保要求的建设项目一律不许兴建；凡是超标或者超过总量质量指标排污的工业企业一律停产治理；凡是未完成主要污染物排放总量控制任务的项目一律限批。只有做到"四个凡是"，才能切实保护环境，才能为建成现代化生态工业新城提供环境支撑，才能实现可持续发展，增强新区吸引外资的引力。

（五）创新区域经济经营理念，切实提高区域经济效益。

实现区域经济快速发展，必须把区域作为一个资源聚合体，按照市场规律，坚持以人为主体，以产业为基础，以环境为支撑，将经营意识、经营机制和经营方式等运用到经济发展的各个领域，对区域潜在资本进行集聚、重组和经营，实现资源效益的最大化、最优化。义龙新区要实现长足发展，必须用全新的理念，经营区域经济。

1. 实施三大策略，建设经营园区。园区是义龙新区经济发展的主要载体，园区经济将成为该区国民经济不可或缺的重要组成部分。只有不断提高经营园区的能力和水平，才能提高园区的经济效益。在经营园区上，要努力杜绝土地利用效率不高、产业层次低、社会职能相对缺失等问题，实施三大经营策略。一是实施差异化经营策略，杜绝盲目追求园区 GDP 低水平重复建设，造成园区之间产业结构、发展模式和政策优势相同而形成恶性竞争，规划建设产业园时必须立足园区个性、坚持差异化经营策略，突出各个园区的定位和特色，以增强园区的竞争力；二是实施品牌化经营策略，创办园区，经营园区，增强园区的品牌意识，力求在产业集群、技术创新、生产要素配置等打造各个园区的品牌，形成属于自己的、不可复制的、独特的品牌；三是实施主动经营策略，加强园区管理，加快转变角色，变被动服务为主动经营，做园区经济发展的经营者，做园区产业定位的引导者，打造园区经济发展的第二引擎。通过经营园区，促进园区的良性发展，提高园区的效益。

2. 引入三大机制，建设经营城市。城市是生产要素的集合体，加快城市化进程，必须充分运用市场杠杆整合城市资源，以城养城，以城兴城，以城建城。一要引入“高新化”规划机制，高标准做好中心城市和城镇综合体规划，用新观念规范城市发展，使城市个性与特色更加凸显，用规划引领投资；二是引入“多元化”投资机制，采用“腾笼换鸟”“借鸡下蛋”等方法对城市公共产品经营领域全方位市场运作，变“政府管”为“市场管”，变“政府投”为“市场筹”，形成政府调控市场、市场引导企业、企业参与竞争的城市建设和经营机制，通过创新经营机制，解决城市建设资金不足、人才缺乏等问题，加快城市建设进程；三是引入“企业化”管理机制，走公用事业市场化、产业化、企业化、社会化的路子，实现用经营的方式管理城市，同时，强化社区管理，合理设置区划，理顺城市基层管理体制，促进新区中心城市和各类城市综合体的健康发展。

3. 实施三大抓手，经营地域文化。城市文化是城市发展的灵魂，义龙新区要经营好中心城市，必须塑造城市的灵魂。一是打造精品工程。义龙新区要塑造城市灵魂，应着力培育特色鲜明的地域文化，打造“贵州龙”地质公园、“猫猫洞”文化公园、查白歌节等城市精品文化工程，使之成为新区城市的名片。二是强化宣传促销。促销宣传，是经营文化、发展旅游的“牛鼻子”工程，也是推销城市整体形象、提高城市知名度和美誉度的有效举措，要以“贵州龙”品牌为总揽，完善旅游形象设计，精心策划宣传活动，加强宣传促销。三是完善投入机制，成立“贵州龙”“猫猫洞”、查白歌节等旅游开发公司，鼓励集体、个人通过独资、合资、合作等形式投资开发文化旅游产业，建立“政府主导、市场运作、企业参与、社会融资”的文化旅游投资开发新机制，通过创新投入机制，促进文化旅游产业的发展，增强新区城市的竞争力、吸引力、凝聚力。

总之，推进义龙新区建设，应充分利用交通、区位、地理三大发展条件，围绕建设现代工业城、工业集聚区、现代物流中心三大发展定位，科学布局工业园和物流园产，努力探索新区管理体制、利用有利平台、产业发展战略、发展环境建设、经营区域经济等切实可行的发展路径，才能有效地推动新区的跨越发展，才能促进战略目标的实现。

（作者单位：黔西南州人民政府经济发展研究室）

黔西南州融入"一带一路"发展战略研究

岑大明

内容摘要：黔西南州是欠发达欠开发的少数民族聚居区域，自我发展能力较弱，只有融入"一带一路"国家倡议借力发展，才能实现区域脱贫、区域振兴、同步小康。论文认真分析了黔西南州融入"一带一路"发展的必要性、有利条件和自身优势，提出了推进黔西南州山地特色农业、山地新型工业、山地全域旅游等特色产业融入"一带一路"发展，建设全国山地精品农产品出口基地、色金属工业产品出口基地、民族特色产品出口基地、国际山地旅游聚集区的战略构思，并从推进区域立体交通、开放发展平台、开放合作机制建设三个维度提出了融入"一带一路"发展的路径建议，具有较强的实践性、操作性和指导性。

关键词："一带一路"　区域开放　区域振兴　路径建议

"一带一路"是中国实施对外开放的国家倡议，是借用古代"丝绸之路"的历史符号，搭建成国际合作平台，积极发展与沿线国家的经济合作伙伴关系，共同打造政治互信、经济融合、文化包容的利益共同体、命运共同体和责任共同体[1]。南盘江流域不仅具有融入"一带一路"的区位优势，而且具有丰富的资源和众多的政策优势。融入"一带一路"发展，可共享国际国内开放市场，促进区域资源开发，拉动区域经济加快发展。

第一，融入"一带一路"是黔西南州借力发展的最佳选择。黔西南州地处滇黔桂三省区结合部，国土面积16800平方千米，区域人口350万人，目前尚有贫困人口24.21万人，贫困发生率为7.66%。由于地处边远、交通闭塞、封闭落后、自我发展能力弱，经济发展相对滞后。尽管近几年来，全州经济发展速度在全省一直领先，但经济总量却处于后靠位置。黔西南州要实现区域脱贫、区域振兴、同步小康，必须借力发展，融入"一带一路"国家重大开放战略，在打开山门、全面开放中获得发展的新机遇、新动力。**一是**

获得开放的市场带动。市场是拉动经济发展的原动力，“一带一路”是国家实施对外开放的重大创举，以发展与沿线国家的经济合作伙伴关系为重点，全面扩大国际产能合作，带动中国制造和中国服务出走出[2]。黔西南州融入“一带一路”，能参与国际产能合作、经济贸易，从中分享国际大市场“蛋糕”，获取国际商品市场分额，带动全州各类产业、产品、业态的开发与发展。**二是获得巨大的投资拉动**。黔西南州是欠开发、欠发达地区，尚处于投资拉动发展阶段，基础设施、产业发展投资严重不足，区域发展迫切需要投资拉动。“一带一路”是全国聚集利用外资的重要平台载体，黔西南州融入“一带一路”发展，有利于拓宽融资渠道，有效地提高外资引进的总量和质量，获取国际投资的份额，利用外资拉动全州加快开发。**三是获得充裕的人才推动**。黔西南州人才匮乏是不争的事实，经济要加速、产业要发展，必须有一支强有力的人才作支撑。当前，黔西南州大力发展大数据、大旅游、大健康、大生态、新能源、新材料等新经济产业，人才是最大的“瓶颈”，融入“一带一路”发展，便可参与享受国际人才供需调节，黔西南各类人才的需求，必将使国际充裕的人才资源向黔西南州流动，继而解决人才匮乏的问题，推动全州新经济产业的发展。

第二，黔西南州具有融入“一带一路”的有利条件和优势。黔西南州虽然没有处于“一带一路”上，但与丝绸之路经济带重要省份云南接壤，同时又是中国西南部融入21世纪海上丝绸之路的前沿，具有融入“一带一路”发展的有利条件和自身优势。**首先，区位优势明显**。虽然黔西南州交通条件没有全面改善，但从地理空间上看，区位优势依然明显。一方面，黔西南州地处中国南部滇黔桂三省区结合部，处于昆明、贵阳、南宁三个省会城市经济圈辐射范围内，同时又与“丝绸之路经济带”重要节点省份云南相邻，有利于融入“丝绸之路经济带”。另一方面，黔西南州距上海、广州、福州等“21世纪海上丝绸之路”重要港口和枢纽机场不到1000千米，1000千米以内聚集了重庆、海口、深圳、湛江、珠海、香港、澳门等重要港口城市，南盘江红水河水运通道进入珠海仅1280千米，为融入“海上丝绸之路”创造了有利条件。**其次，资源优势突出**。农业资源丰富，山地面积广阔，海拔落差较大，立体气候明显，是发展山地特色高效农业的宝地；矿产资源富集，储藏着煤炭、黄金等40多种矿产，是发展山地新型工业的宝地；旅游资源独特，峰林、峡谷、溶洞等自然景观星罗棋布，有独特多姿的峡谷风光、历史沧桑的古渡码头、各具特色的沿江小镇、各显风情的布依古寨、神秘多彩的民族文化等，是发展山地全域旅游的宝地。黔西南优越的资源组合，为融入“一带一路”实施产业全面开放提供了资源优势。**再次，政策优势叠加。**2012 年国发 2 号文件《国务院关于进一步促进贵州经济社会又好又快发展的若干意见》赋予贵州省的财税、投资、金融、产业、土地、人才、对口支援等诸多扶持政策[3]；2015 年国务院批复的《左右江革命老区振兴规划（2015—2025》将黔西南州 9 县（市、新）全部纳入规划，提出“进一步加大扶持力度，着力加经基础设施和发展特色产业，打造产业集聚、经济繁荣的活力老区。”，并在战略定位上提出“将左右江革命老区建成面向东南亚南亚全方位开放前沿阵地、重要资源精深加工基地、著名红色文化及休闲旅游目的地、生态文明示范区、跨省互联互通先行区”[4]；2016 年 12 月，国务院正式印发实施的《“十三五”旅游业发展规划》，将“滇黔桂民族文化旅游区”纳入全国重点培育的 20 个跨区域特色旅游功能区[5]；黔西南州系贫困人口聚集区、少数民族人口聚集区，享有众多国家脱贫攻坚、民族区域发展等政策。众多国家层面的扶持政策叠加，为黔西南州融入“一带一路”吸引利用外资创造了优越的政策环境。

第三，加快推进黔西南州特色产业融入“一带一路”发展。黔西南州是一块有待深度开发的绿色宝地，应充分利用区位优势、资源优势、政策优势，加快融入“一带一路”，实施全方位产业开放，既要“请进来”利用外资推进山地特色产业发展，又要“走出去”推进山地特色产品出口。**一是推进山地农业融入“一带一路”发展。**黔西南州传承着深厚的农耕文化和悠久的农耕文明，应充分利山地农业资源、立体气候优势，全面实施山地特色农业对外开放，强化流域产业区域化布局、专业化分工，全产业链推进薏仁米、中药材、食用菌、精品水果、精品干果等农业特色化发展、标准化建设、品牌化经营，着力建设全国山地精品农产品出口基地。**二是推进山地工业融入“一带一路”发展。**充分发挥黔西南州资源优势，加快推进以资源深度开发为重点的对外开放，利用外资推进区域资源的生态化、产业化开发。用好《左右江革命老区振兴规划》支持地方发展自备电的政策优势，坚持区域资源整合利用、优化配置、互济发展，走“煤电网产”融合发展之路，整合流域煤炭资源，发展流域地方电力，做强地方电网，培育区域地方电价优势，开展对外合作，推动区域矿产资源全产业链开发，建设有色金属工业产品出口基地。大力发展以贵州木纹石为重点的特色建材业，以薏仁米、油茶、糯米等精深加工为重点农副产品加工业，以民族服饰为重点的民族手工业，推进一批山地特色产品出口创汇，建设民族特色产品出口基地。**三是推进山地旅游融入“一带一路”发展。**充分发挥黔西南州作为国际山地旅游大会永久承办地的平台作用，加快全州山地旅游对外开放，坚持区域旅游源统筹，加快推进南北盘江千里精品游线开发，高端策划包装一批高质量的旅游项目，出台促进黔西南州域全域山地旅游发展配套政策，加大全州旅游项目国际化招商力度，推进区域旅游业加快发展。紧紧围绕“一带一路”沿线国家，加大旅游宣传推介力度，加快发展跨国旅游，推进旅游产品“走出去”，吸引国外游客“走进来”，将黔西南州打造成为面向南亚、东亚南开放的国际山地旅游聚集区。

第四，构建推进黔西南州融入“一带一路”发展联动机制。黔西南州 9 县（市、新区）是地理空间、资源组合、自然条件相互联系和相互制约的区域，全州只有树立全州“一盘棋”思想，坚持区域统筹、联动发展，推进资源互补、产业互配、信息互通、市场互济，增强区域发展竞争优势，才能有效地融入“一带一路”发展。**一是主动推进“跨省互联互通先行区”建设。**充分利用《左右江革命老区振兴规划》关于“将左右江革命老区建成跨省互联互通先行区”的战略定位，以及国发 2 号文件、贫困山区、民族地区的政策支撑，积极主动地联合云南、广西推进南盘江流域铁路、公路、水路、航空等交通基础设施建设，构建南下“两广”、北上贵阳、西出云南的立体快速交通体系，融入“一带一路”的骨干交通网。当前，特别是要加快推进几条重要通道建设：推进兴义至盘县、兴义至百色高速铁路、兴义至永州铁路建设，构建南盘江流域的铁路枢纽；推进贞丰经册亨至隆林高速公路建设，打通南盘江融入珠三角、东南亚经济圈的公路快速通道；推进兴义经文山至河口高速公路建设，打通南盘江融入滇西经济圈的公路快速通道；推进红水河水运航道龙滩、岩滩千吨级过船设施建设，打通南北盘江出海水运大通道；加快国际航线开发，逐步开通“一带一路”沿线国家客货航线，打开空中开放走廊。**二是主动推进区域生态经济开放平台建设。**黔西南州融入“一带一路”发展，需要精准谋划区域发展定位，创新构建支撑流域区域统筹发展的共享平台。黔西南州既是中国西南部南下出海的前沿，同时又是珠江流域的重要生态功能区，黔西南州的发展，既要考虑区域加快发展、同步小康，又要兼顾生态建设、可持续发展，守好发展和生态两条底线。这就要求黔西地州在发展定位上，要积极探索产业发展与生态建设相融合的生态经济发展之路。近年来，黔西南州按守好“两条底线”的要求，充分利用立体气候资源优势，全力推进“两江一河”立体生态经济带开发，即：在沿南北盘江开发千里精品旅游线、在低热河谷海拔800米以下地带开发千里精品水果产业带、在海拔800米以上区域开发千里干果产业带，既推进了产业发展，又促进了生态建设。“两江一河”立体生态经济带发展定位，具有一定的时代性、创新性、引领性，可以作为南盘江流域产业发展定位，应积极申报创建全国立体生态经济示范区，将其建设成为融入“一带一路”发展的重要开放平台。**三是主动推进南盘江流域开放机制建设**。南盘江涉及的三省区各地州，南盘江流域的发展应充分发挥流域区位、资源、生态、政策等优势，坚持区域化整体开发，建立科学有效的区域合作联动开发机制，合力打造中国西南部立体生态经济示范区。黔西南州处于南盘江流域的核心位置，南部与广西百色地区接壤，西部与云南曲靖、红河地区相连，具有牵头统筹开放机制建设的条件和优势，应主动牵头推进四大机制建设。**主动构建产业规划联动机制，**坚持区域统筹，牵头推进盘南江流域产业发展会商机制，联合各地市共同编制南盘江流域产业发展规划，力求各地市产业发展规划相互协调、相互补充、联动发展，增强区域产业发展的整体竞争力。**主动建立南盘江流域大交通体系建设联动机制，**牵头推进盘南江流域交通发展会商机制，联合各地市编制盘江流域铁路、公路、水路、航空等立体交通建设规划，共同争取中央支持，推进南盘江流域内通外联大交通网络建设。**主动构建生态环境治理和保护联动机制，**牵头推进盘南江流域生态建设会商机制，联合各地市联合实施南盘江流域生态环境综合治理，共同保护南盘江流域的绿水青山，培育区域发展的后发优势。**主动构建市场共享联动机制，**牵头推进盘南江流域市场建设会商机制，联合各地市加快建立资源互济、品牌共享等市场共享机制，规避恶性竞争、无序竞争，共同打造区域产业品牌，推动南盘江流域产业集群形成。

总之，黔西南州具体融入“一带一路”的区位条件、资源条件和政策优势，加快融入“一带一路”发展，将有力推动全州加快发展，助推全州脱贫攻坚，实现同步小康。只要坚持区域统筹、强化区域优势培育，切实推进山地特色农业、山地新型工业、山地全域旅游全面开放，积极主动融入“一带一路”发展，联合推进立体交通、发展平台、合作机制三大建设，定能推动南盘江流域的全面振兴。

（作者单位：黔西南州人民政府经济发展研究室）

营造黔西南州县域投资环境研究

岑大明

内容摘要： 县域投资环境是促进县域经济发展的决定因素，只有不断优化投资环境，才能有效地促进县域经济的发展。本文着重对黔西南州的地理环境、气候环境、生态环境、自然资源等投资硬环境和政务环境、社会环境、信用环境等投资软环境的现状、问题以及对策建议进行了研究。

关键词： 投资环境　现实性　现状　对策　黔西南

县域投资环境是促进县域经济发展的决定因素，只有加强县域投资环境建设，才能促进县域经济发展。投资环境的建设，又是一个系统工程，只有对投资环境问题进行系统的梳理，找准问题症结，坚持问题导向，逐一进行整改，才能有效地促进投资环境的优化。

一、加强县域投资环境建设的现实性分析

投资环境是指吸引、接受外商投资所具备的优势和条件，其内容非常宽泛，主要包含：政治环境、自然环境、社会环境、经济环境。县域投资环境是以县为行政区划的空间深化改革、扩大开放的必要条件，是县域经济发展的重要前提。积极营造良好的投资环境，是推动县域经济发展的现实选择。

（一）县域投资环境是县域经济发展的决定因素。按投资环境要素的物质形态属性不同，投资环境分为硬环境和软环境。硬环境是指具有物质形态的要素组合；软环境是指没有具体物质形态的要素，包括历史、文化、风俗、体制、机制、政策、法制、管理、服务等软件建设。经济发展离不开土地、资金、技术、人才等要素，更需要软环境的孕育和支撑。环境既是县域经济发展的外因，又是促进县域经济发展具有决定性意义的内因。经济活动与环境建设好比“鸡蛋和温度”，没有适当的温度，鸡蛋变不成小鸡；它又像“鱼和水”，企业如鱼，环境如水，鱼在水中能够健康成长，但在污水中就不

能生存。环境建设直接或间接地对企业的运作方式和经营效率产生影响。多数投资者投资非常理性，既关注投资硬环境，也关注投资软环境，环境已经成为投资者确定投资区域的首要决定性因素。

（二）县域投资环境是招商引资最基本的条件。投资环境是县域经济发展进步的标志，好的投资环境是一笔巨大的无形资产，对外可以增强影响力、吸引力和竞争力，对内可以凝聚人心、激发创业热情。投资环境的优劣，直接关系投资者的信心度，关系投资是否安全、能否有效运行，决定着县域经济发展的快慢以及能否实现全面、协调、可持续发展。同时，投资环境也是影响投资者投资决策的重要因素，投资环境的优劣直接影响一个县对资金尤其是对外资的吸引力，它是招商引资最基本的条件。因此，作为在区位比较优势相对弱化的黔西南，只有优化投资环境，才能更好地吸引外资。

（三）县域投资环境是实现同步小康社会的基础。黔西南州属于经济基础比较薄弱的民族地区，是典型的投资拉动型经济，吸引外资扩大投资是黔西南州加快发展的主要途径。多年来，黔西南州社会固定资产投资规模小，投资率和投资增速低于全省平均水平，是导致黔西南州工业化、城镇化、城乡居民收入水平偏低和经济总量偏小的重要因素。制约外来资本进入黔西南州和妨碍本地资本发挥活力的根本原因是投资环境存在一些亟待解决的问题。当前，黔西南进入了经济稳定发展的新时期，经济全球化日益加快，区域经济合作深入开展，为黔西南州充分利用市场、资源提供了更为有利的条件。但是机遇和挑战并存，近年来，全省各地州以及周边地区着眼于提高综合竞争力，创新投资服务体制和机制。面对日益激烈的投资环境竞争态势，黔西南州各县市只有创造比其他地区更有利于资金流入的环境条件，才能充分发挥黔西南州的资源优势和后发优势，争取更大的发展空间，才能保持全州经济社会健康稳定较快发展的良好态势，为实现后发赶超、同步小康奠定坚实基础。

二、黔西南州县域投资环境的现状分析

近年来，各县市十分重视投资环境建设，整体状况趋于优化，城镇面貌发生了巨大变化，综合服务功能得到增强，对外开放迅速扩大，招商引资初见成效，促进了县域经济的发展。但是，由于各种因素的影响，县域投资环境，依然存在一些突出问题。

（一）投资硬环境存在的主要问题。

硬环境主要是指自然环境、自然资源和基础设施条件。目前，从黔西南州县域投资硬环境的状况来看，既有优势，也有劣势，主要表现在以下几个方面：

1. 地理环境优势难以显现。黔西南州虽然位于南（宁）贵（阳）昆（明）经济圈的中心地带和黔、滇、桂三个省（区）省会城市的三重辐射圈内，处于正在形成的中国—东盟自由贸易区、泛珠三角经济圈、西部大开发、南贵昆经济圈、毕水兴经济带等五大区域经济板块之中。但是，公路、水路、航空等交通设施滞后，公路设施等级低，铁路运力严重不足，水运缺乏配套设施，航空飞行等级低，不能适应经济发展的需要。落后的交通条件，使县域区位优势难以显现，区位并没有成为经济社会发展的优势条件。

2. 气候环境优势难以发挥。黔西南州气候环境优势明显，冬暖夏凉、阳光和煦、降水丰富，湿度适宜，按照“贵州省旅游气象舒适度标准”，黔西南州从 3 月中到 11 上旬都较舒适，是全省乃至全国舒适期最长的地区。但是，城镇设施落后，城镇建设标准低、规模小、基础弱、设施差，服务功能不完善，承载三产、服务工业的功能较弱，城市化水平低，城镇生产和生活环境有待进一步改善，这使投资环境表现出“有最适宜人类居住的气候条件，而没有最适合人类居住的环境”的尴尬局面。

3. 生态环境建设任重道远。黔西南州是岩溶地貌发育最典型的山地之一，喀斯特山地约占总面积的 71.5%；生态环境比较脆弱，全州森林覆盖率为 31.8%，山高坡陡，水土流失严重，全州石漠化面积平均每年以 10.5 万亩的速度递增，石漠化面积达 300 万亩，占全州总面积的 11.9%，潜在石漠化面积 1219.5 万亩，占总面积的 48.38%，是全省最为集中成片的地区之一。加之，冶炼、化工、建材等高能耗、高污染、高排放产业的不断发展，随着工业化、城镇化进程的加快，资源开发力度不断加大，污染物的排放总量快速增长，生态环境压力和生态环境风险不断增大，生态环境建设任重道远。

4. 自然资源利用效率不高。黔西南州自然资源可用“富饶中的贫穷”来概括。一是矿产资源丰富，但是粗放开发陷入了资源优势“陷阱”，经济增长方式粗放，靠对自然资源的开采、靠拼卖资源来换取经济发展的速度和财政收入的增长，除导致主导产业单一、经济结构不合理、资源浪费、效益低下等以外，最大的危害就是造成生态环境的破坏，资源优势并没有真正变成经济优势，而环境生态的破坏带来的各种问题将由政府买单，买单付出的代价远远高于矿产开采创下的税费，得不偿失。（2）水利资源：黔西南州境内河流均属珠江流域，10千米以上长的河流有144条，分别与南盘江、北盘江和红水河构成3个区域水系。南盘江境内流程264千米，流域面积6448平方千米；北盘江境内流程324千米，流域面积8760平方千米；红水河境内流程44千米，流域面积1595平方千米。但是，水利设施滞后，由于自然条件和投入不足等历史原因，造成骨干工程数量明显不足，小型水利工程在正常甚至偏枯的年份确实能发挥作用，但受蓄水量小、调节能力弱等限制，一遇较重干旱，许多小型水库就因蓄不上水而失去作用，加之黔西南州地质、地形复杂，地表岩层透水性强，工程性开发利用水资源比较困难，目前，全州水库库容16698万立方米，人均仅拥有52.2立方米，工程性缺水突出，城镇供水不足。（3）农业资源：全州在册耕地面积244.7万亩，其中田79.8万亩，旱地164.9万亩，耕地面积处于全省第4位，农作物品种繁多，有粮、油、烟、茶、菜、果、药等粮食作物和经济作物。但是，农业发展结构单一，极不合理，在种植结构中，以种粮为主，经济作物为辅，而粮食生产上，虽然保持稳产，但是由于生产条件差、农业技术落后、品种不优、耕作粗放等原因，粮食增产量和效益不高，加之受小农经济意识的影响，农业产业化起步晚，资金投入、人力投入、重视程度、推进措施等等都不到位，农业产业化水平较低，农产品竞争能力较弱，农业没有形成产业优势。（4）旅游资源：黔西南州历史悠久，人文遗址丰富，民族众多，风情独特，列入国家级非物质文化遗产保护名录的有布依族“八音坐唱”、查白歌节等八项十处，黔西南州山川秀美、景色迷人，旅游资源组合良好，是中国西部颇具开发前景的黄金旅游区。但是，由于开发投入不足、开发机制不灵、宣传包装效果不佳，旅游活力不足，难以集聚人气，没有形成吸引投资的优势。

（二）投资软环境存在的主要问题

近年来，黔西南州在不断改善投资硬环境的同时，也加大了改善软环境的工作力度。随着全州投资环境的改善，吸引了不少客商来黔西南投资发展。虽然在改善投资环境方面取得了一定的成就，但还存在着不少问题。

1. 政务环境问题。主要表现在：一是思想保守、观念陈旧。黔西南州地处贵州边缘，远离经济中心，交通不便，信息不灵，受封建传统观念影响深，改革进程慢，开放程度低；一些领导干部对党的方针政策和国家的法律法规以及市场经济理论学习研究不够深入，思想认识转变慢，缺乏应有的开拓创新精神，是投资环境欠佳的根源和主要表现。这些因素，从表面上看制约着县域经济社会的发展，从深层次上看导致各县市干部群众思想保守、观念陈旧，成为加快县域经济发展的一大障碍。二是政府职能转变慢，服务意识淡薄。政府对企业干预多、审批环节多、办事效率低、承诺事项不兑现、“门难进、脸难看、事难办”和“乱摊派、乱收费、乱检查”的现象仍然不同程度地存在。据笔者调查表明，在被调查的46户企业中，有72%的企业认为政府机关的办事效率“一般”，有19%的企业认为效率“低”；有54%以上的企业认为“行政审批环节多”，政府机构之间条块分割，政出多门，部门利益化，工作协调难，政策落实难。三是公务员队伍素质不高，执法水平低。表现在有些部门的工作人员责任心不强，迟到早退，擅自离岗，不仅服务态度差，而且对企业“吃、拿、卡、要”，故意刁难，损害了政府的形象。执法人员自身素质不高，政策水平低，在执行政策中生搬硬套，缺乏必要的灵活性。

2. 社会环境问题。主要表现在：一是执法不公平、执法不公正、执法不透明、不规范、地方保护主义严重、多头检查、频繁检查、处罚随意性大等问题；二是征地拆迁引发的农民阻工、阻路等事件频发，强揽工程、强行阻工、干扰破坏生产经营的现象时有发生，导致项目建设进度缓慢，严重影响了投资环境；三是随着经济社会建设不断向前发展、市场经济转型、社会利益格局调整，新问题、新矛盾不断增多，各类重大群体性事件不断发生，成为影响社会稳定进而影响投资环境的突出问题，据相关资料表明，2013年黔西南州共发生群体性事件13起，涉及人员1300余人。

3. 信用环境问题。主要表现在：一是地方政府的一些政策缺乏稳定性和连续性，一些县（市）存在“新官不理旧事”，“现任不顾后任”的情况；二是行政决策存在随意性和盲目性，由于制定政策缺乏规范，使得政策易变，而政策的不确定性使人们对未来缺乏信心，从而使政府的信用在群众心目中遭到削弱；三是行政许可缺乏规范性，行政审批过多过滥，《行政许可法》虽然正在施行中，但缺乏规范的问题依然较多，行政审批项目虽有大幅度减少，但保留的项目仍然审批程序过于繁琐，有的审批环节不透明，审批标准随意性大；四是行政执行不规范，行政人员不负责任，有的政府组织在行政执行上没有统一的规范的标准，缺少必要的程序和步骤；五是地方政府职能转变不到位，政府承诺不兑现，存在不依法履行承诺、不及时兑现政策，且有时承诺不够具体而显得假、大、空的现象；六是公务员滥用职权以权谋私，有意无意损害了社会的公信力，损害了党和政府在人民群众中的形象；

七是政府行为缺乏公开性，透明度不高，有的地方某些机构、某些环节暗箱操作的现象仍然不少，政府信息渠道的不畅通，公民应有的知情权、参与权得不到维护，这在一定程度上也会导致了人民对政府的不信任。

透视黔西南州县域投资环境建设上存在的问题，原因是多方面的，既有历史的遗留问题，也有制度机制上的不完善；既有人的因素，也有管理上的漏洞。而其根源分析如下：第一，在解放思想，转变观念上做得不够，有待进一步提高。与发达地区相比，思想解放不够，创新意识不强，对如何营造良好的投资环境认识不到位。对消除不规范行政行为、营造良好投资软环境必须长期坚持认识不足，对本单位内部出现的影响投资软环境存在的问题缺乏深入的调查研究，抓整治力度不够，重点不突出，工作不到位，有厌烦情绪。第二，财力有限制约经济的快速发展。政府财力限制，只能采取增长点开发战略，集中投资培育一个或几个增长点，通过增长点的后向效应，来拉动经济发展这种模式，加之各县（市）的基础设施建设滞后，对外部资源的吸引力不足，造成经济发展缓慢，县域经济发展整体乏力。第三，没有正确处理长远利益和眼前利益的冲突。常常只顾眼前利益而牺牲长远利益，以致牺牲诚信，损害政府公信力和权威性，降低了民众对政府的信任度。第四，没有准确把握“发展第一要务”和科学发展的关系，片面追求发展，而忽视科学、持续、协调发展，以致为着所谓的“政绩”和“发展地方经济”，不负责任、不求实际地大干、盲干，乱许愿、乱承诺，甚至弄虚作假最终失信于民、失信于商。

三、优化县域投资环境的对策建议

加强县域投资环境建设，应以增强投资吸引力和综合竞争力为核心，以革除一切妨碍投资的思想观念、做法规定和体制弊端为突破口，以建设为民务实清廉的公务员队伍为关键，以加强党的执政能力建设为保证，建立便捷高效规范的行政审批制度，提高行政效能和服务水平，构建公正、廉洁的司法、执法机制、营造稳定、安全的社会环境，实施有利于发展经济、涵养财源的财政税收政策，创造完善的基础设施条件，形成更加有力的投资环境监督保障机制。

（一）加快完善硬件环境。

一个县能否有效地吸引外商投资，最重要的是取决于其投资环境的优劣。硬件环境是投资环境最重要的组成部分，应坚持把硬件环境建设作为改善投资环境的重要举措，着力抓好以路、水、电、讯等为主的基础设施建设。

1. 加强交通基础设施建设，提升区位的比较优势。相对东部地区来说，处于西部边缘的贵州在区位上已处于劣势，而处于贵州西南边缘的黔西南州，区位便是劣势中的劣势。区位处于劣势，使黔西南州在资金、人才等资源要素市场配置中处于弱势地位，这是制约发展的最大“瓶颈。要改善投资环境，必须通过加强交通设施建设，畅通与外部联系的通道，提升黔西南州的区位在贵州乃至西部的比较优势，提升参与市场竞争的竞争力。为此，在初步形成以公路、铁路、水路、航空综合交通运输体系的基础上，抢抓新一轮西部大开发和国发二号文件实施的机遇，继续加强交通基础设施建设。在铁路建设上，推进长沙至昆明铁路客运专线黔西南段、黄桶—望谟—百色、六盘水—普安、普安—兴义、黄桶—兴义—河口、兴义—都匀—凯里—黔江2条铁路建设，尽快形成“一联两纵三横”的铁路网；在公路建设上，抓紧推进“县县通高速”工程进程，提升通乡公路等级，扎实抓好“村通油路”工程和乡镇客运站建设，不断完善农村交通运输体系；在水路建设上，依托南北盘江和红水河出海便捷优势，加快西南水运出海通道扩建项目建设步伐，提高南下珠江的能力；在航空建设上，加快兴义机场扩建工程，实现4D级飞行等级提升，开通全国重要城市航线。通过加强交通基础设施建设，畅通南下两广、北上贵阳、东出福州、西进云南的通道，缩小黔西南与外界的距离，提升区位的比较优势，努力夯实发展基础。

2. 加强水利基础设施建设，为产业发展提供基本保障。加强水利基础设施建设，是产业发展的基本保障。一方面，要以重大水利枢纽工程为龙头，以大中型水利工程为骨干，以小型水利工程为基础，以微型水利工程为补充，逐步建立生活、生产、生态用水安全保障体系，加快解决工程性缺水问题，为工业、三产发展提供用水保障。另一方面，加强农田水利和烟水配套工程建设，以水源工程、灌区工程、“五小”工程为重点，在兴义、安龙、兴仁、贞丰、普安等县市建设一批中型水利项目和一批小（一）、小（二）型水库，以“兴中灌区”“盘江灌区”建设为重点，争取国家加大投入力度，结合“三小”等小型水利建设，提高农业生产灌溉能力，为农业产业发展提供基本保证。

3. 加快建设宜居宜业城镇，打造承接东部人口转移平台。生态良好、气候宜人是黔西南州得天独厚的资源和优势，是祖辈留给我们的一笔宝贵财富，也是工业进程缓慢对全州人民的一种补偿。生存永远是人类的第一选择，在全国各大城市空气质量逐渐下降、气温居高不下、生态环境日渐恶劣，威胁着人类生存的大背景下，良好的生态环境日渐成为人类生存的稀缺资源，日渐成为大中城市市民追寻的生存、发展的领地。黔西南州要后发赶超，发展观念必须从“承接产业转移”向“承接人口转移”转变，用吸引人口实现产业转移。为此，既要保护好现有的生态环境，又要发挥好生态优势，建设一批宜居宜业生态城镇，打造承接东部人口转移平台，吸纳和承接全国一、二线城市人口到黔西南生活、就业、创业和发展，以此提升城镇人气，促进三产繁荣。根据全州城镇基础、旅游资源、民族元素等条件，打造承接人口转移平台，可从三个方面入手。**一是加快建设一批生态旅游城。**坚持城市与旅游互动、城市与产业互动，重点打造兴义、安龙、贞丰、兴仁四个各具特色和风格的生态旅游城。旅游的热度能提升城市的人气，反之城市的人气也能加热旅游，为此将两者融合发展、互动发展，两者才能共同发展、相得益彰。兴义城东有马岭河峡谷、城西有万峰林，城市定位可考虑建设与两大景区融合、突出自然风光、山水园林元素、城中有景、景中有城、充满现代气息的都市旅游城、度假城、休闲城；安龙县城有十里荷塘、历史景观众多，城市定位可考虑建设与十里荷花相融合、突出古城风貌、历史文化元素、城中有荷、荷中有城、充满历史文化气息的旅游古城、度假城、休闲城；贞丰县布依族文化保存相对完好，可考虑依托双乳峰景区建设突出布依族元素、充满布依旅风情的旅游城；兴仁县苗族文化浓厚，可考虑建设突出苗族建筑风格、彰显苗族元素、充满苗族风情的旅游城。通过建设一批生态旅游城市，吸纳外地人口、拉动城市房地产业的发展。用承接东部人口的转移，实现产业的转移。**二是加快建设一批生态集镇。**目前，全州80%以上的乡镇集镇建设缺乏规划，规模小、档次低、功能差，很难发挥集聚人口的作用，应本着将集镇建设成为集聚农村人口、转化农民就业的平台，坚持高标准规划、高质量建设、高水平管理的原则，根根各乡镇的实际，将各乡镇的集镇建设成为规模适度、功能齐全、设施完备、卫生整洁、绿化美化的宜居宜业的生态小镇，以此吸纳农村人口向集镇转移。**三是加快建设城镇产业发展平台。**在突出各城镇建设特色的同时，应重点规划发展与生态城镇相融合的一批轻工业和服务城镇的第三产业，通过打造产业发展平台，增强城镇吸收人口和承接人口的双重能力。最终，通过建设一批生态城旅游城、生态集镇，承接外地人口，转移农村人口，既拉动城乡一体化发展，又提高城镇人气、商气和消费能力，从而带动商贸流通业、旅游休闲业、现代物流业、科技信息业、房地产业和商务中介业等六大第三产业的发展。

（二）营造优质的政务环境。

政务环境是投资软环境的核心，只有营造优质的政务环境，才能有效地改善投资环境，为此，要突出两个重点，切实营造优质的政务环境。

1. 以规范行政行为为重点，建立规范公正的执法机制，着力解决执法不当和政策执行错位的问题。一是要抓政府职能转变。要积极稳妥地推进政府机构改革，实现从管理型政府向服务型政府转变，从权力政府向责任政府转变。要深化行政审批制度改革，简化办事程序，提高工作效率，特事特办，急事急办，做到管理不越位、服务不缺位。二是要抓简政放权。要解放思想，把该放的彻底放开。管得多，服务少，程序多，效率低，只会使投资者退避三舍。各经济执法部门要自觉地服从服务于招商引资和发展民营经济这个大局，正确处理好管理与服务地方经济、严格执法与热情服务的关系，寻求行政执法与服务招商引资的最佳结合点。要真正理解“不放不活”和“无为则无不为”的道理，坚持原则性与灵活性相结合的原则，寓管理于服务之中，多指导不干预，多服务不设卡，多帮忙不添乱，多支持不指责。三是要抓政策落实。要打破的发展障碍，在政策的制订上，只要不违背国家政策法规，外地的一切优惠政策都可以拿来为我所用，使政策更具包容性；在规费征收上，可收可不收的，全部取消；有上下限规定的，全部按下限来收取；在政策的执行上，要严肃执行纪律，不能擅自改变规定、改变政策，自己想怎么办就怎么办，更不能搞“行政性壁垒”，确保贯彻到底、落实到位，不出梗阻；对尚未落实的政策，要查明原因，找出症结，明确责任，限期落实。

2. 以推进阳光政务为重点，建立高效便民的服务机制，着力解决服务意识淡薄和干部作风不实的问题。一是要抓干部作风转变。要转变干部作风，提高服务质量。要在全面总结近年来开展“作风建设年”活动成效的基础上，加强对党员干部的思想教育，让广大干部树立执政为民、勤政廉政思想；要结合“走访群众听民声，深入基层解难题”作风建设主题活动，组织干部深入农村（社区）、企业、项目，着力帮助基层和群众解决最关心、最直接、最现实的问题；要加强干部作风整顿，加大行政问责力度，加强对行政审批部门、服务窗口单位的效能督查，集中治理庸、懒、散，行政不作为、慢作为、乱作为等问题。二是要抓服务平台建设。要进一步转变政府职能，推进政务服务体系建设，加强和完善三级政务服务网络建设，推行一站式办公，一条龙服务。要清理审批事项，进一步减少行政审批和年检事项。要强化政务服务中心职能，把审批权最大程度的授予部门窗口，保证窗口得到应有的权力；要加强办事中心和乡镇便民服务中心建设，要进一步加快网上政务服务和电子监察系统建设，强力推行网上审批，使服务对象跑最少的次数，用最短的时间，得到最满意的结果。三是要抓行政效率提高。要全面推行部门服务公开承诺制、首问负责制和责任追究制等制度，把落实首问责任制、限时办结制等“七项制度”作为提高服务质量和效率的基本制度。要按照政府“审批提速、服务提质”的要求，进一步深化行政审批制度改革，简化和规范办事程序，能公开的公开，能取消的取消，快审快办，保证服务质量，提高服务效率。

3. 以考核评议为重点，建立权责明确的责任机制，着力解决职责不明、责任不负的问题。一是要明确“一把手”负责制。要强化领导责任，明确各级各部门行政“一把手”为环境建设第一责任人，明确其在此项工作中的职责和任务，并纳入对其本人的绩校考核；同时，要把优化经济发展环境工作作为评价单位干部政绩、年度考核和提拔任用的一项重要依据。二是要硬化部门目标。要围绕责任分解、责任考核和责任追究推出新举措，将牵头部门和相关责任部门的责任分解量化，分解到人，逐级签订“军令状”，把软任务变为硬指标。开展部门服务承诺，对所承担的服务经济发展的各项职能、工作时限、服务标准等向社会公开承诺，凡是出现损害经济发展行为的，除追究当事人的责任外，还要追究单位主要负责人的责任。三是要建立严密的考核奖惩激励制度。要健全行风建设监督机制，聘请优化环境监测员、评议员，跟踪监督部门单位工作效能；要坚持平时督查和集中考核相结合的办法，实行环境考核通报和环境预警告诫制度，对服务经济发展违诺行为要警示告诫、责任追究。同时，要进一步完善综合测评办法，做到更科学、公平、公正；要强化考核结果运用，做到奖罚分明，结果兑现。

4. 以查究问责为重点，建立公正严明的追究机制，着力解决“四乱”和“吃拿卡要”问题。一是要加快投诉处理。要畅通渠道，高效处理群众、企业投诉举报，要以“投诉热线”“民意直通车”和“行风评议”为联系平台，及时受理、快速查处企业和群众反映的问题，要坚持“快”字为先，有马上去办的激情，做到当即受理，当天落实；二是要加大个案查处。要坚持把查办案件作为服务发展大局的重要手段，切实解决领导干部与民争利、投资入股经商办企业和插手市场经济活动问题，严厉查处涉及企业的“四乱”案件，重点查处各职能部门、各行政机关及其工作人员在履行职责中推诿扯皮、吃拿卡要、“不作为”“乱作为”问题和玩忽职守、失职渎职的案件。三是要加强有效监督。要建立健全社会舆论监督机制，让广大群众参与到优化发展环境工作中来；加大媒体监督力度，对损害经济发展的典型案件通过新闻媒体曝光，让不作为、乱作为的干部既丢位子，又丢面子，努力在全社会形成服务发展光荣，阻碍发展可耻，人人都是投资环境，事事关系地方形象良好氛围。

（三）营造良好的社会环境。

良好的社会环境是营造良好投资环境的根本条件，是企业发展乃至整个县域经济发展的重要保障。营造良好的社会环境，要以打黑除恶为重点，建立有力有序的惩治机制，着力解决企业周边环境和项目建设环境不优的问题。

1. 加强政策法律法规宣讲。要建立健全优化建设施工环境工作责任制度，加强法制宣传和政策宣讲。要抽调专门力量、安排专业人员组成小分队深入到重点项目、重大项目工程、重要厂矿企业周边开展法律法规宣传；各乡镇党委政府、村支两委要加强对群众的法制政策的教育，特别是要针对重点项目、重大工程、重要厂矿企业周围的群众开展法制政策的宣讲；同时，要进一步健全完善征地拆迁和补偿办法，规范征地拆迁补偿安置行为，清理和解决征地拆迁补偿安置遗留问题。

2. 加强社会治安综合治理。要进一步强化责任意识，制定出台公安机关优化企业生产经营和项目建设周边环境工作责任制，明确县、乡镇、公安局、派出所、民警“五位一体”挂点联系重点企业和在建项目制度，落实领导包干制和工程项目指挥部责任制。同时，建立公安机关打击阻工闹事“一对一”快速处置机制，明确“责任站所”“责任干警”，对发生在责任企业内的阻工扰工、欺行霸市、寻衅滋事等违法犯罪事件要全程处理，做到快速出警、快速处置、优先立案、从严惩处。

3. 加大打击黑恶势力力度。要强化惩治意识，坚持动真碰硬，重拳整治，以施工环境整治为重点，开展企业周边环境和重点项目、重点工程施工环境集中整治行动，打几场施工环境的歼灭战，严厉打击强揽工程、垄断地材、恶意索要、阻工闹事等违法犯罪行为；同时，还要严厉查处为黑恶势力犯罪团伙通风报信，充当“黑后台”和“保护伞”的违纪违规的国家工作人员。

（四）营造文明的信用环境。

信用是一切道德的基础和根本，是一个社会赖以生存和发展，营造文明的信用环境是优化县域投资环境的基石。良好的信用关系不仅代表着个人、企业、政府的良好形象，而且也推动着经济和社会的全面发展。要营造文明的信用环境，要以宣传引导为重点，建立诚实守信的信用机制，着力解决诚信缺失问题。必须以道德为支撑，以法律、制度为保障，通过建立健全信用体系，来增强人们懂信用、守信用、用信用的观念和意识，把诚实守信作为基本行为准则，努力营造“守信为荣、失信为耻、无信为忧”的社会氛围。

1. 要加强诚信宣传教育。一是通过各种宣传、教育方式，利用学校、企业、社区、行业协会等组织机构广泛开展行之有效的信用道德培养和教育，大力宣传搞好优化经济发展环境工作的重大意义，宣传县委、县政府关于优化发展环境的重大决策和规定，宣传和报道各部门、各行业在改善投资环境、为企业和投资者提供优质高效服务和帮助排忧解难等方面的先进典型和具体做法，在全社会营造亲商护商良好氛围。二是开展多种形式的信用活动，提高社会主体的守信意识和维权知识，并能自觉参与监督和抵制失信行为。三是加强职业道德、社会公德和诚信美德教育，大力倡导“讲诚信、守信用，言出必行、有诺必践，做诚信之人、办诚信之企、兴诚信之举”的良好风气，切实提高政府的公信度和企业、个人的信誉度。

2. 建立失信责任追究制。信誉是招商之本，承诺贵在落实。凡是承诺的，就要不折不扣地落实到位，说了就干，一干到底。一方面，政府首先应加强自身的诚信建设，认真落实各项承诺措施，政府各项方针、政策、制度、措施的贯彻落实都必须真正做到取信于社会、取信于民众，不能朝令夕改，说话不算数，更不能蒙骗客商群众。另一方面，对“说是一套、做是一套，当面一套、背后一套”影响投资环境，损害投资环境，损害客商利益的乡镇和部门主要负责人、具体责任人实行责任追究。

3. 加强诚信政府建设。政府信用是影响全局、推动全社会的信用。强化政府信用的导向作用，及时纠正地方政府朝令夕改的失信行为，对进一步完善县域投资环境，加快对外招商引资有着重大作用。一方面，要转变政府职能，提高政府的公信度。要调整好政府与企业、政府与市场、政府与社会之间的关系，使政府不在干预市场经济活动，从主角的位置退出来，作好配角的服务工作；结合行政审批制度的改革，逐步推行政府“一站式、一条龙”服务，简化办事程序，提高行政效能，严格按照法定的权限和程序履行职权，促进公务员、司法人员的行政和司法行为的规范化；建立公务员队伍信用档案，进一步提高政府公务人员的服务意识、诚信意识，增强按章办事、执政为民、服务于民、取信于民的责任感。另一方面，要推进政务公开，促进信息资源的流动。充分发挥金融、财政、审计、税务、工商、质检、环保、公安、司法、民政等部门的监控系统和监控信用的作用，逐步实现其信息体系的网络化和社会化；在经济和社会管理活动中，通过建立相应的制度，促进政策的公开公正、透明，建少不确定性，在处理各种经济主体的利益冲突时应采取公开、公正、公平的原则，寻求规范、制度化的方式加以解决。通过诚信政府的建设，推动诚信社会的形成。

总之，县域投资环境是县域经济发展的基础，只有营造良好的投资环境，才能促进县域经济的快速健康发展。黔西南州的县域投资环境无论是硬环境还是软环境，都还存在不少突出问题，只有坚持一手抓硬环境建设、一手抓软环境建设，才能有效地优化县域投资环境，为县域经济发展创造良好的发展环境。

（作者单位：黔西南州人民政府经济发展研究室）

借鉴浙江经验建设山地特色小镇研究

岑大明

内容摘要：本文认真研究了浙江省特色小镇建设的主要做法和经验，从中总结提炼了“以规划为引领、以产业为核心、以文化为灵魂、以旅游为主线、以市场为主体”的推进黔西南州特色小镇建设的五大启示，进而提出了推进黔西南州特色小镇建设的一系列建议。

关键词：浙江经验　特色小镇　文产旅融合　路径建议

2016年10月28日，州委副书记、州政府州长杨永英率州政府办公室、经济发展研究室、州住建局、环保局、旅发委、兴义市、安龙县、贞丰县、义龙试验区、部分乡镇和企业主要负责人组成的考察团赴浙江对该省特色小镇建设经验进行为期三天的考察学习，采取实地考察、座谈了解、茶叙咨询、个别访问等方式，先后考察了浙江龙游县红木小镇、诸暨市大唐袜艺小镇、磐安县江南药镇、龙泉市青瓷小镇、庆元县香菇小镇，对浙江特色小镇建设的历史背景、发展定位、做法经验等进行了深入全面的了解，提出了推进黔西南州特色小镇建设的建议。

一、浙江特色小镇建设的主要做法

2015年初，浙江省委、省政府贯彻国家新型城镇化和产城融合发展战略，出台《关于加快特色小镇规划建设的指导意见》（以下简称“意见”），提出用五年时间通过“自愿申报、分批审核、年度考核、验收命名”的建设方式，创建100个特色小镇，打造产业发展新载体，探索产业发展新路径，不到两年时间，首批37个特色小镇建设已初具规模，成为新的经济增长点，有效地推动了全省经济转型升级和城乡统筹发展。

（一）创新产业发展载体。浙江特色小镇建设“意见”对特色小镇的概念作了具体规定，将“特色小镇”与“特色镇”区别开来，明确“特色小镇”是相对独立于市区，具有明确产业定位、文化内涵、旅游功能的发展空间平台，具有社区特征，它既不是行政区划单元的“镇”，也不是产业园区的“区”，而是产业发展载体，是企业协同创新、合作共赢的企业社区，是企业为主体、市场化运作、空间边界明确的创新创业空间。一个乡村、一个园区、一个区域，均有可成为特色小镇建设对象。浙江出台的特色小镇“意见”最大突破，就是明确了特色小镇既可以设在市区内，也可以依托乡镇传统特色产业设在乡镇工业区或者某行政村里。通过培育特色小镇，集聚人才、技术、资本等资源要素，推进产业集聚、产业创新和产业升级，实现“小空间大集聚、小平台大产业、小载体大创新”，从而形成新的经济增长点。

（二）明确产业发展导向。浙江省根据经济社会发展现状，特色小镇建设主要聚焦信息经济、环保、健康、旅游、时尚、金融、高端装备制造等支撑浙江未来发展的七大产业，兼顾茶叶、丝绸、黄酒、中药、青瓷、木雕、根雕、石雕、文房等历史经典产业，坚持产业、文化、旅游“三位一体”和生产、生活、生态融合发展。并且坚持一个特色小镇发展一个特色产业，以一个产业为龙头，拉长产业链，形成产业集聚。浙江特色小镇建设“意见”提出，特色小镇必须是产业特色明显、自然资源丰富或历史文化悠久的地区，在全省乃至全国同行业中占有相当大的比重，并将其打造成为产业集中、专业化强、富有特色的地方特色产业集群。同时，注重引进资本、技术改造，不断提高产品档次与竞争力。考察组这次考察的5个特色小镇分别以红木、袜子、中药、青瓷、香菇为主导产业，着力发展上下游产业及关联产业，形成了产业集群。

（三）严格小镇建设要求。浙江特色小镇建设“意见”对特色小镇建设作了四个方面的具体要求：**一是空间范围**，特色小镇规划面积一般控制在3平方千米左右，建设面积一般控制在1平方千米左右，既有利于提高投资密度，又有利于节省土地资源，体现了“小而精”的理念。**二是运作方式，**坚持“政府引导、企业主体、市场化运作”原则，规定每个特色小镇都要以企业为主推进项目建设，凸显了企业投资主体地位，体现“小而特”。**三是投资规模，**每个特色小镇原则上3年内须完成固定资产投资50亿元左右（不含住宅和商业综合体项目），金融、科技创新、旅游、历史经典产业类特色小镇投资额可适当放宽，体现“小而富”。**四是发展目标，**所有特色小镇必须建设成为3A级以上景区，旅游产业类特色小镇则要按5A级景区标准建设，体现“小而美”。

（四）出台建设扶持政策。浙江将扶持政策作为撬动特色小镇建设的“杠杆”，出台了组织、土地、财政等方面的激励性扶持政策。**一是在组织协调方面**，建立了特色小镇规划建设工作联席会议及其办公室（简称“创建办），由常务副省长担任召集人，省委宣传部、省政府研究室、发改委、经信委、科技厅、财政厅、国土厅、建设厅、商务厅、文化厅、统计局、旅游局、省金融办等单位负责人为成员，办公室设在省发改委，为特色小镇建提供了有力的组织保障。**二是在土地保障方面**，对纳入创建名单的特色小镇，新增的建设用地由各地先行办理农用地转用及供地手续，对如期完成年度规划目标的特色小镇，按实际使用指标的 50% 给予配套奖励，信息经济、环保、高端装备制造等产业类特色小镇则按 60% 奖励。3 年内未达到规划目标任务的，加倍倒扣省奖励的用地指标。**三是在财政支持方面**，特色小镇在创建期间及验收命名后，其规划空间范围内的新增财政收入上交省财政部分，前 3 年全额返还，后 2 年返还一半。激励性政策支持，有效地推动了特色小镇建设。

（五）创新小镇创建方式。浙江省特色小镇建设打破了传统的审批制，积极探索“明确目标、竞争入队、优胜劣汰、达标授牌”的创建制，形成“培育一批、创建一批、验收一批”，省市联创的梯次众创格局。**一是明确目标、鼓励众创**。鼓励各县市按照特色小镇的目标要求，积极谋划、自愿申报特色小镇培育对象；省特色小镇“创建办”，不搞区域平衡、产业平衡、数量限制，采取“竞争入队”方式，按照“是否符合内涵要求、编好建设规划、落实建设用地、确定建设主体、排定投资计划、明确具体项目”的标准，分批审批，确定特色小镇创建名单并进行公布。**二是实绩考核、动态管理**。为确保在建设期（3 至 5 年）内取得实效，浙江对特色小镇建设实施优胜劣汰的动态管理。坚持把年度实绩作为实施进退机制的标准，对完不成年度目标的省级特色小镇创建对象予以退出；对年度投资完成 10 亿元的特色小镇培育对象，次年直接进入创建对象，形成“落后退出、优胜者上”的竞争创建机制。同时建立特色小镇统计监测指标体系，开展季度和年度监测，作为兑现政策和动态调整的基础。**三是严格验收、达标命名**。创建单位认为特色小镇达到规划建设目标，由特色小镇创建对象所在县（市、区）经过自检后，向省特色小镇创建办申请，省特色小镇创建办组成专家组进行现场验收，对于达标的特色小镇，经省政府同意后，给予正式命名。特色小镇在年度考核合格或验收命名后，才能获得土地和财政方面支持。

二、浙江省推进特色小镇建设的几点启示

目前，浙江省通过推进特色小镇建设，城镇化发展水平已跃居全国前列，其发展思路，为我州提供了有益的启示：

（一）以规划为引领。强化顶层设计、规划引领是浙江特色小镇建设最明显的特点。考察组考察的5个特色小镇在规划设计上站位高、标准高、重个性、重特色，在规划设计环节就杜绝了同质化。如大唐袜艺小镇，依托传统袜子产业，规划建设“智造硅谷（智能制造集聚区）、时尚市集（智慧中枢和文化艺术旅游区）、众创空间（电商园、大学生创业园、中国针织原料市场、物流园区）三大区域，着力打造全球唯一以袜子为图腾的特色小镇，力争成为全球最先进的袜业制造中心、全球最顶尖的袜业文化中心、全球唯一的袜业旅游目的地。龙泉青瓷小镇，依托青瓷历史文化，突出“青瓷非遗”特色主题，规划建设青瓷小镇核心区、古龙窑文化展示区、风情旅游区、温泉休闲养生中心“一核心·三组团”，着力打造国际陶艺朝圣地。相比黔西南州城镇化的传统理念，规划设计档次低、个性不突出、特色不明显、同质化严重，城镇聚集产业、聚集人口能力不强。

（二）以产业为核心。浙江特色小镇建设坚持一个特色小镇发展一个特色产业，以一个产业为龙头，拉长产业链，打造产业集中、专业化强、富有特色的地方特色产业集群。同时，注重引进资本、技术改造，不断提高产品档次与竞争力。比如，磐安江南药镇，以中医药健康产业为主导产业，拉长保健食品、中药康复、保健养生、休闲度假等产业链，形成了药材种植、深加工、市场贸易、生态旅游为特色的大健康养生产业集群，不到两年，实现年产值22亿元、税收3.2亿元。大唐袜艺小镇，紧紧围绕袜艺产业，着力发展袜艺研发、造制、文化、市场、物流、原料等全产业链，形成了袜艺产业集群，实现年产值150亿元、税收3.6亿元，小镇袜子总量已占全国70%以上、占全球三分之一。在这方面，黔西南州小城镇建设，虽然也强调“一镇一业、错位发展”，但实际上多数小城镇缺乏主导产业，小城镇是“空壳镇”，缺乏聚集功能，小城镇的作用没有真正显现出来；有的小城镇虽有一些特色产业，但培育力度不够，市场优势不明显，产品档次以低端为主，产业集中度较低，尚未形成产业集群。

（三）以旅游为主线。浙江特色小镇建设有一条非常鲜明的主线，就是将旅游贯穿特色小镇建设的始终，围绕3A级以上景区进行建设，规划设计深挖产业旅游、开发建设植入旅游元素、经营管理营造旅游氛围，首批公布的37

个特色小镇均形成了旅游景区，旅游经济效益初步显现。磐安江南药镇主打“药”“医”“养”“游”四张牌，将旅游保健、休闲养生植入产业体系，形成生态旅游为特色的大健康养生产业，2017年预计实现旅游人数达300万人。庆元香菇小镇规划建设香菇标准化生产示范观光园、香菇创意文化园、休闲品质居住园，使香菇生产、加工、销售与旅游紧密结合，形成旅游景区，今年接待游客达30万人次。龙泉青瓷小镇将古龙窑文化展示区、风情旅游区、温泉休闲养生中心三个组团作为特色小镇的主要功能进行开发建设，已成为4A级景区，年接待游客已达50万人次。黔西南州发展全域山地旅游，小城镇是重要节点，山地特色城镇应着力打造“小而特、小而美、小而精”的特色小镇，可是我州的小城镇建设缺乏旅游培育理念，在建设中尚未按旅游景区来规划建设，除了个别小城镇外，绝大多数小城镇未形成旅游景区，离“小而特、小而美、小而精”旅游小镇还有很大差距。

（四）以文化为灵魂。没有文化的小镇是没有生命力的小镇。浙江省特色小镇建设特别注重文化的挖掘和培育，特别注重挖掘、培育和展示产业文化、历史文化、地域文化，将文化渗透到特色小镇建设之中、渗透到产业发展之中，使文化与小镇融为一体，增强小城镇发展活力。龙游红木小镇，按照“制造基地+文化旅游”模式，全力打造以国学文化为基础，以紫檀文化为背景，融艺术观赏、文化研究、生态游憩、养生度假于一体的中国红木文化小镇，预计2017年小镇建成后年旅游人数达300万人、旅游收入15亿元以上。大唐袜艺小镇文化艺术展示区、龙泉青瓷小镇古龙窑文化展示区、庆元香菇小镇香菇博物馆，分别将深厚的袜艺文化、青瓷文化、香菇文化表现得淋漓尽致。相比之下，黔西南州的小城镇建设，城镇文化灵魂培育不够，特别是缺乏产业文化、地域文化的挖掘与植入，小城镇缺乏文化特色，导致小城镇可识别、可记忆特征不明显，小城镇同质化严重。

（五）以市场为主体。浙江特色小镇是有明确产业定位、文化内涵、旅游功能、社区特征的发展载体，是企业协同创新、合作共赢的发展平台，也是推动经济转型升级、推进创业创新的重要举措。在市场经济体制的背景下，充分发挥市场对资源配置的决定作用，对特色小镇的发展具有关键的意义。浙江坚持“政府主导、市场主体”的运作方式，借助企业招引企业，通过产业集聚产业，政府主要做好规划编制、完善政策、设施配套、评估奖惩等，大部分特色小镇成立了管委会，作为政府的派出机构开展沟通协调与服务，不直接干预企业的市场行为。特别是突出一个小镇一个投资主体，投资主体可以是国有投资公司、民营企业或混合所有制企业，政府重点做好特色小镇建设的规划引导、资源整合、服务优化、政策完善等工作。因此，在特色小镇建设过程中，坚持“政府搭台、企业唱戏”，政府只提供规划、土地指标、税收返还（有税收才有返还），不但减轻了政府负债压力，也厘清了政府与企业的责任与分工。如龙游红木小镇以年年红家具（国际）集团公司为投资主体，由该公司投资 80 亿元建设；龙泉青瓷小镇以上海道铭公司为投资主体，由该公司投资 30 亿元建设。这种以企业为投资主体的运作方式，有效解决了城镇化融资难的问题。

三、推进黔西南州山地特色小镇建设的建议

当前黔西南州乡镇经济实力总体较弱，急需通过特色发展，做优做特做大做强特色产业，强化产业就业支撑能力，实现转型升级。贵州省“十三五”规划纲要提出“建设一批交通枢型、旅游景点型、绿色产业型、工矿园区型、商贸集散型、移民安置型等特色小城镇”，结合浙江省特色小镇建设的经验与启示，我州下一阶段推进乡镇特色发展有两条路径，对比如下：推进特色镇建设其优势是符合省“十三五”规划对乡镇发展的要求，若“十三五”期间省里出台特色小城镇建设扶持政策，我州可迅速对接争取，打造成功后对乡镇自身转型升级推动作用明显；不足之处是乡镇整体推进投入大、周期长，在各乡镇现有经济结构下，形成显著特色困难，省里是否出台扶持政策具有不确定性。推进特色小镇建设其优势是从规划策划以及建设规模、周期和投入等方面来看易于打造，其形成的特色更加集中和显著，示范效应明显；不足之处是特色小镇建设更多依靠市场运作，在经济下行压力较大、缺乏省级政策支持的背景下，地方招商引资压力较大。当前，随着土地、劳动力等要素成本的不断上升，整体推进特色小镇建设难度较大。各乡镇在原有基础上，打造特色小镇，推进产业集聚、产业创新和产业升级与原有发展特色、发展基础和发展需求形成良好的互动，形成新的区域经济形态更加符合当前我州乡镇发展实际需求，符合大众创业、万众创新的要求。为此，建议以特色小镇建设为抓手，配合以下措施，进一步加快我州乡镇特色发展和优化提升。

（一）完善特色城镇规划体系。在《黔西南州新型城镇化与城乡发展一体化规划》《黔西南州城市总体规划》的基础上，加快推进《黔西南州新一轮镇村布局规划》《黔西南州城乡统筹规划》及各县（市）规划编制工作，学习浙

江省特色小镇做法，按照“小而特、小而精、小而美”的标准，精心编制重点中心镇、特色镇经济与社会发展规划，扩大“美丽乡村”村级规划编制范围，形成州、县（市）、镇（乡）、村四级较为完整的城镇规划体系。

（二）出台特色小镇发展工作意见。围绕培育特色小镇，出台培育相关工作意见，针对我州产业优势和特色，按照自主申报、专家评审、审核批准等程序，培育一批工业主导型、特色农业型、生态休闲型、文化旅游型、商贸物流型、科技创新型、金融服务型等特色小镇，打破行政区划，依托现有产业基础、区位优势、文化资源等，探索设立一批特色小镇进行培育。如兴义市可围绕兰花产业建设“兰花小镇”，兴仁县可围绕薏仁米产业打造“薏仁米小镇”，安龙县可围绕食用菌建设“食用菌小镇”，普安江西坡、晴隆沙子可依托茶叶产业联合打造“茶旅小镇”等。

（三）建立健全工作协调推进机制。组建特色小镇规划建设工作联席会议及其办公室，联席会议建议由常务副州长担任召集人，州委宣传部、州政府研究室、发改委、经信委、科技局、财政局、国土局、住建局、商粮局、文化局、统计局、旅游局、金融办等单位负责人为成员，整合成员单位资源力量，制订完善加快城镇特色发展的政策意见，出台推进全州特色小镇建设的实施方案，并推动实施。同时推动各县（市、区）出台相应配套政策，建立健全特色小镇组织领导机构等。借鉴浙江特色小镇创建模式，研究制订我州特色小镇创建标准、考核办法，探索引入第三方机构对创建成果进行客观评估，推进全州特色小镇建设和发展。

（四）出台特色小镇建设扶持政策。**一是出台用地支持政策。**建立城镇建设用地出让收益共享机制，将建设用地不紧张的一般乡镇通过土地增减挂钩获得的建设用地指标，有偿转让给所在县（市）的特色小镇所在地。按照节约集约的原则划定边界范围，对确需新增建设用地的，所在县（市）国土部门可适当给予指标倾斜。**二是设立专项扶持资金。**分别设立州和县（市）特色小镇培育专项引导资金，按照 20% 的比例给予补助，用于小城镇基础设施、公共事业、特色产业项目建设，优先考虑特色小镇需要。**三是出台税收扶持政策。**对特色产业集中区规划范围内的新增财政收入上交财政部分，前 3 年全额返还、后 2 年减半返还。**四是出台金融扶持政策。**各级财政视项目情况实行特色小镇建设资金利息补贴，推动商业银行、金融集团、小贷公司为特色小镇提供中长期贷款，发挥城投公司融资平台作用，支持特色小镇建设。

（作者单位：黔西南州人民政府经济发展研究室）

黔西南州出海水运通道建设研究

骆雪娇

内容摘要：黔西南州由于没有便捷的通江达海通道，严重制约了其未来外向型经济的发展。通过调研，了解黔西南州水资源的分布情况，提出黔西南州出海水运通道建设的方案：重点突破、协同发展，以解决制约珠江水运发展的突出问题为导向；打通贵州、云南珠江出海通道，以解决制约珠江水运发展的重点环节、重要瓶颈为突破口；推动贵州、云南水运出海通道建设。南线出海通道，重点建成百色枢纽升船机，解决百色枢纽断航问题。中线出海通道，解决龙滩枢纽断航问题。上述方案既是黔西南州未来发展的外延瓶颈，也是本课题研究的初衷。

关键词：黔西南州　出海通道　水运建设

2016年7月30日，交通运输部印发《关于推进珠江水运科学发展的若干意见》(以下简称《意见》)指出："以解决制约珠江水运发展的突出问题为导向，着力改善通航条件、推进转型升级、强化安全管理、完善体制机制，努力打造珠江黄金水道，为促进流域经济繁荣、社会和谐、生态良好提供有力支撑……中线出海通道，按1000吨级标准建成龙滩枢纽升船机，解决龙滩枢纽断航问题，完成岩滩通航建筑物升级扩能改造，打通贵州经北盘江—红水河出海通道，实现红水河全线复航。"黔西南州由于龙滩电站建设阻断了通江达海通道，严重制约了外向型经济发展。加快建设出海水运通道，恢复南北盘江红水河航道，是黔西南州降低物流成本、促进对外开放的重大战略举措。

一、沿江流域及黔西南水资源概况

(一)红水河、南盘江、北盘江河流概况。红水河是一条腹地广阔、集雨面积大、流量充沛、落差大、滩险多的自古以来就通航的河流，是我国西南地区与东南沿海粤、港、澳江海直达的重要水运主通道，是国家内河水运主通道布局规划中珠江水运主通道西南水运出海中线通道。红水河始于南盘江与北盘江汇合处，贵州望谟县蔗香两江口，止于广西来宾石龙三江口，全长656千米；于石龙三江口与柳江汇合后称黔江，在桂平与郁江汇合后称浔江，在梧州接纳桂江后称西江，西江与贺江、北江汇合后流入广东南海；河流主流从贵州蔗香两江口至广东南海入海口磨刀门总长1270km。是珠江水系西江上游的主干流，上连滇、黔、桂三省，下连粤、港、澳地区，是西南地区重要的水运出海通道。近年来，红水河水资源开发步伐明显加快，红水河梯级规划的龙滩、岩滩、大化、百龙滩、乐滩、桥巩6个枢纽已建成。南盘江是珠江水系中一条重要河流，源头处于曲靖马雄山东麓出水洞，亦称珠江上游源头河流，南盘江终点为贵州望谟县蔗香两江口，与北盘江汇合后称为红水河。南盘江流域面积5.68万平方千米，干流长914千米，多年平均径流量达217亿立方米，河道平均比降为1.74‰，流域面积为5.68万平方千米，南盘江干流习惯上分上、中、下三段。在宜良高古马铁路桥以上称上段，该段河长266.8千米，落差619.5米，平均比降为2.32‰，河流纵贯沾益、曲靖、越州、陆良、嵩明和宜良盆地，盆地之间有较短峡谷相连，呈珠串式阶梯下降。宜良高古马铁路桥至开远泸江口称中段，河段长157千米，落差489.3米，平均比降为3.12‰，河道多穿行于峡谷，唯盘溪一段河谷较宽阔，局部为丘陵。开远泸江口至两江口称下段，河段长480.1千米，落差730.8米，平均比降为1.52‰，河流穿过高山深谷，坝索至纳贡19.5千米河段，落差达184.4米。流域跨云南、广西和贵州三省区，流经30个县市，流域内人口达2200余万人，其中少数民族和贫困人口众多。从20世纪90年代开始，南盘江干流先后建成了12级水电站，其中云南境内共建有9级梯级电站，由上到下分别是柴石滩、红石岩、罗碧、禄丰、糯租、大桥、雷打滩、云鹏、凤凰谷；黔、桂界河上建有3级梯级电站，分别是天生桥一级、天生桥二级和平班，由大唐公司负责开发的八渡水电枢纽目前正在开展前期工作。北盘江属珠江流域西江水系，是红水河上游最大支流，流域跨越云南、贵州两省。发源于云南省曲靖市马雄山西北坡，河源高程2228.7米，河流由西南向东北流经云南省曲靖、宣威，在万家口子与由南而来的拖长江汇合后，继续流向东北，于贵州省水城县都格与由西北方向而来的可渡河汇合后，河流流向发生了一个大转折，流向改向东南方向，再流经贵州省的水城、晴隆、关岭、贞丰、望谟等县境内，于贵州省望谟县蔗香村与西来的南盘江汇合，以下称红水河。以革香河为干流之河源至河口全长441.90千米，其中云南境内123.50

千米（万家口子以上），云贵两省界河 22.70 千米（万家口子至可渡河口），贵州境内 295.7 千米（可渡河口至双江口）；天然落差 1932m，平均比降 4.37‰；全流域面积 2.66 万平方千米。流域面积大于 1000 平方千米的一级支流有新屯河、拖长江、可渡河等 8 条。北盘江源头至可渡河口 146.20 千米河段为上游，可渡河口至打邦河口 188.70 千米河段为中游，打邦河口至两江口 107.00 千米河段为下游。

（二）红水河、南、北盘江电站概况。红水河从龙滩开始到大藤峡已建 7 座水电枢纽，总装机容量 952.4 千瓦，年发电量 385.06 亿度。

红水河蔗香两江口至石龙三江口段规划建设了 6 座枢纽，分别为龙滩、岩滩、大化、百龙滩、乐滩、桥巩电站枢纽，各枢纽基本情况及同行建筑物情况详见表 1。

表 1　红水河电枢纽及库区基本情况表

编号	枢纽名称	建设情况	水位（m）		装机容量（MW）	通航建筑物建设情况	备注
			正常蓄水位	死水位			
1	龙滩	已建	375	330	6300	规划 1000t 级船闸	红水河
2	岩滩	已建	223	219	1810	扩建 500t 升船机	
3	大化	已建	155	153	600	已建 500t 单级船闸	
4	百龙滩	已建	126	125	400	已建 500t 单级船闸	
5	乐滩	已建	112	110	600	已建 500t 单级船闸	
6	桥巩	已建	84	82	57	已建 500t 单级船闸	

显而易见，目前红水河除了龙滩库区属封闭库区以外，其他五个库区都是畅通无阻，但是通航建筑物等级不统一并且偏低，给通道库区的通过能力打了折扣，龙滩电站库区建筑物等级按 1000 吨建设后，以下梯级通航建筑物均需要改建升级。

南盘江干流先后建成了 12 级水电站，其中云南境内共建有 9 级梯级电站，由上到下分别是柴石滩、红石岩、罗碧、禄丰、糯租、大桥、雷打滩、云鹏、凤凰谷；黔、桂界河上建有 3 级梯级电站，分别是天生桥一级、天生桥二级和平班，由大唐公司负责开发的八渡水电枢纽目前正在开展前期工作。南盘江水电枢纽及库区基本情况见下表 2。

表 2 南盘江水电枢纽及库区基本情况表

编号	枢纽名称	建设情况	水位（m）		装机容量（MW）	通航建筑物建设情况	备注
			正常蓄水位	死水位			
1	柴石滩	已建	1640.40		60	无	云南
2	红石岩	已建			44	无	
3	罗碧	已建				无	
4	禄丰	已建	1330.00		36	无	
5	糯租	已建	1269.50		25	无	
6	大桥	已建	1001.00		90	无	
7	雷打滩	已建			108	无	
8	云鹏	已建	902.00		210	无	
9	凤凰谷	已建			93	无	
10	天生桥一级	已建	776.96		1200	无	黔桂界河
11	天生桥二级	已建	645.00		1320	无	
12	平班	已建	440.00	437.50	405	无	
13	八渡	在建				无	

河流渠化，对地方经济影响深远，与扶贫息息相关。表中数据反映，南盘江规划或已建的 13 个电站库区均为封闭库区，仅满足区间通航和库区旅游，阻断了河流。

北盘江干流规划 16 级水电站，均位于贵州境内，由上到下分别是梨园、鱼王塘、窝子箐、可渡、大桥、杨家、石塔、河边、泥猪河、石板寨一级、石板寨二级、善泥坡、光照、马马崖、董菁。北盘江水电枢纽及库区基本情况见表 3。

表 3 北盘江水电枢纽及库区基本情况表

编号	枢纽名称	建设情况	水位（m）		装机容量（MW）	通航建筑物建设情况
			正常蓄水位	死水位		
1	万家口子	已建	1500.00		20	无
2	毛家河	已建	1300.00		9	无
3	响水	已建	1140.00		14	无
4	石板寨	已建	910.00		3.6	无
5	善泥坡	已建	885.00		17	无

续表

编号	枢纽名称	建设情况	水位（m）		装机容量（MW）	通航建筑物建设情况
			正常蓄水位	死水位		
6	光照	已建	745.00	691.00	10.4	规划船闸
7	马马崖一级	已建	585.00	580.00	558	规划船闸
8	马马崖二级	已建	510.00	509.00	138	规划船闸
9	董箐	已建	490.00	483.00	880	规划船闸＋升船机

随着经济社会发展，北盘江已基本全江渠化，形成的库区对地方经济影响深远，与贫困地区扶贫息息相关。表中数据反映，北盘江已建的9个电站库区均为封闭库区，仅满足区间通航和库区旅游，阻断了河流。光照电站以下虽然规划了通航船闸，但至今尚未开展相关工作，库区仅限于区间运作。

（三）黔西南州水资源概况。黔西南布依族苗族自治州地处黔、滇、桂三省区结合部，国土面积1.68万平方千米，现辖1市7县1区和5个省级开发区，总人口348万，其中少数民族占42.47%，辖区内居住着汉、布依、苗、彝、回等35个民族，属珠江水系上游的南北盘江红水河流域，具有独特的区位优势，其中，南盘江在贵州省望谟县蔗香乡附近与贵州省黔西南州的北盘江汇合后称红水河，最终汇为珠江，经珠江三角洲，于广州附近的磨刀门注入南海。南盘江流经黔西南流域面积大约为7713平方千米，主要流经兴义、安龙、兴仁、普安、册亨、望谟。其中位于黔西南境内的万峰湖是国家重点水电工程——天生桥高坝电站建成蓄水后形成的人工湖，跻身全国五大淡水湖，是南盘江的重要组成部分，是珠江三角洲水质调剂的重要源泉；万峰湖烟波浩渺，湖光潋滟，湖内上千座山峰构成上千个全岛或半岛，景色十分迷人。北盘江流经黔西南流域面积2.66万平方千米。北盘江流经的贞丰县7个乡镇，均为典型的喀斯特地貌，集峰林、溶洞、怪石、瀑布、伏流、花滩、旋塘和原始森林植被于一体，既有长江三峡的秀丽险峻，也有美国科罗拉多大峡谷的雄奇壮美，形成了一条94千米长的神奇峡谷，为贵州的峡谷之最，也是主要的旅游风景区。

二、黔西南州水运及水运经济发展情况分析

（一）黔西南州水运基础设施发展。黔西南州目前公路、水路、铁路、民航、管道五种运输方式基本形成，水运是黔西南州综合交通体系重要的组成部分，有着黔西南州南下出海和沿江对外交通的重要作用。珠江是中国航运

的第二大河流。是西江、北江、东江和珠江三角洲的总称，干线全长2400多千米。其干流西江发源于云南省东北部沾益县的马雄山，流经云南、贵州、广西、广东四省（区）及香港、澳门特别行政区，从珠江三角洲地区的8个入海口流入南海。珠江水运是区域经济协调发展的重要纽带，是我国除长江之外，第二条横跨东部发达地区和西部欠发达地区的水上运输大通道，在区域经济协调发展中发挥着重要的促进和推动作用。南北盘江、红水河是珠江水系西江流域上游的主干流，是国家规划的西南水运出海通道中线（简称：中通道）。南北盘江、红水河水运是区域综合交通体系重要的组成部分，是国务院批准的“两横一纵两网十八线”高等级航道，我国西南地区主要水运出海通道和国家“一带一路”战略区间的联络通道，更是贵州南下珠江联通珠三角及东盟、融入海上丝绸之路的主通道。近年来珠江水运得到快速发展，为流域经济的发展发挥了重要的支撑作用。南北盘江红水河是珠江主源，也是国家规划的西南水运出海中线水运主通道之一，国家实施西部大开发战略以来，红水河通道建设越来越得到国家和有关省区的高度重视。

（二）沿江流域水路运输航道设施建设情况。中通道包括：南盘江板坝以下、北盘江坝草以下及红水河全程共866千米主航道。其中贵州境内317千米，广西境内549千米，目前已达到四级航道标准。贵州境内的主航道南盘江板坝至两江口113千米、北盘江坝草至两江口97千米、两江口至曹渡河口107千米以及支流濛江航道40千米共357千米已按四级航道标准建成；广西境内的红水河曹渡河口至来宾486千米已被龙滩、岩滩、大化、白龙滩、乐滩、桥巩6座梯级水电枢纽渠化，各级库区水位衔接，库区及尾水段航道已按四级航道标准建设。主要水路运输路线客船：清水江：清水江→昂武；清水江→蔗香；清水江→乐元；清水江→油迈；清水江→百层；油迈：油迈→蔗香；油迈→雅长；油迈→昂武；乐元：乐元→油迈；乐元→蔗香；乐元→昂武；蔗香：蔗香→ 羊里；蔗香→雅长；蔗香→昂武；蔗香→龙滩。货船：玉米、桐籽：清水江、乐元、油迈、雅长→蔗香昂武、渡邑→羊里。红糖：清水江→蔗香。乐元→油迈→蔗香乐业雅长→蔗香煤矿：百层→天峨龙滩。砂石水泥：天峨、罗甸、羊里→昂武→蔗香（主要用于村村通、组组通以及南环路修建）

（三）黔西南州水运拉动沿江经济发展的影响分析。黔西南州到2016年底已建成港口码头货运/客运吞吐能力460万吨/1612万人。其中兴义市75万吨/606万人，贞丰县251万吨/141.7万人（不包括在建的董箐库区项目），安龙县18万吨/113万人，册亨县79万吨/386.9万人，望谟县23万吨/153

万人，兴仁县 9 万吨 /58.2 万人，晴隆县 0 万吨 /146.6 万人（不包括在建的光照库区项目），普安县 0 万吨 /1.8 万人（不包括在建的光照库区项目），义龙新区 5 万吨 /5 万人（详见表 4）。

表 4　黔西南州港口码头基本情况

		序号	码头名称	设计能力（货物吞吐量 < 万吨 / 年 >	设计能力（旅客吞吐量 < 万人 / 年 >
黔西南州	黔西南州合计			460	1612
兴义市	港口码头	1	红椿码头		44
		2	巴结码头	40	100
		3	白云码头	34	30
		4	末罗兰堡码头		26
	城乡便民码头	7	巴结 3 号（润龙湾）		8
		8	坝达章	1	10
	乡镇渡口	9	吉岭渡口等共 101 道		387.7
	兴义市合计			75	606
贞丰县	港口码头	1	百层 1# 码头	100	
		2	百层 2# 码头	150	
	城乡便民码头	3	岩脚	1	4.5
	乡镇渡口	4	水打田渡口等共 27 道		137.2
	贞丰县合计			251	141.7
安龙县	港口码头	1	永和码头	11	44
		2	坡脚码头	7	10
	乡镇渡口	3	龙门渡口等共 13 道		59.1
	安龙县合计			18	113
册亨县	港口码头	1	板坝码头	50	
		2	八渡码头	17	25
		3	岩架码头		38
	城乡便民码头	4	新寨	1	15
		5	盘江	5	20
		6	平华	5	15
		7	打宾	1	15
	乡镇渡口	8	外么渡口等共 45 道		258.9
	册亨县合计			79	386.9

续表

		序号	码头名称	设计能力（货物吞吐量 <万吨 / 年>	设计能力（旅客吞吐量 <万人 / 年>
望谟县	港口码头	1	蔗香码头	17	35
	城乡便民码头	1	坝若	1	10
		2	板陈	5	2
		3	渡邑		15
	乡镇渡口	4	坝朝渡口等共 22 道		90.8
	望谟县合计			23	153
兴仁县	城乡便民码头	1	林家田	5	30
		2	补郎	4	15
	乡镇渡口	3	九盘渡口等共 3 道		13.2
	兴仁县合计			9	58.2
晴隆县	乡镇渡口	1	楼梯岩渡口等共 23 道		146.6
	晴隆县合计				146.6
普安县	乡镇渡口	1	殿子上渡口		1.8
	普安县合计				1.8
义龙试验区	城乡便民码头	1	下甘河	5	5
	义龙试验区合计			5	5

由于黔西南州沿江群众出行困难，通过多年来的水运建设，特别是乡镇渡口和扶贫座便民码头的实施和客船企业的发展，为沿江地区老百姓安全、便捷出行提供了更为有利的条件，较好地解决了老百姓出行难的问题。通过扶持发展，2016 年全州有水运企业 15 家，营运船舶 456 艘，其中客船 420 艘，16439 客位，27230.54 千瓦；货船 36 艘，23720.8 载重吨，6889.03 千瓦。新建成 2000 吨级货船 11 艘，其中 6 艘投入营运，5 艘正在开展 LNG 双燃料动力改造，全州水路总运力达到 3.496 万吨，待 LNG 双燃料动力改造完成，我州将拥有符合水运环保要求的清洁能源运输船舶运力达 1 万吨以上。2016 年全社会完成客运量 428 万人、客运周转量 29876 万人 / 千米，货运量 450 万吨、货运周转量 48122 万吨 / 千米。水运总量的增长为沿江扶贫攻坚与水运从业人员家庭的脱贫发挥了积极的作用。全州已建成航道 1017.33 千米，其中四级航道 262 千米。规模港口已形成旅客吞吐能力 367 万人、港口货物吞吐能力 450.2 万吨。以册亨县为例：册亨县利用“两江一河”天然优势，不断发展

沿江经济旅游产业，大规模集中连片发展香蕉、芒果、木瓜、荔枝等项目，逐步带动沿江老百姓脱贫致富，2016年度，种植水果6万亩，沿江游客约3万余人，带动沿江老百姓增收致富，直接脱贫500余人。

三、黔西南州水运经济发展影响预测

（一）对大物流的影响预测。节能减排方面，内河运输借水行舟，充分利用水的浮力，因而摩擦力小，船舶载运量大，单位功率拖带量大，所以其单位能耗低。公路、铁路和内河在每运送一吨货物一千米的能源消耗量比较中，内河运输的单位能耗最低，是铁路的1/6，是公路的1/20。与公路、铁路运输相比，水运对环境的影响最小。根据德国对运输所造成的污染的测算，铁路运输造成的污染为内河运输的3.3倍，公路运输造成的污染是水路的15倍。在货物运输中，每100吨/千米需要付出的环境保护成本，内河运输为0.35马克，铁路为1.15马克，公路为5.01马克。随着国家对内河航运重视程度的提高和投入的增加，已建水运项目对扶贫开发作用明显，近年来内河航运项目的不断推进，使水运量快速增长，带动了区域航运企业的聚集。高等级航道的建设，充分发挥了内河航运在发展建设中的作用和优势，加快沿江贫困地区资源开发，完善综合运输体系，推动石漠化区域现代化建设进程具有重要意义。已建水运基础设施从一定程度改善了区域少数民族贫困山区交通条件，为全面建设小康社会和加强民族团建贡献力量。水运基础设施的不断完善，提高了水上安全保障，降低海损事故发生率。靠近城镇建设的港口码头更加完善了城镇功能，拓展城镇空间，加强城镇水运建设和改造，建设便捷的水路系统，并与城镇道路互联互通，为优先发展水运交通奠定基础。已建水运项目加快区域经济发展，扩大就业渠道，提高人口集聚能力。

（二）对产业结构调整的影响预测。水运能够推动产业布局和产业结构调整。依据经典的产业布局理论，运输条件是产业区位选择和产业布局调整的重要影响因素，运输条件的改变往往直接导致产业布局的形成与改变。由于船舶运量大，运输成本低，水运交通的发展带动了沿岸经济轴的形成与发展，也促进了沿江地区人口的快速流动，加快了地区经济的对外联系，从而带动沿江地区周围的旅游、餐饮、房地产等第三产业的迅速发展。而水运交通网络的优势，对大力发展以仓储、配送中心、第三方物流、现代物流供应链管理咨询等为主要内容的现代物流服务业，也有着极大的促进作用。因此，水运的发展对拓展沿江的经济服务领域、推进现代服务业的快速发展有着重要作用，它有利于提高沿江地区经济的第三产业比重，从而推动沿江经济的产业结构升级。

（三）对经济贡献率的预测。水运交通发展能够加速黔西南州人口城市化进程。水运发展会带动经济发展，而经济的发展会使居民收入和生活水平有所提高，这必然导致人口的迁移和集聚。水运交通本身又能为人口迁移提供相应的通道，水运交通的发展也能够降低人口迁移的成本，使人口集聚更为容易。加大力度改善通航能力，能够促进地区间交流，从而带动落后地区，缩小流域内贫富差距，推动沿江地区经济均衡发展。水运具有能耗少、运输成本低、适于大宗货物运输的特点，发达的水运能够降低资源开发的成本，有利于加快对偏远地区自然资源的开发利用，水运交通对实现了资源的时空价值具有重大意义。从长远来看，水运发展会带动经济发展，而经济的发展会使居民收入和生活水平有所提高，这必然导致人口的迁移和集聚。水运交通本身又能为人口迁移提供相应的通道，水运交通的发展也能够降低人口迁移的成本，使人口集聚更为容易。加大力度改善通航能力，能够促进地区间交流，从而带动落后地区，缩小流域内贫富差距，推动区域经济均衡发展。最直接的即体现在供给侧改革上。水运的发展为黔西南构建了更加优化的综合交通体系，为社会提供了更多选择。水运通道提供了大载量、低能耗、低成本的运输方式，不仅给沿江老百姓提供便捷的出行方式，也为沿江的经济发展作出巨大贡献。腹地经济发展趋势需求：南盘江、北盘江、红水河腹地以大宗长途货运为主，区间短途货运较少。根据珠江航务管理局《红水河闸坝对航运影响及对策研究》等有关科研报告预测，中通道水运 2020 年、2025 年、2030 年货物需求（见表 5）。而以航运建设工程来看，航道利用天然河流，不占地，仅码头少量占用土地，而延伸拉动沿江上下游产业链可增加 10 万个以上就业岗位，带动上百亿元 GDP。算经济账，船舶的吨位越大，经济效益就越好，1000 吨级船舶比 500 吨级船舶运输成本降低三分之一以上。而黔西南州新建成 2000 吨级货船 11 艘全部正式投入运营，将给黔西南的经济发展带来新的增长点，从而带动整个沿江流域经济持续快速发展。由此可见，水运建设不仅节约了土地，大幅拉动经济，还节能环保，完全符合绿色环保的理念。尽管如此，黔西南水运仍需要进一步加快建设和发展。

表 5　西南水运中通道规划水平年运输量预测

项目	基础年 2013 年	规划水平年预测目标			
		2015 年	2020 年	2025 年	2030 年
货物运输量（万吨）	424	500	1500	2500	3500
货物周转量（亿 t 千米）	4.56	5.0	12.8	20	25
集装箱运量（标箱）			5	20	30

四、黔西南州水运经济发展存在的若干问题

（一）红水河通道不通严重制约黔西南州水运通道形成。严重制约我州水运发展的瓶颈是龙滩水电站通航设施建设问题。由于目前龙滩电站仍在断航状态，通道没有形成优势未能发挥，贵州乃至珠江水系水运规划的红水河通道建设更不能推进实施。沿江人民期盼已久的红水河这条水运黄金通道的发展目前存在两大难题，一是红水河航道全线没有贯通，航道等级低，二是龙滩通航设施没有建设，岩滩通航设施与下游电站已建通航设施标准不统一，已不适应新常态下的区域经济社会发展要求。

（二）小、散、弱仍是黔西南州水系航运从业者生存普遍现状。册亨县是黔西南州唯一拥有南、北盘江“两江一河”水运航道县，有内河 B 级航道 226 千米，2 座水库，监管水域面积 220 平方千米。建成 47 个中小港口码头，共有船舶 953 艘（其中：客船 49 艘载客量 2168 客位、货船 33 艘净载重吨 1103 吨、渡船 7 艘载客 250 人载重 86 吨位）。有 9 个沿江赶集点（洛凡、岩架、百口、八渡、雅长、百乐、旧州、板坝、庶香）；涉水 8 个乡镇 26 个村，45 个自然村寨。但册亨岩架港顺水路距龙滩船闸 168.72 千米，距广东磨刀门 1385 千米汇入南海，2016 年南、北盘江各港口旅客周转量达 1740 万人千米，货物周转量 4860 万吨千米，是南昆线运力的 8 倍，水路运输运量大、成本低、速度快，借水行舟、节能减排，绿色高效、低碳环保，水路运输只是陆路运输成本是三分之一左右，所以水运更能服务经济社会，更能满足社会发展需求，对册亨县沿江产业经济发展起重要作用。南北盘江、红水河是位于贵州省西南部和广西接壤的黔西南、黔南少数民族贫困地区母亲河，属珠江水系西江干流的上游，是西南水运出海中线通道的重要组成部分，是交通部列入规划的国家高等级航道两横一纵、两网十六线主要通道重点建设工程之一，是省“十三五”期间重点建设工程项目的西南水运出海中线通道（贵州

段）航运工程。当前，从运输货种上看，仍以传统的、低附加值的运输业务为主，矿物性建筑材料和水泥等占比高达40%，高附加值运输需求和服务综合物流的高端业务较少。

（三）黔西南州的航运业继续低迷。从总体上看，虽然沿江水运经营者盈利面占比约70%左右，但有超过5成的经营者处于亏损或盈亏平衡点，利润率水平只有5%–8%之间不等。尤其是沿江大宗商品运输不景气，部分亏损；普通货物运输处境比较严峻，运力相对过剩情况突出，船等货处于停航半停航的情况不少，运价依然低迷，虽然运价出现恢复性回升，但人力运输成本上涨幅度大，特别是高级船员紧缺且薪资高涨等因素导致企业生存艰难。以望谟县水运为例：客船：普通客船共85艘，高速客船2艘，总客位4186客位，主要用于赶集日人员来往、平时走访亲朋好友、外地旅游游客以及学生周末和寒暑假，2017年完成客运总周转量80.3712万人次；货船：普通干货船18至80总吨，共18艘，共720总吨；500吨级货船5艘，千吨级货船10艘，总吨12500吨。主要用于运输玉米、桐籽、红糖、煤矿、砂石水泥等，2017年完成年总量66.72万吨，其中：玉米、桐籽、红糖完成4.32万吨；煤矿60万吨；砂石水泥2.4万吨。

（四）黔西南州水系水运市场信息化建设水平滞后。黔西南州全水系的运输市场大宗货物运输需求公共交易信息平台尚未形成，货运需求信息的传导、发布机制仍有待完善，船东和货主交易渠道和方式简单、落后，航运市场的供需信息不透明不对称，加剧供求双方的矛盾。“大数据+”水运经济，未完全接轨。这一方面是因为旅游企业对“互联网+大数据+水运经济”认识不足。黔西南州不少水运企业信息化意识不强，加上建设和维护一个水运经济网站需要信息渠道、技术和资金实力，因而对网站建设重视不够，忽略了水运经济网站能带来的潜在收益。“大数据+”水运经济信息系统功能不健全。通过调研，黔西南州大多数的水运经济网站上发布的是简单的信息，网站功能简单，定位狭窄，不能为水运经济产业提供及时、全面的信息服务，缺乏针对不同层次需求的对象专门定制的服务。因此难以构建高效的水运经济大数据共享平台，“互联网+大数据+水运经济”交易安全性低。在“互联网+大数据+”背景下，黔西南州水运经济发展是建立在开放的网络基础上，但“互联网+”的交易安全性低是制约“大数据+水运经济”发展的重要因素。再者，大数据专业人才缺乏，影响“大数据+”水运经济的发展进程。

（五）黔西南州“一条江就是一条经济带”的理念尚未得到充分体现。

实现上下游全线贯通、互联互通仍遥遥无期，不协调不平衡的问题仍旧突出，龙滩、百色水利枢纽通航问题仍未得到实质性解决，抑制了水运这种交通运输方式比较优势的发挥，制约了船舶营运范围及水运企业发展空间，平均运距只有216千米，远远达不到水运经济运距的水平，难以发挥水运长距离的优势。这里，特别要创新推出望谟蔗香港话题，南盘江、北盘江、红水河（简称“两江一河”）是国家规划、重点建设的西南水运出海中线通道，是西南地区出海运输距离最短的水运通道。由于种种原因，特别是港口、码头设施规划建设滞后，“两江一河”至今未能发挥其应有的黄金水道作用。2012年为深入贯彻落实国发2号文件关于“积极发展水路运输，规划研究打通西南地区连接长三角、珠三角地区水运通道”的要求，由省政府发展研究中心、省政府研究室对规划建设望谟蔗香港开展了专题研究。望谟县蔗香乡位于黔滇桂三省（区）结合部，连接着大西南与珠三角地区乃至南亚、东南亚地区。以蔗香为中心，100千米范围内有望谟、罗甸、田林等10多个县；150千米范围内有黔滇桂三省（区）的黔西南州、曲靖市、文山州、百色市、河池市等8市（州）；处于黔中经济区、滇中经济区和西江上游经济区之间。这里航道条件、港口水面宽阔，周边的铁路和公路综合交通网络正在加快形成。在蔗香半径为200千米的经济腹地内，能矿资源丰富、储量大，发展活力强，为规划建设蔗香港提供了有力的经济支撑。加上这里航贸历史悠久，社会各界对建港也高度关注。在蔗香原有码头的基础上规划建设成为千万吨级以上港口是完全可行的。建设蔗香港是构建贵州综合交通运输体系的需要，是扩大西南水运出海中通道通航能力的需要，是加快推进工业化和城镇化进程的需要，是进一步扩大对外对内开放的需要，是推进民族地区和贫困地区加快发展的需要。2012年《规划建设西南出海水运中通道蔗香港研究报告》认为，建成后的蔗香港将成为黔滇桂乃至整个西南地区与粤港澳地区水陆互通的重要枢纽，为促进这一区域的经济社会发展将起到重要的作用。2012年的《规划建设西南出海水运中通道蔗香港研究报告》符合国发2号文件精神和贵州实际；这个话题应该做进一步研究，但原《报告》从区位条件、自然条件、陆路交通条件、经济支撑条件、航贸历史、社会关注等多角度系统论证了规划建设蔗香港的可行性，有较强的说服力；《报告》将未来的蔗香港定位为珠江上游第一大港、黔滇桂三省（区）结合部的区域性枢纽港、贵州内陆开发开放第一港，符合实际，定位准确；《报告》从组织领导、调整规划、完善陆路交通、打造国家级内陆山地港口经济开发区等方面，提出了加快规划建设蔗香港的对策建议，具有较强的针对性和可操作性；建议由省政府研究室和黔西南州政府一起将修改完善后的《报告》专题报送省委、省政府，为该项目尽快上升为《左右江革命老区振兴规划（2015-2025）》重点发展战略提供决策依据，尽快让蔗香港及临港经济试验区的发展变为现实。

五、改善沿江水运经济发展对策建议

由于上所述问题的存在，水运经济发展，成为黔西南州的短板，严重制约了未来黔西南州的长远发展，严重影响精准扶贫、产业扶贫，使黔西南州大山地旅游少两条黄金水道，这是黔西南州大山地旅游及全域旅游少了半壁江山。这个问题的解决，政策支撑应该浮出水面。

（一）解决龙滩断航瓶颈问题和通道建设问题。首先要解决水运大通道“通”的问题，具体解决好两个方面的问题。一是协调解决中通道三级航道规划批准问题。恳请国家督促协调有关部委加快批准北盘江红水河三级航道的规划并尽快启动扩能建设。二是协调解决红水河龙滩、岩滩电站通航设施建设标准问题。恳请协调督促红水河龙滩水电站升船机按照1000吨级标准进行规划建设，岩滩水电站升船机按照1000吨级标准进行改造。

（二）吸纳多渠道资金，完善航运基础设施。黔西南发展水运经济必须要加快沿江港口和航道的基础设施建设，这是实现黔西南水运经济完成现代化转型的重要基础。因此，需要政府从两个方面扶持：首先，由于沿江水运基层设施建设所需数额庞大，所以要加大对沿江水运基础设施建设的资金投入；其次，拓宽投融资渠道，吸纳民营、外资资本，扩大资金来源。同时，贵州省可以借国家实行“十三五”规划、“一带一路”建设等契机，提高沿江航道等级，朝建设亿吨水运通道目标奋进。将一北一南乌江、南北盘江红水河两条主骨架分别建设成3000万吨/年以上运输能力，北东南赤水河、清水江、都柳江三条辅助出省通道建成1000万吨/年以上运输能力，争取在2040年建成亿吨水运通道目标，每年带动100万人就业，拉动1000亿元GDP。

（三）加强管理维护工作，提高资源利用效率。促进沿江水运经济的发展离不开对沿江水运的管理维护工作，这是实现黔西南水运经济完成现代化转型的重中之重。在开展沿江航道建设时，需要突出重点港口（蔗香港、岩架港等）、航道项目建设，利用有效的资源发挥的实际作用，全面保障沿江水运经济发展。同时，需要进行定期沿江港口、航道的维修工作，避免不必要的资源浪费，优化资源配置，提高资源利用效率。

（四）促进规模化经营，形成良性竞争环境。面对较为低迷的国内竞争环境以及激烈的国际竞争环境，黔西南水运需要开展规模化经营。首先，培养具有带头示范作用的龙头企业，能够迅速判断市场形势，带动整个行业向集团化、规模化发展，形成良性的竞争环境。其次，加大对民营沿江水运的扶持力度，充分发挥民营的优势作用，整合每一个细小资源，促进行业规模化经营。

（五）提高信息化技术，改变封闭落后局面。黔西南沿江水运经济现阶段处于发展机遇期，需要充分利用现代化信息技术，建立全省甚至是全国范围内的信息系统以及数据库，整合市场资源，可以满足沿江水运企业随时了解市场动态，做出内部调整，促进沿江水运企业内部发展，再支持全省水运企业发展。同时，黔西南沿江水运管理相关部门可以借助高等级航道建设的良好契机，建立健全夜间海事信息化安全监管配套设施，提高夜间航道、港口安全。

六、结论及展望

（一）区位优势明显，龙滩“瓶颈”问题有望得以解决。据《国家发改委办公厅关于加快推进龙滩枢纽通航建筑物建设方案调整前期工作的通知》（发改办基础〔2017〕1641号）文明确的相关事项：一是由贵州省和大唐集团委托第三方咨询设计机构开展1000吨级通航建筑物工程可行性研究报告，于2018年6月底前完成。二是进一步明确新增建设资金筹措方案，于2018年4月底前完成。三是在龙滩枢纽通航建筑物1000吨级建设方案研究期间，建议大唐集团采取必要措施，尽量减少工程废弃。四是做好相关航运规划调整和船型优化研究。五是创新红水河通航设施运行管理模式，为推进今后既有通航设施改扩建奠定基础，于2018年6月底前完成。六是做好建设方案调整审查和报送，于2018年7月底完成审查工作。这就为解决龙滩断航瓶颈问题提供有力支撑。2017年9月25日，在2017年泛珠三角区域合作行政首长联席会议期间，珠江水运发展高层协调会议在湖南省长沙市召开，《2017年珠江水运发展高层协调会议纪要》，对加快珠江黄金水道建设进行了讨论，就“促进水运绿色发展、合力建设美丽珠江”达成共识。谌贻琴在讲话中指出，贵州正加快建设“南下珠江、北进长江”国家规划高等级航道，更好地融入“一带一路”和长江、珠江经济带发展。随着泛珠区域合作上升为国家战略，珠江水运发展迎来了新的重大机遇。贵州将着力推进通航设施建设，力争早日实现红水河、都柳江全线通航，加快港口建设，形成一批专业化、规模化和现代化的港口枢纽，促进沿江经济带发展。

（二）规划跨越定位，有望形成通江达海水运大通道。贵州水运发展的总体目标是：用20年左右时间，建成乌江、南盘江北盘江红水河两条出省水运主通道，建成赤水河、清水江、都柳江三条出省水运辅助通道，形成北入长江、南下珠江、干支相通、江海直达，力争水运年完成货物运输量达到1亿吨，港口布局合理、功能完善，运输船舶标准化、专业化、大型化、环保化、结构合理化，支持保障系统设施设备先进、保障有力，与其他运输方式及周边省（市、区）水运有效衔接、协调发展的全省水运体系，为贵州省后发赶超、跨越发展提供畅通、高效、绿色、安全的水运服务。按照以航为主、航电结合、综合利用、协调发展的要求，全面提升水运服务全州经济社会发展能力，坚持规划引领、强化联动协调机制，拓宽投融资渠道，形成政府引导、部门协作、社会参与的水运发展新格局。中通道具体规划如下：规划北盘江龙头寨至董箐水电枢纽133千米为四级航道，南盘江平班水电枢纽至两江口119千米、北盘江董箐水电枢纽至两江口103千米、红水河两江口至曹渡河口的107千米共计329千米为三级航道。“十三五”期间，力争龙滩、岩滩过船设施得到实质性进展，开展省境扩能工程相关项目的前期工作。2020年至2025年，水路货运能力超过2000万吨／年，客运能力达800万人次／年，建成红水河三级航道，龙滩翻坝运输能力达到1000万吨以上，初步形成适应经济社会发展需要的现代水路运输体系。境内港口吞吐能力2500万吨，货运船舶运力总量50万吨，北盘江董箐以上水电枢纽500吨级过船设施有实质性进展，开展2020年后相关项目的前期工作。2025年至2030年，水路货运能力突破4000吨／年，客运能力达1000万人次／年，建成以出省水运通道为骨干，库区航道、旅游航道为辅的水运发展格局，实现港口集约化、专业化，运输船舶标准化、大型化，全面形成南下珠江的“通江达海”水运大通道。

总之，南北盘江红水河水运通道是一条黄金航道，黔西南州应依托水运通道布局沿江产业带，引导支持水上运输企业入驻黔西南州沿江地区，发展港口码头园区、港口城市和港口辐射经济，形成以北入长江、南下珠江水运通道的南北两翼经济走廊，打造贵州经济两个新的增长极，注入可持续发展新动力。

（作者单位：中共黔西南州委党校、黔西南州行政学院）

第二章　山地农业

黔西南州扶贫产业发展研究

刘凡林　林佳权

内容摘要：“精准扶贫、精准脱贫”方略的提出和实施，要求扶贫开发背景下带有普遍性扶贫价值取向的产业扶贫出发点和落脚点都要有改变，解决产业发展“溢出效应”难以让贫困户、贫困人口捡到“漏沟水”的状况，以及产业扶贫扶农、扶企、扶大户而贫困人口难以分到“一杯羹”的现象。发展扶贫产业，要建立和完善利益联结机制，让产业扶持精准到贫困村、贫困户、贫困人口，因村因户因人施策，突出扶贫开发精准性的本质。针对产业精准扶贫的本质要求和黔西南州扶贫产业发展的状况，提出加快和优化扶贫产业发展的对策建议。

关键词：扶贫产业　精准扶贫　脱贫攻坚　利益联结

打赢脱贫攻坚战，产业扶贫是关键。发展扶贫产业是稳定脱贫的根本之策。本课题组承接黔西南州人民政府点题《扶贫产业发展研究》，结合黔西南州实际，借鉴省内外研究和实践成果，从什么是扶贫产业、为什么发展扶贫产业、发展扶贫产业有什么样的优劣势、发展什么样的扶贫产业、怎样发展扶贫产业方面进行分析和思考，以期抛砖引玉，助黔西南州产业发展实践之力。

一、推进扶贫产业发展的重大意义

（一）加快扶贫产业发展是打赢脱贫攻坚战的核心内容。产业发展脱贫一批，是“五个一批”脱贫路径的首要内容。习近平总书记指出：“发展产业是实现脱贫的根本之策。要因地制宜，把培育产业作为推动脱贫攻坚的根本出路。”贫困地区特别是深度贫困地区产业发展一直是脱贫攻坚的“短板”，产业发展滞后，组织化、规模化、现代化、市场化水平低，生产经营规模小、效益低，人均可支配收入低，增收渠道单一，增收脱贫难度大。调结构、创品牌、强龙头、带农户，因地制宜，扬长避短，大力发扬山地特色高效农业，延长产业链，增加附加值，促进和带动贫困人口持续稳定增收，是打赢脱贫攻坚战的根本之策和核心内容。

（二）加快扶贫产业发展是贫困主体持续稳定增收脱贫的根本途径。要打赢脱贫攻坚战，扶产业就是扶根本。扶贫产业是贫困群众增收脱贫的源头活水。汪洋同志指出："实现稳定脱贫，发展产业和实现就业是关键，扶贫工作要重点抓产业。"贫困群众由于历史的现实的多种因素制约，生产经营理念和技能落后，小农意识严重，生产方式落后，生产劳动效率低，劳动效益和收入低，是造成群众贫困的主要原因。据课题组抽样调查分析，近五年来的脱贫人口，按照国家现行脱贫评价方法的务工工资性收入、产业经营性收入、资产租赁性收入、国家转移性收入四个渠道，分别为67.2%、19.6%、3.21%、8.99%；现存贫困人口四个收入渠道比重则为50.13%、23.2%、1.83%、24.86%，这说明贫困户脱贫和未脱贫户的主要收入和消费来源是"打工收入"。随着经济发展的知识化、信息化以及打工族自身知识结构和劳动技能的不适应性，收入不确定性随之增大，打工回流转向就地发展产业稳定增收的依赖度也随之增大，发展扶贫产业稳定增加贫困主体收入的重要性更加突显。所以，坚持市场导向，依托特色资源，发挥比较优势，优化生产经营要素配置，培育和发挥龙头企业、新型经营主体"主力军"作用，提升组织化程度和经营水平，创新贫困群体参与现代生产经营机制和利益联结分享机制，是贫困主体持续稳定增收脱贫致富的根本途径和出路，也是打赢脱贫攻坚战，实现贫困人口同步小康的必然选择。

（三）加快扶贫产业发展是贫困地区脱贫攻坚与乡村振兴有机结合的关键之举。脱贫攻坚是"十三五"时期的头等大事。到2020年，贫困地区整体脱贫，现行标准下贫困人口全部脱贫，是打赢脱贫攻坚战，决胜同步小康的根本任务。乡村振兴是党的十九大提出的一项重要战略，从现在到2035年，是全面实施乡村振兴的重要历史时期。在贫困地区打赢脱贫攻坚战也是实施乡村振兴战略的前提和基础，产业兴旺既是脱贫攻坚的核心内容和根本路径，也是乡村振兴的主要内涵和题中应有之义。扶贫产业发展既可以推动减贫脱贫目标的实现，又可以为乡村振兴奠定压茬基础条件。现阶段是贫困地区两者有机结合的关键之举。

（四）加快扶贫产业发展是开创生态美与百姓富新未来的迫切需要。产业发展与绿色生态的结合，是当今社会发展的必然趋势。2015年11月，中央扶贫开发工作会议明确要求，打赢脱贫攻坚战，实现贫困地区的可持续发展，把扶贫开发和绿色增长结合起来，推进绿色减贫。一方面，黔西南州属滇桂黔石漠化连片特困地区，贫困地区大多地处深山区、石山区，石漠化严重，土地贫瘠，生态脆弱。贫困人口的分布与生态脆弱地区的分布有较高的重合性。而人们生存发展对山地的依赖度比较大，生态一旦遭到破坏，不易恢复，甚至会加剧石漠化程度。走出贫困，既要加大力度易地移民搬迁，将贫困群众搬迁出“一方水土养不起一方人”的地方，也要找准山地生态经济发展之路，走出一条既能带动农民脱贫增收，又能保护生态环境的发展路子。另一方面，我州具有独特的生态产业发展地理和气候条件，适宜发展山地特色生态产业。加快扶贫产业发展，必须树立“绿水青山就是金山银山”的理念。打好绿色牌，练好“山字经”，切实推进产业生态化、生态产业化，向绿色生态要效益，向特色山珍要市场，实现生态美与百姓富的有机统一。

二、黔西南州扶贫产业发展的条件和机遇

（一）具有丰富独特的资源禀赋。一是具有多样化地理地势和土地土壤。黔西南州境内地形起伏大，地貌复杂，可分为5个不同地貌区，即低山侵蚀山地峡谷区、岩溶高原槽坝区、岩溶侵蚀高原区、岩溶侵蚀山地区、侵蚀山地河谷区。土壤种类有9个土类，19个亚类，47个土属，204个土种，土壤呈多样性。全州国土总面积16804平方千米，占全省土地面积的9.7%。其中，陆地面积16508平方千米，占98.24%，水域面积296平方千米，占1.76%；宜耕地面积占1%；宜林地面积占37.5%；宜牧面积占11.8%；山地占53.8%，丘陵占14.9%，盆地占4.4%，河谷坝子占26.9%。人口密度为每平方千米204人。二是具有独特的立体地理立体气候。黔西南州整个地形西高东低，北高南低。最高海拔2207.2米；最低海拔375米，高差1832.2米，海拔大多在1000米-2000米之间。多年平均气温13.8℃-19.4℃，1月平均气温7.1℃，7月平均气温23℃，无霜期年平均317天，最长365天，最短219天。年平均日照时数1589.1小时。年平均降水量1352.8毫米，年平均降雨日数为189天，最多达216天（1981年），最少为137天（2009年）。降雨集中在每年5至9月，雨热同季，且雨量、热量充沛，无霜期长，终年温暖湿润。冬无严寒，夏无酷暑。三是具有丰富的水能资源。黔西南州属珠江水系南北盘江流域，州境内共有河长10千米以上、流域面积大于20平方千米的河流102条，境内河流落差大，

全州可供开发的水能资源丰富，水能理论蕴藏量为312.5万千瓦（界河以半数计），比全国平均值高一倍，可供开发的水能资源发电量达1000万千瓦以上，是全国三大水电基地之一的红水河水电基地的重要组成部分。现已开发建成鲁布格电站、天生桥一、二级电站、平班电站、光照电站、董箐电站、鲁贡电站等大中小型水电站，装机达600万千瓦以上，年发电量达到128亿度以上，是“西电东送”的重要电源基地、电力枢纽和通道。“大电强网”为产业发展提供充分的电力保障。四是具有生物多样性和良好生态环境。黔西南州土壤多样性、气候立体性，给动植物生长和繁衍提供了得天独厚的自然条件。境内植物种类达3913种以上，其中珍稀植物300多种境内有中草药资源近2000种，其中植物药1800多种，动物药163种；境内有野生动物12纲542种11亚种以上，其中被列入国家一级保护动物的有6种，国家二级保护动物有36，境内国家一、二级保护动物占贵州省的45.98%。五是具有多姿多彩的旅游人文资源。境内有国家级风景名胜区马岭河峡谷（含国家地质公园万峰林、万峰湖）1个，省级风景名胜区7个，省级自然保护区4个，省级以下风景区50多个。文化遗址有“兴义人”古文化遗址，万屯、交乐古墓群，贵州龙化石；名胜古迹有安龙招堤、明十八先生墓、兴义府试院、五省会馆、晴隆“二十四道拐”抗战文化遗址、何应钦故居、刘氏庄园等。民族节日主要有布依族“三月三”“六月六”“查白歌节”；苗族“二月二”走亲节、“八月八”风情节、“采花节”；彝族“火把节”等。民族歌舞，彝族舞蹈“阿妹戚托”被誉为“东方踢踏舞”，布依族“八音坐唱”、布依铜鼓十二则、查白歌节、土法造纸、布依戏等被列入国家级非物质文化遗产。黔西南州连续举办了四届山地旅游大会和六届万峰峰会，并取得了永久举办权，为发展山地旅游扶贫创造了广阔空间和前景。

（二）具有良好的区位交通条件。黔西南州位于滇黔桂三省（区）结合部，云贵高原东南端、贵州省西南部。地跨东经104° 35′-106° 32′，北纬24° 38′-26° 11′，东西长210千米，南北宽177千米。黔西南州是黔桂滇三省（区）毗邻地区重要的商品集散地和商贸中心。州境内交通运输，铁路有南昆线、威红线，南昆线境内长187千米，威红线境内长9千米；公路有沪昆高速、汕昆高速公路和324和320国道，其中沪昆高速公路境内长65千米，汕昆高速公路境内长127千米。州境内的晴兴、惠兴、盘兴、望安、罗望高速公路已建成通车，紫望高速即将建成通车。境内通航河道50条，航道总长1017.33千米，其中北盘江航道289.21千米，南盘江航道267.38千米，红水河航道107千米，北盘江支流航道88.8千米，南盘江支流航河道82.49千米，红水河支流航道78.11千米，最大通航能力为500吨级船舶。兴义机场客运航线已先后开通了北京、上海、宁波、深圳、广州、重庆、西安、郑州、昆明、贵阳等航线。沪昆高铁经晴隆、普安设普安站，连接东线省城贵阳、西线盘州的高铁启动建设。四通八达的立体交通体系为产业发展物流运输提供了良好交通条件。

（三）具有较好的扶贫产业发展基础。“十二五”以来，全州农村居民收入大幅度增长，大量贫困人口实现脱贫，贫困发生率大幅度降低，脱贫成效显著。从2011年至2017年，全州农村居民可支配收入从3900元增长到8596元，增长了120.4%。贫困人口从109.18万人减少到24.21万人，减少了84.97万；贫困发生率从36.23%下降到7.66%，下降了28.66个百分点。特别是实施大扶贫战略行动以来，秉持“扶产业就是扶根本”的理念，把产业扶贫作为“四场硬仗”之一，全力推进扶贫产业发展，有力带动和支撑1个贫困县摘帽、312个贫困村出列、20.54万人脱贫，并为下步扶贫产业发展壮大打下扎实的基础。一是初步形成了一批有影响力的特色优势产业。茶叶、烤烟、薏仁米、食用菌、生态畜牧业等规模产业在全省乃至全国具有一定影响，品牌效益初步彰显，产业链、价值链不断延伸，扶贫带动效应增强；香蕉、芒果、火龙、百香果、猕猴桃和板栗、核桃等一批特色水果和干果，天麻、石斛，白芨、花椒为主的中药材，种植面积不断扩大，特色优势明显，产品俏市。二是引进和培育了一批产业化市场主体。创建省级农业园区21个，引进正山堂等一批茶叶精深加工企业、泛亚集团和慧珠薏仁等一批薏仁米开发加工企业、安庆菌等一批食用菌生产加工企业、温氏集团和新大兴德等一批规模养殖企业，带动力强、带动效益明显；目前为止，全州培育省级农业龙头企业58家、扶贫龙头企业（合作社）50家、州级农业龙头企业（合作社）326家、农业合作社4080家，建成电商服务站点743个，各类市场经营主体带动贫困户14.3万户，覆盖贫困人口56.4万人。三是探索了一批各县特色的产业扶贫带动模式。自我发展式，采取因户因人施策、以奖代扶、贷款贴息，制定分类奖扶标准和额度，多干多得、少干少得、不干不得，调动激发有产业发展愿望和能力的贫困人口发展特色产业，实现自我发力增收脱贫。这一方式由册亨县率先探索实施，随后在全州推广，改变了原来缺乏龙头企业带动区域扶贫困户由政府统一按户或按人发钱、发物、发畜禽的做法。合作社互助式，由村集体或产业化经营能人组织农户成立合作社，集中土地、资金等要素统一发展产业，互相间以契约形式明确责、权、利关系，收益按比例分成。如普安新兴生物科技公司、贞丰龙山阳光生态农业公司、兴仁屯脚猕猴桃基地等，采取保底分红、二次分红和退出还本等方式，保证贫困户收益。园区共建带动式，通过政府统一整合扶贫资金流转土地建设农业设施，引进企业入园负责建设前端良种繁育和后端加工销售，打破乡、村行政区域界线吸纳贫困户反租倒包或到园区就业。如安龙食用菌产业园区，实施一个贫困户承包两个食用菌大棚，2 年收入 10 万的“1210”模式。跨界入股拓展式，针对不具备产业化发展条件、就地缺乏带动载体和平台的偏僻贫困村，采取“跳出贫困村扶贫困户，跳出农业扶农民”的办法，由乡镇统筹，村合作社统一组织量化到村到户资金异地加盟园区企业，或跨行业入股当地矿产、能源开发、加工生产企业，拓宽贫困村、贫困户扶贫增收渠道，解决无业可选、强投无效，造成资金闲置的问题。四是提升了一批经营主体、贫困主体的发展能力，通过政府搭台、企业唱戏、农民参与、市场洗礼，在扶贫产业发展实践中培育、锻炼、提升了一批经营主体和参与贫困户的发展能力，部分贫困户发展成为生产经营能手，起到示范引领作用。

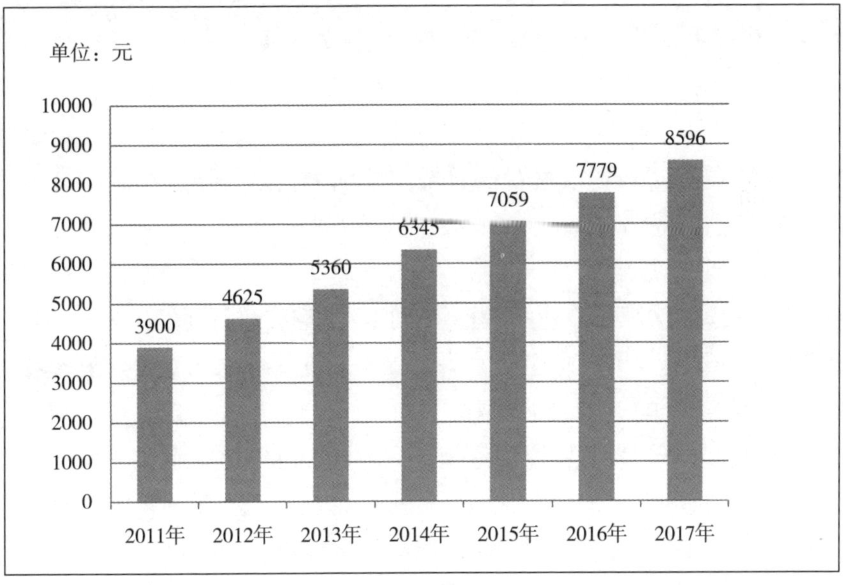

图 1　黔西南州 2011 年 – 2017 年度脱贫人口数和贫困发生率坐标示意图

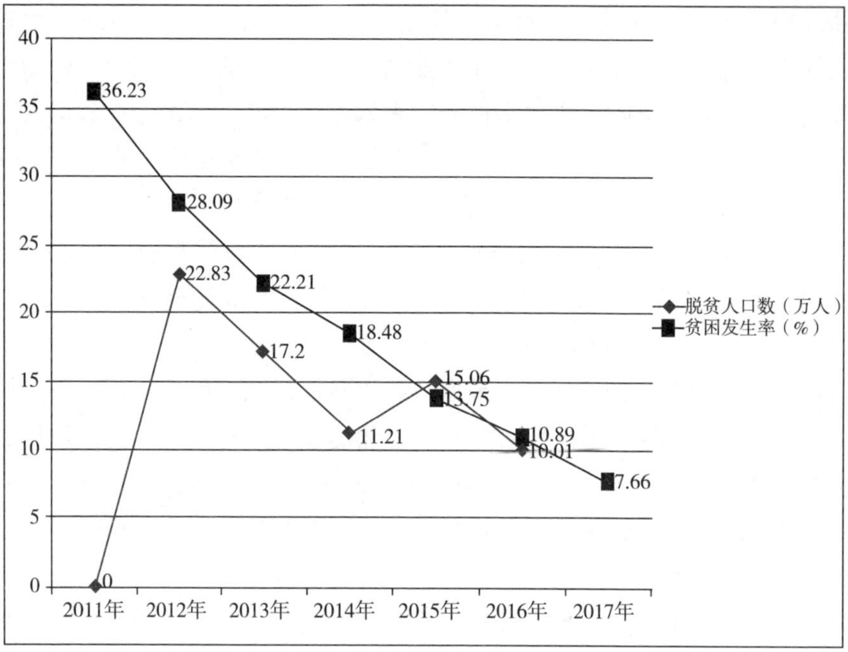

图 2　黔西南州 2011- 2017 年度脱贫人口数和贫困发生率坐标示意图

（四）具有难得的发展机遇。一是适逢千载难逢的政策机遇。从中央到省、州高度重视扶贫开发，把脱贫攻坚作为国家战略和各级党政的重大政治任务，不断加大政策支持和资金投入，尤其是省、州把脱贫攻坚作为“十三五”时期统揽经济社会发展的头等大事和第一民生工程，把产业扶贫摆在“五个一批”“四场硬仗”的首要位置加大投入、强化措施，高位强力推进，着力产业选择、培训农民、技术服务、资金筹措、组织方式、产销对接、利益联结、基层党建“八要素”的培植，提出“来一场振兴农村经济的深刻产业革命”，为扶贫产业发展提供难得的机遇和政策环境。二是具有广阔的市场机遇。随着人民群众生活水平的提高和消费观念的变化，消费者对健康食品及食品安全的追求越来越高，为黔西南州这个“山地王国”结合农业供给侧结构性改革，大力发展山地生态农业和山地旅游业提供了广阔的市场空间，利用独特的立体山地、立体气候发展绿色生态有机农产品，打造“山珍”品牌，推动农产品“泉涌”，延伸产业价值链，具有巨大的市场潜力和前景。三是社会帮扶力量加大。东西部协作、统一战线科技示范扶贫、中央单位定点帮扶、万企帮万村行动等各种社会帮扶资源加大聚集，不断增强扶贫产业发展的合力和动力。四是内生动力不断增强。全州上下盼发展、思发展、要脱贫的愿望强烈、信心充足，发展产业脱贫致富实现小康的思想自觉、行动自觉与日俱增。

三、黔西南州扶贫产业发展的瓶颈和问题

资源方面，生存和发展环境条件制约，基础设施配套欠账多，现代科技转化和运用能力低，传统粗放农业占主导地位等制约扶贫产业发展，投入产出效益不高。市场主体层面，扶贫产业化龙头企业不多，新型农业经营主体较少，一些市场主体投身扶贫产业的积极性不高等。贫困户层面，受各种惠农政策、“输血式”扶贫影响，部分贫困户在发展产业时“等、靠、要”思想严重，参与产业脱贫的内生动力和自我发展能力不足。政府层面，产业投入资金整合难，产业扶贫扶持政策落实还不够到位、不够精准，项目和资金投放上重产业前端种养殖基地的扶持，轻产业中后端加工和市场开拓的扶持等。政府、企业、贫困户三个主体协同不够，利益联结机制不完善、不紧密，精准扶贫效益不明显。

（一）地理特征和区位资源制约扶贫产业规模化发展。黔西南州位于黔滇桂石漠化片区核心区域，山高坡陡谷深，耕地破碎，农业基础设施滞后等因素制约了扶贫产业规模化、产业化发展。基地和产品散小零乱，“有产业、无链条，有礼品、无商品，有产品、无身份，有品质、无品牌”的“四有四无”状况同时存在。一是地理特征限制了产业规模化发展。山高坡陡谷深，耕地破碎是辖区内生存发展环境特征，据统计，全州规模以上（500亩以上）坝子112个，坝区面积40万亩，占全州耕地面积5.95%，为全州土地面积的1.59%，土地资源零星、破碎，农业生产机械化程度低，劳动力成本高，如册亨、望谟山地甘蔗产业，生产运输销售成本高、收益低，难以提高市场竞争力，给产业连片规模化、现代化、集约化发展形成严重制约。二是气候资源多样化限制了产业规模化发展。黔西南州处在亚热带湿润季风大气候带，境内“一山分四季、十里不同天”小气候非常明显，热带、亚热带、温带等生物资源均有分布，扶贫产业存在散小零乱状况，多数产品（如晴隆脐橙、普安天麻）虽有特色，但形不成规模、品牌效应，只能作特色礼品或“提篮叫卖”经济，难以形成“一县一业、一乡一品”规模化产业。三是农业基础设施滞后限制了产业规模化发展。黔西南州地方财力薄弱，自身无力持续改善交通、水利、通信、物流等基础设施，再加境内特殊地理特征，基础设施投入大、效益差，引入社会资本难度也大。据调研，全州单纯为产业服务道路

占公路总里程不到2%，多数产业道路等级低，通畅存在问题；水利设施配套不全，工程性缺水情况严重。交通滞后和水利设施配套不全极大地制约了城乡要素流动和扶贫产业项目落地，且越是深度贫困区域基础实施条件越差，生产销售成本越高，引进培育市场经营主体难度越大，发展扶贫产业平台载体严重缺失。四是扶贫产业成本高、风险大制约规模化发展。受地形地势影响，机械化程度低，产业投入成本高，抵御风险能力弱，效益不明显，龙头企业带动力不强或缺失等因素制约了扶贫产业规模化发展。

（二）投入不足、科技水平低、产业链条不长等短板问题突出。市场主体培育和自身能力不足，生产经营要素配置缺失，存在“有资源、缺资本，有产业、缺龙头，有产品、缺品牌，有项目、缺资金，有资金、缺技术”的“五有五缺”问题。一是扶贫产业投入不足。扶贫产业多数依靠政府扶贫资金建设，主要对农户发展产业给予补助性的支持，对产业后续管护，产品开发，产品市场开拓投入十分欠缺。二是扶贫产业投入资金整合难度大。尽管各级政府出台了关于贫困县资金整合的文件，但在投入到具体项目上，缺乏确实可行的操作办法，资金使用范围仍受上级考核成效、投资方向、监管责任等诸多因素影响，县级顾虑较多，资金整合的路径还不够清晰、阻力仍然很大。三是扶贫产业融资难、融资贵。一方面扶贫产业贷款的风险明显高于其他涉农贷款，贫困户评级授信面不广，相当一部分贫困户难以获得授信，银行慎贷、惜贷。另一方面政府风险保障金不足，远远满足不了扶贫产业发展的需求，在这种情况下，银行通过提高门槛来降低风险，比如要求贷款人年龄要在60岁以下等。四是技术管理人才缺失。缺乏科技人才、经营管理人才，科研及转化能力不足，品牌打造、市场经营水平不高，技术服务不到位等因素制约了扶贫产业的健康发展。五是产业链条延长短板突出。“重前端、轻后端”的现象明显，因特色农业基地规模小，区域统筹整合力度不够，产品研究和资金投入不足，后期储存加工企业少、产业链不长、附加值不高。如“晴隆模式”羊产业，活羊交易市场、肉羊加工厂建设滞后和经营社体实力不强，多元化市场体系未健全，使得我州种草养羊产业一步步走向滑坡；又如核桃种植项目，重种植，轻后期管护，核桃保存率偏低，挂果率低。据调查统计，全州现有核桃保存率不到60%，挂果率不到20%，且全州种植保存几十万亩核桃，现仅有普安县建了一个小型核桃加工厂（年加工能力不足3000吨），预计大面种挂果后，核桃价格将受影响走低。

（三）政府、企业、贫困户在扶贫产业中的关系没理顺，难以形成合力。

产业扶贫政策和机制设计没有完全调动起各方面的积极性，协同性差，合力不强，造成政府“大包大揽”，企业“冷眼旁观”，贫困户“被动参与”的尴尬局面。一是政府跨过企业发动农户“发展产业”，背离了产业发展的市场规律，挫伤了企业投身扶贫产业的积极性，贫困户因产品难以实现产销对接而抱怨政府。二是过于强调政府的责任，忽视贫困户的“主体作用”，陷入“政府干、企业看、群众站”的怪圈，出现政府花钱“养懒汉”现象。三是企业与贫困户之间利益联结机制不健全，利益联结比较松散，或由基层政府统一利用扶贫资金向企业“放贷”，存在企业一边用入股资金保底分红，一边用财政扶贫资金贴息的“左手换右手”的资金使用现象，贫困农户“坐等分红”，没有参与到生产经营环节中去，没有形成贫困农户参与共建、共管的利益分配和风险共担机制。多数贫困户由乡镇、村行政行为替代入股，入股协议只明确 3 年定额分红，未明晰三年后能否继续或退出的股本归属，量化到贫困户的产业扶持资金量，平均只有 20% 左右归属到贫困户头上，造成严重“赔本”。四是受以前各种惠农政策、“输血”式扶贫影响，部分贫困户在发展产业时“等、靠、要”思想严重，把产业扶贫资金当作救助资金，认为扶贫就是国家给钱给物，有的“揣着口袋晒太阳，等着政府送红包，靠着墙根望小康”，少数贫困户产生了“越穷越实惠、越穷越光荣”的扭曲依赖心理，存在着一种比物质贫困更严重、更难治愈的“志气贫困”“思想贫困”“意识贫困”。

（四）扶贫产业经营主体带动力弱，扶贫资金使用创新不够。一是扶贫产业龙头企业大多规模较小，带动能力有限，种养殖大户数量少、实力弱，合作社中存在大量的“空壳社”“挂牌社”，多数合作社处于闲置或半闲置状态，集体经济组织欠缺或者没用运营管理能力，部分村“两委”组织能力差、农民组织化程度和参与程度低，“以弱带弱、以弱扶弱”现象较为普遍。如我州历年申报审批省级农业园区 43 家，目前有产业、有企业、有效益正常运营的不到 2/3，省级、州级扶贫龙头企业 154 家，目前全州正常运行扶贫龙头企业 106 家，其中资产总值超过亿元只有 13 家，48 家处于停产或失联状态。上述各类扶贫经营主体发展滞后，不利于扶贫产业发展和整合农村资源带动贫困农户稳定增收。二是少数扶贫主体动机不纯，有的经营主体在没有享受优惠政策的情况下，对贫困户大多开的是空头支票；有的套取了优惠政策后，通过政府发动把前端卖种、卖苗、卖饲料，把利益赚足后，不管产品加工和销售环节，造成政府贴钱、群众贴力，老板一走了之现象；有的拿到贫困户入股的扶贫资金，对贫困户的按“利率”分红，没有真正让贫困户共建、共享产业得利。三是一些扶贫经营主体投身扶贫的积极性不高，迫于当前政策和政府压力造声势、走过场，“一股了之”。如普安青山、地瓜镇由村干部私人财产抵押住、驻村干部担保，把扶贫资金用来集中搞大棚蔬菜种植，“种什么、怎么种、卖给谁”全然不知，造成大棚闲置、杂草丛生，难以保障成本回收和入股农户分红收益，造成扶贫资金损失浪费。四是扶贫资金主要投资到传统种养殖业上，存在同质化、低端化问题，扶贫效益、经济效益未得到充分发挥，对跨行业、跨区域投入扶贫资金带动贫困农户脱贫不足，政策研究支持不够，创新不够，未走出传统农业扶农民、走出贫困区域扶贫困的困局。

四、黔西南州扶贫产业发展的遵循和方向

（一）扶贫产业发展的主要遵循。一是遵循“创品牌、强龙头、带农户”的思路。紧紧围绕“一县一业”和八大特色产业，念好“山字经”、打好特色牌，培育壮大龙头企业，增强辐射带动效应。二是遵循“市场主导、企业主体、政府主推、社会参与、联动扶贫”的原则。找准政府、企业、贫困户在扶贫产业发展中的角色定位，发挥政府政策和规划的引领作用，发挥企业的市场主体作用，激发贫困主体的内生动力，增强三者的协同性，完善风险分担和利益共享机制，提高产业扶贫的精准性。三是遵循市场经济规律、产业发展规律。发挥市场对资源配置的决定性作用，以市场为导向，以“八要素”配置为前提，以经营效益、扶贫效益为中心，增强市场主体和参与农户的能动性、创造性，顺应农产品供给侧结构性改革方向，提高扶贫产业发展的有效性。四是遵循精准扶贫、精准脱贫方略。做到因地因人因业施策，把产业发展与精准扶贫有机结合起来，建立规范紧密的利益联结机制，让贫困群众充分参与产业发展，激发贫困群众内生动力和自我发展能力。

（二）扶贫产业发展的主攻方向。立足我州土壤和生物资源的多样性、海拔和气候的立体性等天然禀赋，充分发挥比较优势，加大供给侧结构性改革和产业结构调整，确立目标市场，打造山地特色和生态品牌，重点发展八大扶贫产业和“一县一业”，接二连三拉长扶贫产业链，促进产业革命。一是发展蔬菜产业，结合我州及周边大中城市蔬菜市场的需求和全州500亩以上坝子产业调整规划，借鉴推广兴义十里坪蔬菜、“优菜优生活”种植及经营模式，大力滚动发展无公害有机时令新鲜蔬菜，推进大众化、零星化发展向品

质化、品牌化、集约化发展，带动贫困人口“短平快”增收。二是发展生态养殖业。结合高效牧草种植和构树等“林饲结合”模式发展优质肉牛肉羊养殖，引进龙头企业带动适度规模生猪养殖及肉联加工，加大“两鸡两蛋”为主的生态家禽小区养殖建设，提高养殖业在扶贫产业发展中的比重。三是发展茶叶产业。加大现有茶园改造提升和新建茶园标准化建设，提高标准化种植管理水平，着力精深加工，提高茶青利用率和利用水平，集中打造“一红一绿”茶叶品牌，延伸价值链，提高附加值，实现规模化向效益化转变。四是发展食用菌产业。总结推广安龙食用菌产业发展全产业链、全价值链、全利益链、全生态链、全责任链“五全”模式，大力引进和培育食用菌龙头企业，打造食用菌产业园区，促进食用菌产业裂变式发展。五是发展精品水果和干果产业。沿“两江一河”发展芒果、香蕉、火龙果、百香果、蜂糖李、猕猴桃等精品水果和板栗、核桃等大宗干果，加强现有核桃种植基地的技术改造和管理，提高产出效益，并根据发展规模相应集中建设配套保鲜储存和果品开发精深加工。六是发展薏仁米产业。以兴仁薏仁米为龙头，晴隆、安龙、贞丰、义龙共同打造全球薏仁米生产加工和交易中心，加大薏仁米系列保健品研发，牢牢掌握薏仁米全球市场主导权、掌控权、定价权，提高薏仁米产业附加值和可持续发展水平。七是发展中药材产业。充分发挥黔西南州中药材“基因库”的裂变作用，结合山地产业结构调整，发展薏仁米、花椒、生姜、砂仁等食药同源的大宗保健中药材和食用香料，与州内外医药加工企业联合，建立生物医药技术研发，发展石斛、白芨、天麻、金银花、艾纳香、何首乌等珍稀地道中药材基地，提升中药材产业发展的组织化、特色化程度。八是发展山地旅游扶贫产业。以取得“国际山地旅游大会”永久性举办地为契机，依托知名旅游景区和全域多姿多彩的自然风光、民族风情和历史人文资源，大力发展全域山地旅游和乡村旅游，重点打造“十区百村万户”乡村旅游示范工程，借鉴推广万峰林山地旅游扶贫模式，紧密结合贫困地区的资源特点，培育一批生态游、乡村游、观光游、风情游、体验游、养生游等生态产品，丰富旅游生态和人文内涵，突出旅游产品特色性、差异性，促进一二三产融合发展，更大范围带动贫困群众通过参与特色旅游商品开发，资源转化、就业服务和特色产品的生产销售增收脱贫。九是主攻“一县一业”，按照全州扶贫产业总体规划，兴义主攻蔬菜和家禽，兴仁主攻薏仁米，安龙主攻食用菌和中药材，贞丰主攻糯食和香料，普安主攻茶叶和长毛兔，晴隆主攻茶叶和肉羊，册亨主攻精品水果和油茶，望谟主攻板栗，义龙主攻花卉苗木，以园区建设为载体，打造一业为主、多业并存，各具特色优势互补的扶贫产业发展格局。

与此同时，大力推进“扶贫产业＋互联网”“旅游＋大数据”融合，着力解决生产与市场、产品与消费，供应与需求信息对称和产销对接问题，积极拓展电商销售渠道和大中城市实体销售窗口平台，线上线下互动开拓产品消费市场，最大限度实现以销定产、以销促产，以需求端推动订单生产、合同加工，以市场开拓牵引产业和产品结构的调整，增强抗市场风险能力，进而有效保障生产加工龙头企业和参与贫困农户的收益。

五、黔西南州扶贫产业发展的对策措施

（一）优化政府政策设计和产业规划布局，引领扶贫产业发展。坚持“大产业做强做优，小产业做特做精”的发展理念，结合精准扶贫方略，因地因人制宜，扬长避短、长短结合、同步推进、精准落实，推动扶贫产业特色化、效益化发展。首先，产业扶贫规划布局与政策设计制定，要充分注重“两个有机结合”：**一是**要与区域特点有机结合，不能按行政“拍板”的“大一统”，“一哄而上、一挫即停”。一定要从生产和销售两个环节着手，深入调查研究、科学分析研判，对应区域资源禀赋、生态环境、基础条件等特点和国际国内市场需要的预知可能性，围绕产业发展的“八要素”有效配置，精准选择具有比较优势的产业和特色项目，以促进产业生产与销售的良性循环和持续发展。二是要与贫困人口有机结合，要有针对性地将贫困区域、贫困人口吸纳到扶贫产业发展链条体系之中，精准识别适宜参与扶贫产业的贫困人口，并根据贫困人口的实际情况精准安排到产业链的各个环节，岗位精准到户到人，实现贫困劳动力就业获得经济收入；同时通过政策性扶贫投入量化到贫困人口以及贫困户承包经营集体土地、林地等资源入股企业（合作社），企业在产业发展中需要坚持以贫困人口的利益为核心，构建企业盈利与贫困人口获利的产业扶贫利益共享机制，完善和推广“三变”改革模式，让贫困人口与企业共同发展产业，共享产业发展成果。政策设计上，要把握好贫困户、脱贫户和非贫困户在产业发展中的辩证关系，采取差别化扶持政策，广泛动员和吸收农户参与扶贫产业发展。如一般农户可享受非财政专项扶贫资金补贴等。其次，扶贫产业规划布局与政策设计制定，要充分注重“三个有效衔接”：一是要做好自下而上、自上而下的纵向有效衔接，尊重实际情况、尊重市场规律，尊重基层群众发展意愿，广泛征询市场主体、专

家学者、社会各界意见，不搞主观臆断、行政命令，增强规划和政策制定的科学性、可行性、精准性，有效将各方资源通过规划引领整合汇聚起来，从而保障规划和政策能够落地落实，增强政府、企业、农户在扶贫产业发展进程中的协同性和实效性。二是要注重地区之间、部门之间横向有效衔接，要精准对接协调好地区与地区之间的产业合理布局以及产业结构关系，避免地区之间产业过于集中造成同质化过剩和产业链延伸不够而降低收益，同一地区内部之间的产业结构关系和分布同样需要通过规划和政策进行有效调整，避免经营主体盲目发展和恶性竞争造成产业不可持续。三是要注重短期、中期、长期扶贫产业发展有效衔接，既要考虑满足贫困户在短期内尽快脱贫需求的“短平快”产业，又要考虑在中期内支撑致富具有抵御返贫能力和长期稳定持续发展实现小康需求的长远产业；正确处理好区域产业发展规划、乡村振兴规划的关系，既要有效衔接，又不能两者等同，突出扶贫产业规划的精准扶贫效应。

（二）培育龙头企业和新型经营主体，带动扶贫产业发展。一是理顺产业发展主体间的关系。充分遵循扶贫产业发展的市场规律，理顺政府、企业、贫困户在扶贫产业发展中的关系，转变政府产业扶贫行为“异化”，企业和贫困户主体作用“弱化”的现象，切实扭转政府“大包大揽”，采用行政手段替代企业“拍板”或跨过企业发动贫困户发展产业；企业“冷眼旁观”，缺乏主动性和创造性，贫困户“被动参与”，缺少自我发展内生动力的尴尬局面；打破“政府干、企业看、群众站”的扶贫产业发展怪圈。无论是发展产业扶贫还是扶贫产业的发展，都离不开具有市场驾驭能力及资金、技术、管理、营销等高级要素组织能力的龙头企业和新型经营主体引领，仅靠地方政府计划产业发展和贫困户自由发展产业很难适应和联结大市场。企业和新型经营主体才是小生产和大市场的纽带，促进扶贫产业发展，提高效率、降低风险的重要保障。所以，在扶贫产业发展中，要树立和强化“扶持企业和新型经营主体就是扶持贫困户”的理念，创新完善政策机制，加快引进和培育合格市场主体，把能否带动贫困户精准受益作为扶持龙头企业和新型经营主体的必备条件，以企业扶贫带动效应和精准扶贫绩效为依据，享受财政、金融、土地、税收、保险等系列扶贫优惠政策，充分调动企业、新型经营主体增强自我发展，履行扶贫社会责任的积极性、主动性和创造性。二是加大招商引资，培育新型经营主体。政府通过科学规划布局和政策机制创新，选好推介具有比较优势的主导产业、特色产业项目，制定出台激励政策机制，更广范围、更高层次引进和培育大企业、小老板，认真具体落实国家《关于加快构建培育新型农业经营主体的意见》，全面推进“村社合一”体系建设，培育本土企业、新型经营主体，鼓励引导外出经营人才、大学生回乡创业。引导企业、新型经营主体运用产业化、规模化、组织化、市场化发展方式，发挥“村社合一”合作组织的职能作用，联结农户运用组织化管理带动贫困人口广泛参与扶贫产业前端基地建设和生产，加大对企业中后期产业链延伸的扶持，精准对接好贫困户和贫困人口，打破乡、村行政区域界线，采取“三变”改革、“飞地”扶贫、跨界入股、资产收益分配等方式，集中和优化扶贫产业要素配置，完善扶贫捆绑机制和利益分享机制，实现贫困主体的企业发展责任和企业主体的社会责任有效耦合，因户因人实现产业扶贫的精准化，从而产生出扶贫产业精准扶贫的效益最大化。如望谟光秀生态食品公司、安龙食用菌产业园区、兴义宏鑫农业园区、贞丰龙山阳光农业园区等扶贫龙头企业，通过企业筹资、政策性融资、贫困户财政扶贫资金量化和小额扶贫贷入股、土地入股、提供就业岗位等有针对性地吸纳贫困人口参与产业化发展过程，共同承担企业产业发展风险和共同分享产业发展红利，增强发展能力和动力，实现稳定持续增收脱贫。

（三）以市场为导向优化资源配置，促进扶贫产业发展。提高扶贫产业发展扶贫成效，必须以市场为导向、以机制创新为动力、以项目选择为关键、以精准扶贫为目标，发挥市场配置资源的决定性作用，推进市场化、社会化扶贫，摒去政府简单发钱发物，滋生“等靠要”“养懒汉”做法，转变地方政府行政主导和过度介入扶贫产业项目直接向贫困户平均发苗木、发畜禽、发现金的做法。充分运用财政扶贫资金、涉农资金整合、政策性金融扶贫的杠杆，引导和撬动市场主体和社会帮扶主体等多元主体主动参与扶贫产业发展，以市场主体的资金、技术、管理、营销优势与区域资源优势、政府政策机制优势，相互优化配置。发挥企业和新型经营主体在扶贫产业发展资源配置中的核心主体作用，由经营主体决定生产什么、生产多少、卖给谁、怎么卖；发挥政策机制和绩效评价机制在扶贫产业发展中引导激励的“指挥棒”作用，发挥扶贫利益联结机制激发贫困主体参与产业发展的积极性、创造性。从产业项目调研、谋划、研究、申报到实施、经营管理，放权给合格扶贫龙头企业和新型经营主体，增强市场主体经营自主权，让企业独立核算自负盈亏，改变基层政府给经营主体当“出纳会计”的现象。把市场主体精准扶贫绩效作为政府评价和扶持的标准，变市场主体产业扶贫责任型自发性行为主动型自觉性，推进产业市场化扶贫的经济、社会生态效益。政府通过政策和规划引导，并通过大数据信息平台建设、营商环境优化、“三品一标”认证等服务，推动市场主体把握市场需要求，选准选好产业项目，打造特色品牌，组织农民参与生产加工适销对路的产品，提高市场竞争力，扩展市场占有率，增强抗市场风险能力。避免片面追求规模、数量，“一哄而上、一败不前”“凑钱要钱都要上，建个项目照个相，路子不对胡乱忙”的畸形现象、盆景现象。

（四）创新完善利益捆绑和共享机制，推动扶贫产业发展。扶贫产业必须充分体现并突出“精准扶贫＋产业发展”的实质内涵，发挥产业对贫困户脱贫增收的带动作用，确保贫困户有长期稳定的收益，避免扶农、扶企不扶贫、产业不带贫。近年来，各地积极探索创新产业化扶贫利益联结机制和模式，采取各种形式进行试点示范，取得不少成功案例和成效。但市场主体发育不成熟、经营管理人才缺失、贫困主体参与性不足、基层政府包办代替等原因，多数扶贫产业责任捆绑和利益分享联结机制不健全、不规范、不紧密，一些联结机制存在不同程度的不足，贫困主体受益程度低，扶贫资金投入风险大的状况。

因此，必须认真总结推广产业化扶贫利益联结捆绑机制和分享机制的成功经验，将政府帮扶主体、企业经营主体、贫困主体的责、权、利，通过协议、合同明确，确保扶贫产业发展中多元主体按照约定享有相应的权利，承担相应的义务，取得到相应的利益，形成共同的责任和利益共同体。强化政府帮扶干部和基层组织精准识别、精准施策，甄别市场经营主体经济实力、经营能力和诚信情况的能力与责任，县级党政制定监管政策、产业规划和利益联结机制，落实兑现激励奖惩。强化市场主体与贫困主体利益关系的硬约束，规范相关行为和标准，扶持真扶贫、扶真贫的龙头企业和专业合作社、专业大户、家庭农场、中介经纪人等农业新型经营主体。结合贫困主体的实际情况，改变平均分配、不劳而获的现象，建立激励多劳多得、勤劳多补、先建后补机制，增强贫困主体参与扶贫产业发展的责任感、获得感。把政府的扶贫意志真正转化为各类市场主体和贫困主体的实际行动，有效避免“脱靶、越轨、跑调”等现象，让扶贫产业真正成为真脱贫、脱真贫的根本路径。重点是因地因业因企因贫困对象创新完善几种联结机制，一是园区带动型。创新完善“产业园区＋龙头企业＋合作社＋农户”的产业扶贫机制和经营模式，以“一县一业”为主导，以园区建设为平台，地方政府平台公司统一流转土地并建设基础设施，引进龙头企业建设示范基地，引领带动农户参与标准化、规模化生产，龙头企业负责加工销售并保底收购农户初级产品，村级合作社组织贫困户量化到户扶贫资金和小额扶贫贷入股龙头企业，贫困户获取土地流租金、返租倒包初级产品销售金、参与基地建设和生产加工就业薪金、资金入股分红。打破行政区域界限，以园区建设为平台和载体，把不具备产业发展条件的边远贫困区域贫困户通过“飞地”扶贫、跨界入股等方式吸纳到园区产业发展之中，解决无业可选、投钱无效的问题。如安龙食用菌产业园区探索创新的企业“五全”运作模式和贫困户“1210”分享机制，值得借鉴和推广。二是龙头企业带动型。创新完善“龙头企业＋合作社＋农户”联结机制，引导市场主体选择适合自身经营特长的产业项目，创建特色产业品牌，通过专业合作社组织农户按企业标准建设生产基地，或土地、资金入股企业并参与基地生产加工，获得持续稳定收益。如望谟的光秀生态食品公司采取龙头企业负责保底收购初级产品和加工销售，村级合作社组织农民建设原料生产基地，企业吸收贫困户扶贫资金入股和贫困劳动力培训就业，农户获取初级产品保底销售金、资金入股分红、就业报酬三重收益，带动效应明显，联结40多个专业合作社，带动20多万亩基地建设，解决100多贫困劳动力长期参与就业，产品成为航空食品，并通过电商平台远销北京、上海、广州等大城市。三是合作社带动型。通过示范引领和培训，完善“村社合一”合作组织，提高村级合作社组织农民联合生产、联结市场的组织水平和经营能力，引导农民特别是贫困户之间实现土地、资金、技术、劳动力等资源的优势互补，要素有效配置，提高贫困群众自力更生、自我发展、合作发展的意识和能力，转变一家一户单打独斗，自给自足或“提篮叫卖”的生产经营状态，以组织化生产、规模化经营提高收益。安顺的“塘约经验”就是合作社带动型的典型，值得学习借鉴。四是家庭农场和能人大户带动型。按照“资金跟着穷人走，穷人跟着能人走，能人跟着产业走，产业跟着市场走”的思路，采用扶强带弱机制，量化定向帮带评价标准和绩效监督考核，完善奖补激励，组织动员能人大户、返乡创业人员、回乡大学生流转贫困户土地、集体资产创办家庭农牧场、兴办实业、中介经纪、电商服务、村企共建等方式进行适度规范的集约化、商品化生产，发挥“领头羊”作用，带动贫困群众转变生产经营观念，转变经营无方、就业无门的窘境，结合自身实际参与集约化商品生产，提高劳动生产力和经济效益，增强“造血”功能。

（五）增强配套基础设施和服务支撑保障体系建设，推进扶贫产业发展。前面强调政府不能包办代替和过度介入扶贫产业发展，但必须弥补市场失灵的公共设施、公共产品和服务短板。一是实施基础设施工程助推扶贫产业发展。贫困地区基础设施差、欠账多，产业扶贫外部成本高是制约扶贫产业发展的主要瓶颈。选择宜居宜业宜游的贫困区域，把国家积极的财政政策和向西部贫困地区倾斜的政策与产业扶贫的基础设施项目挂钩，加大项目资金申报、对接、争取力度，加大贫困区域和扶贫产业园区交通、水利、电力、通信及农业园区、旅游景区配套设施等基础工程建设，为扶贫产业发展提供便利条件和有力支撑。二是创新投融资机制，加大投入支撑扶贫产业发展。投入不足，效益不高是扶贫产业发展制约要素，选好产业选准企业，整合各类扶贫资金，以精准扶贫绩效量化指标为依据，集中扶持带动能力强、效益明显的产业企业，提高财政扶贫资金、金融扶贫资金、社会扶贫资金的安排投入使用的精准性，把钱用在“刀刃上”，重点支持主导产业做大做强、特色产业做特做优。政府要积极主动为扶贫产业发展搭建涉农资金整合、扶贫产业发展基金平台，建立金融风险补偿基金、小额扶贫贷款贴息、东西部协作扶贫资金、万企帮万村、贫困村互助金等有效载体和平台，引导和撬动金融资本和企业、社会资本投向扶贫产业。在推行“三变”改革的基础上，开展农村承包土地经营权、村民住房财产权、集体建设用地使用权、集体和农户林权贷款抵押和入股折资，运用“资本运营”理念唤醒农村大量沉睡的资产，构建政、银、企、社、农“五位一体”的投融资合作机制，运用脱贫攻坚差异化利率和政策性金融扶贫，加大对扶贫龙头企业、贫困户的信贷支持，提高贫困户、贫困村集体经济股权份额，增强产业发展收益。贫困地区扶贫产业抵御和防范自然灾害和市场风险的能力比较弱，特别是贫困户抗风险能力更弱，市场主体和农户忧虑多，发展产业放不开手脚。要积极探索完善“政府 + 企业 + 农户 + 保险”扶贫产业保险合作机制，采取政府补贴一部分、企业出资一部分、农户筹集一部分（贫困户由扶贫资金补助）、保险机构优惠一部分，购买扶贫产业自然灾害、产品价格、市场风险保险，共同承担风险损失，增加企业和贫困户利益保障。三是强化科技支撑，服务扶贫产业发展。农业科技研发成果转化应用、科技人才服务、贫困人口生产技能的水平和能力严重不足，是扶贫产业转型提质增效的“短板”，选择特色产业与科研院所、优强企业、发达地区进行协作，借助优强企业实力，对接对口帮扶城市资源，借鸡下蛋、借船出海；完善激励科技人才、管理人才下乡入企支持扶贫产业发展机制，增强服务能力水平和实效，完善贫困劳动力全员培训机制，整合培训资源，分层次分类别增强培训针对性、实效性，加大培训人员、培训内容、培训方式与产业发展、企业需求、岗位职能的有效衔接，提高贫困农民转化为产业工人的比重，更多地实现“一人就业，一户脱贫”。四是增强基层组织和帮扶干部服务扶贫产业发展的职能。选好选准村党支部书记和第一书记，配齐配强村支“两委”班子，将一批返乡创业能人和致富能手充实到基层组织，采取村社合建、村企联建等形式，把党组织建在产业链上，增强基层组织和干部的发展意识、市场意识，有计划地组织基层干部考察扶贫产业发展的典型示范，开展培训教育，增强改革开放意识，协作发展意识，发挥职能作用，精准组织贫困户、贫困人口利用承包土地、扶贫资金、劳动力参与到龙头企业、合作社、新型经营主体发展扶贫产业各个环节中，以产业发展和贫困户利益为核心，健全和完善村社与企业和贫困户紧密的利益联结机制，以契约形式稳固保障贫困户参与获利、退出还本权益，并履行监管职能。五是通过政府协调和购买服务助力扶贫产业发展。扶贫产业发展的主体往往在市场信息、政策信息、技术信息、环境信息方面具有很大的局限性，需要运用政府有形之手打破区域、行业、部门界限，在扶贫产业中引入互联网、大数据，通过职能部门或信息技术机构将碎片化、局部化的信息有效甄别和组织起来，及时向经营主体和参与群众进行发布，为经营主体预测市场供求、消费需求，把握目标市场，降低风险，避免同质化恶性竞争、项目选择失误、资金损失浪费等情况，提高项目前瞻性、预见性，推进产业发展前端化、高效化、信息化，从保证市场主体、贫困主体共赢。

概而言之，打赢脱贫攻坚战，扶贫产业发展是关键。发展扶贫产业是强县、壮村、富民之本，是带动贫困主体脱贫致富实现小康的必由之路，没有产业发展带动难以脱贫，没有市场主体主导产业难以发展，缺乏产业支撑脱贫难以持续。黔西南州只要抓住机遇，发挥优势，创新机制、增强动力、选准方向、强化措施，增强政府、企业、社会、农户的协同性、能动性，扶贫产业一定大有可为，定能在脱贫攻坚中抓住根本、抓住关键、抓出成效，实现真脱贫、脱真贫的精准扶贫目标。

（作者单位：黔西南州扶贫办）

发挥区域优势　构建产业聚集区

——南盘江流域发展现代特色农业研究

尤立宪

内容摘要：实现产业规模化、构建产业聚集区是南盘江流域发展现代特色农业的定位和目标，也是实施好乡村振兴战略的重中之重。针对南盘江流域农业产业链不长、发展各自为阵、缺乏区域统筹平台、难以形成“错位竞争”优势的实际，本文创造性地提出“发挥区域优势、走农业产业聚集区发展之路”的战略构想，为南盘江流域发展现代特色农业提供参考。

关键词：南盘江流域　区域优势　特色农业　产业聚集

党的十九大提出要坚持农业农村优先发展、实施乡村振兴战略。可见，在南盘江流域发展现代特色农业，将为滇黔桂三省区实施好乡村振兴战略打下了坚实的基础。面对南盘江流域农业产业链不长、发展各自为阵、难以形成“错位竞争”优势的实际，如何发挥区域优势，实现产业规模化，走产业聚集发展道路，是南盘江流域发展现代特色农业必须破解的课题。为此，本人对南盘江流域发展现代特色农业进行了研究和探索。

一、发展现代特色农业，是推动南盘江流域构建产业聚集区的必然选择

要在南盘江流域发展现代特色农业，最终构建产业聚集区，必须发挥好南盘江流域各方面的优势条件，并得到国家政策的大力支撑。

（一）实施乡村振兴战略，为南盘江流域发展现代特色农业带来了宝贵机遇。乡村振兴战略的出台，为南盘江流域发展现代特色农业带来了难得的机遇。一是实施的乡村产业融合提升工程，将会对南盘江流域发展现代特色农业在推进产业结构调整、深化品牌建设、规模化经营等方面带来难得的机遇。二是实施的乡村基础设施提升工程，将会对南盘江流域发展现代特色农

业在构建安全便捷的农村道路网络和现代化信息化网络、建立安全有效的农村供水体系等方面带来难得的机遇。三是实施的乡村生态建设提升工程，将会对南盘江流域发展现代特色农业在推进土壤河流生态环境、生态林业保护工程等方面带来难得的机遇。四是实施的乡村资源盘活提升工程，将会对南盘江流域发展现代特色农业在流转土地、提高乡村各类资源要素利用效率等方面带来难得的机遇。五是实施的乡村人才培育提升工程，将会对南盘江流域发展现代特色农业在培育农业职业经理人和技术性工人等方面带来难得的机遇。

（二）丰富的资源优势，为南盘江流域发展现代特色农业提供了基础条件。南盘江流域跨云南、贵州和广西三省（区），具备发展现代特色农业的许多资源优势。一是自然资源优势。南盘江流域云南曲靖、贵州黔西南州境内属于冬暖夏凉气候区，昼夜温差大，广西隆林境内属于亚热带季风气候区，地形地貌多样，光照充足，气候湿润，植物光合作用充分，有利于农作物营养物质的积累，且具备发展现代特色农业所需的蓝天、绿水、净土等条件。大量的自然资源优势，为南盘江流域发展现代特色农业打下坚实基础。二是耕作传统优势。南盘江流域沿线老百姓发展农业历史悠久，地方名优农产品多，是传统的玉米、香蕉、石斛、金银花等优产区。经过长期的物竞天择和人工培育，孕育了极具地方特色、品质优良的名优产品，石斛、香蕉、精品水果等一批名优产品，销售看好，在市场上有一定的知名度，发展潜力巨大。耕作农业的传统优势，为南盘江流域发展现代特色农业打下坚实基础。三是发展环境优势。南盘江流域是发展优质高效、生态安全、无公害绿色有机农产品的理想之地。当前，滇黔桂三省（区）正在加大力度，围绕农业供给侧结构性改革主线，利用各自优势，打破农业合作社原有的封闭模式，采取“龙头企业＋合作社＋农户”的方式，通过资源变资产、资金变股金等模式式，发展壮大特色农业。优越的发展环境，为南盘江流域发展现代特色农业打下坚实基础。四是人才创新优势。南盘江流域沿线拥有高级农艺师等专业技术人才 458 人，由于体制机制的多重弊端，除贵州黔西南州农委石明等一批专业技术人员在农业上拥有一些科研成果外，很多人才没有平台发挥好自己的一技之长，长期停滞在事务性工作中。大量农业高层次人才的集聚，为南盘江领域发展现代特色农业打下了坚实基础。

（三）优越的区位优势，为南盘江流域发展现代特色农业创造了必要条件。近几年来，随着交通建设的突飞猛进，泸昆、汕昆等高速公路先后建成，南盘江流域云南、广西境内的各县（市）均通一级沥青公路，贵州境内还实现了县县通高速，各种路网紧紧环抱南盘江流域，使南盘江流域的区位优势逐渐凸显，从过去的西部边远地区摇身一变为珠三角、长三角以及东盟自由贸易区的前沿阵地，形成了滇黔桂三省（区）结合部核心区。南盘江流域优越的区位优势，有利于吸纳外部的信息、资金等要素向区域流动，为南盘江流域发展现代特色农业创造了必要的条件。

二、发挥区域优势，规划布局三大产业聚集区

围绕滇黔桂三省（区）实施乡村振兴战略、发展高效农业的新定位，以及"十三五"国家重点支持的智慧农业、生物农业、互联网＋现代农业等产业，结合南盘江流域区域实际，南盘江流域可按"三大产业聚集区"进行布局，构建以生态为特色的现代农业体系。即：以南盘江流域所跨省（区）为界线，以地域为特色，加快农业供给侧结构性改革，聚集区域内农业生产要素，整合资源，在936千米的南盘江流域形成云南、贵州、广西三大特色农业产业聚集区。

（一）布局南盘江流域云南特色农业产业聚集区。云南省相应市（州）应形成联合机制，统一布局，打造南盘江流域云南特色农业产业聚集区。**一是在发展蔬菜上做足文章**。结合曲靖市沾益县等地方资源优势，瞄准昆明、贵阳、南宁三大省会城市市民餐桌，将分散企业进行组合，沿南盘江流域云南境内段规划布局500万亩优质蔬菜基地，构建滇黔桂三省（区）规模最大、质量最优的蔬菜基地，更大程度满足市民菜篮子。**二是在发展辣椒上做足文章**。充分发挥丘北辣椒在云南省的影响力，瞄准四川成都、重庆、湖南长沙等辣味较重的城市，立足市场需要什么就发展什么的实际，在南盘江流域曲靖部分区域、文山州全区域内规划布局500万亩丘北辣椒、300万亩小米辣，有效地将分散企业进行组合，形成西部地区规模最大、质量最优的辣椒产业园，更大程度地促进辣椒产业覆盖云南、占领西部、走向全国、延伸到东南亚。

（二）布局南盘江流域贵州特色农业产业聚集区。黔西南州应因地制宜进行梯级规划，将南盘江流域黔西南段打造成南盘江流域贵州特色农业产业聚集区。**一是向山坡要产业**。南盘江流域黔西南段沿岸山坡上的土质疏松，通气能力强，蒸发量大，适宜于种植一些深根性的乔木中药材。应瞄准云南白药集团、贵州百灵企业集团制药等大型药业所需原材料市场，在南盘江流域

黔西南段沿岸山坡地带统一规划布局黄柏、杜仲、厚朴等乔木中药材300万亩以上，形成滇黔桂三省（区）乃至西部地区最大的乔木中药材生产基地。**二是向田坝要产业。**南盘江流域黔西南段江畔山间拥有连片田坝、连片槽子面积600万亩以上，土壤肥沃，适宜于种植独脚莲、白芨、艻藤等中药材。应抓住国家复兴中医药的契机，立足生态环境优良、气候条件适宜等有利条件，在南盘江流域黔西南段江畔规划布局“四个一百万亩”优质高效中药材种植基地，即：规划布局发展独脚莲100万亩，白芨100万亩，艻藤100万亩，天麻100万亩，形成规模化种植，引进先进农业模式化栽培技术，革新传统粗放和中药材管理方式，提高中药材的产量和质量。

（三）布局南盘江流域广西特色农业产业聚集区。百色市应在南盘江流域百色境内规划布局“两个五百万”工程，大力发展油茶、芒果产业，将其打造成为南盘江流域广西特色农业产业聚集区。**一是构建油茶产业示范基地。**百色市应根据“市场需要什么就发展什么”的原则，借助册亨县、望谟县种植油茶的经验，整合资源，在南盘江流域隆林各族自治县境内率先规划布局500万亩油茶产业，逐步带动周边乡镇发展油茶种植，将其打造成为广西油茶产业示范基地。**二是构建芒果产业示范基地。**百色市应紧紧盯住辽宁、黑龙江、吉林等这些国内不适宜发展芒果的省份市场，加大资源整合力度，在南盘江流域百色市境内的隆林各族自治县等县规划布局芒果产业500万亩，逐步带动周边乡镇发展芒果种植，将其打造成为广西芒果产业示范基地。

三、南盘江流域发展现代特色农业对策建议

（一）加大基础设施建设。充分利用《左右江革命老区振兴规划》、国发2号文件和乡村振兴战略的政策支撑，加快南盘江流域沿线地区农村公路、机耕道、水利等基础设施建设，切实解决农用物资进基地、农作物预防干旱等根本性问题。**一是加快农村公路建设。**南盘江流域沿线各地区，应将南盘江流域沿线乡镇村庄通村公路、通组公路列入实施乡村振兴计划的重中之重，加快推进南盘江流域沿线乡镇、村庄公路建设，确保南盘江流域沿线地区乡与镇、镇与村、村与村之间公路形成网状连通，为南盘江流域发展现代特色农业奠定坚实基础。**二是加快机耕道建设。**南盘江流域沿线各地区应争取相关政策支撑，整合相关资源和资金，对规划布局发展现代特色农业的地带进行机耕道建设，使南盘江流域沿线地区各产业集群所在地块形成网状连通，一方面为农用物资运输节省成本，另一方面也极大地方便农产品的输出。三

是加快水利基础设施建设。南盘江流域沿线地理位置特殊，无论是云南、贵州还是广西，有高山、缓坡，也有平地，缓坡地带占整个流域面积的50%以上，这些地带抗旱能力较弱，给发展现代特色农业带来阻碍。南盘江流域沿线各地区应组织发改、水利、农委等部门，对涉及发展的产业的缺水、抗旱能力弱的地带进行调研，拿出时间表、路线图和任务书，在这些地带规划建设相应的提水罐，确保干旱时节提水罐的水能覆盖灌溉农业产业基地面积。**四是加快供电质量服务建设。**以南盘江流域沿线地区农村电网改造升级和推动农村用电公共服务均等化为重点，统筹安排农网改造升级计划，建成结构合理、技术选进、安全可靠、智能高效的现代农村电网，供电质量和服务水平明显提升，确保南盘江流域沿线地区农村电网供电可靠率、综合电压合格率分别达到90%以上。**五是加快乡村现代信息化网络。**加快南盘江流域沿线地区农村互联网基础设施、信息传输通道、信息化服务能力建设，强化运用互联网技术和信息化手段，打造“互联网+”农村大数据体系。推进下一代广播电视网和有线、无线、卫星一体化建设，打造天地一体、互联互通、宽带交互、智能协调、可管可控、覆盖南盘江流域沿线地区的广播电视融合传输网体系，确保村村通光纤、4G网络全覆盖。

（二）扶持领军型企业。南盘江流域沿线各地区应对本辖区内农业产业龙头企业进行筛选，对成长性高、有意向在南盘江流域地带发展现代特色农业的，将其列入扶持领军型企业的重点序列。**一是建立扶持工作机制。**南盘江流域沿线各地区政府应建立本土领军企业扶持的重点联系制度，将南盘江流域沿线发展现代特色农业产业企业作为亲商营商的重点服务对象，帮助企业解决好围墙外的事情，让企业安心生产、放心销售。**二是集聚资源扶强企业。**对南盘江流域沿线发展现代特色农业产业的企业，沿线地方政府应有针对性地研究制定激励政策。凡是按地方政府规划布局发展现代特色农业产业200万亩以上的，优先给予相关政策资金的支持；凡是按地方政府规划布局发展现代特色农业产业500万亩以上的，在优先给予相关政策资金支持的基础上，地方政府应在企业所在区域设立办事服务机构，时时为企业办好围墙外的事，扶大扶强企业。**三是补齐人才“短板”。**专业技术人才短缺是当前不少企业最大的困惑，也是大多企业难以破解的难题。南盘江流域沿线地方政府应充分运用好人力资源社会保障部《关于支持和鼓励事业单位专业技术人员创新创业的指导意见》，加强企业专业人才队伍建设，支持和鼓励农委、扶贫等部门农业专业技术人员到南盘江流域沿线地区发展现代特色农业产业的企业挂职或参与项目合作，从根本上帮助企业解决专业技术人才短缺的问题。

（三）全力打造区域品牌。南盘江流域沿线地区发展现代特色农业产业的企业，应紧紧围绕乡村振兴战略的实施意见，强化质量兴企、品牌强企，着力提升农业产业企业自主创新能力，确保南盘江流域沿线三省（区）各自打造出 1 至 2 个影响较大的区域品牌。**一是加强品牌谋划**。南盘江流域沿线发展现代特色农业产业的企业，应加强品牌的包装和谋划，尤其是文山地区倍受消费者青睐的丘北辣椒，当地政府更应加大指导企业力度，做到发展产业初期有目标、发展产业中期有计划，将以丘北辣椒为首的产业打造成为西部地区区域品牌，让丘北辣椒等区域品牌走向全国、面向世界，确保农业产业效益最大化。**二是提高品牌认定认证率**。应充分发挥好南盘江流域生态环境的良好优势，加强对蔬菜、丘北辣椒、芒果等无公害农产品、绿色食品、有机食品认证，提高“三品”认定认证率。尤其是独脚莲、艻藤等中药材产品，更要充分发挥好南盘江流域生态环境的优势，挖掘本区域产品所含成分的不同，利用互联网、平面媒体等宣传平台，营造好宣传氛围，推动形成一批国内具有较大影响的企业自主研发、培育的产品品牌。

总之，发挥区域优势、构建产业聚集区是实现南盘江流域发展特色农业产业的有效途径，只有走规模化发展道路，通过加大基础设施建设、扶持领军型企业、全力打造区域品牌，心往一处想，劲往一处使，才能推动南盘江流域特色农业产业快速健康发展。

（作者单位：黔西南州人民政府电子政务办公室）

"两江一河"精品水果产业带发展研究

岑大明

内容摘要："两江一河"精品水果产业带，是"两江一河"立体生态经济带重点打造的四条千里立体生态产业带之一。本文认真总结了近两年来精品水果产带建开发经验，客观地分析精品水果产业带建设存在的困难和问题，即：规划引领作用弱化，产品的规模化较低；生产组织方式单一，农民的参与度不高；产业园区建设粗放，生产的标准化不高；发展条件配套滞后，要素的保障性不强。并坚持问题导向，提出了推进精品水果产业带加快发展的一系列路径建议。

关键词：两江一河　立体经济　精品水路　路径建议

2016年，黔西南州立足守牢"两条底线"，创造性地提出开发"两江一河"立体生态经济带，重点建设千里精品旅游线、千里精品水果产业带的战略思路。2017年8月，州委、州政府出台脱贫攻坚"1+20"系列文件，其中《产业扶贫作战方案》将精品水果列为八大重点扶贫产业之一进行了安排部署，并提出"两江一河"新增精品水果30万亩带动3万贫困人口脱贫的发展目标。如今，两年过去了，精品水果发展情况如何？面临哪些问题？下步如何推进？是推进此产业发展亟需解决的问题。

一、"两江一河"精品水果发展情况综述

近几年来，黔西南州充分利用"两江一河"流域低热河谷气候资源、土地资源优势，全力推进"两江一河"立体生态经济带设开发，加快沿江千里精品水果产业带建设，据州农委统计显示，已种植精品水果、特色水果32.12万亩，水果产业带初具雏形，经济与生态效益初步显现。

（一）果苗基地初步建成。果苗供应是建设千里精品水果产业带的基础，为强化果苗供应，引领精品水果产业发展，州农委切实加强精品水苗圃基地

建设，建成“两江一河”亚热带特色果树种苗基地250亩，年供种苗量为405万株，其中芒果苗90万株，澳洲坚果苗15万株；香蕉苗400万株；柑橘苗20万株，百香果10万株。

（二）园区发展初现趋势。坚持园区化发展，先后培育、引进水果龙头企业47家，组建水果产业合作社28家，贞丰鲁容百香果科技示范园、贞丰县沿江火龙果产业示范园区、望谟蔗香芒果基地、安龙县沿江立体高效示范园区、册亨岩架镇洛凡香蕉种植基地等种植果树1000亩以上园区24个。引进贵州省农业科学院亚热带作物研究所建成澳洲坚果加工厂1个，厂房建筑面积有360平方米，年加工能力约100吨，主要承担澳洲坚果储藏、加工、新产品研发等。

（三）主导产品初步形成。在“两江一河”流域种植的32.12万亩特色果树中，精品水果种植面积达28万亩，其中香蕉9.24万亩、芒果6.89万亩、火龙果3.94万亩、百香果1.37万亩、果蔗3.57万亩，香蕉、芒果、火龙果、百香果初步形成了“两江一河”千里精品水果产业带的主导产品。册亨县香蕉种植面积8.15万亩，占精品水果种植面积90%以上，形成了该县主导产品。望谟县芒果种植面积5.26万亩，占精品水果种植面积7.67万亩的68.57%，形成了该县主导产品。此外，贞丰的火龙果、兴仁的猕猴桃、晴隆的脐橙等区域性产品初具规模。

（四）品牌培育开始起步。企业市场主体作用初步发挥，企业品牌意识不断增强，以企业为主体，以园区为载体，围绕主导产品先后注册了“黔龙果”（火龙果）、“岩架金爪蕉”“册亨糯米蕉”“鑫桂圆”（枇杷）、“晴珍”（脐橙）等商标，并通过电商推进产品线上销售，不断提升产品的知名度，产品销往上海、杭州、青岛、郑州、广州、湖南、宁波等省外城市和贵阳、兴义等省内城市。册亨县注册“册亨糯米蕉”地理标识，建设集分级包装、冷链配送、市场交易、数据平台为一体的香蕉产业中心，抢抓中国联通帮扶该县的机遇，通过黔邮乡情、电商到村里、京东、网易考拉等平台“册亨糯米蕉”线上交易，一年线上销售达34万单，有效地提升“册亨糯米蕉”品牌，成效农产品电商销售的成功案例。

（五）扶贫效果初步显现。“两江一河”精品水果产业带覆盖农户6.6万户24.1万人，其中带动贫困户1.05万户3.72万人，2018年“两江一河”精品水果实现产量15.4万吨，创产值6.25亿元，产业扶贫成效初步显班。望谟县种植芒果5.26万亩带动贫困人口2240人，果蔗种植面积0.91万亩带动贫困人口 484 人；贞丰县共种植火龙果、百香果、芒果等精品水果 4.5 万亩，覆盖农户 8496 户 31435 人，其中贫困户 2681 户 9920 人。

二、“两江一河”精品水果发展问题分析

“两江一河”精品水果产业带，通过近两年来全州上下合力推动，取得了较快的发展，收以了明显的成效。但是，在发展的规模、“精品”的质量、品牌的培育、市场的开拓等方面，还存在一些亟待解决的问题和一些亟待补齐的短板。

（一）规划引领作用弱化，产品的规模化较低。全州精品水果发展规划水平不高、不接地气，未严格按照“一县一业、一乡一特”产业结构调整定位进行规划，产业布局、品种选择等杂乱无章，规划引领的作用没有发挥好，导致品种零散杂乱、规模较小。**一是品种区域布局不合理。**《黔西南州两江一河精品果树发展规划》缺乏区域化布局、规模化发展的理念，没有按照“一县一业、一乡一特”的布局进行规划，规划及计划发展的 6 个品种均没有按区域化布局，有的品种分布在四五个县市，有的品种分布在七八个县市，甚至同一乡镇分布有三四个品种。如，兴义、安龙、贞丰、册亨、望谟 5 县市均规划布局有芒果，兴义、兴仁、安龙、贞丰、晴隆、册亨、望谟 7 县市均规划布局有澳洲坚果，如此规划不可能实现“一县一业”；又如，兴义市南盘江镇、安龙的万峰湖镇均规划分布有芒果、果蔗、香蕉、澳洲坚果 4 个品种，贞丰县白层镇、鲁容乡均规划分布有芒果、果蔗、香蕉、澳洲坚果、柚子 5 个品种，如此规划也不可能实现“一乡一特”。缺乏区域化布局，除了品种无法实现规模化以外，在发展中还增加技术培训、技术指导、经理管理等生产成本。**二是品种规划选择不科学。**一方面，规划的品种多样杂乱。据统计，全州“两江一河”精品水果产业带种植的水果主要有香蕉、火龙果、芒果、澳洲坚果、果蔗、柚子、荔枝等 10 多个品种，其中：果蔗 3.57 万亩、香蕉 9.24 万亩、火龙果 3.94 万亩、芒果 6.89 万亩、柚 1.44 万亩、澳洲坚果 0.4 万亩，其他水果 6.64 万亩，品种多、散、杂。从全州的总规模来看，除了香蕉、芒果、火龙果、果蔗有一定规模以外，其他品种的规模化程度较低，许多品种只有几千亩甚至只有几百亩。从县域发展的精品水果来看，据州农委统计数显示，望谟县种植精品水果 9.06 万亩、册亨县 6.65 万亩、兴义市 5.7 万亩、贞丰县 5 万亩、安龙县 2.84 万亩、兴仁县 2.23 万亩，均是“万亩水果县”，但是各县市种植的品种多而杂，品种均在 5 个以上，没有形成规模化，

规模效应、规模经济就没有显现出来。另一方面，品种选择未做到“以短养长”，缺乏当年种植当年见效的品种，安排的芒果、果蔗、澳洲坚果、火龙果、柚子5个品种挂果期均在三年以上，显然无法成为脱贫攻坚期的扶贫产业，不利调动农民的积极性。**三是主导品种规划不详细。**《黔西南州“两江一河”精品水果产业扶贫作战计划》确定发展的6个主导品种，四年发展计划虽然下达到了县市、乡镇，同时同一乡镇又安排有多个品种的发展任务，在计划上没有按照区域化布局的原则进行安排，没有将品种种植计划细化到山头地块，没有落实到图斑，指导引领精品水果发展的作用没有发挥出来。

（二）生产组织方式单一，农民的参与度不高。从目前“两江一河”精品水果发展生产组织方式来看，生产组织方式单一，主要采取公司流转土地进行种植，公司与农民的关系是租用土地、劳动用工关系，自行发展或参与发展的农户较少，参与度不高，未能很好地调动农民的生产积极性，农民持续增收的产业并未真正培育起来，产业扶贫的效果不够理想。**一是农民专业合作社形同虚设。**农民专业合作社既能将农民持续增收的产业发展起来，又能调动农民产业发展的积极性，是发展扶贫产业最有效的生产组织方式。“两江一河”沿岸的行政村大都成立了农民专业合作社。但是成立容易经营难，由于跟踪扶持、指导、培训、服务等工作跟不让，许多专业合作社“成立了之”“挂牌了之”，没有真正把农户组织起来，发展生产，开展经营，合作社形同虚设，成为“死社”“空社”，没有成为组织农户发展精品水果的有效组织方式。**二是村级组织统筹力极为不足。**农村土地集体所有制，决定了村级组织是组织农户发展生产的主体，担负着宣传发动、组织引导、统筹协调尤其是落实产业发展“八要素”的责任。但是，由于“两江一河”沿岸过去交通闭塞、地处边远、文化落后，村组干部观念守旧、素质偏低、能力偏弱，村级组织的凝聚力不强、发动力不强、组织力不强，在产业选择、培训农民、技术服务、资金筹措、产销对接等落实“八要素”上不到位，不能很好组织发动农户发展产业，农民依然处于自由发展、粗放发展的状况。尤其是农村劳动力大都外出务工，留下来种地的大都是五六十岁的老人，这部分劳动力，无论在思想观念上，还是文化科技素质上，无论是资金投入上，还是劳动力保障上，都不适应精品水果发展的需要。**三是土地入股产业园尚未推进。**“三变”改革是促进农村产业发展的重要抓手，既能盘活农村资源降低企业投资，又能促进农村产业发展。引进龙头企业的主要目的是带动产业发展、带动农民脱贫致富。农村最大的资源是土地，“两江一河”流域也是如此，沿岸的土地资源是发展精品水果最大的资源，在引进龙头企业创办精品水果产业园的同时，应创新合作机制，推行“公司＋农户”发展模式，推进“两江一河”流域土地入股产业园，占有产业园一定份额，精品水果才能真正成为扶贫产业。但是，由于流域土地“三变”改革推进缓慢，流域的土地资源未能实现“三变”，加之推动公司与农户合作创新不够、方法不多，推进“两江一河”流域土地入股进口水果产业园未取得突破，龙头企业带动产业发展的效果不明显。

（三）产业园区建设粗放，生产的标准化不高。黔西南州开发“两江一河”的战略定位是“农旅一体立体生态经济带”，精品水果产业是立体生态经济带的重要组成部分，精品水果产业园建设必须坚持“农旅一体”。从目前建设的24个千亩以上的精品水果产业园来看，普遍存在标准不高、建设粗放的问题。**一是园区规模标准较低。**农业园区需要达到一定规模才能发挥示范带动作用，目前已建在建的沿江精品水果产业园达到1万亩以上的园区较少，许多园区规模较小，只有几千亩甚至几百亩，导致园区的示范带动力不强。**二是配套标准较低。**农业园区需要有林、田、路、渠、电等工程配套的田间工程措施，目前沿江水果产业园（基地）工程配套措施极不完善，80%以上的园区未实现工程措施配套，所有园区离“埂成型、路硬化、树成行、渠成网、灌可进、排可出、入能通、出能畅”的建园要求还有很大差距，导致生产发展的保障性不强。**三是技术标准较低。**发展无公害绿色精品水果，需要严格执行土肥水管理、果树栽植、树体管理、花果管理、病虫害无公害综合防治、信息服务等技术体系标准，从目前园区建设的情况看，建设技术标准较低，许多园区未达到精品水果产业园要求的技术体系标准，导致产品品质不优、竞争力不强。**四是管理标准较低。**许多园区存在重栽种轻管理的情况，没有建立和完善农药、化肥等农业投入品管理档案和生产管理记录档案，没有配备相应数量的专业技术人员，没有严格妨行检疫消毒制度，田间管理比较粗放、理管水平较低，导致水果产量不高、效益不够理想。**五是经营标准较低。**许多园区在经营上缺乏品牌意识，没有开展无公害农产品、绿色食品、有机农产品和农产品地理标志“三品一标”认证；许多园区注册商标，缺乏品牌培育标准，产品进入市场缺乏质量认证；许多园区产销对接脱节，市场开拓不够，销售渠道不畅。

（四）发展条件配套滞后，要素的保障性不强。从营造发展环境、统筹扶持引导全州精品水果产业发展的视角来看，还存在基础设施、技术保障、市场平台等发展要素保障不强的情况。**一是基础设施不完善。**“两江一河”沿江水、电、路等基础设施不完善，影响沿江自然优势的发挥，制约了沿江产业发展。计划建设的10个沿江产业用水提灌站建设进度缓慢，已开工建设3个提灌站，7个未开工建设，沿江精品水果灌溉问题，未得到根本性解决；沿江产业路建设滞后，“两江一河”沿岸大部分区域未通公路，在生产发展中生产资料及农产品运输难的问题成为制约精品水果发展的最大瓶颈；沿江电力、通讯基础设施建设滞后，许多区域不通电、不通光缆、不通信号，存在电力盲区、通信盲区，制约了现代农业、智慧农业的发展。**二是技术力量不到位。**精品水果生产专业技术较强，各县市经济作物站在编人员少，实际在岗人员更少人，基本没有懂果树栽培管理的技术人员。如望谟县经济作物站在编人员6人，实际在岗人员有3人，只有1人从事果树专业。农技人员的工作岗位应该在田间地头，可是全州各县市（新区）的农技人员大多数都在县市农业部门，存在“头重脚轻”“乡村短腿”的现象。如兴义市从事农业技术服务的有200余人（平均每个乡镇5人），但是大多数人员抽到市农扶局工作，每个乡镇只留1名农业技术服务人员。因为农技人员不在一线，结合产业发展开展农业技术培训和服务严重缺位，导致精品水果发展技术服务保障力不强，在一定程度上影响了产业的发展。**三是销售统筹不给力。**“产销对接”是农业产业结构调整“八要素”之一，虽然各县市、各水果企业采取办法措施，努力拓展销售渠道，但缺乏区域统筹，销售效果并不理想。一方面，线下销售市场体系不完善，全州缺乏精品水果专业市场，导致产品上市无法形成市场聚集效应，果农仍然沿袭着人背马驮赶“转转场”传统分散销售模式，销售难问题未能解决。另一方面，线上销售缺乏区域统筹、品牌培育、产品包装、推广营销，除了册亨香蕉打开销路以外，火龙果、百香果等其他产品仍未打开局面。此外，冷链物流、仓储配送等设施不健全，在一定程度上也影响了精品水果产业的发展。

三、“两江一河”精品水果发展的对策建议

针对上述存在的问题，立足将“两江一河”千里精品水果产业带建设成为全省乃至全国的精品水果供应基地，培育一批全国有影响力的山地农产品品牌，使其真正成为山区农民脱贫致富的支柱产业，结合黔西南州山地实际，笔者提出以下对策建议。

（一）围绕规模化，强化规划引领。规模化发展是降低生产成本、提高

产品标准、增强产品竞争力的重要生产方式，要围绕规模化发展做好产业规划，引领产业规模化的形成。**一是优化区域布局。**“两江一河”在黔西南州境内干流共 591 千米，流经全州 8 县市 34 个乡镇，干线长、流域大，不同江段和不同流域的海拔高度、气候条件、地形地貌、土质土壤、土地资源等都不相同，产业规划单位必须对沿江进行深入考察，全面掌握“两江一河”各个流域段的自然条件和资源状况，按照“一县一业”的精品水果发展定位，立足现已形成的主导产业，以规模化发展为导向，突出县域主导产业，进一步优化“两江一河千里精品水果产业带”品种区域布局。如，望谟重点发展芒果，册亨兴义重点发展香蕉、贞丰重点发展火龙果、安龙晴隆义龙重点发展百香果、兴仁重点发展猕猴桃，真正形成“一县一业”或“几县一业”的精品水果发展格局。**二是优化水果品种。**通过近两年的发展，已初步形成了一批具有一定规模的精品水果品种。在品种规划上，要进一步加强对市场前景的论证，进一步调整优化水果品种，坚持“长短结合、一品为主、多品共生”的原则，进一步调优品种结构。如，香蕉、芒果、火笼果、百香果，这些已形成一定规模的品种，应将其作为“千里精品水果产业带”的导主产品，在“两江一河”重点区域重点规划布局，优先扶持，重点推进发展，尽快形成单个品种的规模化。**三是优化地块图斑。**精品水果是种植业，要种在地里、种在山头，规划不实不细甚至悬空，就落不了地，就起不到“指导”“引领”作用。“两江一河千里精品水果产业带”规划，应围绕优化确定的主导品种，进一步做实地块图斑。应围绕香蕉、芒果、火龙果、百香果四大主导品种规模化发展，进行规划调整，按照规划的面种和区域，进行实地查勘、精准测绘，将品种与地块对接，逐一落实到地块、落实到图斑，明确年度发展计划，增强规划的引领性、提高规划的落地率。

（二）围绕标准化，强化技术支撑。标准化发展是提高产品质量、培育品牌、形成规模的基础，应坚持区域统筹，以精品水果主导产品的单元，实施品种、种植、管理三统一标准，切实推进“两江一河”精品水果产业带的标准化建设，共同培育区域精品水果品牌。**一是实施统一的品种标准。**坚持全州统筹，围绕精品水果产业带确定的芒果、香蕉、火龙果、百香果等主导产业，逐一认真研究，选择既适合土壤气候又有市场前景的品种，建立精品水果品种体系，在规划区域内实现统一品种选择、统一果苗供应，切实解决因品种不一导致的质量参差不齐的问题。**二是实施统一的种植标准。**应围绕精品水果产业带的主导品种和品种体系，组织农技部门和果树专家，结合“两江一河”的自然条件，逐一编制芒果、香蕉、火龙果、百香果等规范化种植技术标准，切实加强种植技术标准培训，在“两江一河”千里精品水果产业带规划区域内，全面统一执行同一种植技术标准，切实提升种值技术标准化水平，促进产品质量的提升。**三是实施统一的管理标准。**按照绿色、有机、无公害的要求，分类制定并严格执行精品水果的施肥、病虫害防治、农残检测等管理技术标准，确保千里精品水果产业带规划区内管理标准的统一。同时，同步开展“三品一标”认识，种植一片，认证一片，实现“三品一标”全覆盖，推进规划区内的精品水果品牌化提升，促进“两江一河”精品水果品牌的形成。

（三）围绕集约化，强化要素保障。集约化发展是降低生产成本、提高产品竞争力的有效发展方式，应坚持资源整合、设施统筹、设施共享的原则，切实强化生产设施、防灾设施、物流设施配套，切实改善千里精品水果产业带的发展条件。**一是强化生产设施保障。**加强“两江一河”沿岸水、电、路、讯等基础设施建设，是推进精品水果产业带建设的基础，应尽快规划建设沿江产业供水系统、产业供电设施、水陆交通系统、信息网络系统、农旅一体配套设施等基础设施建设，切实改善精品水果产业带规划区内的生产条件，夯实现代农业、观光农业、智慧农业发展的基础。**二是强化防灾设施保障。**预防冰雹等自然灾害是确保“两江一河”精品水果获得丰收、取得成效的重要保障。针对山区冰雹、山洪等自然灾害频发的实际，应高度重视自然灾害防治，合理规划建设千里精品水果区域内的防雹、防洪等防灾设施，加强对自然灾害的监测，及时采取预防措施，尽最大限度降低自然灾害给生产带来的损失，增强精品水果发展的保障性。**三是强化物流设施保障。**“两江一河”千里精品水果产业带，分布在千里南北盘江流域，分布线长、分布面广，产品要由散而聚，才更有效地进入市场。除了尽快完善“两江一河”沿江交通网络外，应在有利于聚集产品的区域或都重要交通节点，规划建设一定数量的水果专业批发市场，促进产品的聚集和批发销售。**四是强化生态设施保障。**“两江一河”是珠江上游的重要生态功能区，守好生态底线是发展精品水果产业的前提。应坚持生态设施与产业发展同步规划、同步建设，加快推进千里精品水果产业带污水处理、垃圾收运、水土保持等生态基础设施建设，全面提升绿色化发展水平。

（四）围绕市场化，强化利益联结。市场主体是推进市场化的主要力量，针对“两江一河”精品水果产业发展的市场主体不多、实力不强的实际情况，应创新生产组织方式，促进市场主体发展壮大，推进精品水果规模化发展。**一是引进培育龙头企业。**一方面，应加强与州内农业企业对接，积极创造条件，紧紧围绕千里精品水果产业带规划，采取土地流转、土地入股等生产组织方式，组织发动现有龙头企业进入产业带，建设一批农旅一体精品水果产业园。另一方面，应围绕“一县一业、一乡一特”的发展定位，精心编制包装一批精品水果产业园项目，全面开展园区大招商，引进一批有实力的农业产业化龙头企业，入园发展，切实增强龙头企业的辐射带动作用。**二是切实推进农民合作。**将做活做实农民专业合作社作为培育市场主体的主攻方向，以村为单位，加快组建“两江一河”千里精品水果产业带规划区内的农民专业合作社，将规划区内的农户全部吸收为社员，落实农民合作社扶持措施，合作社有经营能力的，扶持其自我经营、自我发展，没有经营能力的，协调帮助采取“公司＋合作社”推动发展，使农民合作社真正成为发展精品水果的市场主体。**三是有序组织农民生产。**农民是“两江一河”精品水果产业发展的主体和主要力量，要把组织发动农民作为推动精品水果产业发展的重中之重。各县市应围绕县域内的精品水果发展规划，进村入户发动群众围绕区域选定的品种、种植的标准、管理的标准发展精品水果，同时全面落实“八要素”，调动群众发展精品水果的积极性，真正让广大农民成为推动千里精品水果产业带的主要力量。

（五）围绕品牌化，强化市场培育。加强品牌化，培育“两江一河”精品水果品牌，是增强精品水果市场竞争力的有效路径。**一是加快注册地理商标。**严格按照“发展一个品种，培育一个品牌”的思路，跟踪开展“两江一河”精品水是产业带“三品一标”认证，种植一片跟踪认证一片，实现产业带“三品一标”认证全覆盖，努力培育一批有影响力、有竞争力、有知名度的精品水果主导品牌，加快注册北盘江火龙果、南盘江芒果、南盘江百香果等一批地理标识公共品牌，切实提升品牌的影响力。**二是加快推进产品包装。**黔西南州耕地面积有限，精品水果发展受耕地及山地多元条件的制约，单个品种的规模有限，不具备大规模发展的优势，只有走精品高端的发展路子。强化产品包装，将精品水果包装成为精品礼品，将有效提高产品的附加值。应围绕重点发展的火龙果、芒果、百香果、猕猴桃等精品水果，在加强标准化、绿色化、品牌化建设的基础上，深挖其产业文化、健康文化，精心设计包装礼品盒，加快精品水果的精致包装，推进千里精品水果产业带的礼品化发展。**三是加快拓展产品市场。**强化区域统筹，各县市应围绕千里精品水果产业带发展的精品水果品种，超前做好产量预测、品质评估、产品集聚、运输保障、市场开拓等进入市场的前期统筹，为产品进入市场打下坚实的基础；强化无缝对接，州商务、供销等部门应结合辖区内精品水果种品种植情况，有针对性地组织州内市场流通主体与种果大户、水果园区、合作社等进行产销对接，畅通供货渠道，推进精品水果占领州内市场。大力扶持电商企业发展，做大精品水果线上交易量，扶持一批农产品销售企业，有序组织精品水果进入贵阳、昆明、南宁等周边城市，推进农产品出山。

总之，"两江一河"千里精品水果产业带要成为区域性支柱产业、扶贫产业，必须走规模化、标准化、集约化、品牌化、市场化"五化"发展道路，切实强化规划引领、技术支撑、要素保障、利益联结、市场培育，全面推进产业绿色有机无公害高质量发展，致力培育全国精品水果中的精品，精品水果产业才能实现健康发展。

（作者单位：黔西南州人民政府经济发展研究室）

黔西南州烟叶产业发展研究

尤立宪

烟叶是黔西南州经济社会发展的支柱产业，不少群众因发展烟叶而走上致富路，但由于多方因素，近几年来，因发展烟叶而脱贫的贫困户占比却很少。面对烟叶计划总量持续调减、供需矛盾更加突出等形势，黔西南州如何按照“1+20”文件部署，将发展烟叶作为助推贫困户增收的重要产业，本人对黔西南州烟叶产业发展现状、存在的问题等进行深入调研，提出了破解烟叶产业发展助推贫困户增收的路径建议。

一、黔西南州烟叶产业发展现状

（一）取得的成效。近年来，黔西南州深入实施供给侧结构性改革，大力推进烟叶产业发展，引导群众增收致富，烟叶产业越来越成为广大群众增收致富的特色产业，部分贫困户因发展烟叶而脱贫。**一是烟叶户种植规模逐渐扩大。**严格落实国家种烟面积调减政策，种植面积实施减总不减户，鼓励和支持烟叶专业户从小面积种植向大面积挺进。从调减的情况看，我州烟叶种植总面积已从 2013 年的 42.37 万亩调减到 2018 年的 27 万亩，调减了 36.27%；从种植户的情况看，我州种烟户已从 2013 年的 28181 户下降到 2018 年的 12249 户，下降率为 56.53%。但从烟叶户种植规模看，我州烟叶户均种植规模已从 2013 年 15.03 亩扩大到 2018 年的 22.04 亩，其中，种植面积 50 亩以上的大户占 40% 以上，种植大户不断涌现。**二是烟叶结构不断优化。**烟叶调控，既要调减，更要调优。我州注重发挥市场在资源配置中的决定性作用，以工业需求为导向大力发展优质烟区，大力推进兴仁县现代烟草农业转型升级示范县建设，安龙县钱相现代烟草农业高效示范园区成效明显，已建成的 17 个烟叶基地单元基地化产销比占全州计划的 87.2%，形成了兴仁鲁础营、安龙海子、贞丰北盘江、晴隆光照、普安青山、义龙雨樟一批规模集中度高、风格特色突出的烟叶种植产业带，烟叶收购量虽从 2013 年 94.01 万担下降到2018年64万担，但上等烟叶占比得到大幅度提高，达62%以上，上等烟叶逐年增多，排全省第一。**三是烟叶户效益明显提高。**随着烟叶结构调整优化，烟叶质量不断提高，种烟户效益逐年增加。从全州烟叶户收入情况看，我州烟叶户均收入已从2013年的4.16万元提高到2018年的7.05万元，烟田综合机械化率达40%，亩均收入稳定在3200元以上。其中，192户种烟贫困户因大规模种植烟叶，户均收入达33.8万元，已全面脱贫，并各自成为当地致富带头人。

（二）存在的问题。从近几年黔西南州烟叶发展的情况看，全州烟叶发展好的势头在"加温"，但对照州委、州政府"1+20"文件，还存在不少问题和困难，具体表现在：**一是发展烟叶贫困户较少。**从2018年发展烟叶的情况看，全州12249户烟叶发展户中，贫困户只有192户783人，种烟贫困户仅占2017年底全州建档立卡贫困户68843户的0.27%，离带动贫困人口10000人的目标相差甚远。究其原因，一方面是发展烟叶越来越需要更高的专业技术水平，全州大多贫困户文化水平低，无法掌握烟叶生产、烘烤等技术，导致种烟贫困户少；另一方面，只有好的土壤方能生产优质烟叶，全州大部分贫困户拥有的土地有的比较贫瘠，不适宜发展烟叶或发展烟叶质量不高，导致种烟贫困户少；同时，不少贫困户因有国家各种政策兜底，生活有了保障，等、靠、要的思想大量存在，导致种烟贫困户少。**二是烟叶生产种植分散。**从全州近年来烟叶发展规模看，组织化、规模化有一定程度的提升，烟农户均种烟规模已达到22.04亩，是2013年的1.4倍，但连片规模种植正向零星分散发展延伸。例如，2018年，全州1000亩以上的烤烟连片种植仅为0.36万亩（共3片），仅占全州种植面积的1.18%，500亩–1000亩连片种植面积为0.96万亩（共15片），仅占全州的3.16%，200亩–500亩连片种植面积为3.31万亩（共99片），占全州的10.89%，200亩以下的较为分散的种植面积25.78万亩，占比高达84.80%。究其原因，主要是随着城镇化化、工业化步伐的加快和其他新兴农业产业的影响，一些稳定的烟区面临濒临丢失的边缘，主产烤烟及配套设施完善的烟区也很难持续稳定，烟区不断转移、萎缩甚至丢失。**三是烟叶生产标准不高。**州委、州政府"1+20"文件提出，到2020年，全州要形成以"设施农业、精准农业、高效农业"为基本形态的现代烟草农业产业体系，建设10个高标准现代烟草农业示范区。但从推进的情况，全州仅有兴仁、安龙2个高标准现代烟草农业示范区，离目标任务10个还有相当大的差距。究其原因，受国家调减种烟面积的影响，各县（市、新区）对发展烟叶重视不够，谋划不深，投入不足。

二、黔西南州烟叶产业发展的优势

引导广大贫困户发展烟叶增收脱贫，应吃透中央精神，运用辩证思维找机遇，把机遇转化为优势，把优势转化为发展。

（一）面临的机遇。作为与四川凉山、云南文山、广西百色、安徽皖南等产区并列的全国五大潜力烟区之一的黔西南州，依靠发展烟叶助推贫困户增收脱贫正面临着两个方面的良好机遇。**一是从政策环境看，**国家烟草局已确定黔西南为全国优质潜力烟区，省烟草局将黔西南州定为全省西区开发之首，烟叶生产各项扶持政策坚持导向不变、力度不减、标准不降。州委、州政府高度重视烟叶产业，把发展烟叶产业列为“1+20”文件中的重点扶贫产业，列出了时间表、路线图、任务书，为全州建设优质高效烟叶区提供了良好的政策支持。**二是从市场供需形势看，**随着“卷烟上水平”的全面推进，卷烟品牌发展格局和烟叶原料需求格局必将发生深刻变化，黔西南州烟叶素以色黄、味醇、香气质好、香气量足、烟碱含量适中、烟叶外观油润较丰满、厚薄适中等特点，深受省内外卷烟厂家的青睐和好评，具有较大的市场潜力。

（二）生产的优势。发展烟叶助推贫困户增收脱贫，具有良好的生产优势是核心。黔西南州具有以下几个方面的生产优势。**一是具有优越的自然条件。**黔西南州的气候特点很适合优质烟生产，气温暖而不热适合特色烟叶的生长发育。烟叶生长季节气温在20℃至25℃，其中大于20℃的持续日数在80至90天。烟叶初烤期气温在24℃至26℃，超过35℃的天数较少。光照充足而不强烈，日光时遮时射，光照和煦，5月至8月日照时数达450至650小时，有利于促进烟叶生长和提高烟叶品质。由于黔西南拥有独一无二的低纬度（北纬25度）高海拔（1300米），空气透明度好，日照中有较强的短波光线，又不存在光饱和现象，因而光合效率高，有利于烟叶碳水化合物和烟碱的形成，油分含量增加，降水充足而分布适当，土壤排水良好，通透性佳，土壤PH大都在6.0左右，适合烟叶生产。**二是具有充足的土地资源。**黔西南州现有种植优质烟的面积约为80万亩，按照烟叶四年轮作的安排，每年可提供30至40万亩的种植面积。只要投入充足的肥料，加强烟田管理，每亩可生产烟叶140公斤，每年可稳定提供92万担至100万担左右烟叶。**三是具有丰富的自然资源。**黔西南州煤炭资源丰富，可满足烟叶的燃料需要。大部分烟区离煤区不远，就地取材不需长途运输，节约运费、降低成本。同时，黔西南州群众有种油菜的习惯，每年最高年产量达 5 万吨，如果全部榨油可得油饼 3 万吨，若全部用于 33 万亩至 40 万亩烟叶，平均每亩有 90 余公斤至近 80 公斤油饼。**四是具有良好的种植基础。**黔西南州烟叶种植始于 1946 年（100 亩），50 年代至 60 年代初中期，烟叶种植得到较大发展，1958 年种植面积达 32204 亩。改革开放后，尤其是近几年来，全州烟叶潜在的质量优势和市场优势显现，产量逐年增加，质量逐年提高，市场逐年扩大，步入产量、质量稳定发展与提高时期，并形成了兴义白碗窑、兴仁鲁础营、安龙海子、贞丰北盘江、晴隆光照、普安青山、义龙雨樟等一批老烟区。多年的烟叶种植经历，造就了一大批经验丰富的种烟能手，为积极稳妥地建设优质高效烟叶区奠定了坚实基础。

三、推进黔西南州烟叶发展路径建议

黔西南州贫困程度深、贫困面大，截至 2017 年底，还有近 14 万人口在贫困线上奋力挣扎。黔西南州要打赢脱贫攻坚这场输不起的硬仗，应着重以烟叶产业发展为核心，按照“1+20”文件的要求，结合国家烟草部门“控总量、守红线”的实际，迅速在全州深度贫困地区掀起一场“发展烟叶产业革命”，用最实用的方法最管用的措施大力发展烟叶，确保到 2020 年，实现种烟面积 40 万亩，烟田综合机械化率达到 80% 以上，上等烟叶比例达到 55% 以上，亩产值达到 4000 元以上，烟农户均种烟产值达到 14 万元以上、纯收入 7 万元以上，“两烟”税收 20 亿元以上，烟农种烟收入 13 亿元以上，带动贫困人口 10000 人以上。要实现这一目标，需在以下“五个方面”取得突破：

（一）在稳定烟叶种植规模上取得重点突破。引导贫困群众发展烟叶增收脱贫，稳定烟叶种植规模是重心。**一是优化烟叶种植布局。**应充分借鉴安龙县钱相现代烟草农业高效示范园区的一些成功做法，在兴义、兴仁、安龙、贞丰、晴隆、普安、义龙规划建设 20 个烟叶基地单元、80 个千亩村和 11 个高标准现代烟草农业示范区，100 亩以上连片种植面积超过 98% 以上。以兴义市捧乍、白碗窑两镇为核心，规划建设 12 个千亩村、4 个烟叶基地单元和分别规划建设 1 个高标准现代烟草农业示范区，确保 2019 年烟叶生产面积达 88000 亩，2020 年烟叶生产面积达 94000 亩；以兴仁市百德、四联为核心，规划建设 14 个千亩村、3 个烟叶基地单元和分别规划建设 1 个高标准现代烟草农业示范区，确保 2019 年烟叶生产面积达 48000 亩，2020 年烟叶生产面积达52000亩；安龙县在巩固提升钱相现代烟草农业高效示范园区的同时，以海子镇为核心，规划建设8个千亩村、3个烟叶基地单元和1个高标准现代烟草农业示范区，确保全县2019年烟叶生产面积达54000亩，2020年烟叶生产面积达58000亩；贞丰县以北盘江镇为核心，规划建设8个千亩村、2个烟叶基地单元和1个高标准现代烟草农业示范区，确保2019年烟叶生产面积达37000亩，2020年烟叶生产面积达40000亩；晴隆县以光照镇为核心，规划建设13个千亩村、2个烟叶基地单元和1个高标准现代烟草农业示范区，确保2019年烟叶生产面积达26000亩，2020年烟叶生产面积达28000亩；普安县以新店、兴中为核心，规划建设18个千亩村、4个烟叶基地单元和分别规划建设1个高标准现代烟草农业示范区，确保2019年烟叶生产面积达77000亩，2020年烟叶生产面积达84000亩；义龙新区以雨樟或万屯为核心，规划建设7个千亩村、2个烟叶基地单元和1个高标准现代烟草农业示范区，确保2019年烟叶生产面积达40000亩，2020年烟叶生产面积达44000亩。**二是加大基本烟地保护**。出台《黔西南州基本烟地保护制度》，对全州20个烟叶基地单元、80个千亩村和11个高标准现代烟草农业示范区，实行“统一规划、合理利用、用养结合、严格保护”的方针，确保基本烟田数量不占用、不减少、质量不降低。在基本烟地内建立以烟为主的耕作制度和科学的轮作制度，合理施肥，改良土壤，实现用地与养地相结合，满足优质烟叶对土壤环境的要求，确保烟叶生产可持续发展。**三是加快流转土地步伐**。认真总结安龙发展食用菌种植流转土地的成功经验和做法，深入规划种烟区调查研究，制定《黔西南州流转土地发展烟叶的实施方案》，建立健全流转土地发展烟叶规定，规范流转土地发展烟叶程序，提高流转土地率。加大政策引导支持力度，对规模流转的土地尤其是贫困户的土地进行适当补助，发展种烟大户、家庭农场、种植专业合作社，提高规模化种植程度。

（二）在带动发展方式上取得重点突破。引导贫困群众发展烟叶增收脱贫，多措并举的带动方式是关键。**一是采取“贫困户+党员大户”模式**。大力发展烟叶产业扶贫，发挥党员大户示范引领作用极为关键。各烟叶生产乡（镇）应把党员群众中的种植烟叶致富能人确定为党员示范户和致富带头人，建立健全相应激励机制，让他们在烟叶种植中争当先进，树立标杆，充分发挥党员先锋模范作用，引导广大党员与贫困群众结成帮扶对象，实行一名党员示范户捆绑5至10户贫困户，实现党员示范户与贫困户学习互助、技术共享，生产互助、人力共享，投入互助、收入共享，销售互助、信息共享的良好氛围，带动贫困户早日脱贫致富。**二是采取“贫困户 + 合作社”模式。**带动贫困户发展烟叶脱贫，建立村委会烟叶发展专业合作社极为关键。各乡（镇）应制定相关措施，对本辖区发展烟叶的村（寨）进行规划布局，凡连片种植100亩以上的村（寨），及时成立村委会烟叶发展专业合作社，由合作社承担本区域内烟叶生产任务，合作社理事长均由乡（镇）懂技术的专业技术人员（事业编制）或村里的致富能人担任，更大范转地将贫困户纳入合作社社员，共同发展，共同致富。对于不愿入社的贫困户，合作社应无偿地将其烟地纳入重点管护的同时，协调农村信用社等金融部门给贫困户提供资金支持，并对这些贫困户进行烟叶种植、采摘、烘烤、分级等技术培训，带动贫困户早日脱贫致富。**三是采取“贫困户 + 互助组”模式。**推动贫困户散片发展烟叶脱贫，打好生产“组合拳”极为关键。烟叶是一个劳动力密集型的产业，种植、采摘、烘烤、销售环环相扣，持续时间长、劳动强度大、细微而又繁琐。对于连片种植低于100亩的村（寨）或散片种植户，应及时以自然组（寨）为单位组建“互助组”，由村委会干部或村民小组长担任互助组组长，统一组织协调，实现本辖区内资源共享、互惠互利，有土地的提供土地、有技术的负责技术指导、有劳动能力的负责育苗、移栽、覆膜、起垄、除草、分级扎靶等体力劳动，更大程度地解决烟农各自为政成本高的问题，带动更多贫困户早日脱贫致富。

（三）在改善烟叶生产条件上取得重点突破。引导贫困群众发展烟叶增收脱贫，推进“烟地水利化、两头工场化、烟地机械化、全程科技化、管理信息化”建设改善生产条件是基础。**一是抓好烟地水利化建设。**季节性干旱与缺水是制约生产烟叶的最大“瓶颈”。各烟叶生产县（市、区）应用好“四在农家、美丽乡村”六项行动计划和脱贫攻坚一系列政策，整合资金，加快对规划布局的烟地开展以水池、沟渠、管网、机井、提灌站、塘坝为重点的烟地基础设施建设，每个烟叶基地单位的“烟水项目”不少于300个，确保烟地水利基础设施全覆盖，切实地从根本上解决烟农用水难问题。**二是抓好“两头”工场化。**烟苗繁育和烟叶烘烤分散进行是制约烟农扩大种植规模的两个关键因素。各烟叶生产县（市、区）应对本辖区烟地进行梳理，凡连片种植500亩以上的烟地，均在烟地附近新建育苗工场和烘烤工场，实现烟叶采收、烘烤、分级一体化，切实地从根本上引导烟农区域化、规模化发展烟叶。**三是抓好烟地机械化。**实现种烟“减工降本”和“轻松种烟”的关键是烟地作业机械化。黔西南州烟草部门应加强与四川农业大学等高校合作，组建山地烟草农业全程机械化项目组，研究一批适宜山地烟地全程作业的烟草农机。各烟叶生产县应加强与上级烟草部门对接，通过烟草行业补贴对本辖区1000亩以上连片种植的平原烟区配套烟草农机，实现1000亩以上连片种植的平原烟区机械整地、起垄、移栽分别达到100%，亩均用工降至10个左右，切实地从根本上降低烟农生产成本。**四是抓好全程科技化。**全程科技化是推动烟叶发展提质增效的核心。黔西南州烟草部门应紧紧围绕推进烟草农业科技化，组织相关技术人员到山东烟草研究院等单位学习培训，并及时在各烟叶生县（市、区）分别组建烟叶生产技术中心或烟草农业试验站，加强对黔西南州连片种植烟地尤其是喀斯特山区烟地新品种的培育、推广和育苗、栽培、烘烤科技的研发、集成和推广，构建烟草农业科技示范体系，实现科技兴烟，切实地从根本上增加烟农收益。**五是抓好管理信息化。**管理信息化有利于相关技术人员更加全面、及时地指导烟农生产烟叶。黔西南州烟草部门应围绕推进管理信息化，与黔西南州大数据管理局对接，充分发挥“义龙新区大数据产业园”作用，应用信息技术，在黔西南州7个县（市、区）分别建立信息管理系统，覆盖所有烟叶生产乡镇（街道办）。同时，应在每个烟叶生产乡镇建立烟叶生产信息平台，实施育苗、收购、烘烤等远程监控，开展专家咨询、病虫害防治、劳动力调度等信息服务。

（四）在凸显烟叶品质特色上取得重点突破。引导贫困群众发展烟叶增收脱贫，打造以过硬的“山地清甜香型”品牌特色推动烟叶生产持续发展是核心。**一是全力推广适用技术。**狠抓营养调控综合技术，全面推行烟地深翻炕冬、抗春旱集雨、深沟高垄、“井窖式”移栽等技术，培育山地中棵烟良好群体结构。狠抓土壤保育综合技术，充分利用秸秆和酒糟、蔗渣等资源，大力推进合作社自制有机肥，全面推行有机肥施用。积极开展农地膜回收，严格控制除草剂使用，严控用药量、浓度及禁止使用的农药。狠抓绿色防控综合技术，大力推行专业化植保，实施病虫害统防统治，降低烟叶农残。狠抓成熟采烤综合技术，全面推行“两停一烤”措施，适当推迟中上部烟叶采收，延长烟叶大田生育期，提高上部烟叶成熟度和可用性，加大上部叶带茎一次性砍烤技术推广应用。**二是全力抓好特色优质烟叶开发。**黔西南州自然条件独特，特别适合于烟叶生长，烟叶不仅外观质量好，化学成分协调，而且香型类型齐全。黔西南州应在巩固、发展烟叶原有特色、风格的基础上，组织生产优质主料烟叶和优质填充料烟叶，给卷烟产品结构的调整提供广阔的原料选择余地。应加强与工业企业密切合作，围绕不同工业企业卷烟品牌对原料质量特色的需求，结合黔西南州烟叶品质情况，明确开发目标，强化政策保障，细化工作措施，整合各种生产要素资源，集成先进适用技术，建立完善的质量评价标准和评价体系，切实提升特色优质烟的数量，加速推进优质高效示范园区的建设，实现政府、企业、烟农“三赢”的良性发展。**三是全力打造“烟叶生态村”**。黔西南州具有西部地区独一无二的气候、土壤等条件适宜发展烟叶生产，当前所生产的“山地清甜香型”烟叶深受各大卷烟工业企业青睐。黔西南州应坚持“政府牵头、烟草为主，部门联动、整合资源，整体规划、分步实施”原则，加强与上级烟草部门对接力度，以深度贫困地区为核心，选择100个无任何污染的村庄作为“烟叶生态村”，结合当前扶贫政策，以农业基础设施、科技推广、生产保障、公益事业为帮扶重点，高标准推进烟叶生态村建设，打造一批更加优质的烟叶“根据地”，让“山地清甜香型”烟叶品牌响彻西部、走向全国。

（五）在创新体制机制管理上取得重点突破。引导贫困群众发展烟叶增收脱贫，创新体制机制至关重要。**一是加强组织领导**。各烟叶生产县（市、区）政府（管委会）应承担发展烟叶助推脱贫攻坚主体责任，加强统一领导，落实责任，建立完善领导小组及工作协调机制，形成上下联动、齐抓共管的格局，把产业扶贫工作的相关决策部署、惠民政策、帮扶措施宣传落实执行到位。各烟叶生产县（市、区）烟草分公司党组书记应为烟草行业扶贫工作的第一责任人，组织本单位相关技术人员成立工作专班，深入深度贫困地区摸清贫困村、贫困户的实际情况，为贫困户制定发展烟叶规划，帮助贫困户落实好各项帮扶措施。**二是建立激励机制**。各烟叶生产县（市、区）应建立健全烟叶生产激励机制，对发展规模大、烟叶质量高的贫困村，给予一次性奖金，用于该村加强基础设施建设、后续产业发展和壮大村集体经济等项目；对带动贫困户10户以上的党员大户、带动30户以上贫困户的合作社理事长等分别给予相应奖金，对帮扶到位的帮扶单位以及能力突出的帮扶干部进行嘉奖；对因发展烟叶成功摆脱贫困的“烟叶生态村”，除了对相应干部给予嘉奖外，应通过宣传部门组织相关媒体对“烟叶生态村”发展历程进行挖掘，宣传报道，并总结经验全面推广，促进烟叶产业更好更快发展。**三是抓好考核管理**。项目靠观摩、卫生靠检查、产业靠考核。各烟叶生产县（市、区）应切实发挥考核评价“指挥棒”作用，从讲政治顾大局的高度，将发展烟叶助推脱贫攻坚工作摆在更加突出的位置，用抓工业的力度抓烟叶生产，将烟叶发展纳入各级领导班子绩效考核，列为干部培训、培养、锻炼、考核、考察、提拔的依据，对没有完成目标任务的县（市、区）、乡（镇、街道办）、村（居委会）采取通报批评的同时，按绩效考核办法给予扣分，并将相关领导干部抓烟叶发展的具体情况抄送各级组织部门。

黔西南州发展烟叶产业助推贫困户增收脱贫，虽然起步较晚，但只要全州各级各部门大胆开拓、能于创新，紧紧围绕“1+20”文件，更加注重在稳定烟叶种植规模上、带动发展方式上、改善烟叶生产条件上、凸显烟叶品质特色上、创新体制机制管理上取得新的突破，迅速在全州深度贫困地区掀起一场发展烟叶的产业革命，到2020年，才能带动10000人以上贫困人口脱贫。

（作者单位：黔西南州人民政府电子政务办公室）

黔西南州食用菌产业发展研究

龙启兵

产业扶贫是脱贫攻坚的必由之路，是促进贫困地区发展，群众脱贫致富的有效途径。食用菌产业独有的“短，平，快”特点已经成为当前全州产业扶贫的首选，州人民政府将食用菌产业列为全州八大扶贫主推产业之一，在政策、资金等方面得到很大支持，经过几年的发展，该产业已产生了一定的经济效益和社会效益。为全面了解食用菌产业在推进过程中存在问题和取得的成效，州政府经济发展研究室于8月中旬开展了专题调研，实地深入安龙、贞丰、义龙等食用菌主产地，对该产业的发展现状、面临的问题进行全面了解并加以分析，提出我州发展食用菌产业的路径建议，为发展壮大食用菌产业提供参考。

一、黔西南州食用菌产业发展现状分析。

近年来，我州大力发展以食用菌为主的现代农业，通过企业带动、示范引领等方式，引导农户发展食用菌种植，加快贫困户脱贫致富步伐，取得了一定的成效。

（一）产业规模逐步扩大。截至 2018 年 7 月底，全州累计种植食用菌 24902 亩，总产量约 3.5 万吨，总产值约 7.6 亿元。安龙食用菌产业“1210”（1 户贫困户 1 年种植 2 个大棚，1 年两季收入可达 10 万元以上）扶贫模式有序推进，正向其他地区推广，产业基地化、标准化、规模化初步形成，裂变发展效应取得阶段性成效。主要品种为香菇、姬松茸、冬荪、大球盖菇、黑木耳、灵芝、平菇、红托竹荪、羊肚菌、海鲜菇。

（二）品牌效应的逐步凸显。产业覆盖全州 8 县（市）和义龙新区、52 个乡镇，有食用菌标准化农业示范园区 2 个，从事种植加工的企业、农民专业合作社 53 家。其中龙头示范企业 11 家，完成目标任务数 220%，包括省级龙头企业 3 家、州级龙头企业 8 家，龙头示范企业和食用菌产业公共品牌效应凸显，超额完成目标任务。全州共注册有“贵义龙”“义龙仙菇”“小姑子”“苗岭仙”“苗阿婆”“太阳雨”“黔菌”等7个商标，食用菌产业直接惠及农户12205户、38999人，其中贫困户5214户、贫困人口15658人，带动农户人均增收3240元。

（三）菌种体系初步形成。全州栽培种生产基地共有15个，完成目标任务300%，年生产栽培种合计20742万棒，完成目标任务377%，全州食用菌产业已初步形成由菌种研发到母种、原种和栽培种配套的菌种生产体系。从调查情况来看，全州母种及原种生产基地主要在安龙县和义龙新区，年产母种合计21000支，原种32万瓶，超目标任务10倍完成。目前已在义龙新区建成省级姬松茸、红托竹荪菌种研发中心，收集与保藏国内外优良菌株和野生资源，开展品种资源分析评价、品种选育、示范栽培等工作。

（四）政策扶持不断加大。为加快扶持壮大食用菌产业发展，州人民政府下发了《黔西南州食用菌产业发展扶持政策（试行）》，县级政府也出台相关政策，主要在土地、电价、标准厂房、财税、金融、人才、品牌创建、企业上市、科研等方面给予最大限度扶持。据统计，2017年至今，全州食用菌产业共投入13.37亿元，其中政府投资1.02亿元，企业和种植户投资12.35亿元。

二、黔西南州食用菌产业面临的问题

黔西南州食用菌产业虽取得了一定成效，但问题依然存在，并不同程度地制约着该产业的发展壮大。

（一）研发力度不够，专业人才匮乏。目前我州食用菌母种和原种生产量较少，菌种研发力度不够，科技支撑不力。缺乏菌种研发的本土专业技术人才，没有开展食用菌安全检测工作，全州现有食用菌专业管理人员213名，但大部分是州县农业部门的干部职工或半路出家之人，服务产业发展明显力不从心，严重制约着我州食用菌产业的可持续发展。按照目标要求，需在安龙县建设综合性食用菌试验站和功能性实验室（含食用菌安全检测中心）。据了解，2017年安龙县综合性食用菌试验站成立，功能性实验室和菌种研发中心处在筹建之中，只能开展区域内食用菌产业技术现状、技术需求以及配合功能实验室开展区域食用菌品种的资源调查等活动。

（二）生产原料缺乏，废料利用率低。我州食用菌产业发展迅速，菌棒生产原料需求越来越大。据统计，仅2017年，按照我州食用菌产业规划，需配置速生菌材林160万亩，草腐菌原料中，牲畜粪便需求达9万吨（干），本地资源根本无法满足实际需要，70% 以上原料需从外地运入，大部分企业所用种源主要由辽宁三友公司、浙江庆元公司、四川农业大学等地提供。从调研情况来看，全州只有安龙县贵州源鲜菇农业科技发展有限公司、义龙新区农望种植农民专业合作社、黔西南州丰宇农业发展有限公司三家进行少量食用菌母种和原种生产，每年只能提供母种 8820 支，提供原种 23.4 万瓶；在安龙、义龙、兴义、晴隆、普安共有 13 个企业（合作社）进行栽培种生产，能提供生产种 900 万瓶。全州菌种研发不够、品种单一，对规模化、可持续生产产生很大的制约。从实地了解情况来看，本地生产的菌棒质量大部分不合格、出菌率低且容易死亡，老百姓损失大。同时，目前全州食用菌企业的废弃菌料没有进行规范处理，随意堆积在田间地块直接渗入地下或作为垃圾焚烧，造成土地、生态环境污染，存在着老百姓不愿租土地给企业发展食用菌的现状。

（三）精深加工匮乏，市场不活。目前，我州还没有一家食用菌精深加工企业，鲜销冷链不足，无精深加工产品，所生产的食用菌产品主要销往其他地市或省外市场，只有少部分在本地销售，产品主要以初级形式销售为主，附加值不高，收益有限，市场不活。种植主要以企业为主，老百姓的参与度不高，普遍持观望态度，产业尚处于生产规模小、种植条件差，效益低下的初级发展阶段。从了解情况来看，安龙县食用菌园区存在较高的空棚率（约 40% 左右），其中很重要的一个因素是贫困户收益固化，只能靠在企业打工。

（四）产业链条不长，品牌不响。产业链条的“头”即基料、菌块、菌种（菌包），专业化分工不精细，大多数采取鲜菌销售效益低下的传统生产方式，这已不能适应当下形势发展的需要。产业链条“尾”是指食用菌深加工。从全州的情况来看，由于食用菌基地建设前期投入较大，缺乏相应的融资平台，大多公司（合作社）缺乏资金，该产业还处于以发展种植为主，销售以原材料为主，机械化、自动化、产品附加值低的产业初期阶段，总体发展水平较低，科技创新能力不足，带动能力不强，导致产业总体效益不高，更无自己的品牌。按照目标要求，需在安龙县建设西南物流集散中心、食用菌产品研发中心、食用菌行业指导中心、食用菌文化创意中心。从调研情况来看，这项工作推进缓慢，目前仍处在筹备之中。

三、推进黔西南州食用菌产业发展路径建议

（一）构建产业培育体系。**一是创新产业推进机制**。积极搭建平台，成立食用菌产业推进办公室和工作推进专班，坚持州、县领导挂联食用菌产业，

部门划片帮扶食用菌产业，形成部门围绕产业转、乡镇职能围绕产业建、贫困户围绕产业干的产业推进工作机制。**二是创新人才培养机制。**引进国内先进食用菌企业、科研机构、工作站、教师等专业技术人才，加大投入，把州职院食用菌专业办好、办出特色，真正在州内培养一批从事食用菌生产管理的本土人才、土专家、种植能手，以解决食用菌产业发展人才匮乏的问题。**三是培育产业经营主体。**强力推进《黔西南州食用菌产业发展扶持政策（试行）》落地见效，按照“企业投一点、民间筹一点、银行贷一点、财政扶一点”的办法，加大对食用菌龙头企业的信贷、财政贴息、税收等方面的扶持，提高贫困户生产的市场化、组织化程度，让企业和贫困户真正享受到食用菌产业扶贫发展带来的红利。着力打造食用菌示范村，加快培育种植大户、农民专业合作社等新型产业经营主体，带动食用菌产业由点到面的发展，各示范村充分结合自身特质，将自身文化特质与食用菌产业相融合，差异化、错位化发展。**四是打造食用菌品牌。**品牌是产品的无形资产，对推动食用菌产品宣传销售起到关键作用。要因地制宜，打造绿色生态、质量安全的黔西南食用菌品牌，走品牌差异化路子，提升食用菌产品的影响力和市场占有率，全面推进“三品一标”认定认证，建立从原种、栽培种到鲜品、干制品的生产全程质量安全监测体系，从技术、品质、营销、宣传上全面提升黔西南品牌，用品牌效应推动产销衔接。积极创建黔西南菌种中心，构建以企业为主、基地为依托、科技为支撑、产学研相结合、育繁推一体化的现代菌种体系，引进选育筛选新特优稀品种，建设优质菌种生产供应基地，全力破解菌种靠外购的现状。

（二）构建产业营销体系。**一是积极开拓市场。**瞄准市场资源，加强农校、农企、农超、省内外农贸批发对接，充分发挥黔西南大数据优势，为菌农提供准确的市场供求信息，建立州、县、乡、村四级联动工作机制，完善配套设施，掌握实用技术，对示范基地和深度贫困村实行订单生产，提高食用菌种植效率，降低生产成本，突出本土生态特色，推进食用菌产品走出去。创新销售模式，将休闲娱乐与食用菌园区建设相结合，探索具有地方特色的现代高效农业示范园区发展道路。**二是创新质量管理机制。**强化产品质量保障体系建设，严格按照农特产品生产行业标准、国家质量认证体系推进食用菌标准化生产销售，坚决堵住食用菌质量监管漏洞，用标准化生产赢得消费者的信任。建立政府管理平台，在安龙、贞丰、义龙等重点基地建设食用菌质量安全快速检测室，形成政府主导、社会参与、统一规范、透明高效的管理体制和运转机制，研究制定食用菌产业管理办法，加强对生产过程、市场价格、加工储运等方面的调控。**三是创新产业经营机制。**引进和培育龙头企业，形成食用菌精深加工产业集群，提高食用菌精深加工能力、科技创新能力，加大食用菌精深技术、储藏保鲜技术、药用功能等系列产品研究开发与投入力度，提高其附加值，延伸产业链。**四是创新产业环保机制。**针对老百姓反映的食用菌产业发展导致土地污染、生态破坏等问题，要加大科技投入，结合废弃菌料的营养成分，将能还田的还田，能作为有机肥使用的用于制作有机肥，研究利用稻草、甘蔗、玉米杆等黔西南丰富的本土农业秸秆及林业副产品，变废为宝，循环利用废弃菌料，提高利用率，形成技术体系，发展清洁农业，减少废弃菌料对土地、生态环境的污染和破坏，实现产业绿色发展。

（三）构建利益联结体系。**一是健全政府与企业之间的利益联结机制。**强化政府的监督管理和指导服务，将食用菌产品销售与产业扶贫协调推进，坚持强龙头、创品牌、带农户的工作思路，推进形成食用菌产业化组织与农户形成的联合模式和利益分配机制，多渠道增加就业岗位，实现产业脱贫。**二是健全企业与贫困户之间的利益联结机制。**在"公司＋贫困户"和"公司＋合作社＋贫困户"体系中，贫困户处于明显的弱势地位，要调整贫困户保底基数和收益方式，将贫困户收益与其管理、技术水平联系起来，深入推进"三变"改革，优化利益联结机制，与其所管理菇棚的产量、质量挂钩，兼顾贫困户和企业的合理利益，帮助企业降低经营风险，确保在产业发展中公司健康可持续发展，促进贫困户提高其管理责任心和管理水平，实现企业和贫困户双赢。**三是着力打造营商环境。**充分利用资源优势，着力优化营商环境，大力宣传《黔西南州食用菌产业发展扶持政策（试行）》，抓好食用菌项目的包装、推介，大力开展招商引资工作，积极引进有较强实力的龙头企业落户黔西南，加快食用菌精深加工、物流冷链、物流畅通等方面的发展，真正把产业做大做强。**四是创新产业融合发展模式。**建设不同主题的良种示范点，重点建设菌包及栽培基料集中生产供应示范基地、标准化生产示范基地、本土原辅料供应示范基地、工厂化生产示范基地、产后处理及加工示范基地以及食用菌产业园等，因地制宜推广秸秆发酵技术、食用菌生产加工标准化技术、林下种植技术以及打造采摘耕作、农事感知等旅游业态。

（四）构建产业保障体系。**一是创新科技管理体制。**规划建设菌菇集散中心、科技研发中心、行业指导中心、文化创意中心，推进旅游与食用菌产业融合发展。加强与州内外业界沟通，推动科技大联合，对产业关键环节进行联合攻关，鼓励科研人员到基层和企业挂职、兼职或在职创办企业，达到主产县技术推广部门至少有2名食用菌专业技术人员，建立县、乡、村三级技术培训体系，整合技术资源，分县、分片包干开展技术培训和指导服务，尽量覆盖到发展食用菌居多的贫困村，整体提高该产业的科技水平和转化成效，让贫困群众对该产业的接受最大化，切实增强贫困户的自我发展能力。**二是建立产业扶持发展机制。**通过发放政府贴息贷款或发行债券等形式，撬动银行贷款资金用于扶持食用菌产业发展，重点扶持全州适宜种植区的建档立卡贫困户参与种植，统筹整合财政涉农资金专门用于食用菌种植项目补助。积极推动食用菌种植保险工作，动员州内保险公司参与，提高种植农户抵抗自然灾害风险能力，解除农户因灾致贫、因灾返贫问题，为做大做强食用菌产业保驾护航，让群众吃上“定心丸”。**三是创新产业发展融资模式。**大力推广义龙新区采取的“4321”政、银、担投融贷模式，村级合作社融资，国有平台公司担保并还本付息的模式，利用好产业扶贫子基金，将公司、合作社、种植大户、建档立卡贫困户紧密联合起来，使市场与千家万户的生产相结合，拉长产业链，增强产业凝聚力，有效解决产业发展资金的“瓶颈”问题。**四是创新服务体系机制。**进一步完善产业发展规划，缓解原料缺口压力，全力推进原料本地化。按照《贵州省发展食用菌产业助推脱贫攻坚三年行动方案》规划，扎实做好册亨、望谟、安龙的菌材、菌草产业规划发展，有效推进原料本地化，建设菌材供应基地，确保食用菌产业发展原料的有效供给。**五是创新督查考核机制。**将食用菌产业发展纳入目标绩效考核管理，列为全州重大产业项目观摩范畴，改变过去对乡镇、部门各项指标全面考核的办法，坚持突出重点，分类指导的原则，对优势资源乡镇突出食用菌产业发展重点，对相关部门突出项目争取、招商引资、服务食用菌产业等重点，严格考核奖惩，实行未完成倒扣分办法，有效激发各级各部门推进食用菌产业发展的积极性。

（作者单位：黔西南州人民政府公报编辑室）

黔西南州中药材产业发展研究

黄敏

中药材是中医药事业传承和发展的物质基础，是关系国计民生的战略性资源。2016 年，国务院发布《中医药发展战略规划纲要（2016 年 –2030 年）》，对加强中药资源保护利用、推进中药材规范化种植养殖、促进中药工业转型升级、构建现代中药材流通体系提出了明确要求。黔西南州是贵州传统道地药材主产区之一，具有得天独厚的自然资源优势和一定的产业发展基础。积极推进中药材生产规范化、规模化、产业化发展，形成产业发展与精准扶贫联动机制，解决行业发展质量不高、产业链不全、扶贫效益不佳等问题，对增加农民收入、调整农业产业结构、提高人民健康水平、实现产业经济可持续发展，具有重要的现实意义。

一、黔西南州中药材产业发展现状

黔西南州地势起伏较大，立体气候明显，雨量充沛，土壤多样，适宜中药材的繁育生长，是我省“传统道地药材”主产区之一。全州本土中药材资源近 2000 种，其中植物药 190 多科 1800 多种，动物药 163 种，矿物药 12 种。我州历来高度重视中药材产业的发展，2017 年，在州委办、州政府办在联合下发《黔西南州深度贫困地区脱贫攻坚产业扶贫作战方案》中，把中药材作为八大山地特色扶贫产业之一，扎实推进，取得一定成效。

（一）种植规模实现预期。《黔西南州中药材产业扶贫作战计划表》中，计划 2017 年到 2020 年，全州中药材种植面积分别达到 83.8 万亩、97.6 万亩、111.8 万亩、119.2 万亩，规模化种植品种 9 种。截止到 2018 年 9 月，全州中药材面积约 84.38 万亩，其中：薏仁 30.9 万亩、金（山）银花 11.47 万亩，生姜 9.16 万亩，花椒 5.65 万亩，土砂仁 4.47 万亩，菊花 3.57 万亩，艾纳香 3.44 万亩，无患子 2.86 万亩，白芨 0.86 万亩，铁皮石斛 0.75 万亩，何首乌 0.642 万亩，天麻 0.126 万亩，其他中药材 10.48 万亩。

（二）产业经济效益初步显现。2018 年 9 月底，全州中药材面积约 84.38 万亩，预计产量 30 万吨，预计产值 17.4 亿元，产业覆盖农户 26 万人，覆盖贫困人口数 4.9 万人。围绕白芨、石斛等重点品种，培育重点龙头示范企业 4 家，产品品牌“安龙白芨”“安龙石斛”“兴义黄草坝石斛”在 2017 年获得国家地理标志产品认证，“安龙白芨”获得有机转换认证。通过中药材的种植，农业产业结构得到微调；成功探索总结出金银花发展的“坪上模式”和花椒种植的“顶坛模式”，为石漠化区域发展与生态治理提供了可借鉴、能复制的经验；带动了运输、加工等行业发展。

（三）对产业扶贫模式进行了有益探索。以安龙石斛产业为例，由龙头企业牵头组建“石斛园合作社”，按照“示范带动、做大产业、做长链条、深度发展”思路，龙头企业通过“公司 + 合作社 + 基地 + 农户”的产业化经营模式和 "123" 利益连接模式（“123”模式即“1”即一个保障，让贫困户进入企业就业，月收入 2000 元以上，家庭经济有保障；“2”即 2 次分红，一是保本分红，最低年收入 1200 元，二是反租倒包，增产部分按 5：5 分成；“3”即资源变股权、资金变股金、农民变股民）。

二、黔西南州中药材产业存在问题及原因分析

（一）存在的主要问题

1. 碎片式种植，难以形成市场规模。2018 年，全州规划种植中药材 97.6 万亩，总量不少，但指标分到 9 个县（市、区）后，种植面积就逐渐呈现“碎片化”，如普安 2.7 万亩，册亨 2.5 万亩，望谟 3.5 万亩，均不足 5 万亩；从品种看，规划种植品种 9 个，6 个品种面积不足 5 万亩：天麻 0.4 万亩、无患子 0.8 万亩、三叶青 1.2 万亩、白芨 1.4 万亩、石斛 1.5 万亩、何首乌 2.4 万亩；从县（市、区）看，兴义种植品种最少，石斛 0.2 万亩、何首乌 0.7 万亩，其他 4.5 万亩；晴隆县种植品种最多，薏仁米 5 万亩、白芨 0.4 万亩、天麻 0.2 万亩、何首乌 0.1 万亩、砂仁 0.3 万亩、无患子 0.5 万亩、三叶青 1 万亩、其他 3.3 万亩；从经营主体看，全州 100 亩以上连片种植的中药材基地 89 个，连片种植面积 11.82 万亩，占总种植面积的 12.11%。从成本上看，单位面积种植品种越多，相应的技术、营销、人工等成本就会越高，不利于地方政府统资金、人力、技术、土地等资源。从收益上看，“碎片化”的种植如果缺乏统一营销，零散收成、散漫售卖，难以形成市场规模，在市场竞争中不占优势，药材价格经不起市场冲击。

2. 粗放式生产，难以保证药材质量。从研发上看，专业技术人才匮乏，道地药材人工驯化研究、引种、种植技术开发力度弱，无法将道地药材资源优势转化为产业优势；从育种上看，缺乏种子种苗标准化生产基地；从生产质量上看，药材种植以散户为主，在化肥农药使用、土壤监测、药材采收贮藏等方面沿袭传统农作物种植经验，标准化、规范化程度不高，影响药材纯度、质量。

3. 低效益营销，产品附加值不高。市场营销的主体方式原始，药材收成后，中药材多以原材料的形式出售，缺乏对药材的就地精加工、深加工，价值高低全由药材经销商定夺；营销渠道狭窄，销售半径短，多由药农直接通过市场销售，未能很好地统筹网络营销、统一营销；营销手段落后，缺乏品牌意识，宣传手段滞后，对部分优势产品未及时做好商标认证、地理标识保护、品牌塑造，导致部分药材有质量无市场。如我州大宗药材金银花，受山银花（黄褐毛忍冬）与金银花之争的影响，金银花的价格从 2010 年的 40 元 / 斤下降到 2016 年的 6 元 / 斤，药农损失惨重。

4. 被动式发展，贫困户参与度低。受技能欠缺、投入有限、销路缺乏、抗风险能力弱等限制，贫困户参与中药材种植发展的积极性不高，统计数据显示，2018 年，全州中药材产业覆盖贫困户 4.9 万人。对连片种植药材基地，农户多是以劳务用工的形式参与，按天或按小时获得劳动报酬，属一次性低短期收益，未形成长效、可持续发展的扶贫联动机制。

（二）原因分析

1. 顶层设计不科学，产业规划只能涵盖部分生产环节和要素，缺失部分容易失控。常规来看，一个农业产业的发展，需要综合考虑制种、种植、加工、运输、销售等生产关系，需要综合考虑劳动力、土地、资本、技术、信息等生产要素，而常规规划却只能解决可量化、可考核的事项，比如药材种植品种、面积、产量、产值，对无法量化或者细化过程繁冗的生产要素、生产关系，如谁来种、种在哪里、资金如何投入、谁来提供技术支持，种出来的产品卖给谁、怎么卖、收益怎么分配等，因操作困难、涉及面广而难以细化，转由基层自行处理，最终导致指标任务从县到乡、到村甚至是到村民组逐层下发、逐层分解，原本计划中的规模产业，多次分割后造成“碎片化”发展、丰产不丰收。

2. 技术监管不到位，无法对药材质量进行全过程管控，药材品质参差不齐。一方面，中药材种类繁多，栽培技术各异，许多野生驯化家栽品种，其种植性和栽培技术本身不完善，全州的药材专业技术人员少，有些县、乡甚至没有专业的技术人员，无法提供专业指导，药材生产、管理等方面的技术得不到保证，产品质量参差不齐。另一方面，零散式种植，所有药材分散在全州9个县（市、区）80余个乡镇，范围过大，监管部门人力、物力有限，难以对所有药材的种子质量、土壤成分、化肥农药使用、药材采收贮藏等进行全方位、全过程跟踪监控，最终只能抽样检测流入市场的部分药材产品质量，大部分药材是通过零散渠道流失市场，连最终的检测都无法把关。对市场上发现的残次品药材，无法追溯来源，最终影响整个药材的规范和秩序。

3. 市场体系不健全，上下游产业咬合度不高，药材增值链条短。中药材产业链上的行业众多，从上至下包括中药品种研发、育种、中药材种植、中药饮片加工、中成药生产、中药机械制造、物流运输、仓储保管、市场营销、临床用药。延伸产业包括各种健康产品，如保健品、饮料、茶、食品、化妆品、日用品等。当前，我州中药材工业、商业发展滞后，药产业加工企业少，至今没有建起现代化的中药材交易市场与信息平台，支撑中药材发展的市场体系未健全，且生产、加工、销售三个环节各自为阵，导致本土药材售价低、本土企业外出采购成本高。笔者对贵州苗药、云峰药业、心意药业等5家制药企业的中药材来源进行调查，数据显示，州内种植、州内采购的药材仅占药企中药原料的8.3%，而州内采购价格明显优于州外采购。通过对中医院临床用药调查显示，其所用中药均是外地医药公司批量采购，多数为加工后的冲剂、药丸等，并未直接从本州采购。

4. 利益联结不成熟，难以充分调动各方面的积极性。中药材作为扶贫产业，雄厚的扶贫产业基金、宽松的优惠政策，极有利产业发展，但由于利益联结机制不成熟、不完善，激励效果并不佳。**从组织者层面看，**由于部分不良企业存在使用扶贫资金不承担相应的扶贫责任义务、弄虚作假套取扶贫资金等恶劣行为，影响了地方政府扶持企业、招商引资的积极性。**从经营者层面看，**企业要承担投资风险，追求的是低成本、高利润，实力雄厚的企业，更倾向于选择生产条件好、技术人才多的地方发展；资本实力不强、需要政府扶持的企业，在获得相关资金、政策扶持后，同样倾向于选择高技术、高效能工作团队，对知识技能低、规则意识弱的贫困户，管理成本高、工作效率低，企业只愿以“临时工”方式使用，就业带动效果不佳。**从贫困户的层面看，**虽有产业扶贫基金支持，因其自我发展能力弱，独立种植药材缺良种、缺技术、缺市场，难以应对市场、自然、技术三重风险，无法保证产业发展收益，贫困户不得不以“打零工”的形式获得报酬，没有“三险一金”和固定薪金，劳动保障非常低，有劳力的贫困户更愿意外出务工，不愿意参与产业发展。

三、推进中药材产业扶贫的对策建议

创新中药材行业的组织机制、生产机制、营销机制、利益分配机制，以产业先行、精准扶贫为目标，通过区域化布局、专业化生产、一体化经营、社会化参与，解决布局分散、生产粗放、营销单一、动力不足等问题，推动中药材全产业链发展。

（一）坚持区域集中布局，打造中药材产业扶贫新格局

改变“撒胡椒面”“烙豆腐块”的小农经济发展模式，充分利用州内自然环境优势，因地制宜、科学布局中药材产业发展，促进道地药材向最佳生产区域集中，把中药材产业布局在最贫困也是原生态环境保持得最好的地方。

1. 以龙头大山为核心，建立药材育苗种植示范基地。龙头大山自然保护区有林地 1.65 万亩，草坡灌木 15 万亩，气候温湿，雨量充沛，环境条件非常适宜中药材生长。针对当前药材种植滥用化肥、土壤不净、药材不纯等问题，借助龙头大山自然保护区道地中药材资源、纯净的土地资源、自然环境和气候条件优势，建设中药材良种繁育基地，培育纯度高、质量稳定、供应充足的种子种苗，为药材种植贫困户优良种源供应；在紧靠大山的贞丰挽澜乡和龙场镇、安龙县龙山镇、兴仁县巴岭镇等周边乡镇的行政村，整村进行大宗、道地中药材连片种植，建立中药材种植示范基地，走中药材集中种植、原生态发展之路，引领全州中药材种植。

2. 引进百强中药生产企业，设立“定制药园”。工信部、中医药局在《中药材保护和发展规划（2015 年 -2020 年）》中提出：“百强中药生产企业主要中药材原料基地化率应达到 60%”。可借助这一政策，规划出境内最适宜中药材生长的区域，引进位于北、上、广、深等在当地缺乏中药材环境资源优势的制药企业，如康美药业、同仁堂、白云山、复星医药等，在州内设立“定制药园”作为原材料供应基地。同时，出台鼓励措施，鼓励境内制药企业优先采购本土药材，鼓励医院、大型药店优先采购以“定制药园”中药材为主要原料的药品（含中药饮片），形成种植、制造、销售利益联结机制。

（二）坚持品质标准生产，提升中药材产业扶贫实效

1. 优选药材品种。针对药材品种普通、纯度不高、效益不佳、盲目种植

等问题，强化药材品种选择，提升种植效益。一是道地珍稀中药材，如红豆杉、铁皮石斛、凹叶厚朴、米槁、竹节参、灵芝等，通过品种改良、提纯、批量育种，在保持原有品种优势的基础上，尽快实现从天然生产向人工种植的转变；二是具有一定市场影响力的药材。如已获国家工商总局注册“顶坛”花椒、已获地理标志的贞丰连环砂仁；三是经济效益好的中药材，如灵芝、铁皮石斛、药用玫瑰、天麻等，在土地、人力资源投入有限的情况下，提升单位种植效益；四是种制药企业批量需要的中药材，与本土制药企业、对口帮扶城市制药企业建立合作，发展订单式种植，由制药企业提供需求清单、质量标准，按需种植；五是药食两用中药材，如太子参、石斛、天麻、杜仲、半夏、桔梗、何首乌等，促进药材产业与健康养生产业有机融合。

2. 严格质量标准。一是大力推进中药材规范化种植。从产地生态环境、种质和繁殖材料、栽培与养殖管理、采收与初加工，以及包装、运输与贮藏等各个环节，全面落实中药材生产质量管理规范，规范种植、规范采收、规范加工、规范贮藏。二是加大中药材质量管理监测力度，定期对全州中药材的种植、加工、储存情况进行巡检，对种植加工技术不规范、农药残留量超标、质量低劣等问题中药材，禁止流入市场，维护我州中药材整体形象。三是不断提升中药材生产技术水平。大力研发和推广中药材种植、采收和初加工机械，提高中药材机械化作业水平。通过引进药材专家，在技术院校开设药用植物栽培专业课程，对贫困户开展药材种植技能培训，打造一支中药材人才队伍。

3. 强化品牌建设。对本土优势药材、道地药材，如册亨灵芝、普安天麻等，积极开展地理标志、原产地认证和道地药材商标注册工作，积极申报国家地理标识保护产品、无公害产品认证、GAP 备案和有机产品认证，打造中药材品牌，提高市场竞争力。

（三）坚持全业态融合发展，增强扶贫产业发展活力

落实健康中国战略，以中药材专业化生产为基础，大力发展健康产业，着力构建“制药、医疗、康养、旅游、现代物流”等多种业态并存、一体化拓展的全产业链，把中药材产业打造成多端口、宽端口接入，跨行业、跨领域发展，多业态，开放式的互联互通产业体系。

1. 重点发展“中药材 + 制药”。以道地药材为基础材料，加大民族民间医药资源研究开发力度，对疗效确切、用药安全的民族民间单方、验方等，及时研制出成品并推向市场，逐步形成具有自主知识产权的民族药新药。

2. 大力推进“中药材 + 医疗”。加强种植、制药、医疗的对接，加大本土药材的精深加工力度，对净药材进一步切制、炮炙，针对目前患者快节奏、缺少煎药时间的特点，制作成医院所需的中药颗粒饮片、中药免煎饮片、中药精制饮片等无需煎熬、冲泡即可服用的颗粒、冲剂、饮片等，就地取材、就地加工，缩短中药材、制药企业、医疗机构之间的流转半径，降低医疗成本。

3. 加快发展“中药材 + 康养”。对我州已开发出的灵芝茶、饮用型金银花、养渭茶、护肝茶、保健茶等中药保健品，加大品牌塑造和推广力度。进一步推动以药食两用中药材为主要原料的健康类产品的产业化开发生产，鼓励州内企业开发以中药材为主要原料的功能性食品、保健食品、化妆品、添加剂、日用品、植物提取物等产品，提高中药材的综合利用率和附加值。

4. 积极推出“中药材 + 旅游”。依托境内丰富的中医药和旅游资源，在自然风景旅游区开展中医推拿、养生保健、食疗药膳等为主要内容的中医药养生旅游，开发推广一批以养老、养生为主题的旅游产品；在中药材种植集中区域，建设特色小镇、药材村等旅游生态园区；。

5. 尽快构建“中药材 + 现代物流”。规划和建设现代化中药材仓储物流中心，配套建设电子商务交易平台及现代物流配送系统，引导育种、种植、销售、消费等多方无缝对接，形成药材种植、初加工、包装、仓储、运输为一体的现代物流体系。

（四）优化利益联结机制，推动中药材产业可持续发展

1. 用好帮扶资源，畅通中药材销售“出口”，让生产端“有盼头”。我州对口帮扶城市宁波市，拥有医药企业近 200 家，总体上看，医药业是其小众产业，但相对我州来说，其在医药制药、医药营销体系方面仍具有明显优势，在 2017 年宁波市百强生产、服务企业中，宁波美诺华药业、宁波英特药业、华东宁波医药、宁波医药股份 4 家企业上榜。要善用宁波作为对口帮扶城市这一资源优势，引入该市的制药企业到我州设立药材生产基地、定制药园，发展订单式药材种植。搭建对接平台，将我州生产的药材资源直接链接到该市的医药营销体系，打开药材销路。协调建立利益联结机制，让两市医药业在药材供应、产品销售、创新发展等方面具有一定的优先权，形成“供需对接，产销链接，优势互补，发展互助”的产业帮扶模式。

2. 完善联结机制，兼顾各方收益，让生产者“得益头”。政府层面，产业扶贫基金的支付要与药材产量、产值、带动脱贫人数等产业收益成正比。对地方政府的考核，除了种植面积外，还要考核地方政府对产业的财政扶持、税收减免、用地保障、贫困劳动力用工补贴、技术培训等，以此引导各县（市、区）政府培育壮大专业合作社，把分散的农户组织起来，大力推广良种良法，提高规模化种植水平，最终向市场提供高质量产品。**企业层面，**统筹整合扶贫资金，根据企业带动的建档立卡贫困户数量确定扶持的金额，通过贷款担保、贷款贴息等方式充分发挥扶贫资金的效用，切实加大对扶贫企业的支持力度；做好企业的配套服务，在土地流转、项目审批、配套基础设施建设、劳动力培训等方面向企业及时提供服务，对企业在引进和推广新品种新技术、技能培训、基地认证、基础设施建设等方面的投入给予一定的补助或奖励。农户层面，产业扶贫基金量化到村、到农户后，可鼓励贫困户将其与所属土地、林权等作为资本参股分红，享受资本收益；鼓励农企联结，完善订单种植、承包经营等利益联结机制，“中药企业 + 种植大户 + 农户”“中药企业 + 专业合作社 + 农户”对具有一定劳力和技术的农户，由企业负责品种选择、规范制定、收购和市场营销、品牌建设等，农户承包经营，采收后按一定比例分成。针对企业的用工需求，加大农民的技术培训力度，变农民为工人，领取稳定薪酬。

中药材广植于贫困地区，中药材种植是农村贫困人口收入的重要来源之一。建立以提高质量、促进增收脱贫为核心的中药材产业扶贫机制，是调整农业结构、增加农民收入、促进生态文明建设、推进精准扶贫的重要举措。应充分发挥中药材产业优势，以建立切实有效的利益联结机制为重点，将中药材产业发展与建档立卡贫困人口的精准脱贫衔接起来，通过引导药企在贫困地区建基地，发展大宗、道地药材种植、生产，提高药材品质和产量，完善贫困户参与的中药材产业精准扶贫新模式，不断增强贫困县（乡、村）自我发展能力和脱贫造血功能，助力中药材产业扶贫对象尽快“减贫摘帽”。

（作者单位：黔西南州人民政府办公室）

黔西南州茶叶产业发展研究

尤立宪

茶叶是重要的经济作物，茶产业比较效益高，是黔西南州传统优势产业。普安、晴隆、望谟等县既是茶叶主产区，也是脱贫攻坚重点地区。为做优做大做强茶产业，加快黔西南州贫困地区脱贫攻坚步伐，促进贫困户增收致富，本人对黔西南州“1+20”文件出台后，全州茶产业发展现状、存在问题等进行深入调研，提出了破解茶产业助推贫困户增收的路径建议。

一、黔西南州茶产业发展现状评述

近几年来，黔西南州将茶产业作为农业产业结构调整的重要抓手，加快了茶产业的发展。

（一）茶园规模不断做大。截至 2018 年 7 月底，全州茶园面积达 40.23 万亩，投产面积 15 万亩，品种有：福鼎大白、龙进 43、安吉白茶、乌牛早等；通过标准化认定茶园面积 22.65 万亩，其中：无公害茶园面积 19.33 万亩、绿色食品茶园面积 2.2 万亩、有机茶园面积 1.11 万亩；10 万 –20 万亩茶叶主产县 2 个（普安、晴隆），万亩以上茶园乡镇 6 个（江西坡镇、沙子镇、碧痕镇、大厂镇、七舍镇、新桥镇），5000 亩 –10000 亩茶园乡镇 21 个，万亩以上茶园村 2 个（细寨村、联盟村），5000 亩 –10000 亩茶园村 12 个；全州共有 76 个合作社从事茶园生产管理，拥有茶农 6.201 万户，15 亩以上的茶叶家庭农场 554 户。

（二）龙头企业不断发展。2018 年 7 月底，全州共有茶叶生产企业、农民专业合作社 211 家，正在申报国家级龙头企业 1 家，州级龙头企业 36 家，县市级龙头企业 51 家，通过 QS 认证企业 18 家，获得对外贸易经营权企业 2 家。茶叶产业链从种植延伸到加工、营销、物流、茶馆茶楼、茶艺茶文化、广告宣传、科研推广、行业管理等各个方面，直接从业人员达 17 万人，间接从业人员在 25 万人以上。

（三）品牌培育不断推进。经过多年培育，全州茶叶品牌实现从无到有、从有到多转变，培育了“晴隆绿茶”“普安红”等一批茶叶品牌。“晴隆绿茶”已获地理标志证明商标，年产量达3200吨，年产值达1.5亿元；“普安四球茶”和“普安红茶”已获地理标志产品保护，其中，“普安四球茶”年产量达0.31吨，年产值达160万元，“普安红”品牌销售收入仅2018年上半年就达1.42亿元。

二、黔西南州茶产业发展问题分析

我州茶产业虽然得到了长足发展，但还存在不少问题，主要表现在以下五个方面。

（一）优质茶园建设滞后。近年来，黔西南州茶叶种植面积虽然不断扩大，但种植和管理的标准化程度不高，存在茶园建设质量不高、产量不高、效益不高等突出问题。在质量上，茶园管理粗放，大部分茶园尚未达到“三品”标准；在产量上，茶园产量偏低，每亩单产仅30公斤左右，均处于省内茶园产量下游水平；在效益上，夏茶、秋茶开发力度不够，全州茶农每年每亩平均收入不到3000元。此外，由于茶园基础设施建设滞后，机械化采摘普及率低，大部分茶园靠人工采摘，采摘成本过高。

（二）龙头企业发展艰难。茶叶龙头企业融资难、贷款难问题未得到根本性解决，具体表现在：茶叶生产周期长、前期投入大，由于大部分龙头企业处于发展扩张阶段，主要依靠自身积蓄，合办人入股、民间贷款等形式融资，投融资渠道先天性不足，制约了企业的长足发展；茶园土地为集体性质，难以获得金融部门的贷款认证，企业缺少法定抵押物，贷款难问题未能得到很好解决；由于企业长期受资金瓶颈制约，影响其扩大再生产，规模效益难以形成，削弱了市场竞争力，导致企业处于自身发展和外部环境互相制约的恶性循环状态；银行贷款发放缺乏针对性和时效性，忽视茶产业产销不同需求特点等问题，导致茶叶企业融资渠道不畅、资金周转困难。

（三）品牌培育力度不够。全州缺乏真正唱响全省乃至全国的驰名品牌，本土的中国驰名商标还是空白。其原因主要表现在：**一是企业各自为阵**。品牌命名五花八门，没有考虑社会认知度，工商注册审批登记也比较随意，合力培育品牌力度不够，导致自然资源和品牌资源的浪费；**二是品牌意识淡薄**。品牌还停留在茶产业发展的初、中级阶段，导致大部分茶产品只在州内有一定的市场，难已挤进州外市场；**三是品牌宣传不够**。无论在国家级媒体、省级媒体层面上，广告方面几乎是空白，连州境内重要交通要道两旁的广告牌上宣传的都是其他地区的茶叶品牌，州内的茶品牌社会知名度不高，民间认知度低。

（四）市场开拓渠道单一。主要表现在：**一是市场营销缺乏故事。**白龙山、龙头大山、24 道拐等地有很多故事可以挖掘，可以将这些故事融入所打造的茶品牌当中，但至今全州没有一个让人们难以忘记的茶文化故事，没有一个让国外市场认知的茶文化品牌；**二是销售处于初级阶段。**企业只侧重于茶叶初级产品的销售，基本上没有健全销售网络，坐等外地茶商上门采购，没有自己的销售团队，在国内大、中城市也没有销售网点，导致许多茶叶被茶商收购包装成其他品牌；**三是营销管理水平较低。**大多数市场经营主体制作加工工艺混乱，大多处于“小买小卖”阶段，加工过程中以次充好的现象也层出不穷，内部低价竞争和外部抢夺资源的双重压力长期存在，大大阻碍了茶叶市场快速发展。

（五）茶叶整体效益不高。由于优质茶园建设滞后、龙头企业发展艰难、品牌培育力度不够、市场开拓渠道单一，导致茶叶产业整体效益不高。**一是茶农效益不高。**由于茶园建设质量不高、夏秋茶采摘率太低，影响了茶农的收益，茶农平均每亩收入不到 3000 元，与省内遵义市湄潭茶园相比每亩相差 6000 元左右。**二是企业效益不高。**全州 211 家茶叶企业，仅有 60 家盈利，2017 年仅实现利润 3000 万元、税收 1100 万元。

三、推进黔西南州茶产业发展路径建议

黔西南州茶产业文化历史悠久，生态良好、区位优势突出，应大力实施乡村振兴战略，坚持以“政府引导、市场主导”为原则，以“绿色发展、优化升级、助力脱贫”为主线，发挥茶叶主产区比较优势，大力改造低产茶园，构建茶叶基地，提高基地亩均收益。到 2020 年，全州茶园基地面积力争达到 50 万亩，培育重点龙头示范企业 5 家，打造茶产业公共品牌 2 家，年产干茶 2.3 万吨，实现一产产值 25 亿元以上、综合产值 84 亿元以上，带动贫困户每年人均增收 1500 元以上。

（一）在“生产潜能”上做足文章。用好、用足、用活优势资源是充分挖掘茶叶生产潜能最有效的方式。**一是优化茶叶基地布局。**充分利用好兴义白龙山、兴仁屯脚、晴隆沙子和普安江西坡、以及望谟郊纳等地具有多年发展茶产业的优势，根据资源环境承载能力，倾力打造 50 万亩高标准良种古茶

园。即以兴义白龙山为核心，向四周辐射，规划建设10万亩白龙山古茶园示范基地；以龙头大山为核心，向兴仁、安龙、贞丰辐射，规划建设20万亩龙头大山古茶园示范基地；以江西坡、沙子为核心，向四周辐射，规划建设10万亩24道拐古茶园示范基地；以望谟县郊纳为核心，向四周辐射，规划建设10万亩布依古茶园示范基地。**二是加大茶园改造力度**。应采取多种途径，对兴义白龙山、晴隆沙子、普安江西坡、兴仁屯脚和望谟郊纳等老茶园，尤其是中低产茶园进行全面改造，按照高标准无性系良种茶园的标准种上古茶树。在坡度25度以下的山地和坡耕地，应坚持适区适种，对于改造后的茶园，可考虑林下发展林茶间作套种黄豆、花生等矮秆作物，形成“一业为主、多品共赢”的发展局面。**三是提高基地管理水平**。应通过现代种业提升工程，在古茶树集中分布的普安、晴隆、兴义、望谟等4县（市）分别建立500亩以上无性系古茶树良种繁育基地，累计面积2000亩以上，年出圃茶苗24000万株，努力提高无性系茶叶良种比例。强化茶园科学化管理，大力推广茶园整地、茶树修剪、病虫防治、大宗茶机采等关键环节的实用机具及配套技术，提升茶叶生产机械化水平，降低人工成本，提高茶叶基地的产量和效益。**四是抓好茶叶新产品开发**。应加强白龙山、江西坡、沙子和郊纳等集中连片茶园夏秋茶的采摘与利用，研发夏秋茶加工技术，生产优质、安全的夏秋茶产品。应充分发挥市场在资源配置中的决定性作用，大力开发适合区域市场的红茶、八步茶、乌龙茶和绿茶等特色茶类，以及茶食品、茶饮品、茶用品等茶精深加工品，提高茶叶资源利用率和产品附加值。**五是推进茶叶加工升级**。应全力提升茶叶初制和精制加工能力，加大对普安宏鑫公司等茶叶加工企业新技术运用、厂房建设、设备更新扶持力度。采取整合资源、整合资金的办法，全力支持龙头企业尤其是茶叶产业示范基地内的企业新建、扩建加工生产线，实现清洁化、连续化、自动化、标准化加工。按照茶叶生产标准，推进标准化分级包装茶叶走向市场。**六是开拓茶叶新市场**。紧紧抓住举办国际山地旅游暨户外运大会的契机，由州农委牵头，在“普安红”茶系列活动的基础上，组织州内茶叶生产、茶叶加工企业抱团策划，挖掘州内茶叶“珍贵”故事，通过国内外线上媒体与线下媒体、有声媒体与无声媒体、广告与新闻、自有媒体与社会媒体统一宣传，重拳出击，亮相国内外，拓展国内外新市场。

（二）在“融合发展”上做足文章。茶产业归属于传统农业中种植园经济门类，不仅承担着茶叶副食的供给功能，还发挥着生态、文化等功能，茶产业要增强竞争力，必走产业融合发展之路。**一是在理念上对接融合。**通过国际山地旅游暨户外运动大会等活动的成功举办，旅游逐渐成为黔西南州最响的名片、最优的产业、最大的市场。抓住旅游产业正在旺起来的机遇，找准国际共同点、摸准国内对接点，将旅游文化和市场需求结合在一起，以市场需求为导向，调优丰富茶产品结构，开发满足不同需求层次的茶品种。**二是在产品上对接融合。**认真研究茶产品的使用属性、文化内涵、旅游纪念价值、旅游便捷需求、质量信誉保障等特点，将“普安红”“24道红”等茶叶产品精制成旅游消费品。在茶叶产业示范基地发展茶文化，举办茶旅休闲观光游、茶花节、采茶节、茶艺表演、品茶会等多种文化活动，使旅游业与茶产业有效融合。借力国际山地旅游暨户外运动大会、中国美丽乡村·万峰林峰会等重大平台，在主会场设置展区，推广茶叶产品。**三是在业态上对接融合。**应适应茶叶消费新形势，创新流通和消费业态，满足不同群体不断升级的消费需求。大力支持电商、物流、商贸、金融等企业到白龙山、江西坡、沙子、郊纳等茶产业示范基地，发展茶叶电商扶贫。推进“茶+互联网”等行动，依托州内现有的电商销售平台，建设富有特色的“网上茶馆”“特产馆”“扶贫馆”等，建立线上线下相结合的营销模式。大力发展直供直销、个性定制、加工体验、基地认领等互动式茶产业新业态。**四是在文化上对接融合。**充分挖掘晴隆绿茶、望谟八步茶和普安四球茶等茶文化故事，着力发挥黔西南州茶文化底蕴深厚、历史名茶多的优势，将茶产业发展与黔西南州的区域特色文化结合起来，大力开展茶文化活动，培育茶文化精品，支持茶文化活动进企业、进校园、进社区，实现茶产业与茶文化相互融合、相互促进，拓宽茶农收入渠道。

（三）在“品牌引领”上做足文章。品牌决定着产业发展走向，品牌越响，产品销售越俏，相对应的产业发展的规模就会越来越大。**一是加强茶叶标准化生产。**完善茶叶生产技术标准，加快茶叶标准化体系建设，对茶叶种植、管理、采摘、加工、包装、贮运等环节进行规范，提高茶叶标准化生产水平。应实施茶叶基地绿色防控，加强农业投入品管理，开展有机肥替代化肥行动，加快建立茶叶质量安全可追溯体系。重点推进茶叶绿色和有机食品认证。**二是加强原产地认证和保护。**大力支持白龙山、沙子、江西坡、郊纳等茶叶主产区加大原产地认证力度，开展茶叶地理标志产品、农产品地理标志和地理标志证明商标认证。已认证的产品和商标，要加强运用、管理和保护，严格规范市场行为，防止商标滥用、冒用，提升原产地茶叶区域公用品牌价值，实现优质优价。**三是在品牌上精准定位**。我州是全国唯一的低纬度、中海拔、寡日照的茶叶产区，所产茶叶具有内含物质丰富、香高馥郁、汤色明亮等品质。土壤主要偏酸性，质地疏松、排水性好，具有茶叶之“珍贵”。抓住这个“珍贵”，精准定位好以“晴隆绿茶”“普安红”“24道红”“四球茶”“八步茶”等已打造出来的品牌和正在申报的品牌，充分借鉴安吉白茶创新的经验，深深挖掘各种品牌与古茶树“珍贵”之处的故事。比如，“晴隆绿茶”融入贡茶的故事，“24道红”融入24道拐历史文化等。通过努力，再来一个“红茶娶妃”事件也完全有可能。

（四）在“改革联结”上做足文章。做大做强茶产业的最终目的是在拉动地方经济快速发展的基础上，带动贫困户甩掉脱贫“帽子”。**一是推进产权经营权改革**。应在白龙山、龙头大山、24道拐古茶园示范基地和望谟布依古茶园示范基地，大力开展资源变资产、资金变股金、农民变股东“三变”改革试点，通过改革试点带动贫困户脱贫。应充分用足林地占补平衡政策，按照“依法、自愿、有偿”原则，通过托管、出租、入股、转包等方式，流转贫困户茶园经营权，促进茶产业规模经营，让贫困户获得改革性收益而脱贫。**二是因地制宜建立联结关系**。应采取多种激励措施，制定相应政策，对各茶产业新型经营主体主动带动贫困户就业、帮助贫困户改造茶园种植等方式而脱贫达到一定比例的，给予相关茶产业新型经营主体一定的精神奖励和物质奖励，放大带动脱贫效应。也可以根据贫困户自身条件和脱贫需求，通过股份联结、租赁联结、订单联结、服务联结和劳务联结等方式，构建贫困户与茶产业新型经营主体的紧密型利益连接机制，多渠道带动贫困户脱贫。

（五）在“体制机制”上做足文章。理顺体制机制是推动产业做大做强的关键。**一是强化组织推动**。茶叶产区的县（市）政府应将茶产业发展纳入当地经济社会发展规划和脱贫攻坚规划，加大支持推进力度。完善茶产业发展联席会议机制，强化对茶产业发展的统筹协调。及时总结推广茶产业扶贫的有效模式，提升茶产业助推脱贫攻坚效果。充分发挥茶产业行业协会等社会团体作用，凝聚做大做强做优茶产业、助推贫困地区脱贫攻坚的各方合力。**二是强化政策扶持**。多渠道增加茶产业扶贫投入，积极推进涉农资金“大专项＋任务清单”管理模式改革，农业产业化发展资金安排一定的比例用于茶产业发展，农业产业化发展基金向茶产业倾斜。州级主管部门应争取省级主管部门将茶产业扶贫优先列入相关大专项资金的任务清单。支持贫困县统筹整合财政涉农资金，产茶县（市）应将上级上达的农业生产发展、农业产业化发展、扶贫等专项资金，优先用于茶产业精准扶贫。切实保障茶叶生产、加工、交易和物流等用地，落实用电、税收等优惠政策。**三是强化金融帮扶。**积极拓展茶产业直接融资渠道，引入PPP合作模式，引导社会资本投入茶产业发展。落实扶贫小额信贷政策，支持贫困户发展茶叶产业项目。支持扶贫规模大、能力强、带动作用明显的茶产业龙头企业，优先在区域性股权市场“农业板”挂牌和在“新三板”、创业板、中小板上市。鼓励农业保险经办机构开发茶叶保险专项险种，有效防范自然风险与市场风险，促进茶产业健康发展。**四是强化人才支撑。**加强基层农技推广指导和服务，对贫困村和贫困户实行包保制度，开展茶叶生产技术指导服务。积极发展社会化服务组织，通过政府购买科技服务等方式，打通科技服务“最后一千米”。发挥茶产业发展政产学研推联盟作用，大力支持州内高校院所开展涉茶科学技术研究，鼓励其专业技术人员领办创办企业、社会化服务组织，或到茶区、茶企挂职、任职，促进茶叶科技成果转化和科技服务下沉。加强对茶产业新型经营主体、社会化服务组织负责人等的教育培训，强化茶产业发展的人才支撑。**五是强化责任落实。**茶叶主产区县（市）应因地制宜制定实施方案，明确发展目标，落实具体措施，并将茶产业精准扶贫作为脱贫攻坚考核的重要内容，确保任务落实。州直有关部门应结合各自工作职能，研究制定切实可行的政策措施，并把本系统的实施意见纳入绩效管理。

茶产业是黔西南州农业产业的支柱产业，也是黔西南州助推贫困户脱贫的重要产业。面对当前茶产业带动贫困人口较少的情况下，黔西南州只有在茶产业的“生产潜能、融合发展、品牌引领、改革联结、体制机制”上下功夫，做足文章，才能带动更多贫困户脱贫，实现每年贫困户人均增收1500元的目标。

（作者单位：黔西南州人民政府电子政务办公室）

黔西南州蔬菜产业发展研究

余 芳

黔西南州的蔬菜产业经过长期发展，形成了一定规模，但总体生产水平不高、进入市场量小，蔬菜生产及销售过程中仍存在一些问题，如何加快黔西南州蔬菜产业的发展，努力提高其生产水平，对丰富全州“菜篮子”，充实农民“钱夹子”，促进黔西南州经济社会稳定、持续地发展具有重要的意义。蔬菜产业是黔西南州脱贫攻坚扶贫产业之一，是农村经济的重要组成部分，进一步加快蔬菜产业发展，有助于保障市场有效供给，提高人民群众生活质量，有助于促进农业持续增效和农民稳定增收。

一、黔西南州蔬菜产业发展现状

近年来，黔西南州州各级政府和农业主管部门坚持把蔬菜产业作为脱贫攻坚的重要基础产业来抓，着力推进无公害蔬菜产业基地规模化、生产标准化、品种特色化、产品绿色化、服务社会化、经营产业化的集约发展，取得了积极成效。建成了冬春早熟蔬菜产业带、夏秋蔬菜产业带、常规蔬菜产业带和特色蔬菜产业带等具有区域特色的蔬菜产业带，形成了以时令、夏秋和特色蔬菜为重点，早熟和次早熟蔬菜为补充，主要产品周年循环，各区域不同类型基地互补优势的格局。

（一）蔬菜生产总量不断扩大。我州蔬菜生产快速发展，据州行业数据（统计）分析，截止 2018 年 6 月 30 日，全州蔬菜种植面积 93.04 万亩，总产量 112.5 万吨，总产值 33.76 亿元。预计年底全州蔬菜种植面积可达 133 万亩，总产量 239 万吨。蔬菜生产的快速发展带动了当地运输、劳务、农资销售等相关产业的发展，对促进农民增收起了积极的作用。

（二）蔬菜产业布局不断优化。目前形成了“两江一河”低热河谷以册亨、望谟、兴义市部分乡镇为主的茄果类、豆类、瓜类等冬春早熟蔬菜产业带，温凉山区以普安县、晴隆县、兴仁、兴义市部分乡镇为主的萝卜类、甘蓝类、叶菜类等夏秋蔬菜产业带，中部地区以兴义、安龙、贞丰为主的叶菜类、茄果类、菜用马铃薯、食用菌、糯玉米等为主的常规蔬菜产业带，三大蔬菜产业带初见成效。

（三）产品质量安全明显提高。逐步注重树立质量意识，蔬菜质量明显提高，蔬菜品牌化初见成效。推行生态蔬菜生产技术操作规程，在生产基地推广应用设施育苗、地膜覆盖栽培、以有机肥为主、化肥为辅、以生物农药为主、禁止使用高毒、高残留农药等综合技术，提高了蔬菜的科技含量。强化主要蔬菜基地产品的检测力度，2017 年全州共检测茄果类、绿叶菜类、豆类、茎类等蔬菜样品 500 个，其中合格 490 个，合格率 99.5%，商品蔬菜质量安全监测合格率近 2 年均为 99.5% 以上。加大蔬菜产地、产品认证的力度，全州通过省农委批准的无公害蔬菜产地认定 34 个 15 万亩，产品认证 15 个。

（四）产业化经营进程不断加快。通过政府引导，市场拉动，采取多项措施发展蔬菜产业。一是切实加强农村经纪人队伍建设，全州从事蔬菜销售的经纪人已发展到 6457 人。二是大力发展蔬菜农民专业合作社，现全州已发展 186 个蔬菜农民专业合作社。依托蔬菜加工龙头企业，以土地流转的方式采取“公司 + 基地 + 农户”“公司 + 合作社 + 基地 + 农户”“合作社 + 基地 + 农户”等产业化模式经营。

（五）蔬菜销售市场体系逐步完善。截止到 2018 年上半年，全州蔬菜产地批发市场年交易量达 86.64 万吨，交易额 24.26 亿元；其中区域性反季节蔬菜蔬菜批发市场年交易量 41.4 万吨，交易额 12.42 亿元。全州已形成较大规模蔬菜批发市场 1 个，平均日交易 200 吨以上，主要销售地点为本州各地市场、学校、机关食堂、超市、贵阳市等地，年创收入 440 万元以上，经济效益较为显著。

二、黔西南州蔬菜产业存在的问题

全州蔬菜产业发展虽然取得了积极成效，但与当前黔西南州脱贫攻坚及构建现代农业产业体系的新形势、新任务相比，还存在以下问题：

（一）生产规模偏小。全州蔬菜种植面积虽已发展到 133 万亩（2018 年目标任务），但规模化的蔬菜基地面积仅占总面积的 1/3，主要集中在兴义市、册亨县、望谟县、兴仁县。近年来，因征地、改种、自然灾害等多种原因，造成我州专业菜地面积逐年减少。据统计数据显示，截至 2018 年上半年，全州专业菜地面积为 16 万亩，比 2016 年末减少 3.1 万亩（其主要原因为征地占用），减幅达7.8%。随着各地的开发和扩建等建设项目的展开，全州专业菜地面积还将萎缩，预计仅能保留600余亩。由于市场体系建设滞后，蔬菜产销组织发展缓慢，制约了我州蔬菜规模化生产能力的提高，规模化基地较少，批量生产能力不足。

（二）产业配套不完善。产前新品种、新材料、生物农药等配套供应和产销信息服务能力较差。产中生产技术、农机服务、农业机械化成程度不大，生产基础设施配套不足，生产效率不高。产后鲜销蔬菜清洗、整理、分级、包装等采后处理目前还处于起步阶段，蔬菜加工龙头企业少，加工系列产品类型少、总量小，且主要是传统加工，商品率低，新产品开发不够。冷库冷链不足，设施不健全。目前贮藏果蔬的高温预冷库只有15个7300立方米。蔬菜日处理能力584吨左右，预冷能力非常低，此外，生产蔬菜包装贮运材料的企业极少，大量物资主要从云南等地调入，蔬菜物流企业缺乏影响了产业的发展。

（三）基础设施薄弱。随着城镇化、工业化、公路网建设的推进，部分菜地由城郊向农村推移，我州具有冬春干旱和夏秋雨涝的气候特点，对提高蔬菜产品产量和品质影响较大，蔬菜基地大多分布在河流两旁，虽然近几年都在加大基础设施建设，但进展缓慢，新建的菜地水、电、路、沟渠设施建设跟不上，抵御旱涝等自然灾害的能力严重不足，造成产能低、单产不稳、农户生产成本增加，效益滑坡，制约了蔬菜产业的持续发展。在蔬菜的生产、流通环节存在田头预冷、冷链设施不健全，贮运设施设备落后等问题，难以适应蔬菜新鲜易腐的特点。

（四）农产品生产乏力。近年来，我州每年都要向外输出大量的劳务人员，这些外出务工人员主要是有一定文化知识和一技之长的青壮年（其中不乏蔬菜种植能手和科技示范户），从事蔬菜种植业的人员逐年减少，劳动力素质整体下降，直接影响蔬菜种植质量。由于农民整体素质低，对蔬菜生产新技术、新成果，新信息反应迟钝，消化、吸收和应用能力差，大部分仍停留于传统的耕种及管理，缺乏新方法，也不敢大胆尝试新技术、新方法。造成新品种种植量小，耕作粗泛，对病虫的发生缺乏监控及防治，蔬菜产品的产量和质量没有新突破。农户对生产性投入较少，对蔬菜的加工，保鲜方面几乎无投入。运输手段较原始，机械化程度偏低，科技知识学习方面的投资则更少。农产品生产乏力，劳动力流失多，我州农村留守妇女、留守儿童和空巢老人偏多，大部分青壮年外出务工。劳动力的大量流失，极大地削弱了农村产业发展生产力，合作社招不到工，部分肥田沃土荒芜多年，闲置的土地没有盘活，使得农产品生产乏力，严重制约了农业产业的发展。

（五）农产品促销难度大。农产品质优品差，没有竞争优势。我州农产品质量好，但品相不好，不具备市场竞争优势。而且农产品产能不足，不能持续供货，除特色产品外，其他农产品生产规模小、标准不一、小生产面对大市场，存在什么都有，但一卖就什么都没有，客户黏度不高。农产品生产分散，集配没有解决，我州农产品生产主要以家庭或种植大户为主，生产碎片化、集中度不高，同类产品分布在不同地区，单一片区无法满足市场需求。农产品主体缺失，产销难以对称，我州农产品生产、加工、销售、流通和链接市场的主体缺失严重，农产品产业链不够长、纵深加工少、链短幅窄，农产品附加值低，销售依然以生鲜和初加工产品为主。各地的农户多数注重生产，闯市场的意识较为淡薄，对熟悉产销信息的农民经纪人的需求量大。合作社、种植户生产组织化程度低，对市场的敏感度和市场走向的预判能力不高，信息来源不广、不畅，盲目种植普遍存在，往年什么好卖，来年就大规模发展什么，物贱伤农的情形屡见不鲜。农产品仓储不足，冷链基础滞后。我州冷链物不能满足农产品外销需求，特别是在长途运输方面，不仅缩短了产品销售半径而且还造成了农产品损失，提高了流通成本。在配送方面，州内冷链车辆的运输费一般为 5 元 –6 元 / 千米，高的会超过 7 元，而东部沿海城市的费用在 2 元 –3 元 / 千米。农产品标准体系不健全，品牌竞争无优势，由于产品质量标准体系不健全、不统一，可替代性较强的特色农产品在未来一段时间内同质化竞争将更为激烈。品牌打造方面，长期以来，我州农产品更多的是面对省内市场，品牌打造意识不足且未成体系，包装还不够规范。

三、加快黔西南州蔬菜产业发展对策建议

加快现代蔬菜产业发展，是保障城市生活必需品有效供给中带有全局性的大事，是构建我州现代农业产业体系的重要组成部分。我州应该抓住黔滇桂三省结合中心和陆运、航运的便利条件加大蔬菜基地的建设。当前我州城市化和工业化进程加速推进，蔬菜产业正处于新一轮发展的重要时期，必须抓住机遇，乘势而上，实现我州蔬菜产业发展的大提升。

（一）加强统一领导，加强督促检查。建议州委、州政府牵头成立蔬菜产业发展领导小组，相关部门为成员，负责制定全州蔬菜产业发展总体规划，具体政策措施、协调蔬菜产业发展中需要解决的重大问题。蔬菜产业规划区

的县（市、试验区）要成立蔬菜产业发展领导小组，要将蔬菜产业发展纳入重要议事日程安排布署，认真做好切合本地区实际的蔬菜产业发展的详细规划，明确职责、统筹协调、引导并精心组织实施蔬菜产业发展的有关项目，负责项目的组织领导和监督工作。同时要加强产销对接力度，要明确要求各区县成立当地绿色农产品促销专班，明确政府分管领导作为负责人，明确组成单位和职责，真正形成省州县纵向联动、横向贯通的工作机制，让农产品促销工作能落实到各级各部门，为区县推进农产品促销提供抓手。

（二）加强基地建设，构建优势产业带。应按规划整合项目，集中建设4个重点县连片蔬菜基地机耕道以及到干线的运输通道。要重点扶持预冷库、冷链、绿色防治病虫害、蔬菜标准园等生产性基础设施建设。引导和大力推进土地置换和流转，加强规模化、标准化、专业化生产基地蔬菜建设。在规划期内，完成品种优化布局和结构调整。在晴隆、普安、兴仁、兴义海拔1300米上的区域建设夏秋蔬菜产业带，在册亨、望谟、贞丰海拔375米-1000米的区域建设冬春早熟蔬菜产业带，在安龙、兴义海拔1000米-1300米的区域建设常规蔬菜产业带，建成具有地方特色的优势蔬菜产业带。

（三）强化基础建设，确保质量安全。为保证我州蔬菜产品质量安全，增强市场竞争力，要加大无公害农产品产地认定和产品认证的力度，选择大气、土壤和灌溉水都符合国家标准的地块作为蔬菜生产基地。整合检测资源，在蔬菜重点县和保供县配套完善农药残留、亚硝酸盐、重金属、有害微生物等检验检测设备。全力推进农产品标准质量溯源体系建设，打造金州蔬菜品牌。由当地政府牵头，结合农业、商务、质监资源，制订或修订适合当地农产品生产的产品质量标准，派驻技术人员赴基地开展种养殖指导，使农产品更适合目标市场要求。要以当地政府为主导，统筹相关部门开展农产品质量溯源体系建设，接入商务部肉菜追溯系统和贵州省食安云质量追溯系统，建立农产品生产、加工、流通、销售的全链条追溯体系。加大新品种、新技术引种试验、示范、培训力度，开展“无公害蔬菜标准园示范基地”创造活动，完善无公害蔬菜标准化生产技术规程，通过示范带动，建立一批无公害、绿色蔬菜生产基地，并使这些基地成为产业带的核心，提高产品质量和市场竞争力。

（四）突出特色生态，树立品牌形象。充分利用“贵州蔬菜·特色生态”作为市场导向标，根据区域布局，连片开发，规模经营，开发本地蔬菜优势产业，创自已的名牌产品。目前我州注册的蔬菜鲜销产品主要有册亨县“者楼”河牌、望谟“王母”河牌、安龙“金州农”牌出口蔬菜，义龙实验区“贵义龙”牌优质食用菌，兴义市“红鑫黔农”“小姑子牌”优质蔬菜商标，加工产品主要有“吉仁堂”牌鸡菇菌，“肥姑”牌盐菜，要加以保护，扩大宣传，但创品牌产品，必须从蔬菜生产的源头抓起，严格按无公害蔬菜生产技术规程进行操作。要鼓励扶持企业加大研发投入，提高自主创新能力，围绕特色创品牌，走以质取胜、品牌兴企的路子。优选各地成规模、市场竞争力强的优势产品，集中打造产品品牌，并做好宣传推广。

（五）加强产销对接，加快产业化经营。加快培育、发展壮大蔬菜产业化龙头企业，通过对产品进行分级、保鲜、贮藏、加工、包装，延长产业链，增加附加值。把培育龙头企业和提高农民组织化程度相结合。引进联结生产、加工、流通和市场各端，且既有生产能力，也有销售渠道、对市场波动承受能力较强的农产品供应企业，将州内外市场资源导入进来，畅通农产品产销对接渠道。优选群众基础好、熟悉当地农产品生产销售情况、充分掌握市场资源的群体作为农村经纪人，开展千名农村经济人培训，让农民经纪人辐射全省各个农产品产业区。推动建立信息交换联动平台，从源头上做好农产品销售数据统计，对接销售端订单需求信息，实现产销两端信息联动循环，促进农产品产销信息对称，让生产端按照市场端反馈的信息和订单，放心发展生产。结合农产品生长季节、环境和市场价格变化，优化农产品生产布局，引导合作社和种植户错季生产、合理种植，树立创市场的意识，合理做好生产规划，不盲目生产、跟风生产，保护农民利益。整合种植散户，实现连片发展，推动农业产业向标准化、规模化方向发展。强化主体监管力度。在各区县在当地建设至少一个公益性农贸市场，鼓励区县农产品进驻农产品出省（出境）通道，对公益性市场和通道实施规范化管理，加大监管力度，对销售本省农产品的摊位予以免租或减租。除开展农产品“十进行动”贫困户参与的合作社全覆盖，保住当地市场、省内市场之外，借助东西部扶贫协作和对口帮扶资源，统筹各市州在目标市场开设农产品销售通道，从基地到终端市场打通绿色通道。

（六）加强配套建设，提高社会化服务能力。加大产地型冷库、集配中心建设力度，为农产品提供实时冷藏，提高冷藏运输车功能配置，降低农产品在仓储和配送中的损失。搭建智慧物流管理运营平台，与省内外物流企业实现互联互通、利益共享，合理调控冷链资源，实现冷库、车、货一键式便捷沟通，降低物流成本。明确冷链体系政策支持方向和资金管理办法，助推冷链企业快速发展。抓好土地流转，加强水利设施和电力配套设施。加强产业配套，逐步解决蔬菜产业发展中产前、产中、产后的瓶颈问题。强化信息服务，每年可利用网络、报纸、手机等信息平台信息，提高我州蔬菜的知名度。优选优势特色农产品在省内、省外、境外开展针对性强的展销推介活动，邀请农产品销售企业赴省内考察，签订更多订单，让更多的贵州农产品进入各类目标市场。要搭建以批零企业、种养殖基地、冷链物流企业等各类企业为主体的产销信息实时交互平台（或微信群、APP），参考应急管理机制形成产销信息动态反应机制，最大程度减少信息不对称，撮合交易。

（七）加强队伍建设，提高科技支撑能力。要抓好蔬菜科技人才和农村蔬菜实用人才两支队伍建设。建议设立“黔西南蔬菜产业技术支撑专家体系”，也可聘请州外专家参加，统筹解决全州蔬菜产业发展中的突出问题和技术瓶颈，为各县蔬菜产业发展和人才培训提供有效支撑及服务。健全州、县、乡三级蔬菜技术推广体系，蔬菜主产区县、乡（镇）要充实蔬菜技术推广人员，建立继续教育机制，不断提高各级蔬菜管理和技术推广人员的管理能力和科技水平。充分利用科研院校、农业广播学校、阳光工程、农村现代远程教育等，分层次、大规模、持续农民培训，大幅度提高蔬菜生产经营者能力，培养造就一支懂技术、会经营、善管理的蔬菜乡土人才队伍。采取灵活的人才引进机制，通过引进蔬菜深加工企业，直接跟踪省内外先进实用技术发展方向。引进蔬菜主产区既会种又会卖的实用型生产经营人才和市场营销人才。允许和鼓励事业单位干部科技人员带薪带职兴建、领办蔬菜基地和企业，开展多种形式的技术承包和技术服务。充分发挥好“三百工程”的作用，要分配蔬菜专家一定经费用于新技术、新品种试验、示范、推广，充分发挥各自的作用。加强关键技术的引进、研究和应用示范，尽快提高我州蔬菜产业的科技支撑水平。抓好蔬菜新品种、新技术、新设施的引进、试验工作，尽快提升全州蔬菜产业科技水平。加强各类生产基地种植模式研究，实行多茬次栽培，提高产业经济效益。大力推广节本灌溉、集约化育苗和质量安全配套技术，加强采后商品化处理、保鲜贮运和加工技术开发研究及推广应用，提升商品品质。

（作者单位：贵州黔西南喀斯特区域发展研究院）

黔西南州薏仁米产业发展研究

魏心元　陆秀娟　李祥栋

黔西南州薏仁米种植具有悠久的历史，在清代，薏仁米在我州就有零星种植，到20世纪70年代初步形成规模种植，种植区域主要是晴隆县、兴仁县、普安县等，薏仁米主要是作为粮食作物，自产自销。20世纪90年代，市场经济迅速发展，全州种植面积进一步扩大，各县市都有种植，尤以晴隆种植面积最大。1995年至2005年这十年时间，薏仁米价格经历几起几落，我州的种植面积也不断调整适应市场的需求，种植面积都在4万亩左右。2005年后，薏仁米的市场开始复苏，市场价格上涨，种植面积不断扩大。特别是在2010–2017这几年时间，随着薏仁米市场的不断完善和政府对特色产业的支持，我州的薏仁米产业迎来一个新的高速发展期。

一、黔西南州薏仁米产业基本现状

黔西南是世界薏仁米的主要产区，现已成为全国种植面积最大的区域，2016年，全州薏仁米种植面积约60万亩，平均亩产为300公斤，年总毛谷总产量约为18万吨，实现农业总产值约9亿元。随着产业的发展，我州兴仁县已成为全国及周边国家最大的薏苡仁米加工集聚区和产品集散地，据不完全统计，每年大约有8万吨薏仁谷集散到黔西南州进行粗加工，加上黔西南州本地种植的薏仁米，我州薏仁谷年加工量大约26万吨左右，精制薏仁米贸易量达14.8万吨，贸易量占世界的70%以上。受世界市场的影响，2016年薏仁米粗加工的销售收入约17.8亿元。在产品上，除了生产精制薏仁米，还开发出了薏仁烤芙、薏仁华芙、薏仁冲剂、薏仁糖果、薏仁精油等系列产品并投入到生产。在品牌建设方面，兴仁县被国家粮食行业协会授予“中国薏仁之乡”称号，被国家工商行政总局授予“兴仁薏仁”地理保护商标，被国家质监总局授予“兴仁薏仁”产品保护标志，获得了省农委颁发的“无公害农产品生产地”证书，还得到“国家科技富民强县专项行动计划”“国家农业综合开发产业化经营”等多个项目扶持，已经成为市场认可的品牌。

薏仁米作为黔西南州特色支柱产业，理应在全州脱贫攻坚和同步小康中发挥着至关重要的作用，但是，薏仁米产业在全州脱贫攻坚的优势作用没有得到更好的发挥，究其原因，问题是多方面的。

（一）高产优质品种缺乏。高产优质品种缺乏是当前我州薏苡原料生产发展所面临的瓶颈问题之一。在我州薏仁米种植中，种植品种为我州地方种小白壳，品种单一。从小白壳驯化种植以来，有上百年的种植历史，缺乏品种更新。在长期的种植过程中，品种发生退化和混杂是难免的，加上农户使用自留种，加速了品种的退化，导致了黑穗病、叶枯病的发生和蔓延，使得薏苡品质不稳定，产量参差不齐，产量低，可比效益不高。近年来，在科研机构和农业部门的共同努力下，对地方品种作技术改良和提纯复壮，并建立薏仁米良种繁育基地，但由于缺乏对种子的产业化开发，繁育的薏仁米良种依然被当成原料进入产品市场，只有少部分经过种业公司生产加工销售，使得改良品种在生产上所占比例不高，良种普及率偏低。在科技研发方面，虽然也有黔薏苡 1 号、黔薏苡 2 号、黔薏苡 3 号等优良品种，但由于多方面的原因，这些品种在生产上的推广面积不大，没有真正发挥着品种自身的基石作用。

（二）良种开发滞后。良种作为产业发展的基础，必须进行产业化开发。从全产业链的角度思考，我州薏仁米种植面积 60 万亩，需要良种 300 万公斤，需要专门进行良种繁育的基地 12000 亩。但是目前，我州仅有黔西南兴农种业公司专门从事薏苡种子的生产，年生产量 5 万公斤，仅仅能满足 1 万亩的生产用种需求，占我州种植面积的 1.7%。

（三）基地建设滞后。我州薏仁米基地建设虽然取得了一定成就，但依然没有与市场接轨。薏仁米作为药食两用的特色杂粮，它自身的价值并不是作为粮食使用，而是要充分挖掘它在营养、健康、药用等方面的功效，才能突破粮食的局限，实现自身的价值。在我州基地建设过程中，重点是实现传统意义上的高产，而不是根据市场需求，依托优势、科学布局，有步骤合理地建设一批薏仁米优质原料基地、无公害基地、GAP 认证基地、薏仁米加工专用品种生产基地，依托生态环境优势，适度规模地发展绿色薏仁米基地、有机薏仁米基地。基于对薏仁米的定位不够，这就导致了薏仁米是按照粮食的价格定价，而且容易受到市场不稳定因素冲击。例如 2016 年，我州的薏仁米平均价格每公斤 5 元左右，导致老百姓增产不增收，影响了农民的生产积极性。

（四）品牌建设滞后。在市场上，我州本地生产的薏仁米在营养品质和药用方面具有明显的优势，使得我州产的薏仁米在市场上得到消费者的青睐，价格也比其他地方高。同时，我州也获得了国家粮食行业协会授予“中国薏仁之乡”，国家工商行政总局授予“兴仁薏仁”地理保护商标，国家质监总局授予“兴仁薏仁”产品保护标志等三块牌子。部分企业，为了追求暂时的经济利益，加工企业间也存在恶意竞争，互相争抢原料，导致薏苡市场波动很大，薏农的利益时常受到侵害。由于本地生产的薏仁米不能满足加工需要，缺口部分只能由外地薏仁米调入补充。由于品牌意识不强，外地进入的薏仁米原料经过我州加工后，并没有在包装上标准原产地，同样是打着兴仁薏仁米的商标进入产品市场，这对我州种植的薏仁米的冲击是巨大的。在市场需求基于稳定和产品供应增加的情况下，导致了我州薏仁米价格的巨大波动。在申报国家地理保护标志时，是把整个黔西南州作为原产地进行申报，“兴仁薏仁”适合我州所有原产地生产的薏仁米。但企业在“兴仁薏仁”商标使用过程中，没有大局意识，各自为政，存在不统一、不规范的行为，甚至没有使用“兴仁薏仁”这个重要的商标。

（五）加工布局不合理。我州虽有大大小小的薏仁米加工企业上百家，但是加工布局不合理，90% 以上加工都属于小企业、小作坊，都停留在初级加工层面，从事精深加工企业少，没有形成有效的薏仁米加工产业集群。小企业从事薏仁米的初加工，主要工艺是烘干、脱壳、碾米，但由于生产工艺是从家庭作坊演变而来，未经过科学分析和工程设计，生产过程带来一系列问题。如设备简陋，工艺简单，缺乏科技支撑，致使加工后的产品粒度不均、色差大、含水量不均、整米率低，碎米多（10%），大量的糠壳副产物（35%–50%）回收利用差，浪费大，能耗高，且很多加工环节仍靠人工操作，生产效率低，企业利润低，为了增加白度，采用水洗方式加工，既增加了成本又产生了污水，对环境造成了污染。烘干方式多采用煤烘干，但由于工艺设备简单，导致硫的富集，影响了产品质量。

（六）深加工产品少。全州范围内，90% 以上加工都停留在初级加工层面，从事精深加工企业少，精深加工产品少、品种少。产品也仅限于薏仁面条、糕点、烤麸、爆米花、白酒等，而且，生产规模也没有达到企业的设计生产能力。就深加工而言，布局不合理，存在着重复建设，同类产品竞争激烈。和国内薏仁米深加工企业竞争中，我州薏仁米加工在企业规模、资金、技术、产品、人力资源、市场开发等各个方面的劣势更加明显。目前，国外外薏仁产品涵盖药品、保健品、美容产品、食品、饮料等各个方面。虽然我州的薏仁米种植第一、粗加工第一、质量第一，但是真正的薏仁米搞附加值部分我们没有获得。就拿浙江康莱特公司为例，该公司主打产品为康莱特注射液，是目前国际上理想的抗肿瘤治疗药物之一。产品被列入“国家基本药物目录”“国家基本医疗保险药品目录”。产品已在国内外3000余家大中型医院得到推广应用，销售连续多年位居我国中西抗肿瘤药第一，年实现销售16亿元。通过对比发现，该公司一年的产品销售收入，达到了我州一年的薏仁米产业产值的总和，究其原因，就是我们没有深加工拳头产品。

（七）产品存在安全隐患。由于薏米蛋白质、淀粉、油脂含量丰富及功能性成分多样，使得其不易保藏，薏米加工产品如糙薏米、精制薏米、碎薏米、薏米糠、薏米壳不但易生虫，更容易出现哈败味等“酸败”现象，一些薏米精加工产品如薏米粉、薏米茶、薏米饼干、薏米糕点、薏米饮料等在货架期内也有“酸败”现象，既影响食用，也给薏米生产加工企业造成损失，薏米加工产品品质的易变性制约了薏米产业的发展。金属污染在农作物、蔬菜及其他动植物体中的富集特征和污染效应已经引起科学界的广泛关注。有研究表明，在农作物的种植中，不同种类的重金属，不同种类的农作物对于重金属的蓄积情况都有所影响。薏米作是一种杂粮作物，无疑面临以上问题。首先，土壤普查资料显示，黔西南州薏米主产区的自然环境可能已经受到重金属污染。其次，由于作物植株不同的部位所在的环境有别，根、茎、叶、花及籽实所蓄积的重金属含量各异。再次，薏米加工的工艺和设备不同，也会导致薏米加工产品中的重金属残留量各异。另外，由于薏米加工产品的多样性，重金属富集会在食物链中产生生物放大现象，产生持久的危害，这对于黔西南州蓬勃发展的薏米产业会带来不可忽视的隐患。目前，我国对玉米、大米、小麦等主要谷物毒素限量已作了相关规定，但是薏米却是空白。黔西南州全年气候潮湿，尤其薏米收贮季恰逢秋冬阴雨，且薏米营养物质丰富，在储藏运输过程中极易于霉变腐败，品质受损，更可能因为霉菌生长而导致毒素的残留，使产品出现严重的食品安全问题。

（八）社会化服务体系不健全。分散种植和薏仁米粗加工，不能适应农业产业化发展的要求。薏仁米种植、销售、加工、储运、再销售、市场信息、科技等服务体系建设滞后，无法为农户和加工提供产前、产中、产后服务质量，服务范围和领域较窄。薏农无法掌握市场信息，受市场冲击大，薏农的合法利益得不到有效的保障。整个生产、加工、产品销售处于一种无序状态，产业化程度低。

二、推进黔西南州薏仁米产业发展的建议

（一）合理布局种植基地建设。基地建设过程中，应紧紧围绕消费升级和产业变革的历史机遇，遵循现代农业发展理念，以自然生态、土地资源为依托，以科技为支撑，坚持统筹规划，突出重点，科学布局，基地化带动，示范性引导，适度规模发展。要加大薏仁米标准化栽培技术的推广应用，在我州薏仁米产区，标准化栽培技术的应用要达到100%。大力发展薏仁米标准化栽培基地，到2020年，全州要建成薏仁米50万亩薏仁米优质原料基地。积极扶持薏仁米农民专业合作社，新培育合作社30家–50家，合作社种植薏仁米面积达到全州种植面积的80%以上，农民入社率达到80以上。结合市场的需求，加大全州薏仁米无公害栽培、绿色栽培、有机栽培技术的研发和推广。加大政策扶持力度，引导企业开展薏仁米种植基地无公害、绿色、有机、GAP认证。到2020年，新发展种植薏仁米32万亩，建成薏仁米无公害种植基地10万亩，绿色基地2万亩，GAP认证基地5万亩，产品出口基地5万亩，专用薏仁米品种种植基地5万亩。通过基地合理布局，促进薏仁米产业结构升级。

（二）推动种子产业化。良种，作为薏仁米产业发展的基石，必须进行产业化开发，从源头上保证薏仁米的产业化发展。到2020年，我州良种的应用面积要覆盖率种植面积的60%以上。要加大薏仁米新品种选育力度，根据企业加工需要，开展薏仁米专用品种比如高淀粉、高油脂等薏仁米专用品种的选育和良种繁育。建设薏仁米繁育基地建设7200亩，扶持种子生产加工企业1家–2家。加大成果转化力度，将现有的黔薏苡1号、黔薏苡2号、黔薏苡3号等优良品种进行繁育，进行良种生产加工并应用到生产上，切实解决我州薏仁米良种方面存在的瓶颈问题。

（三）强化品牌培育。农业品牌贯穿农业供给体系全过程，覆盖农业全产业链全价值链，是农业综合竞争力的显著标志。当前，我国已进入质量兴农、品牌发展的新时代。品牌成为农业竞争力的核心标志，成为农业产业体系的重要引领，成为提高市场号召力的重要抓手。全州上下，要牢固树立“品牌就是资源、品牌就是市场、品牌就是生产力和竞争力”的品牌意识，立足全州山地自然条件，依据生产绿色有机原生态薏仁米产品的优势，把品

牌建设纳入全州薏仁米产业发展整体规划和战略布局，用品牌覆盖薏仁米全产业链条，打造区域品牌、企业品牌和产品品牌。依托国家粮食行业协会授予“中国薏仁之乡”，国家工商行政总局授予“兴仁薏仁”地理保护商标，国家质监总局授予“兴仁薏仁”产品保护标志这三大品牌，完善品牌管理制度，授权民营企业组建黔西南州薏仁米行业协会，对“兴仁薏仁”这一区域公共品牌进行统一运营，统一管理，形成了“政府主导、企业参与、部门监管”的品牌运营管理模式。由行业协会牵头，完善和规范“兴仁薏仁”公共品牌的使用。按照市场优胜劣汰的原则，严禁引进薏仁米使用“兴仁薏仁”品牌，保障“兴仁薏仁”的品牌效应和品牌价值。鼓励企业自主创新和对知识产权的保护。鼓励企业开展先进的质量管理、食品安全控制等体系认证，推行全程质量管理和控制，引导诚信守法经营。引导企业挖掘品牌文化内涵，提升品牌附加值和软实力。同时，按照科学的区域布局，适度规模的薏仁米，替代外地引进的薏仁米，维护我州生产薏仁米品牌的声誉。通过品牌建设，培育壮大质量过硬、标准化程度高、社会认知度高的薏仁米国内外知名品牌2个，贵州省名牌产品3至5个。

（四）加强产品安全。加快科技创新，开展对有害重金属在薏米的种植、储藏、加工过程中的动态变化及分布规律的研究，对储藏、运输和加工中霉菌菌系及毒素的动态变化与分布规律进行研究。制定薏仁米储存标准、运输标准、加工标准和产品质量控制标准。引导企业改变传统的普通的贮藏技术方法，最大限度地降低薏米加工产品因贮藏不当而造成的霉变、生虫、哈败等品质变化，延长保质期，指导薏米加工企业的生产实践，减少企业经济损失，为薏米产业的发展提供有力保障。开展薏米加工产品风险评估，推进我州薏仁米产业的产品能达成无公害、绿色、有机的要求或达到出口食品的安全标准。

（五）优化加工布局。大力扶持龙头企业，鼓励企业自主创新，增强薏仁米深加工产品生产能力，培育有市场竞争力的薏仁米产业集团。增强龙头企业的示范带头作用，打造薏仁米加工产业链升级版，推进产业化进程。逐步淘汰高耗能，高污染的小作坊生产。依托现有的中小加工企业，通过扩建、重组等方式，改善生产条件，优化生产环境，更新生产设备，引进先进技术、管理和各类技术人才，扩大生产规模，提升产品质量。加工升级后，培育3家–5家企业集团，重点扶持50家初加工企业，着力培育10家精深加工企业。通过农博会、农展会、招商引资推介会等各种平台，引进2家–3

家集科研、产品开发、产品加工、产品销售于一体的现代化龙头企业进驻我州，从事薏苡食品、饮料、保健产品、美白产品、医药产品的研发和生产。同时，完善薏仁米加工配套设施，加强交通、信息、冷链仓储及物流设施建设，建成库容量为20万吨的冷链仓储及与之配套的冷藏车。

（六）健全社会化服务体系。市场开发是黔西南州薏米产业发展的前提，决定着黔西南州薏米产业的规模和效益。因此，在立足本地产地市场，更要开拓国内市场和国际市场。一是在兴仁建设国内最大的薏仁米交易市场，将兴仁原料市场打造成全国薏米批发中心和薏苡产品商品集散地。二是加强交通、信息等硬件设施建设，强化物流流通和管理，依托大数据和互联网等平台，将我州打造为国内薏苡物流中心和最大的产品中转站。三是加强薏仁米市场监测和监管。建设一支综合素质高、执法能力强的执法队伍，严厉打击假冒伪劣、投机倒把、短斤少两、随意哄抬和降低市场价格、以次充好、强买强卖、标志侵权、非法买卖包装及包装不规范、不标明品名和产地欺诈消费者等违法行为。坚决打击偷税漏税行为，确保所有商家的利益。四是完善质量检测体系，定期检测薏仁米产品的质量，包括有毒有害、重金属超标、微生物超标、腐烂、霉变等，切实维护消费者的安全和合法权利，维护我州薏苡产品的信誉和知名度，切实维护我州薏仁米产品品牌。

（七）加强市场营销。对重点品牌进行多元化、多层次、多角度推广营销。在省内主流媒体开辟专栏、专题综艺节目，到主要目标市场投放宣传广告等方式，将薏仁的产业特点、品质特性、保健功效、文化魅力和旅游体验等进行总结提炼和宣传推广。引导薏仁米加工企业参加省内外宣传推介活动以及各种特色农产品展销会。引导薏仁米加工企业与知名的电子商务网站合作，将黔西南州薏仁产品进行网上展示与销售。鼓励企业与国内外大型企业合作，借助大企业的销售渠道和成功经验，让黔西南州薏仁米产业迅速进入国内外市场。

（八）强化科技支撑。创新产学研合作模式，共同攻关、深入开发，形成科技创新、技术服务、产业开发有机联系的产学研紧密合作的体系；引导企业加强与科研机构之间的合作，加强综合利用，大力开展精深加工和副产品开发等技术攻关；加强科技示范，发挥典型引路作用；加大对农民的培训力度，依托科技队伍和农业推广队伍，进村入户开展技术指导和咨询，建立分级技术培训制度，分层次、有计划、有步骤地开展薏仁米实用技术培训，组织开展科技成果对接、送技术下乡，提高农民经营管理水平。

（九）强化政策扶持。认真落实省、州各级政府相关优惠政策，为薏仁米产业发展创造宽松的外部环境。不断制度改革，鼓励发展非公有制企业，可以采取多种形式打破地域、行政界线，以拍卖、租赁、承包、股份合作制等形式，共同投资发展薏仁米产业。着力探索运行灵活、有利于市场运作的运营机制，积极倡导“公司＋基地＋农户（或薏仁米专业合作社）”的产业发展模式，鼓励有条件的地方积极发展农民专业合作社等规模经营主体。鼓励和支持有条件的企业进行土地流转，建设薏仁米优质原料基地。深化与金融机构的合作，创新金融产品与融资模式，召开银政企对接会，搭建金融机构、投资担保机构、薏仁行业主管部门、薏仁生产企业之间信息互联互通平台。发挥各级融资担保平台和财政专项资金的杠杆效用，建立完善“担保—贷款—贴息”的融资模式。

（作者单位：贵州黔西南喀斯特研究院）

黔西南州核桃产业发展研究

龙启兵

内容摘要：本文就黔西南州核桃产业的现状进行了调查研究，对核桃产业的市场进行研判和需求预测，并就近年来全州核桃产业发展中存在的问题作了分析，提出了路径建议。

关键词：核桃产业　发展　研究

农村经济要发展，潜力在山，希望在林，突破口在经济林。黔西南州是贵州省主要的核桃产区之一，大力发展核桃产业是振兴全州农村经济，加快边远地区群众脱贫致富，助推脱贫攻坚产业脱贫的重要途径。自 2011 年以来，黔西南州加大核桃产业基地的培育力度，利用扶贫、林业重点生态工程项目大力推进核桃基地建设，取得了一定的成效。但在推进核桃产业发展进程中也出现很多不容忽视的问题。为加快全州核桃产业发展，破解该产业发展进程中遇到的瓶颈问题，州政府经济发展研究室就全州核桃产业的发展现状进行了调研，针对全州核桃产业发展中存在的问题加以分析，提出相应的对策建议，以期为核桃产业的发展有所帮助。

一、黔西南州核桃产业发展取得的成效

黔西南州种植核桃历史悠久，各县（市、新区）均有分布，品种繁多，分别有薄壳核桃、夹壳核桃、麻壳核桃、串核桃、乌米核桃等。

（一）产业发展初具规模。截至目前，全州核桃种植面积达 123.39 万亩，产业已初具规模。其中：2011 年 23.45 万亩、2012 年 22.22 万亩、2013 年 27.30 万亩、2014 年 19.50 万亩、2015 年 15.85 万亩、2016 年 14.49 万亩、2017 年 0.58 万亩，兴义市 28.88 万亩、兴仁县 12.31 万亩、安龙县 8.1 万亩、贞丰县 14.08 万亩、普安县 27.65 万亩、晴隆县 15.08 万亩、册亨县 11.62 万亩、望谟县 4.95 万亩。核桃基地覆盖 8 个县（市）中的 109 个乡镇、786 个

村、18.42 万农户。

（二）经济效益逐步显现。经过多年的发展，全州核桃产业的经济效益逐步显现，项目区的群众通过发展核桃产业增加了收入。据统计，2017 年全州挂果面积达 15.73 万亩，产量 0.71 万吨左右，产值约 2.13 亿元。若全州核桃种植保存率能达到 95%，保存面积可达 110 余万亩，全部投产后每年产值可达 17 亿元。

（三）生态效益逐步凸显。核桃种植采取长短结合、种养结合、林粮、林经套作等方式，通过以短养长提高综合效益，有效促进了生态环境保护，特别在退耕还林、石漠化治理、水土流失和农业产业结构调整等方面发挥了积极作用。2017 年我州森林面积达 1424.17 万亩，森林覆盖率达 56.5%，其中核桃种植为我州森林覆盖率提升了约 4.36 个百分点。

（四）示范带动不断增强。各县（市）规划建成了一批规模化核桃产业示范带，建成了如贞丰长田，兴仁巴铃，普安高棉、新店，安龙海子，册亨坡妹，兴义猪场坪，晴隆碧痕，义龙万屯等示范基地，发展了一批核桃专业合作社，涌现了一批核桃专业村寨、专业大户，初步形成了“一县一业、一乡一特、一村一品”的产业扶贫体系。

二、黔西南州核桃产业市场分析与需求预测

（一）市场分析。核桃受产业特性和市场需求的多重影响，市场上核桃价格不断攀升，从 20 世纪 50 年代每千克 0.5 元，已上升到现在的每千克 25 元左右，约增 50 倍，其产品价格和效益仍在稳步上升，市场前景广阔。同时，随着国家退耕还林政策的实施，我州的核桃种植面积还在不断增加，产量还会继续扩大。如何消化如此大量的核桃，保持核桃产业的健康发展，最好的办法就是及时建设一个全州的大型核桃加工厂，结合市场需要，对核桃进行产业化综合加工，提高产品的附加值，将巨大的资源优势转化为经济优势。以核桃加工业的龙头企业来带动老百姓扩大种植，以加工促进发展，市场前景广阔。

（二）需求预测。核桃的传统消费主要是生食、油用和用于制作糕点的辅料等。近年来，多种新的核桃消费产品不断增多，如饮用制品核桃乳、核桃粉等。核桃产品消费的人群主要以中老年人和高消费人群为主，青少年和普通消费群体的消费比重相对较小，随着社会进步和人们物质生活水平的提高，核桃产品正逐步受到社会大众青睐，适合所有人群。据国家权威部门预

测，随着我国经济的不断发展、人民生活水平的不断提高、城镇化的发展以及加工能力的提升，核桃及其制品的消费总量呈上升趋势，需求量每年增长10%左右，我州核桃产业发展潜力巨大。

三、黔西南州核桃产业发展存在的问题分析

由于我州核桃产业大规模建设起步晚、后续管理投入不足、科技服务滞后等原因，尚未列入全州农业十大产业之一，导致核桃产业至今仍未发挥出应有效益，与预期目标存在较大差距。

（一）保障机制不全。截至目前，我州尚未出台推进核桃产业发展的指导性文件，导致在实施过程中问题很多，特别在苗木质量方面尤为混乱。由于乡土优良核桃较少，短时间内核桃采穗圃、良繁基地建设不足，州内核桃优良种苗供应严重不足等原因，导致所采购的种苗品种繁多，甚至有劣杂品种存在，这已严重影响全州核桃产业正常发展。就目前全州的嫁接苗来看，大多数都没有对本地优良农家品种进行选优，老百姓也不愿意将自己优良的品种卖给苗圃，绝大多数是来源不清、品种不明的苗木，苗木质量无人监督。据了解，在全州的一些地方，老百姓管理的核桃树已长成参天大树，要么不挂果、要么是“铁核桃”，老百姓毁林种地的现象时有发生。

（二）后续管护缺位。截至目前，全州尚未建设核桃乳加工厂，没有企业带动，包装简单，基本还停留在“提篮叫卖”的小农商品意识状态，没有将其做强做大的理念，缺乏系统完整的贮运和加工设施及深加工系列产品的加工技术，难以解决农户发展核桃的后顾之忧。核桃产业发展主要依赖项目支撑，项目经费只有前期栽植费用，后期无专项管护经费。全州重发展轻管理的观念一时难以改变，大部分核桃种植管理粗放，经营水平低，病虫害严重，采收、加工和购藏技术比较落后，核桃产业尚未形成应有的规模和效益。据了解，一些基层政府在具体实施过程中，不是发动老百姓投工投劳，而是将项目承（转）包给老板，老板在不征求意见的情况下就直接到老百姓土地里栽种核桃树，矛盾突出，问题不少；有的老百姓片面认为是政府强迫他们种的，在核桃幼树抚育的管理方面跟不上，存在着只种不管、重造轻管、种多存少、甚至一块土地连续种植多次等现象，社会负面影响大。

（三）技术支撑不力。制约全州核桃产业发展的因素还有科研、推广、示范技术的投入不足，社会化服务体系不完善，全州从事核桃研究的专业人员几乎为零，没有真正意义上的核桃专家。特别是县乡林业技术人员严重短

缺，和多实地指导的技术人员缺乏实际动手能力，对林业相关业务一知半解，对核桃丰产技术环节不能及时指导林农，耽误核桃的正常生长，延长了核桃挂果期，使林农受到了经济损失。虽然全州核桃产业已实施多年，截至目前还没有一个成型的示范基地，“做给农户看，带着农户干”也只是一句空话。另一方面，管护技术的培训、推广、普及没有配套措施，基本的整形、修枝、施肥、病虫害防治等技术也无法跟上，很多核桃基地杂草丛生现象严重。

（四）产业规模偏小。全州核桃产业虽发展迅猛，但种多存少，其产业规模在总体上仍显偏小，产量、产值不高，市场供应不足。截至目前，老百姓的核桃只能作简单销售，限制了产业链的延伸和发展，核桃产业没有真正发挥其资源优势和经济优势，更没有成为全州老百姓的支柱产业。同时，由于核桃产业投产周期长，见效慢，老百姓总是担心核桃不挂果或品质差，几年看不到收益就信心不足，导致群众对该产业没有耐心，存在着畏难情绪，有的甚至否定核桃产业，导致该产业持续发展受到影响。

四、黔西南州核桃产业发展的路径建议

当前，核桃已成为我州广大农民增收致富的重要产业支撑，是全州山地高效农业结构调整中农民可持续增收的重要渠道之一。推进全州核桃产业发展，要始终以“大扶贫、大数据、大生态”三大战略为统领，坚持“生态建设产业化、产业发展生态化”发展思路，树立“小核桃、大产业”观念，以市场为导向、以科技为支撑、以效益为中心，培育龙头、打造品牌，把核桃产业培育成为“百姓富与生态美”有机统一的可持续扶贫产业，为全州脱贫攻坚做出贡献。

（一）构建要素保障体系。**一是出台相关政策。**结合全州绿色农产品销售工作实际，研究出台《黔西南州推进核桃产业发展实施方案》，分解细化各项工作任务，明确责任倒逼任务纵深推进，以加快提质增效、增加农民收入、促进脱贫攻坚为目标，以技术培训为突破口，创新体制机制，完善政策配套措施，突出抓示范样板、督查通报、考核兑现等措施。**二是建立工作机制。**核桃产业与其他产业相比，生长周期长、见效慢，民间传说的“桃三李四核十一”，说的就是其见效特慢，不属于短、平、快产业。建立健全核桃产业发展的成效机制，将其列为全州重点产业加以扶持，强化“政府主导，乡镇负责，部门服务，技术人员蹲点”的工作机制，成立由政府主要领导为组长、

分管领导为副组长，扶贫、林业、发改、农业、水利、科技、国土、财政等部门负责人为成员的核桃产业发展领导小组，进一步细化实化部门职责分工，达到发展一片，成功一片的目的，全面推进核桃产业发展。**三是创新投入机制**。加大财政投入力度，设立核桃产业发展基金，保证核桃产业持续、稳定发展。州、县财政每年要安排核桃产业发展资金，专项用于核桃产业提质增效工作的技术培训、示范及技术推广等。整合涉农项目资金，加强核桃产业基地路、水、电等基础设施配套建设，改善核桃产业生产经营条件，真正把核桃打造成我州可持续发展的扶贫产业。**四是建立以短养长机制**。采取以实物为主的滚动扶持发展方式，重点解决标准化核桃果园基地建设核桃苗种植后至丰产期间农民的收益问题。推行林豆、林薯、林药、林菜、林鸡等立体种植、养殖模式，全面提高土地的利用率和经济效益，千方百计地增加农民收入，确保该产业快速发展。

（二）构建产业延伸体系。**一是培育龙头企业**。加大招商引资力度，吸引外地客商或本地人投资创办核桃加工企业，确保全州有 1 个大型核桃加工企业，推进核桃产业精深加工，延伸产业链，提高产品的科技含量和附加值。同时，通过产品展销会、洽谈会、研讨会等形式，加大品牌宣传和产品推介力度，提高黔西南核桃的品牌价值、市场占有率、知名度和影响力，使核桃产业真正成为促进农村经济发展的支柱产业和农民增收的重要来源。**二是抓好基地建设**。引导龙头企业进园区、建基地，采取订单、合作、自建等方式，带动农户建基地，保证自己的原料供应，提高核桃的综合利用能力和精深加工能力。**四是引进核桃加工技术**。调整优化现有核桃产品结构，发展核桃精深加工，推进核桃产品由单一的食品功能向保健品、化妆品、医药用品等多功能延伸，拓宽延长产业链，提高核桃综合利用水平和附加值。

（三）构建科技支撑体系。**一是建立技术服务体系**。核桃产业健康发展，种苗是基础，要认真搞好核桃种苗质量工作，确保良种苗壮，积极与省核桃研究所、贵州大学等建立核桃技术合作，为全州核桃产业发展做好技术指导和技术支撑，为其健康发展总体“把脉”。整合州林业、扶贫、喀院、农委、职院等专家和技术资源，建立核桃服务专家库，确保核桃发展的每个乡镇都有技术人员具体指导。**二是健全技术培训机制**。采取“走出去、请进来”的方式，定期不定期组织科技人员、种植大户、农户代表、加工企业负责人到外地考察学习，定期不定期邀请省内核桃技术专家、种植能手到我州培训传授经验。重点培养一批“核桃专业辅导员”和苗木嫁接能手，为核桃产业发展提供全面的技术和人才支持。**三是建立蹲点包片机制**。科技人员在核桃发展的重点乡镇驻点开展技术服务工作，深入田间地头加强对群众的栽培技术、管护、病虫害防治技术等进行蹲点技术指导，加大核桃产业帮扶力度。**四是全力打造核桃品牌**。品牌是产品文化、产品质量的综合符号，是无形的资产，对推动核桃产品销售起到关键作用。要选对路径，坚持“一县一业、一村一品”的原则，走品牌差异化的路子，深挖本地核桃文化元素，丰富核桃文化内涵，加快品牌塑造步伐，做强“普安薄壳核桃”“七舍早熟核桃”等知名品牌，用品牌效应推动产销衔接。

（四）构建产业营销体系。不断拓展核桃产品销售市场，努力实现“核桃”出山，加强市场调研力度，对市场进行科学细分，州内农业企业以大带下，抱团出州，实现资源共享，不断提升竞争力。结合全州各地核桃产品生产、销售情况，在全州农业产业发展的基础上，把核桃产业营销做精、做活。**一是探索节庆与产品融合**。选取各地特色突出、品牌影响力强的核桃产品，采取“迎新春·欢乐购物节”、展销会为代表的节庆营销活动，全力开展全州核桃产品宣传促销，不断创新产品营销手段，培育新的核桃产品销售热点，实现核桃产品与重大节庆的融合。**二是探索网络与产品融合**。借助中央电视台、贵州电视台、央视网、凤凰网等广播网络媒体收视率高、关注群体广、关注度高的优势，积极争取合作交流，让全州核桃产品亮相全国乃至全世界，实现核桃产品与网络的融合。**三是探索餐桌与产品融合**。努力让核桃产品销售终端前移，乘上大地旅游发展大会的快车，积极与全州各类酒店、景区、会展中心达成合作意向，不断丰富餐桌菜品，让全州核桃产品跃上群众餐桌，用餐桌营销激活核桃产品销售的新路，实现核桃产品与餐桌营销的融合。**四是探索考核与产业融合**。把核桃产业发展纳入年度目标绩效考核，列入州、县、乡人民政府主要领导及分管领导的绩效考核当中，每年召开一次全州性的核桃产业发展推进大会，对考核合格成绩突出的给予单位和个人嘉奖，对考核不合格的单位和个人给予通报批评。凡是不认真组织、发动群众投工投劳开展好核桃产业发展工作，致使任务不能按期完成或完成质量差的，对相关领导进行问责。把核桃产业发展主要目标纳入年度考核范畴，层层签订目标责任书。制定严格细致的督促检查办法，定期不定期地检查督促核桃产业发展的进程和效果，真正让核桃释放产业革命效应，确保全州核桃产业建设取得成效。

（作者单位：黔西南州人民政府公报辑室）

黔西南州生态畜禽产业发展研究

尤立宪

发展生态畜禽产业不仅能够实现资源的可持续利用，保护生态环境，而且能够通过提供生态畜禽产品，增加产品附加值，带动更多的贫困户实现增收脱贫，推进传统畜禽产业向现代化、产业化方向的生态畜禽产业发展。本人通过深入调研后，根据黔西南州发展畜禽产业体系不健全和带动贫困户少等实际，提出了发展生态畜禽产业助贫困户增收的战略体系、路径措施。

一、黔西南州畜禽产业发展存在问题分析

随着市场需求量的增加，近年来，黔西南州委、州政府重拳出击，采取观摩倒逼的方式推动全州畜禽产业发展，黔西南州畜禽产业发展规模越来越大，从黔西南州农委提供的数据看，截至 2018 年 9 月初，全州存栏生猪 157.9 万头、牛 69.7 万头、羊 74.7 万只、家禽 1312 万羽，出栏生猪 100.7 万头、牛 9.3 万头、羊 24.6 万只、家禽 933.8 万羽，带动贫困人口 2.7 万人，畜禽产业发展取得了一定的成效。

但从本人调研了解的情况看，黔西南州畜禽产业发展还存在诸多困难和问题，具体表现在以下几个方面：

（一）不切实际的畜禽产业增多。观摩会的目的是倒逼各县（市）因地制宜规模化发展特色畜禽产业，带动老百姓发展致富。但有的县（市）为了自己的政绩，应付观摩会，搞突击发展，不结合实际、不计成本地发展用于观摩的畜禽产业，有的一个月时间，就发展了大规模的畜禽产业，编撰了与老百姓利益链的故事，忽悠上级领导和广大人民群众，最后钱花了不少，精力浪费了不少，不仅没有给老百姓带来效益，还在群众中造成了不良影响，好些地方的畜禽产业甚至被群众戏称为“政治”畜禽产业，大大影响了党员领导干部在群众心目中的形象。

（二）对上级安排部署推动缓慢。为了更好地发展好畜禽产业，带动更多

的贫困户脱贫。2017年8月，州委州政府出台的“1+20”文件，细划了各县（市）发展扶贫产业的具体目标任务、作战重点，要求2017年在贞丰、普安、义龙建设3个种禽场，每个年提供幼禽300万羽以上；2018年在兴义、安龙、贞丰、晴隆、望谟建设6个种禽场，每个年提供幼禽300万羽以上。在安龙建林下生态种鸡场1个，每年提供幼禽100万羽。在晴隆建设两个种羊场，每个存栏能繁母羊1000只以上。但从推进的情况看并不理想，有的县（市）没有推动，有的县（市）推动了，但我行我素，没有严格按照“1+20”号文件推进，甚至有的县（市）农业部门领导班子至今都不知道“1+20”文件为何物。

（三）发展畜禽产业定位不精准。发展畜禽产业一定要坚持市场导向、坚持因地制宜。而有的县（市）存在对市场需求研究不深，对畜禽产业发展思路不清的问题，不突出特色产业，产业多而杂，样样都有样样都不成规模，这个情况很严重，基层早已形成了规划挂在墙上看看、实际你想咋干就咋干的局面，监督严重缺失，导致了有的村出现了养羊的、养牛的、养鸡的、养鹅的等10多个畜禽产业，产业定位不精准。有的县（市）的边远乡镇，没有结合自身区位优势考虑发展产业，盲发成立合作社发展养猪，由于饲料原料需从县城购，大大增加了成本，饲料与运输等成本往往占总投入的80%以上，再计算人工成本后，遇到猪肉市场价走好，每头猪出栏养殖户能赚400元左右，若猪肉市场不看好，大多是持平甚至亏本。

（四）畜禽发展的配套和供给不足。规模养殖发展的要求与滞后的基础设施改造投入、技术人员知识更新之间的矛盾日趋明显，一些制度流于形式等主观因素的存在，严重制约着畜禽产业的发展。尤其是在水利方面，由于水利工程的实施未与产业发展相配套，加剧了畜禽产业规模化发展与用水需求的矛盾；用地方面，由于工业化城镇化用地需求较大，部分县（市）甚至未将畜禽产业纳入土地利用整体规划，限制了畜禽产业规模化发展；生产方面，好些还没有完全摆脱传统的生产方式，特别是规模较小的专业场户，生产的随意性比较大，只是根据自身的条件随意建场，场址选择、场区布局不合理，饲养环境复杂，污水横流，缺乏基本的动物卫生防疫条件，而且不能使用有限的资源合理配置，综合效益不高。

（五）畜禽产品难以满足市场需求。从全州多个大型菜市场了解的情况，本土的畜禽销售到菜市场所占的比例仅为30%至40%之间，销售到学生营养餐企业的有的甚至为零，销售到超市的仅占少部分，形成了本土畜禽难销售与本土消费市场靠外地产品供给的矛盾。究其原因，本土畜禽产品难入超市、菜场和营养餐企业主要有两大方面的短板：一方面，一些营养餐企业每天需要近百头甚至更多猪脚、猪头、排骨、五花肉等分门别类的产品，本土畜禽发展企业规模小、产业链不长、缺乏按需加工，无法满足营养餐企业所需；另一方面，本土出栏的畜禽往往比周边广西、云南的价格偏高，尤其是鸡、鸭、鹅等禽类产品，肉色没有广西、云南等地的鲜嫩、有卖像，这也是导致本土畜禽进入本地超市、菜市场、营养餐企业少的重要原因。

（六）畜禽企业带动贫困户脱贫不多。从黔西南州农委提供的数据看，全州共有年出栏生猪5000头以上的养殖企业有8家，年出栏育肥牛500头以上的养殖企业有2家，年出栏鸡、鸭、鹅5000只以上的养殖企业分别有17家、5家、2家、9家，年出栏育肥羊5000只以上的养殖企业有7家，这么多的企业到2018年7月底，仅带动贫困户2.7万人。究其原因，主要是目前的畜禽产业发展政策都以存栏数作为扶持的标准，由于资金等原因，多数想干事的贫困户难以进行大规模的养殖，资金项目都相对集中给规模畜禽养殖企业，很多规模畜禽养殖企业并没有根本上真正带动贫困户参与养殖，有的为了得到政策资金的支持，仅仅带动少数的贫困户做做幌子而已，更多的贫困户多数仍是靠自力更生、自谋发展。

二、构建黔西南州生态畜禽产业发展体系

根据黔西南州山五山一水两分田、喀斯特发育典型等实际，按照黔西南州乡村振兴战略发展规划，调整发展重点，走特色、优质、精细、有机发展路线，突破周边省份对我州的围攻。做大生猪规模养殖，扩大种草养畜（禽）面积，全面满足我州90%以上的肉类消费需求；针对国内外高端市场需求，重点发展本地名优特畜禽品种，使特色养殖成为我州进入“珠三角”地区的拳头产品，有机、绿色等优质畜禽产品认证数量不断增加，优质畜禽产品加工能力不断增强，将黔西南打造成为中国生态畜禽产品示范供应基地。

（一）构建“一县三特”畜禽产业发展体系。发展“一县三特”畜禽产业是全州实施乡村振兴战略的主攻方向，也是全州深度贫困地区打赢脱贫攻坚战的主要抓手，全州各县（市、新区）应充分发挥自身资源优势、产业基础和发展潜力，集中精力地规划布局1至3个特色畜禽产业。**一是规划布局羊产业优质基地。**晴隆县、册亨县具有多年发展养羊产业的基础，应在现有羊产业发展的基础上，高标准集中规划布局2个大型羊产业发展优质基地，

逐步将其打造成为西南地区规划最大、标准最高、品种最优的大型养羊示范基地。即：以晴隆县马场、大田等地为核心，规划布局年出栏 30 万只羊饲养优质基地；以册亨县冗渡镇大寨为核心，规划布局年出栏 20 万只羊饲养优质基地。除满足州内市场需求外，可销往邻近省中心城市。**二是规划布局牛产业优质基地**。兴义市、兴仁市、贞丰县和望谟县具有种植菌草的基础，应在四县（市）规划布局 10 万头盘江小黄牛养殖发展优质基地，逐步将其打造成为西南地区盘江小黄牛优质示范基地。即：以兴义市沧江、仓更为核心规划建设 1 万头盘江小黄牛养殖基地；以兴仁市潘家庄、东湖街道办民建等地为核心，规划建设 2 万头盘江小黄牛养殖基地；以贞丰县者相、白层、鲁贡等地为核心，规划建设 3 万头盘江小黄牛养殖基地；以望谟县王母街道办为核心，规划建设 4 万头盘江小黄牛养殖基地。除满足州内市场需求外，可销往邻近省中心城市。**三是规划布局禽产业优质基地**。安龙县、晴隆县、普安县、贞丰县、义龙新区等地具有发展养鸡（鹅）产业的基础，特别是安龙县和义龙新区，养鸡（鹅）产业已达到一定规模，应以现有养殖点为核心，扩大养殖规模，在安龙县、晴隆县、普安县、贞丰县和义龙新区各规划建设年出栏 800 万羽以上禽产业，除能满足州内学生营养餐消费市场外，余下部分可销往南宁等地大市场。利用兴义市独特的区位优势，在兴义市乌沙、马岭等地规划建设年出栏 300 万羽以上禽产业，满足兴义市场消费需求，让市民吃的是本地蛋、炖的是本地鸡（鹅）。**四是规划布局生猪产业优质基地**。在兴义、安龙、普安、册亨和义龙选择污水处理设施完善的区域，规划建设年出栏 100 万头以上生猪养殖基地，将其打造成为滇黔桂三省区生猪养殖示范基地。即：以兴义市敬南、则戎等地为核心，规划建设年出栏 20 万头以上的老品种猪养殖基地，主要满足兴义市民消费需求；在安龙、普安、册亨和义龙污水处理设施完善的区域，分别规划建设年出栏 30 万头以上老品种猪养殖示范基地，除能满足州内学生营养餐消费需求外，余下部分可销往各县（市）城市。**五是规划布局种禽场优质基地**。紧紧围绕规划布局的畜禽产业养殖基地，在相应的县（市）规划布局种禽场优质基地，为相应县（市）发展畜禽养殖提供优良品种。即：在兴义、安龙、贞丰、晴隆、册亨、望谟建设 7 个种禽场，每个年提供幼禽 300 万羽以上；在安龙建设林下生态种鸡场 1 个，每年提供幼禽 100 万羽；在晴隆、册亨建设 4 个种羊场，每个存栏能繁母羊 1000 只以上；在兴义、安龙、普安、册亨建设 4 个种猪场，每个种猪场存栏能繁母猪 1000 头以上；在册亨、晴隆建设 3 个种羊场，每个存栏能繁母羊

500 只以上。

（二）构建 800 万亩菌草基地发展体系。结合各县（市、新区）畜禽特色产业发展情况，规划布局 800 万亩巨菌草生产加工基地。**一是规划布局晴普生产加工基地**。加大产业结构调整力度，充分发挥晴隆县、普安县坡耕地作用，选择沿公路两旁 25 度以上坡耕地大力发展巨菌草，并在晴隆县与普安县交界处规划布局一个巨菌草加工基地，确保晴隆县 30 万只羊一年四季有草吃。即：沿晴隆县至长流乡公路两旁 25 度以上坡耕地规划种植 120 万亩巨菌草，沿普安县至高棉乡或地瓜镇 25 度以上坡耕地规划种植 80 万亩巨菌草。**二是规划布局册望生产加工基地**。充分发挥册亨县、望谟县地多人少的优势，在交通便利的村、镇分别集中规划种植巨菌草 200 万亩，实现亩年产 35 吨的优质示范基地，并在种植巨菌草核心区各规划建设一个巨菌草加工基地，确保生产加工的巨菌草能满足册亨县、安龙县发展畜牧的养料需求。即：册亨县可以冗渡镇为核心，辐射至坡妹镇和安龙县兴隆等地，沿公路两旁规划种植 200 万亩巨菌草优质示范种植基地，并在冗渡镇规划建设一个巨菌草加工基地；望谟县可以新屯镇为核心，辐射至打易等乡镇，沿公路两旁规划种植 200 万亩巨菌草，并在新屯镇规划建设一个巨菌草加工基地。**三是规划布局兴贞生产加工基地**。扩大兴仁、贞丰现有巨菌草种植规模，各规划种植 100 万亩巨菌草示范种植基地，在兴仁市、贞丰县巨菌草种植核心区各规划建设一个巨菌草加工基地，确保生产加工的巨菌草能满足本县（市）发展畜牧的养料需求。即：兴仁市可以潘家庄镇为核心，辐射至下山镇、新龙场镇，沿公路两旁规划布局 100 万亩巨菌草种植基地，并在潘家庄镇扩大巨菌草加工基地；贞丰县可以北盘江镇为核心，辐射至者相镇、平街乡等地，沿公路两旁规划布局 100 万亩巨菌草种植基地，并在北盘江镇规划建设巨菌草加工基地。

（三）构建“现代畜禽产品物流”发展体系。从多年黔西南州发展畜禽产业的情况看，大部分产品都是小打小闹，难以成批量进入本地市场和外地市场，根本原因在于没有结合黔西南州实际，将畜禽产品物流和畜禽现代化生产、畜禽产品营销有机结合。**一是加强畜禽业物流领域的投资开发**。没有现代化的畜禽业物流，也就没有现代化畜禽业流通，更不会有绿色的畜禽产品消费。应加大对畜禽业公共物流设施的投入，对畜禽业经营性物流给予贴息贷款、减免税收，将畜禽物流纳入农业政策性保险的范畴，促进物流快速发展。对于黔西南州来说，畜禽业物流是一块尚未开发的“处女地”，是一个具有较大发展空间的“蛋糕”，应大力吸引国内外物流企业投资黔西南州畜禽业物流领域，带动黔西南州生态畜禽快速健康发展。**二是培育一批畜禽业物流龙头企业**。重视畜禽产品加工物流建设，结合各县（市）发展畜禽实际，在兴义市或义龙新区培育一家以上肉类加工为主的畜禽业物流龙头企业（总部），推动畜禽业物流产业发展，由食品集团在各县（市）建设一批现代化的肉类加工基地，引进国内先进的“冷链生产、冷链配送、冷链销售、连锁经营”的模式，创造“横向一体化、纵向一条龙”的新型肉类经营业态，从根本上改变沿街串巷、设摊卖肉的做法。积极培育农业产业市场主体，由畜禽业物流龙头企业总部在畜禽产业规模到达一定比例的贫困乡镇分别建一个带动力强的畜禽合作社和一家电子商务销售平台，带动贫困户发展扶贫产业，促进贫困户农产品的顺产顺销。

三、推进黔西南州生态畜禽发展路径建议

要使黔西南州特色养殖成为进入“珠三角”地区的拳头产品，成为助贫困户增收的有效路径，黔西南州应在全面完成构建“一县三特”产业、800万亩菌草和现代畜禽产品物流发展体系的基础上，着力在组织领导、政策扶持、扶贫责任、品牌打造上做足文章，推进生态畜禽产业协调发展，实现更多贫困户增收脱贫。具体来说，应从以下六个方面努力：

（一）加强组织领导。各县（市、新区）是构建生态畜禽产业发展体系的责任主体，应切实加强组织领导，明确发展目标，落实工作责任，加强监督考核。根据“谁养殖、谁治污”的原则，全面落实畜禽粪污资源化利用地方政府属地管理责任和养殖场户主体责任，督促养殖业主依法履行养殖污染治理、病死动物无害化处理等职责，把保障生态畜禽业持续稳定健康发展的各项政策措施落实到位。应加强生态畜禽业生产信息的分析和预警，建立准确、可靠的基础数据采集系统，定期进行信息平台发布和预警，强化宏观调控和风险控制能力。完善生态畜禽业风险防范的各种应急预案，提高预防和处置能力，保障生态畜禽业持续健康发展。

（二）完善政策扶持。充分利用财政资金，综合运用信贷、贴息、担保等各种金融工具，引导撬动金融和社会资本支持生态畜禽业发展，加大对养殖污染治理、农畜禽结合设施建设等扶持力度，确保每个养殖基地都有环保处理设施。完善生态畜禽业保险政策，扩大生态畜禽投保覆盖面，深入推进生态畜禽养殖保险，增强生态畜禽业抗风险能力。充分发挥市场导向作用，鼓

励农业经营主体和工商民间资本参与优势生态畜禽品种培育、畜禽养殖污染治理、农业资源循环利用等领域的投资，鼓励发展生态畜禽粪便、沼液收集处理配送的社会化服务组织，形成企业主导、政府扶持、市场化运行的生态畜禽养殖污染治理和资源化利用机制。

（三）培育市场主体。牢固树立“生态为本、特色为魂、发展为要、民生为重”的发展理念，推进生态畜禽产业市场主体培育。大力培育龙头企业。着力引进和培育产供销一条龙、农工贸一体化的龙头企业 3 家以上，加大农产品加工企业整合力度，扩大加工规模，提升加工水平，提高产品附加值。大力培育专业合作社。加大各县（市、新区）专业合作组织培育和管理力度，探索建立“产权明晰、平等民主、风险共担、利益均沾”的经营体系，确保每个县（市、新区）生态畜禽养殖基地都有专业合作社，农民组织化程度应达 50% 以上。大力培育经纪人队伍。加大引导和扶持力度，促进农村经纪人队伍向经营规模化、活动组织化、手段现代化、功能综合化、市场多元化、服务信息化方向发展，以农村经纪人作为连接农民与市场、企业的纽带。搞活市场流通，增加农民收入。

（四）强化扶贫责任。应以“市场主体 + 贫困户”的方式，通过政策引导市场主体同贫困户建立紧密的利益联结关系，定向带动贫困户发展脱贫产业，为贫困户提供产业发展的技术培训和服务，收购、销售贫困户的畜禽产品，吸纳贫困户劳动力就业，促进贫困户稳定增收。

（五）健全带动机制。健全市场主体带动贫困户机制，畜禽龙头企业、农民合作社在申报产业发展项目时，必须提供经乡镇、村审定盖章的带动贫困户名单，作为项目申报的前提条件之一。带动贫困户的方式可以采取无偿提供种畜禽、生产母畜、禽苗及吸纳就业务工、资金支持和订单收购产品等方式。养殖基地、农民合作社分别实行“一帮百”“一帮十”方式带动贫困户。项目建设与带动贫困户增收脱贫同检查、同验收。

（六）着力打造品牌。应按照“出精品、铸品牌”的思路，参照国家和国际标准，着力打造盘江小黄牛、下江黑猪、爬山鸡、杜泊羊等产品品牌。以盘江小黄牛、下江黑猪、爬山鸡、杜泊羊等畜禽为重点，加快良种繁育体系建设，提高盘江小黄牛、下江黑猪、爬山鸡、杜泊羊等畜禽覆盖面，逐步建立无公害食品和绿色食品认证制度，完成无公害畜禽产地认证和无公害畜禽产品的认证工作。

生态畜禽是一条短平快、易长远、科技含量相对较低的传统与现代可以复制的产业之路，对于不适宜大兴工业发展的黔西南州来说，要在2020年前实现全面脱贫，发展生态畜禽是一项不可多得的产业。因此，各县（市、新区）只要按照本文提出的构建生态畜禽产业发展体系认真规划布局，只争朝夕，在组织领导、政策扶持、市场主体、扶贫责任、带动机制、打造品牌上深处着力，带动更多贫困户增收脱贫，完全可以实现。

（作者单位：黔西南州人民政府电子政务办公室）

第三章　山地工业

黔西南州山地新型工业发展研究

岑大明

内容摘要：工业是产业体系的重要链节，发展山地经济必须强化山地工业的支撑，而推进山地工业的发展，又必须充分利用山地优势、构建适宜山地生态特点的产业体系。为此，本文客观地分析了黔西南州山地型工业发展的优势与劣势、机遇与威胁，结合实际系统地提出构建传统工业、新兴工业、特色工业三大产业体系，并提出了提升区域发展能力、推进工业集群发展、创新产业发展方法、完善制度保障体系等路径建议，具有较强的指导性、实践性和操作性。

关键词：新型工业　产业体系　路径建议

2017 年 10 月 19 日，习近平总书记在参加党的十九大贵州代表团讨论时强调："要守好发展和生态两条底线，创新发展思路，发挥后发优势，决战脱贫攻坚，决胜同步小康，续写新时代贵州发展新篇章，开创百姓富、生态美的多彩贵州新未来。"工业是经济的重要组成部分，是守好发展底线的重要支柱，黔西南州是"山地之州"，山地工业资源极为丰富，但山地生态也极为脆弱，黔西南州要发展什么样的工业、怎样发展？才能守好两条底线，促进山地经济的发展？笔者以此为视角，进行了深入研究。

一、黔西南州山地型新工业发展 SWOT 分析

市场竞争力来自于自身优势，黔西南州发展什么样的工业，才能具有市场竞争力，很大程度上取决于对自身优势与劣势、机遇与挑战的把握和运用。这两对矛盾体可以用 SWOT 模型进行分析。

（一）S——优势（Strength）分析。黔西南州山地占国土面积的 96%，山地资源丰富，发展山地新型工业的优势主要体现在：**一是资源优势**。资源是工业发展的首要要素。矿产资源丰富，全州有煤、金、铁、锑、铝、铅、

锌、汞等矿产40多种，其中铊（红铊）为世界储量第一，已探明的煤炭资源保有储量75.28亿吨，远景储量在196亿吨以上，黄金资源已探明储量约324.7吨，远景储量在1000吨以上，精锑年出口量曾达7300多吨占全国出口量的90%，为发展重工业提供了资源支撑。农业资源独特，黔西南州山高谷深，海拔差异大、立体气候明显，适宜多种植物生长，现有林木物种达1000多种，经济价值较高的常用树种有上百种，并且具有独特性，楠木、樟木等名贵林产品和油桐、油茶、棕榈等经济林木以及杜仲、天麻、金银花、石斛等名贵中药材不断发展，在贵州出口的林副产品中，黔西南州的板栗、油桐产量居全省第一、棕片产量居全国第二，油茶产量居全省第三。富丰独特的农业资源，为发展农特产品加工创造了有利条件。**二是电力优势。**电力是工业发展必不可少的要素保障，黔西南州电力充足，品种齐全，水电、火电互济。在水电方面，全州可供开发的水能资源发电量达1000万千瓦以上，是全国三大水电基地之一的红水河水电基地的重要组成部分，已成为“西电东送”的重要电源基地、电力枢纽和通道。在火电方面，全州火电装机达400万千瓦，已成为工业用电的重要保障。特别是黔西南州获国家发改委批准，系全省唯一保留地方电力、可建地方自备电厂的地市，近年来，州委、州政府充分利用这一政策优势，组建了金州电力有限公司，大力推进“大电强网”建设，清水河自备电厂已建成发电，兴仁、贞丰、安龙自备电厂正加紧建设，电网建设已覆盖兴义、兴仁、安龙、贞丰四县市工业园区，“十三五”期末，全州自备电厂装机可达300万千瓦，供电量可达300亿度，基本实现全州主要工业园区自备供电和电价自我调节，有利于培育电价优势，促进工业的发展。**三是区位优势。**区位对工业发展有着极大的影响，区位优越有利于工业产品进入市场。黔西南州地处珠江上游黔、滇、桂三省区结合部，距贵阳、昆明300多千米，距南宁500千米，位于南（宁）贵（阳）昆（明）经济圈的中心地带和贵阳、昆明、南宁三个省会城市的三重辐射圈内，面向南部沿海、背靠西南内陆腹地，处于正在形成和发展的中国—东盟自由贸易区、泛珠三角经济圈、南贵昆经济圈、毕水兴经济带等四大区域经济板块之中，并受到北部湾经济区、海南国际旅游度假中心的辐射，是贵州联系中国—东盟自由贸易区的桥头堡。随着高速公路、铁路的加快建设，黔西南州的区位优势将更加突显，为工业产品进入珠三角市场、东盟自由贸易区以及下南出海创造了有利条件。**四是生态优势。**生态环境是人类生存的基本条件，优越的生态能增强投资软环境，有利于吸引外面投资者和就业者。黔西南州地处北纬25度，气候条件、空气质量、饮水质量、绿色环境等生态指标都高于全国、西部、全省平均水平。全州森林覆盖率52.7%，水质达标率100%，空气优良天数保持100%，年平均最高气温20.9℃、年平均最低气温12.9℃，日照时数1650小时，紫外线辐射属全国乃至全球最少的地区之一，空气湿度80%和降雨量1500毫米左右，湿度适宜，空气清新滋润，是全省乃至全国舒适期最长的地区，属于地球上最适宜人类居住的温暖气候地带，是最适宜人类生存的区域。随着全国大部分城市生态环境的恶化，黔西南州优越的生态环境，将成为招商引资发展工业的后发优越。

（二）W——劣势（Weakness）分析。黔西南州山地新型工业受基础设施、工业基础、物流成本等的制约，成为工业发展的主要劣势：**一是基础设施薄弱**。黔西南州建州三十多年来，虽然不断加强交通、水利、电力、通讯等基础设施建设，基础设施得到了极大的改善，但仍然存在很多薄弱的地方，成为制约工业发展的主要因素。交通设施滞后，公路设施存在等级低；铁路建设滞后，全州只有一条铁路（南昆铁路）通过，运力极为有限；水运方面，虽然黔西南州水运发展潜力较大，但红水河水运大通道等级低、并且尚未通航，出海水运通道名存实亡。水利设施滞后，由于自然条件和投入不足等历史原因，造成骨干工程少，小型水利工程受蓄水量小、调节能力弱等限制，目前，全州仅有骨干水源32个，库容仅7.6亿方，工程性缺水依然突出，工业用水保障能力不强。城镇设施落后，城镇的集镇建设标准低、规模小、基础弱、设施差，服务功能不完善，承载服务工业的功能较弱，小城镇建设由于缺少必要的产业支撑，基础设施薄弱，城镇化水平较低。二是工业基础薄弱。改革开放以来，黔西南州的工业得到了长足发展，2017年全州实现工业总产值　亿元，工业增加值同比增长46.6%，工业在国民经济社会发展中的主导地位不断增强，但工业基础依然相当薄弱：工业层次低、总量小，工业发展还处于原始积累阶段，绝大多数企业属于原材料开采和原材料初级加工企业，企业规模小、布局分散、技术含量低、精深加工产品缺乏，产品关联度低、产业链短，生产成本较高，市场竞争和市场化能力较弱；工业体系建设滞后，工业门类不全、链条不全、配套不全，缺乏完善的工业体系，工业发展仍然处于自由无序状态。煤炭、黄金等传统产业还处于资源开采层次，缺乏上下产业、相关产业体系；装备制造、新型建材、新型材料、新医药等新兴产业只确立了发展方向，未编制详细的产业体系。科技创新能力不足，工业科研人才缺乏，资源型企业开采方式落后，资源回采率低，资源浪费大，产品品质不高、同质化严重，其他企业技术设备落后、科研能力不强，缺乏产品开发能力，难以实现转型升级；园区集群作用较弱，多数工业园区缺乏明确的产业分工和主导产业定位，也缺乏区域统筹，各县（市、区）各自为阵，呈现“工业园区是个筐，所有项目往里装”的状况，工业园区产业混乱、同质化严重，尚未形成产业集群，园区的平台作用发挥不好；工业用工保障不强，职业教育发展滞后，尤其是没有结合全州工业发展所需的技术工人设置专业，州内劳动力绝大缺乏工业技术技能，不能适应新型工业化发展的需要。三是物流成本较高。黔西南州交通建设滞后，尚未形成多元化交通格局，运输能力较弱，加之地处边远，物流成本较高。一方面，单一运输方式提高了物流成本，黔西南州只有一条过境的货运铁路南昆铁路，运力不足，目前已无运力空间，无法满足工业产品的运输；南北盘江红水河水运航道未打通，工业产品无法通过运输成本最低的运输方式水运“南下”；黔西南州工业原材料、工业产品的运输 90% 以上通过运输成本最高的运输方式公路运输来完成，据调查统计，公路运输每吨的运输成本比铁路、水运运输成本分别高出 80%、140%，黔西南州的工业产品进入全国市场，运输成本与铁路、水运交通发达的地区相比，成本要高出 80% 以上。另一方面，空间距离拉大提高了物流成本，黔西南州偏居中国南部，地处边远，距工业品消费能力较强的东部、中部地区距离分别在 2000 千米、1500 千米以上，距珠三角、长三角的距离在 1000 千米以上，工业原材料进入和产品进入全国市场运输里程比其他地区要多出 500 至 1000 千米，黔西南州的工业品进入中、东部地区，每吨工业产品比其他地区的物流成本要分别高出上千千米的物流成本。物流成本的增加，直接削弱了工业产品的竞争优势。

（三）O——机会（Opportunity）分析。黔西南州工业发展机会，可以从三个方面来分析。**一是国家扶持政策的机会。**2012 年国发 2 号文件《国务院关于进一步促进贵州经济社会又好又快发展的若干意见》赋予了包括黔西南州在内的贵州的财税、投资、金融、产业、土地、人才、对口支援等诸多扶持政策。（1）财税扶持政策。国发 2 号文件提出：“适当提高部分黑色金属矿原矿、有色金属矿原矿和其他非金属矿原矿的税率标准，航空航天、电子信息、装备制造、生物医药、新能源等产业企业符合规定条件的，其固定资产可实行加速折旧，等等。”（2）投资扶持政策。国发 2 号文件提出：“国家有关部门专项建设资金要提高对贵州公路、铁路、民航、水利、市政公用等建设项目的投资补助标准和资本金注入比例，等。”（3）金融扶持政策。国发 2

号文件提出："支持贵州设立创业投资引导基金，扶持发展创业投资，规范发展股权投资，等等。"（4）产业扶持政策。国发2号文件提出："实行差别化产业政策，适当放宽贵州具备资源优势、有市场需求的部分行业准入限制；对有条件在贵州加工转化的能源、资源开发利用项目，予以优先规划布局并优先审批核准；加大中央财政对淘汰落后生产能力的支持力度，等。"（5）土地扶持政策。国发2号文件提出："在安排土地利用年度计划、城乡建设用地增减挂钩周转指标等方面加大对贵州的倾斜支持力度，等。"抢抓这些政策实施地机遇，必将有力的助推工业的发展。**二是区域发展战略的机会。**国家实施的几大区域发战略，为黔西南州工业发展带来了诸多机会。2015年国务院批复的《左右江革命老区振兴规划（2015–2025》将黔西南州全境全部纳入此规划，并提出："进一步加大扶持力度，着力加经基础设施和发展特色产业，打造产业集聚、经济繁荣的活力老区；"支持在交通、产业、金融、扶贫、生态、国土开发与保护等领域深化改革，进一步扩大开放，为全国革命老区振兴提供可复制、可推广的发展模式；依托有色金属、煤炭、水能、生物资源优势，强化科技创新，延长产业链条，推进资源就地加工转化，实现规模化、集群化、循环化发展；建设生态型有色金属产业基地、西电东送基地、清洁能源利用示范基地、生物产业基地，培育西部地区新的经济增长极。"为将黔西南州工业产业纳入这个规划推进实施，争取中央的政策、资金支持上提供了直接机遇。南北、盘江是珠江流域西江上源的两大支流，国家加强珠江流域生态保护，必将加大生态工程建设力度，为将盘江文化生态旅游纳入珠江流域生态保护工程建设争取支持提供了现实机遇。国家实施"一带一路"、长江经济带等区域发展战略，有利于黔西南州的工业在对外开放中迎来发展机遇。**三是脱贫攻坚战略的机会。**"十三五"时期是脱贫攻坚、同步小康的决胜时期，国家实施脱贫攻坚战略。黔西南州2016年底，全州8县市除兴义市以外，其余7县均是国家级贫困县，全州有贫困人口34.74万人，贫困发生率为10.89%，是左右江革命老区贫困人口聚集区，同时也是全省脱贫攻坚的主战场。在脱贫攻坚国家战略的大背景下，为争取国家基础设施、产业扶贫资金投入工业发展提供了重大机遇。

（四）T——威胁（Threat）分析。黔西南州工业发展有多种机遇，但也存在一些威胁，主要表现在三个方面。**一是工业发展与生态保护之间的矛盾。**黔西南州是欠开发欠发达落后地区，落后于全国落后于西部，后发赶超同步小康任务非常艰巨，2020年要与全国全省实现同步小康，必然加快发展，守好发展底线。同时，黔西南州又是珠江上游的重要生态屏障和重要生态功能区，守好发展底线，保护好生态环境显得尤为重要。生态环境是经济发展的主要载体，加快经济发展，尤其是加快工业发展，必然增加生态环境的负荷，如果工业发展与生态保护的矛盾处理不好，将会出沉重的生态代价。为此，黔西南州工业发展必须辩证地处理好发展与生态的关系。**二是产业同质化与恶性竞争的威胁**。目前，黔西南州的工业主要有煤炭、黄金、电力、冶金、化工、建材等产业，这些产业都是传统产业，同质化比较严重，在全国深入推进供给侧结构性改革去产能的大潮中，竞争越来越强烈，将面临恶性竞争，不仅在全国大市场中竞争，而且在省内、州内也存在同质化与恶性竞争，这种同质化与恶性竞争的威胁，必将影响工业的发展。黔西南州工业的发展，必须重构工业体系，走“人无我有、人有我优”的差异化发展之路，摆脱同质化与恶性竞争的威胁。**三是传统产业与产能过剩的威胁**。全国产能过剩行业已从钢铁、有色金属、建材、化工、造船等传统行业扩展到风电、光伏、碳纤维等战略性新兴产业，许多行业产能利用率不足75%，处于严重过剩。而有色金属、建材、化工等产业是黔西南州的传统产业，也是重要的工业，在全州工业总量中占有很大的份额，这些产业的全国性产能过剩，将严重影响黔西南州工业的发展。此外，国内许多行业，特别是重化工业、能矿产业产能利用率严重不足，存在严重产能过剩现象，化解产能过剩和调整产业结构必将对处于产业链上游的黔西南州资源原材料行业产生冲击，影响黔西南州工业经济的增长。为此，黔西南州工业发展必须规避产能过剩的威胁。

二、重构黔西南州山地新型工业发展体系

黔西南州辖区内96%是山地，山地的最大优势是生态，最大威胁是生态比较脆弱，一旦被破坏就很难修复。黔西南州是珠江上游的重要生态屏障和重要生态功能区，发展工业，必须在守好生态底线的前提下发展，这是对执政者发展能力、发展方式的考验，牢固树立绿色发展的理念，科学处理工业发展与生态建设的关系，抢抓发展机遇，发挥山地优势，规避山地劣势，防范风险威胁，科学构建适应山地生态环境的工业体系。

（一）构建山地传统工业体系。煤炭、黄金、电力是黔西南州的主要资源，也是工业发展的重要基础，但是在过去较长时间内由于对自然资源初级产品的过度依赖，靠对自然资源的开采、靠拼卖资源来换取工业经济增长，

这种“资源依赖型经济”除了导致主导产业单一化、经济结构不合理、资源浪费、效益低下等以外，最大的危害就是造成生态环境的破坏。黔西南州传统工业的发展，必须坚定不移地推进“大电强网＋大产业”战略，依托现有工业基础，加快实现煤电网产融合发展，优化山地传统工业体系，走出资源优势“陷阱”，让资源优势变为经济优势。**一是加快构建煤电网产业体系。**加快构建煤炭、火电、电网产业链和利益链，促进三者联动发展，形成安全稳固的能源供应共同体。充分利用丰富的煤炭资源和现有煤矿企业优势，加快推进现有煤矿“五化”改造，加大主体煤矿建设力度，全力提升煤炭产量，把煤炭做大，为发展自备电厂提供充足的煤炭保障；充分利用国家发改委已批准建设的地方自备电厂优势，加快推进地方自备电厂建设，尽快满负荷发电，实现地方煤炭自产自销，把自备电做大；加快推进地方电网建设，织密覆盖全州主要工业园区安全稳定的供电网，把地方网做强，形成“大煤＋大电＋强网”的煤电网产业体系。**二是加快构建煤电铝产业体系。**充分利用地方自备电形成的电价优势，依托兴仁登高铝业发展基础，规划建设巴（铃）龙（场）生态铝工业园，采取购买、合作、置换等多种方式，聚集铝产能指标，加快建设百万吨生态铝生产线，做大生态铝全产业链的主导产业。加快谋划规划铸造加工、铝压延、建筑型材、工业型材等以电解铝为原材料的下游铝全产业链项目，切实加大招商引资力度，推进铝材精深加工，形成煤电铝产业体系。**三是加快构建煤电钢产业体系。**充分利用地方自备电形成的电价优势，规划建设钢铁生态工业园，推进钢材、铁合金产业聚集发展。加快安龙金源铁合金新技术运用，促进达能达产，整合聚集黔西南州铁合金产能指标，规划建设铁合金生态工业园，依托安龙金源铁合金冶炼新技术，推进现有铁合金企业入园技改，加快铁合金产业生态化发展。充分发挥威舍开发区平台载体和清水河自备电厂优势，整合威舍开发区、清水河开发区联动发展，规划建设承接全国钢铁产业转移的生态工业园，促进煤电钢产业体系的形成。**四是加快构建煤电金产业体系。**充分发挥黔西南州丰富的黄金矿产资源和在建的贞丰自备电厂优势，认真研究国家关于黄金产业的发展政策，寻求黄金全产业链发展的突破口，规划建设融黄金冶炼、加工、销售、文化、科研、游游为一体的黄金小镇（产业园），推进黄金全产业链发展，形成煤电金产业体系。**五是加快构建煤电化产业体系。**充分利用地方电力优势和化工产业基础，规划建设化工产业园，坚持循环经济发展理念，推进兴化、宜化入园技改转型发展，加快工业废渣、废料、废气等废弃物的转化利用，形成新型化工循环产业体系。加快推进兴仁煤制乙二醇科研成果的转化，推进煤电纺等下游产业加快发展，促进煤电化产来体系的形成。

（二）构建山地新兴产业体系。要积极适应经济新常成和全国供给侧结构性改革，充分挖掘黔西南州独特的资源优势和市场优势，按照高质量发展的方向，加快发展民族制约、山地装备制造、新型建材、新材料、大数据等新兴产业，推进山地工业转型发展。**一是加快构建民族医药产业体系。**坚持产业互动发展的理念，紧紧依托全州正在加快建设的百万亩中药材基地，提升优化义龙制药工业园，引导州内现有制约企业，围绕全州正在大力发展的白芨、石斛等名贵中药材，大力发展中药材精深加工、民族制药研发，加快引进一批骨干药品生产企业，构建全州地产中药材、民族药材、民族药品、康养产品、保健食品等民族制药产业体系。**二是加快构建装备制造产业体系。**充分利用黔西南州地处滇黔桂三省区结合部的区位优势，瞄准山区重型机械产品市场，规划建设山地智能装备产业园，大力发展能矿装备、工程机械、农机装备、特种装备等装备产业，加快推进联合通用电梯、宝康数控机床等全产业链发展，形成电梯和数控机床产业集群。加大新能源汽车整车生产企业招商引资力度，推动安龙县金百能集团年产 10 万台新能源车辆及农业机械项目加快建设，努力打造全省重要的新能源汽车产业基地，促进装备制造产业体系的形成。**三是加快构建新型材料产业体系。**立足现有的义龙振华、兴义泰瑞佳等新材实产业基础，加快推进振华义龙 6 万吨锂离子动力电池三元材料生产线、兴义泰瑞佳 6000 吨碳酸锂项目建成投产达产，做大新材料主导产业；大力发展电极材料、电解液和隔膜等高端电池材料，打造新能源汽车动力电池产业基地，加快形成电池、电机、充电系统等关键零部件的产业集群。**四是加快构建新型建材产业体系。**规划建设以新型建筑建材为主导产业建，引导新型建筑建材业集聚发展，开发生产绿色建材产品和绿色装饰材料，发展新型墙体材料、新型建筑工程材料；制定黔西南州石材产业发展规划，重点推进安龙石材产业园建设，有序推进石材精深加工；加快发展装配式建筑，加快发展装配式建筑和推进新技术应用，提升装配式建筑比重，促进新型建材产业体系的形成。**五是加快构建大数据产业体系。**加快推进 100 万台服务器规模的中国南方绿色云数据中心项目建设，引进一批行业级、国家级数据资源向数据中心迁移，推进存储采集、加工分析、运营服务、交换交易等大数据核心业态，促进中国南方重要的数据储备绿色基地、数据加工及分析产业集群的形成。规划建设智能终端产业集聚区，推进协同制造、网络制造、云制造、数据制造等新型生产模式，推进智能终端制造、芯片与集成电路、电子材料和元器件、呼叫中心和大数据外包、软件开发与信息技术服务等大数据关联业态发展。规划建设一批智能工厂或数字化车间，推进互联网工业、人工智能、智慧农业等大数据衍生业态发展，促进大数据产业体系的形成。

（三）构建山地特色产业体系。农副产品加工业是实现农业与工业联动发展的链节和纽带，它一头连着农业，一头连着工业，农副产品加工业的发展，既能延长农业产业链、增加农业附加值，既提高了农业发展效益，又利用本地农业资源、就地解决工业原料，减少工业成本，提高工业效益。应充分利用黔西南州山地独特的农业、林业、畜牧业、水资源、旅游资源等优势，走特色化发展之路，推进特色农产品、林产品、畜产品、水产品、旅产品加工，建构山地特色产业体系。**一是加快构建农特产品加工体系**。紧紧围绕正在发展60万亩薏仁米、100万亩中药材、10万亩食用菌、100万亩油茶、100万亩板栗、50万亩茶叶等山地特色农业基地，规划建设兴仁薏仁米特色小镇、安龙中药材特色小镇、贞丰糯食特色小镇、普安茶叶特色小镇、册亨油茶特色小镇、望谟板栗特色小镇建设，大力发展薏仁米、中药材、食用菌、油茶、板栗等精深加工，强化特色品牌培育，推进山地农业种植、加工、销售一体化发展，加快形成山地特色农特产品加工产业体系。**二是加快构建林业产品加工体系**。按照“生态建设产业化，产业发展生态化”要求，加快建设300万亩杉木、桉树、菌用材和地方特色珍贵树种的用材林基地的同时，充分利用林业资源优势，规划建设林产品加工工业园，引进一批林产业一体化龙头企业和一批林产业加工企业，大力发展家具、门窗、移动板房等林产品加工业，培育一批绿色林产品品牌，推进林业产品加工体系的形成。**三是加快构建畜牧产品加工体系**。紧紧围绕正在加快发展的晴隆羊、普安长毛兔、盘江小黄牛、贞丰黑猪、兴义矮脚鸡等特色养殖业，规划建设山地畜牧产品加工工业园，加强养特色养殖全产业链项目编制，以园区为载体，加强全产业链招商，推进畜牧产品加工业的发展，促进产业体系的形成。**四是加快构建涉水产品生产体系**。充分利用水资源优势，编制实施全州水产业发展规划和行动计划，大力发展天然矿泉水、天然泉水和其他包装饮水用水，加快发展天然矿泉水生产企业，研发高端矿泉水产品，延伸开发医疗保健、美容养生、孕婴养护等功能型产品，加快形成优质水产品产业体系。**五是加快构建旅游产品加工体系**。结合全州推进全域山地旅游发展的战略部署，坚持专业化分工、集群化发展，规划建设山地旅游产品加工工业园，加快民族服饰、手工挂件、地方特产等旅游产品加工业发展，构建具有山地特色、民族特色、地域特色的旅游产品加工体系。

三、黔西南州山地新型工业发展路径建议

工业发展是一个系统工程，必须围绕山地工业体系的构建，明确发展路径，加快优化发展条件，加强平台载体建设，创新产业发展方法，强化要素供给，完善保障体系，才能有效地推进山地新型工业的发展。

（一）加强基础设施建设，提升区域发展能力。基础设施薄弱是制约黔西南州工业发展的“瓶颈”，工业要发展，必须首先突破制约发展的“瓶颈”，为工业发展创造条件、奠定基础，提升区域发展的力能。**一是加强交通基础设施建设，提升区位的比较优势**。相对东部地区来说，处于西部边缘的贵州在区位上已处于劣势，而处于贵州西南边缘的黔西南州，区位便是劣势中的劣势。区位处于劣势，使黔西南州在资金、人才等资源要素市场配置中处于弱势地位，这是制约产业发展的最大“瓶颈。黔西州要实现工业大发展，必须通过加强交通设施建设，畅通与外部联系的通道，提升黔西南州的区位在贵州乃至西部的比较优势，提升参与市场竞争的竞争力。为此，要抢抓国家脱贫攻坚战略、新一轮西部大开发、左右江革命老区振兴规划等发展机遇，继续加强交通基础设施建设。在铁路建设上，推进盘州至兴义至百色、兴义至贵阳、兴义至永州至赣州、黄桶至兴义至河口等铁路建设，尽快形成“一联两纵三横”的铁路网；在公路建设上，加快建设六枝至安龙贞丰经册亨至百色、纳雍至晴隆、兴义至富源等高速公路，打通出州的快带通道；在水路建设上，加快推进红水河水运大通道建设，打通南北盘江红水河出海水运通道。通过加强交通基础设施建设，畅通南下两广、北上贵阳、东出福州、西进云南的通道，缩小黔西南与外界的距离，提升区位的比较优势，努力夯实发展基础。**二是加强水利基础设施建设，为工业发展提供基本保障**。加强水利基础设施建设，是产业发展的基本保障。一方面，以重大水利枢纽工程为龙头，以大中型水利工程为骨干，以小型水利工程为基础，以微型水利工程为补充，逐步建立生活、生产、生态用水安全保障体系，加快解决工程性缺水问题，为工业、三产发展提供用水保障。另一方面，加强农田水利和烟水配套工程建设，以水源工程、灌区工程、“五小”工程为重点，在兴义、安龙、兴仁、贞丰、普安等县市建设一批中型水利项目和一批小（一）、小

（二）型水库，以“兴中灌区”“盘江灌区”建设为重点，争取国家加大投入力度，结合“三小”等小型水利建设，提高农业生产灌溉能力，为农业产业发展提供基本保证。**三是加强乡村基础设施建设，提升农村发展的综合能力。**农村人口多，发展基础差，自我发展能力弱，小康建设任务重，是全州能否实现同步小康的关键。而推进农村小康建设，必须加强基础设施建设，增强发展的综合能力。2012年，州委、州政府已启动了同步小康“六项行动计划”，这“六项行动计划”是系统地推进乡村基础设施建设的重要抓手，要扎实深入推进，不折不扣地实施，使其实实在在地改善农村的生产生活条件，全面提升农村发展的综合能力。

（二）加强工业园区建设，推动工业集群发展。发展工业需要具备原料及产品流通的便捷交通、集聚信息资金人才的区位优势、维持生产运行的能源保障以及企业生存发展的基础设施等条件，并非所有区域都适宜发展工业。从目前来看，黔西南州“县县建工业园区”的条件并不成熟，主要体现在交通区位不具优势，供水供电等能源保障能力较弱，基础设施投入不足，这些问题和困难制约了园区的发展，难以成为吸引外资的平台，园区的工业聚集作用难以发挥，“遍地撒网”效果不佳。黔西南州的工业必须走集聚发展之路，选择发展工业条件较好的区域规划建设大型工业集聚区，整合各种资源、集聚各种优势、集中人力财力，重点开发，重点扶持，重点发展，使工业形成规模效应、集聚效应，才能促进工业的大发展。从全州工业发展的条件来看，义龙新区，无论是在交通优势，还是区位优势，无论是能源保障，还是工业基础，与全州各县市相比，都占有绝对优势，是建设工业聚集区的最佳区域。应从全州工业聚集发展的视角，尽快在义龙新区规划布局全州各类专业化的工业园区，制定工业园区的产业集群发展战略，并整合全州各种资源，强力推进建设，将义龙新区建设成为全州工业聚集区，培育成为全州工业发展的增长极，成为做大工业的“引擎”。此外，兴仁、安龙、贞丰工业发展条件相对较好，应按照“集聚发展”的战略重点，各规划建设1个特色明显的工业园区，明确产业集群目标，搞好园区规划布局，形成各工业园区之间合理分工合作、协调发展的生产力布局。同时加快工业园区配套设施建设，推动更多资源要素向园区集聚，优化园区功能，提升园区集约发展水平，将工业园区打造成为工业创新平台，以工业平台集聚工业发展。

（三）创新产业发展方法，推进产业快速发展。黔西南州工业走步晚、基础差、总量小、效益低、科技含量低，要在短时间内，推进工业快速发展，靠过去的常规方法是很难实现的，必须结合实际，创新工业发展方法，从加强项目库建设、营造投资环境、建立服务体系等一系列的基础性工作做起，探索一条符合自身实际的发展路子。**一是抓好工业项目库建设**。项目库建设是增强工业发展的目标性、预见性、可行性的基础工作，要按照重建的工业体系，结合国家产业发展政策，认真研究建设一批市场前景好、科技含量高、投资收益高、辐射能力强的“大、特、优”项目，以优质的项目库建设来提高工业投资效益。**二是切实推进环境招商**。工业发展离不开招商引资，特别是工业发展缓慢的黔西南，更需要外来投资拉动工业的发展。但是，作为发展相对落后的地区，要提高招商引资效果，必须遵循资金向投资环境好、投资收益高的地方流动的规律，改变传统注重“走出去”的招商方式，把精力放在谋划优质项目、营造投资环境上，努力优化生态环境、社会环境、政务环境、法制环境、市场环境、生活环境，用优越的环境吸引投资。**三是建立工业服务体系**。当前，工业发展的服务体系不健全，缺乏项目建设“一条龙”服务体系，存在项目招商与项目建设脱节、跟踪服务跟不上的情况，不少项目招进来了，却因为征地拆迁等问题阻碍无法落地建设，不仅未能达到招商引资的目的，而且降低政府信誉，影响投资环境。为此，必须建立项目审批立项、征地拆迁、进场建设等一系列服务项目建设的服务体系，确保引进的项目顺利建成投产，实现工业的健康发展。**四是创新工业管理机制**。要围绕黔西南州的优势，打造区域品牌，做大做强特色品牌，通过名牌引进、技术合作、招商引资等多种途径，加快品牌产品的发展，放大名牌效应，推进企业品牌由行业级向国家级乃至国际级品牌发展，由知名品牌向强势品牌转变，引导企业增强创牌意识，鼓励品牌企业通过收购、兼并、控股、联合等多种方式做大做强。用高新技术和信息技术嫁接改造传统产业，着力提高高新技术和信息技术在传统产业的应用水平，推动高新技术与信息技术的系统集成，实现重点企业的生产自动化、控制智能化、管理信息化、营销网络化，促使其生产经营方式发生根本性的变革。通过创新工业管理机制，推动工业上台阶上水平大发展。

（四）完善制度保障体系，激活内在发展活力。推进山地新型工业发展，必须加快改革步伐，最大限度地从根本上消除束缚生产力发展的体制性障碍，解放和发展生产力。**一是建立州内统一的大市场，促进各种要素自由有序流动**。市场体系是市场经济重要的运行载体，是相互联系的各类市场的有机统一体，是市场功能得以发挥的重要基础和前提。黔西南州 8 县市条件差异显著、发展极不平衡，在新的发展时期，要保持持续稳定的发展，必须建立公平合理、竞争有序、统一开放、诚信规范的统一大市场，打破县市资源封锁，促进生产要素的合理流动和优化组合；加强协调，推动解决行政、执法中相互关联的重大问题，增强区域的整体竞争力；强化监管合作，共同营造法制、诚信、文明、公平的市场环境，促进各种要素在全州范围内自由有序流动。**二是落实好土地制度改革，破解“两化”供地难题。**大力推进工业化，是黔西南州实现后发赶超、同步小康的主要抓手，但是推进工业化必须破解用地难，如果破解不了这一难题，工业化就无法推进。为此，必须落实好土地制度改革，坚持“双管齐下”，努力创新破解“两化”用地难题。一方面，逐步提高存量用地在建设用地供应总量的比重，逐步扭转城镇建设对新增土地出让收益的过多依赖，加快建立有利于存量建设用地盘活利用的制度政策体系，以节约集约用地推动产业升级和城镇化转型发展；另一方面，加快建立有利于农业转移人口市民化的制度环境，建立对失地农民的住房、社保、就业培训等合理保障制度，建立专项基金用于对失地农民就业指导、技能培训、社会救助等努力化解工业化、城镇化中的人地矛盾和社会冲突，加快工业化、城镇化步伐。**三是建立城乡统一社会保障制度，推进和谐社会建设。**保障社会公平公正，是城乡居民最关注的问题。建立全州城乡统一的社会保障制度，是推进和谐社会建设的制度保证。建立公平完善的国民教育体系，促进各类教育均衡发展和教育公平惠民；建立城乡统一的医疗卫生体系，切实解决城乡“看病难、看病贵”问题；健全城乡养老体系，不断提高城乡保障水平；建立城乡住房保障体系，逐步解决低收入城乡居民的住房困难；健全城乡救助体系，着力解决特殊群体社会保障；建立城乡就业体系，切实解决城乡就业难问题。通过建立全州城乡统一的社会保障制度，推进和谐社会建设，营造良好的工业发展社会环境。

（五）调动各种发展力量，形成工业发展合力。工业发展是全面建成小康社会的重要经济支撑，也是保持经济发展稳中有进总基调的重要支撑，只有工业发展上去了，才能带动农业、现代服务业的发展。作为落后于全国全省的黔西南，要与全国同步实现小康，必须调动力量，形成推进工业发展的强大动力，才能保证实现同步小康。**一方面，要提高干部的落实力，推进目标任务落实。**路线确实之后，干部是关键。任何好的工作思路和战略部署，需要有一支作风过硬、执行力强的干部队伍去组织实施，狠抓落实，工作才能取得成效。为此，要根据工业发展的目标任务用好干部，将懂工业、思路广、能力强、作风正、办法多的干部选拔到组织实施工业化的重要领导岗位，领衔实施工业强州发展战略，将加快构建山地新型工业体系的任务，一项一项地推进落实。**一方面，要集聚产业发展人才，增强发展创新能力**。工业人才缺乏是黔西南州的一项短板，要发展工业，必须尽快弥补人才短板，加强人才队伍建设，要紧紧围绕山地新型工业体系，引进一批高层次创新人才，培养一批技术攻关人才，集聚一批高技能人才，培育一批引领经济社会发展的实用人才，推动人才向重点发展产业、向产业园区、向企事业单位和社会管理领域集聚，加快造就一支数量充足、结构合理、素质优良、富有活力、善于创新的人才队伍，为工业发展提供坚强的人才保障。

结束语：

总之，黔西南州加快山地新型工业发展，应客观地分析发展山地工业的优势与劣势、机遇与威胁，克服基础设施薄弱、产业发展滞后、发展动力不足等制约因素，发挥各种优势，深挖工业发展潜力，加快构建现代山地新型工业体系，采取加强基础设施建设、创新产业发展方法、完善制度保障体系、调动各种发展力量等保证措施，才能有效地推进山地新型工业的发展。

（作者单位：黔西南州人民政府经济发展研究室）

黔西南州工业园区产业集群问题研究

岑大明

内容摘要： 产业集群是园区和产业发展的大趋势。本文从投入产出比、空间分布效应、产业分布效应维度分析了黔西南州工业园区产业集群现状，通过对全州工业园区产业集群绩效的评价，客观分析了全州工业园区产业集群主要存在的诸多问题，并提出了六条推进全州工业园区产业集群发展的对策建议：调整优化园区规划，引导园区专业化分工；加强投资环境建设，增强园区综合竞争力；创新园区招商模式，发展壮大主导产业；优化升级产业结构，提升产业发展质量；加大园区科技投入，提高企业自主创新能力；扩宽园区融资渠道，增强产业集群发展活力。

关键词： 工业园区　产业集群　对策建议

发展山地经济离不开山地新型工业的强力支撑，工业园区是工业发展的重要平台，只有通过强化园区定位、明确产业导向、提高产业集群力，吸引具有产业关联性的企业入园，培育园区产业集群，形成园区产业竞争优势，才能推动山地新型工业的发展。“十二五”初期，黔西南州贯彻落实“工业强省”主战略，规划设立 14 个工业园区，经过几年发展，淘汰整合保留了 10 个，园区发展取得了一定成绩，但也存在园区缺乏特色、同质化严重、产业布局雷同、集群效应不佳等突出问题，没有发挥好带动新型工业发展的平台作用。产业集群是大量关联企业在一定区域内聚集，是新的产业组织形式，是实现新型工业化的有效途径，黔西南州要在“山地新型工业化上创新示范”，必须走园区产业集群发展之路。

一、黔西南州工业园区产业集群现状分析

“十一五”期末，黔西南州工业园区尚是空白，经过 5 年的发展，全州 10 个工业园区逐渐成为发展矿产资源加工、民族制药、农副产品加工等产业

的重要平台，促进了县域经济结构调整和增长方式的转变，为推动全州后发赶超、同步小康发挥了重要作用（见表1）。全州工业园区企业数从2012年的217户增加到2015年的470户，增长了116.59%；就业人员从13419人增加到32270人，增长了140.47%；工业总产值从137.40亿元增加到443.89亿元，增长了223.06%；工业增加值从55.30亿元增加到116.17亿元，增长了110.07%；固定资产投资从68.09亿元增加到693.54亿元，增长了919.11%；基础设施建设投资从24.78亿元增加到165.28亿元，增长566.98%；税收收入从8.76亿元增长到21.91亿元，增长53.06%。

由于工业园区经济基础、区位条件、空间布局等不同，园区的发展水平不同，不同投资强度的园区，产出的绩效不同，不同空间布局、产业布局的园区，产业集群效应也不相同。为此，笔者在把握全州工业园区整体发展情况的基础上，结合各工业园区的特点，采取投入产出比分析法、空间布局分析法和产业布局分析法，对各工业园区的产业集群效应进行评价，通过对比分析，探讨全州工业园区的产业集群效应。

表1 黔西南州工业园区2012年–2015年经济增长一览表

年份及增长率	企业总数（户）	就业人数（人）	工业总产值（亿元）	工业增加值（亿元）	固定资产投资（亿元）	基础设施投资（亿元）	累计完成投资（亿）	实现税收（亿元）
2012	217	13419	137.40	55.30	68.09	24.78	92.87	8.76
2013	313	19594	207.60	73.18	154.40	43.96	158.36	12.97
增长率（%）	44.24	46.02	51.09	32.33	126.76	77.40	70.52	48.06
2014	381	24980	308.79	98.60	197.17	72.74	249.91	17.06
增长率（%）	21.41	27.49	48.74	34.74	27.70	65.47	57.81	31.53
2015	470	32270	443.89	116.17	261.7	94.28	319.43	21.91
增长率（%）	23.36	29.18	43.75	17.82	32.73	29.61	27.82	28.43

资料来源：各县市园区办提供

（一）投入产出比分析。从表2可以看出，以每平方千米工业增加值为指标，全州工业园区平均水平为4612.01万元/平方千米。清水河、威舍、郑鲁万、贞丰、晴隆5个工业园区产出水平高于全州平均水平，兴仁、安龙、普安、册亨、望谟5个工业园区产出水平低于全州平均水平。从投资强度看，全州工业园区的平均投资强度为3.81亿元/平方千米，清水河、威舍、郑鲁万、贞丰、晴隆5个工业园区的投资强度均高于全州水平；兴仁、安龙、普安、册亨、望谟5个工业园区低于全州平均水平。用产出比低于全州平均水平的兴仁、安龙、普安三县工业园区与产出比高于全州平均水平的工业园区比较可以看出，园区产业定位相同（都是以煤化工、重化工为主导产业），区位优势相近，但园区面积过大（均在40平方千米左右），投资强度不够，安龙为2.52亿元/平方千米、兴仁为1.97亿元/平方千米、普安为1.78亿元/平方千米，均低于全州平均水平；册亨、望谟两县工业园区也因投资强度不够，园区产出率不高。可见，提高园区产出率，推进产业集群，培养产业工人不容忽视。以人均工业增加值为指标，全州县域工业园区平均水平为30.7万元/人，在10个工业园区中，清水河、威舍、兴仁、晴隆4个工业园区人均工业增加值超过全州平均水平；册亨、普安、郑鲁万3个工业园区人均工业增加值接近全州平均水平；安龙、贞丰、望谟3个工业园区人均工业增加值与全州平均水平差距较大。从表1可以看出，就业人数影响工业园区的产出率。以清水河工业园区与贞丰县工业园区相比，清水河工业园区从业人数5200人，实现工业增加值24.17亿元，人均工业增加值为46.48万元；贞丰县工业园区从业人数5300人，实现工业增加值6亿元，人均工业增加值为11.32万元。

表9 2015年黔西南州县域工业园区投入产出比一览表

园区名称	园区面积（平方千米）	就业人数（人）	累计完成投资（亿元）	工业增加值（万元）	每亿元投资/平方千米	每万元工业增加值/平方千米	每万元工业增加值/人
全州总计	215.52	32380	820.57	993981	3.81	4612.01	30.70
清水河	20.00	5200	159.00	241700	7.95	12091.00	46.48
威舍	5.40	2800	75.63	245500	14.00	45462.96	87.68
郑鲁万	31.65	6540	162.60	176000	5.10	5560.82	27.00
兴仁	38.15	1642	75.00	80000	1.97	2096.98	48.72
安龙	40.59	3220	102.46	66000	2.52	1626.00	12.02
贞丰	4.00	5300	80.00	60000	20.00	15000.00	11.32
普安	40.00	3186	71.03	88500	1.78	2212.50	27.78
晴隆	7.12	2290	60.33	157100	8.47	22064.60	68.60
册亨	21.96	1190	20.70	36941	0.94	1661.07	30.66
望谟	6.66	1012	13.82	640	2.08	258.07	0.63

资料来源：各县市园区办提供

（二）空间分布效应分析。黔西南州除兴义市有2个工业园区外，各县均有1个工业园区，空间布局“均衡”。这“均衡”，除了工业园区数量均衡外，园区与园区的距离大约在 50 至 60 千米之间，距离上也相对“均衡”。在空间分布上，兴义市威舍工业园区、清水河工业园区主要依托南昆铁路及煤矿资源进行布局，义龙试验区郑鲁万工业园区主要依托南昆铁路、汕昆高速、晴兴高速等骨干交通交汇形成的交通枢纽优势进行布局，这 3 个工业园区具有优越的交通区位优势；兴仁、安龙、贞丰三个工业园区地处黔西南州中部，区位及地理条件比较优越，交通比较发达，有利于聚集全州生产要素，依托城镇及本县煤炭、黄金等矿产资源进行布局；普安、晴隆两县工业园区依托沪昆高速、晴兴高速、城镇及本县煤炭、锑矿等矿产资源进行布局；册亨、望谟两县工业园区主要依托城镇及本县农业资源进行布局，因册亨、望谟地处边远，不具备交通、区位优势。从图 2 可以看出，工业园区不同的空间分布，产生不同的产业集群效应，交通条件、区位条件、资源条件、工业基础均影响产业集群效应。在 10 个工业园区中，2015 年工业增加值排前三位的是清水河、威舍、郑鲁万工业园区，是 10 个工业园区中交通条件最好、离中心城市最近、资源富积、工业基础最好的园区。册亨、望谟工业园区是全州工业园区中区位优势最差的园区，2015 年仅分别实现工业总产值 3.69 亿元、0.64 亿元，居 10 个工业园区的末位。可见，工业园区在布局上应优先布局在交通、区位优越的区域，才有利于产业集群。

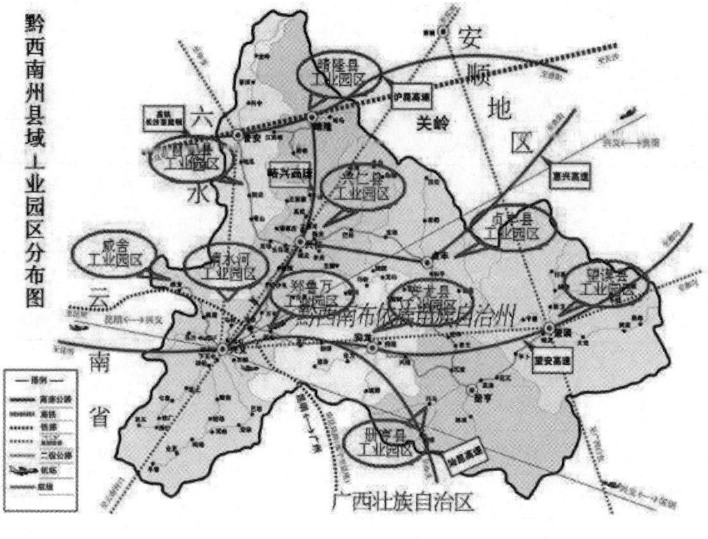

图 2　黔西南州县域工业园区分布图

（三）产业分布效应分析。如表 2 所示，全州 10 个工业园区，8 个园区以发展煤炭产业为主，兼顾发展轻工业，具体布局在兴义、安龙、兴仁、贞丰、普安、晴隆、义龙七县（市、试验区），产业有煤炭加工及煤化工、建材、冶金、化工、农产品及食品加工、纺织服饰、民族制药、木材加工。煤炭加工及煤化工产业分布在7个园区，建材产业分布在5个园区，冶金产业分布在5个园区，化工产业分布在4个园区，农产品及食品加工业分布在5个园区。**同一产业分布在多个园区，导致园区同质化严重，园区缺乏特色，产业规模小，产业链短，集群效应差，不利于产业集群，难以形成规模经济效应。**比如，分布在7个工业园区的煤炭产业，集群效应相对较好的威舍工业园区、清水河工业园区、普安县工业园区、晴隆县工业园区，分别有煤炭及其相关企业23户、10户、10户、13户，工业增加值分别为25.55亿元、11.1亿、7.3亿、13.57亿，实现税收分别为1.26亿元、2.22亿元、2.11亿元、2.45亿元。其他3个工业园区，煤炭产业集群效应太差，郑鲁万工业园区虽然有5个煤及煤化工企业，但工业增加值只有2.6亿元，实现税收仅0.12亿元；安龙县工业园区、贞丰县工业园区，分别只有一个煤化工、煤焦电企业，实现税收仅0.35亿元。

表3 2015年黔西南州各工业园区主导产业发展情况一览表

园区名称	产业名称	企业总数（户）	工业总产值（亿元）	工业增加值（亿元）	实现税收（亿元）
清水河工业园区	煤及煤化工	16	37	11.1	2.22
	建材	10	62	18.6	3.72
	电力	6	120	36	7.2
	冶金	5	6	1.8	0.36
威舍工业园区	煤及煤化工	23	52.31	25.55	1.26
	冶金	3	9.58	1.35	0.10
郑鲁万工业园区	水泥建材	3	6.9	2	0.5
	冶金	3	5	0.7	0.3
	煤及煤化工	5	6.6	2.6	0.12
兴仁县工业园区	农产品加工	10	7.3	1.46	0.2
	纺织服装	28	6.8	1.36	0.14
	煤电铝	1	0	0	0
安龙县工业园区	建材	10	9.1	1.8	0.5
	特色轻工	26	6.3	1.2	0.38
	煤化工	1	0	0	0

续表

园区名称	产业名称	企业总数（户）	工业总产值（亿元）	工业增加值（亿元）	实现税收（亿元）
贞丰县工业园区	建材	15	19	15	0.5
	农产品加工	12	6	5	0.25
	黄金	2	30	25	0.9
	煤焦化	1	15	10	0.35
普安县工业园区	煤及煤化工	13	22.22	7.3	2.11
	轻工业	34	17.77	5.87	1.69
	冶金	10	4.44	1.46	0.42
晴隆县工业园区	煤及煤化工	13	33.24	13.57	2.45
	有色冶金	4	0.25	0.13	0.03
	农产品加工	28	8.3	1.48	0.16
	建材	5	7.15	1.45	0.46
册亨县工业园区	农产品加工	1	2.19	0.77	0.24
	木材加工	4	6.47	1.73	0.34
	生产服务	1	1.47	0.29	0.08
	化工	3	3.76	0.75	0.16
望谟县工业园区	食品加工	3	1.14	0.23	0.05

资料来源：各县市园区办提供

通过产业分布效应分析得出，各工业园区虽然发展了一些主导产业，但仅具备产业集群的雏形，离真正的产业集群还有很大的差距，园区内各企业之间没有专业化分工，没有基于共同地域文化背景下的相互认同和协同关系，也没有形成上、下游企业及支撑产业相互关联的互补作用效应，更缺乏既竞争又合作的创新动力，不是真正意义上的产业集群。全州工业园区产业大都立足于矿产资源，对资源依赖性太大，如煤炭、建材、冶金等产业集群中的企业大都是对矿产品进行简单加工，生产技术含量低的初级产品，产业附加值低，产业竞争力弱。此外，各工业园区的产业，绝大多数是传统产业，产业结构不合理，重工业不“重”，轻工业太“轻”，新型工业产业体系尚未建立。

（四）结果分析。根据上述分析得出，工业园区产业群集效应与园区产出比、园区空间布局、产业分布有关，产出比越高、空间优势越突出、产业分工越专业，园区产业集群效应就越好。综合园区产出比、空间分布绩效、产业布局绩效，黔西南州县域工业园区产业集群效应可分为三类（见表4）。

表4　黔西南州县域工业园区产业集群效应分类表

类别	工业园区名称	产业集群效应参考值		
		产出率（每万元工业增加值/平方千米）	工业总产值（亿元）	工业增加值（亿元）
一	威舍工业园区　清水河工业园	10000万元以上	50亿元以上	10亿元以上
二	郑鲁万工业园区 兴仁工业园区 安龙工业园区　普安工业园区 晴隆县工业园区　贞丰工业园区	2000万元至9990万元	20亿元至49亿元	5亿元至9.9亿元
三	册亨工业园区　望谟工业园区	2000万元以下	20亿元下下	5亿元以下

资料来源：各县市园区办提供

第一类：兴义市清水河工业园区、威舍工业园区。清水河工业园区凭借经济发展总量领先于其它工业园区，兴义市是黔西南州府所在地，经济基础、交通条件、资源禀赋都比其他县域好，清水河工业园区依托南昆铁路、周边煤矿、兴义中心城市，发展以煤炭为主导产业的循环经济，即：煤——电——产（冶金、煤化工、建材），实现了工业总量的提升，2015年底，全区入园企业52家，其中规模以上企业37家，从业人员5200人，实现工业总产值73.21亿元、工业增加值24.17亿元，实现税收4.13亿元，撑起了兴义市工业经济半壁江山。威舍工业园区凭借南昆铁路最大编组站（威舍火车站）交通运输优势和盘县、红果、富源等周边丰富的煤炭、矿产资源优势，围绕煤炭加工、煤焦化、煤化工以及冶金，集中布置一批重型工业企业，初步形成以煤炭为主导产业的产业集群。2015年底，威舍工业园区共完成的工业总产值和工业增加值分别占兴义市的45%、41%，带动了兴义市工业的发展。但是，作为州府城市的工业园区，这两个园区主导产业都是传统重工业，在产业结构、科技创新、发展质量等方面较弱，在今后应注重优化产业结构，推进产业转型升级、提高科技含量、提升发展质量。

第二类：郑鲁万工业园区、兴仁县工业园区、安龙县工业园区、贞丰县工业园区、普安县工业园区、晴隆县工业园区。这类工业园区在黔西南州工业园区中极为普遍，占全州工业园区的60%，共性是园区规划面积大、轻重工业混合发展、主导产业过多，集群效应难以显现。例如，郑鲁万工业园区工业增加值在全州工业园区中排名第三，入园企业43家，规划面积31.65平方千米，园区投入162.6亿元，投入总量全州第一，虽然发展了建材、冶金、化工、制药、食品加工、农产品加工、制衣等近十个产业，产业门类齐全，但没有一个产业形成集群，投入产出率也不高，每平方千米工业增加值仅为5560.82万元，在10个工业园区中排第五。安龙县工业园区，规划面积40.56平方千米，是全州面积最大的工业园区，发展的产业有建材、石材、煤化工、冶金、农产品加工、特色轻工等产业，2015年实现工业总产值33亿元，工业增加值6.6亿元，在10个工业园区中分别排第7位、第6位，每平方千米工业增加值1626万元，产出率排全州第9位。这6个工业园区，虽然交通、区位、资源等条件都比较优越，但是园区位定“大而全”，园区同质化严重，缺乏专业化分工，导致产业集群效应较差。这类工业园区在园区定位上应转向“小而精”，强化产业专业化分工，走“一园一产”的特色园区发展之路，促进产业集群的形成。

第三类：册亨县工业园区、望谟县工业园区。这类园区的特点是入园企业少、企业规模小、经济总量小，没有相关支撑产业，没有形成产业链，也就没有形成产业集群。这主要与园区所在县域的经济基础、自然资源、地理条件等初级生产要素有直接关系。册亨县、望谟县是黔西南州最边远的贫困县，交通不发达，2015年底才通高速公路，区位无优势，自然资源单一，以农业为主，工业基础薄弱，很大程度上制约工业园区的发展。这两个工业园区应充分利用现有农业、林业资源，科学规划园区产业定位，以食品加工、林产品加工为园区定位，加大招商引资力度，大力培育园区主导产业和相关支撑产业，做大产业规模，拉长产业链，促进产业集群发展。

二、黔西南州工业园区产业集群问题分析

通过对全州工业园区产业集群发展现状的分析、产业集群绩效的评价以及对工业园区的实地调研，全州工业园区产业集群主要存在以下问题：

（一）缺乏区域统筹规划，工业园区特色缺失。全州工业园区产业集聚最突出的问题是园区雷同、产业雷同。从表12可以看出，在10个工业园区中，有7个园区将煤炭及相关产业作为主导产业，涉及农特产品、食品加工的园区有6个。同一产业分散在多个园区、产业结构趋同现象严重，园区缺乏特色，园区内企业之间产业关联度低，难以形成有效的产业链。造成工业园区同质化、产业雷同、结构趋同的主要原因有两个方面：一是工业园区产业定位缺乏区域统筹规划，各工业园区产业定位各自为阵；二是园区定位不准，

现有10个工业园区，多数面积“大”、产业“全”，面积在20至40平方千米的有6个，5至20平方千米的有4个，园区平均面积为22平方千米，园区各种产业企业“混装”，均有3个以上产业，50%以上的园区有5个以上产业。在市场竞争极其激烈的今天，工业园区需要有独特的竞争优势，才能吸引企业、聚集资金，这种“大而全”的定位已不适应市场需要，应向“小而精”转变。

表12 黔西南州工业园区功能定位一览表

园区名称	园区面积（平方千米）	主要功能和定位
清水河工业园区	19.99	煤炭洗选、煤化工、电力、建材
威舍工业园区	5.40	煤炭洗选、煤化工、冶金、建材
郑鲁万工业园区	31.64	煤电铝一体化、冶金、水泥建材
兴仁县工业园区	38.15	煤电铝、煤电化、纺织服装、电子产品、农产品加工
安龙县工业园区	40.59	能源化工、新型建材、特色轻工
贞丰县轻工园区	37.05	建材、煤焦电、黄金、农特产品加工
普安县工业区	40.00	煤炭、煤化工、食品、服装、手工艺、冶金、建材、化工
晴隆县工业园区	30.64	煤化工、煤炭加工、有色矿冶、农特产品加工
册亨县工业园区	21.96	农副产品加工、早熟蔬菜、木材加工、制糖
望谟县工业园区	2.48	食品加工、农特产品加工、林产品加工、制糖

资料来源：各县市园区办提供

（二）集群环境建设缺位，园区内在竞争力弱。全州各工业园区创建以来，各园区注重加强园区硬件设施建设，基本实现“五通一平”，搭好了工业园区的大框架，但是园区产业集群内在环境建设缺位，工业园区竞争力不强，园区产业集群效应较差。具体表现在服务能力、金融环境、制度环境等园区配套服务欠缺。在服务能力上，后续服务跟不上，政府管理部门存在办事效率低下、办事难等问题，为企业排忧解难、解决问题较少；缺乏有效的中介服务，在各工业园区中没有成立行业协会，没有建立信用体系和担保体系，研发、审计、法律服务等企业服务中介组织也不健全。在金融环境上，信贷环境较紧，银行贷款难，企业流动资金紧张，制约了企业发展壮大。在制度环境上，全州工业园区建设起步晚，各种规范市场经济制度尚未完善，各工业园区入园企业大多数是通过招商引资吸引而来，与当地产业、资源、市场缺乏紧密的有机联系和牢固的共生关系，有的企业目的在于享受土地出让、环境指标等优惠政策，有些企业目的在于吸纳廉价的资源，根植性不强，没有与当地经济发展形成深度融合，在后续投入和扩大再生产上积极性不高，导致企业规模较小、产业链太短，难以形成产业集群。

（三）产业之间关联度低，园区企业群而不聚。全州工业园区多数企业是通过提供优惠政策吸引企业入园的，这种集中仅仅只是一种地理上的集中，未产生实质的集群效应。原因在于：一是缺乏对产业集群配套发展的统一规划和管理，缺乏产业配套集聚的产业基地，没有把招商引资同产业配套紧密结合，导致工业园区产业集群在规模、效益等方面与沿海发达地区产业集群相比差距很大；二是园区内各企业之间缺乏分工协作和配套，没有形成一条完整的产业链，尚未形成与科研机构良好的合作机制；三是重视招商引资数量，忽视竞争力的培育和可持续发展。这些因素必然导致各个企业封闭的生产系统，研发和交易成本很高，产品缺乏市场竞争优势。有的园区虽然有一定中小企业的集结，但缺少发挥主导作用的龙头企业，并且同一产业分散在多个园区，造成园区产业结构严重趋同，园区特色不明显，带动区域经济发展的能力不强，难以形成规模效应。园区产业结构趋同，势必引发园区之间招商引资的恶性竞争，对全州工业园区整体发展不利，同时造成园区优势产业集群难以形成。以兴仁县工业园区服装工业园为例，虽然园内入驻了 28 家服装企业，但是生产一件服装需要经过 20 多道生产工序，需要 10 多种相关配套产品，没有一个企业能独立生产一件服装。虽然这些服装企业是从福建引进来的，但这些企业之间以及与本地企业之间几乎没有任何分工协作，甚至各企业原材料都是从福州运输过来，服装加工成品后又运往福州销售，这一来一去导致企业生产成本大大增加，无法形成集群效应。

（四）产业结构层次较低，园区产业亟待转型。黔西南州地处边远，历来是传统农业州，工业起步晚，基础薄弱，发展水平不高。实施工业强州战略，大力推进对外开放，加快产业结构调整和推动经济转型升级，应以开发本地优势产业和承接东部发达地区产业转移为主，但是，从目前来看，全州通过招商引资引进和承接的企业，大多数是技术含量低、劳动力密集型的粗加工工业和环境负荷大的低端化工、冶金产业。而且，在园区发展过程中没有注意抓好产业发展规划，没有明确的园区产业定位，没有把发展特色产业集群作为园区的战略目标，没有突出产业特色和优势，导致各园区普遍存在产业结构层次低下的问题，各园区产业大部分是低端的资源粗加工类和高能耗、高污染、高排放企业，这些企业各自为阵，企业之间的关联度不强，绝大多数园区没有产业集群意识，凡是企业都往工业园区里装，导致工业园区“有企业无产业”问题。

三、推进黔西南州工业园区产业集群对策建议

鉴于全州工业园区对区域经济发展的战略意义，如何针对地区比较优势，采取有效措施，推动工业园区发展，成为当前迫切需要解决的问题。推进特色产业集群，是工业园区发展的方向，需要政府综观全局、综合考虑，根据促进县域工业园区产业集群发展的政策行为制定原则，笔者提出以下对策建议。

（一）调整优化园区规划，引导园区专业化分工。全州工业园区“大而全”的定位已不适应市场需要，应由“大而全”向“小而精”转变，应参照国内外成功园区经验，每个园区规划面积控制在5至10平方千米，按照打造专业化、精致化、特色化园区的目标，坚持“一园一产”的原则，调整优化工业园区产业定位，引导园区产业分工，推进特色产业集群（详见表13）。**一是培育大电强网优势，调优重型工业园区，培育化工、冶金、建材、黄金四大载能产业集群。**威舍工业园区，应依托2×350MW自备电厂和已有的煤化工产业基础，以煤化工为主导产业，培育煤化工产业集群；清水河工业园区，应依托4×350MW自备电厂和已有的冶金、建材、化工产业基础，化“1”为“3”，规划调整为冶金工业园、建材工业园、化工工业园，分别培育冶金、建材、化工产业集群；兴仁县工业园区，应依托登高5×200MW自备电厂，规划生态铝工业园区，培育铝产业集群；安龙县工业园区，应依托2×350MW自备电厂和正在建设的鑫源生态载能项目，规划建设生态铁合金工业园，培育铁合金产业集群；贞丰县工业园区，应依托4×350MW自备电厂和黄金产业基础，以黄金产业为主导产业，培育黄金产业集群；普安县工业园区应依托地瓜、楼下丰富煤矿资源，优化建设煤电化工业园区，培育煤电化产业集群；晴隆县工业园区，应依托2×350MW自备电厂和现有煤化工产业基础，优化建设晴隆煤化工工业园区，培育煤化工产业集群。**二是立足园区产业基础，调优轻型工业园区，培育服装、旅游产品、民族食品、茶叶、畜牧产品、林产品、绿色食品等特色产业集群。**兴仁县工业园区应立足服装产业基础，优化服装工业园区，培育服装产业集群；安龙县工业园区应立足特色轻工业基础，优化建设特色轻工业园区，重点培育旅游产品产业

集群；贞丰县工业园区，应立足农产品加工基础，优化建设农产品加工工业园，重点培育民族特色食品产业集群；普安县工业园区，应立足茶叶加工基础，优化建设茶叶加工工业园，重点培育茶叶产业集群；晴隆县工业园区，应立足“晴隆羊”加工基础，优化建设畜牧加工工业园，重点培育生态畜牧产品产业集群；册亨县工业园区，应立足林产品加工基础，优化建设林产品加工工业园，培育林产品产业集群；望谟县工业园，应立足食品加工基础和“两江一河”生态经济带优势，优化建设食品加工工业园，培育绿色食品产业集群。**三是利用发展优势，新增一批工业园区，培育大数据、新医药、装备制造、木纹石、薏仁米等产业集群。**利用义龙试验区大交通、大区位优势，规划建设大数据产业园区、大健康产业园区、装备制造工业园区，培育大数据产业集群、新医药产业集群和装备制造产业集群；利用安龙、贞丰、册亨三县结合部木纹石资源优势，规划建设贵州木纹石产业园区，培育石材产业集群；依托兴仁县50万亩薏仁米种植基地，规划建设薏仁米加工工业园区，培育薏仁米产业集群。

表7 黔西南州工业园区调整优化路径建议一览表

现有工业园区产业定位			调优后的工业园区产业定位			
名称	面积（km^2）	产业定位	名称	面积（km^2）	主导产业	产业发展目标
清水河工业园区	20	煤化工、电力、建材	清水河煤化工工业园区	6	煤化工	煤化工产业集群
			清水河冶金工业园区	6	冶金	冶金产业集群
			清水河建材工业园区	6	新型建材	新型建材产业集群
威舍工业园区	5	煤化工、冶金、建材	威舍煤化工工业园区	6	煤化工	煤化工产业集群
郑鲁万工业园区	31	煤电铝、冶金、水泥建材	义龙大数据产业园区	10	大数据	大数据产业集群
			义龙新医药产业园区	10	医药	医药产业集群
			义龙装备制造工业园	10	装备制造	装备制造产业集群
兴仁工业园区	38	煤电铝、煤电化、服装、电子产品、农产品加工	兴仁生态铝工业园区	6	生态铝	铝产业集群
			兴仁服装工业园区	6	服装	服装产业集群
			兴仁薏仁米工业园区	6	薏仁米	薏仁米产业集群
安龙工业园区	40	能源化工、新型建材、特色轻工	安龙铁合金工业园	6	铁合金	铁合金产业集群
			安龙特色轻工业园区	6	旅游产品	旅游产品产业集群
			贵州木纹石产业园区	10	石材	石产业集群

续表

现有工业园区产业定位			调优后的工业园区产业定位			
名称	面积（km^2）	产业定位	名称	面积（km^2）	主导产业	产业发展目标
贞丰轻工园区	37	建材、煤焦电、黄金、农特产品加工	贞丰黄金产业园	6	黄金	黄金产业集群
			贞丰食品工业园	6	民族食品	民族食品产业集群
普安县工业区	40	煤炭、煤化工、食品、服装、冶金、建材、化工	普安茶叶加工工业园	6	茶叶	茶叶产业集群
			普安煤电化工业园区	6	煤电化	煤电化产业集群
晴隆工业园区	30	煤化工、矿冶、农产品加工	晴隆畜牧产品工业园	6	畜牧产品	畜牧产品产业集群
			晴隆煤化工工业园区	6	煤化工	煤化工产业集群
册亨工业园区	21	农副产品、木材加工	册亨林产品工业园区	6	林产品	林产品产业集群
望谟工业园区	3	食品、农产品、林产品	望谟绿色食品工业园	6	绿色食品	绿色食品产业集群

（二）加强投资环境建设，增强园区综合竞争力。良好的投资环境是工业园区产业集群优势得以形成和发挥的基础性条件，但是由于黔西南州县域经济的局限性以及云贵地区复杂的地势、地貌等因素的影响，园区在交通、能源供给等基础设施建设上明显薄弱，一定程度上限制了外来企业的入驻。各工业园区在以后的发展过程中应按照“适度超前、分步实施、滚动开发、加快发展”的原则，推进园区基础设施建设，增强园区产业的承载能力和产业的集聚功能。**一是加强生产性配套设施建设**。严格按照基础设施建设标准，加强园区的供水、污水处理、垃圾处理、供电、通讯、绿化等公共基础设施的建设、维护和管理，提高基础设施的供给保障能力和使用效率，降低水、电、讯供给成本。加强各工业园区区际交通建设，实现州域内的工业园区互联互通，为园区生产要素相互补给和形成区域工业经济圈创造条件。按照“小而精”的园区定位，结合黔西南州发展全域山地旅游的发展定位，采取“旅游 + 工业”方式，在工业园区建设时，融入旅游元素，实施园区绿化、美化、亮化工程，建设花园式工业园区，实现园区从“粗放型”向“精致型”升级。**二是加强公共服务设施建设**。将园区基础设施建设纳入城镇建设总体规划，与城镇基础设施建设对接，注重产城融合，推进产业园区与城市功能耦合，加快产业设施、居住设施、配套服务设施的合理布局，逐步从单一的

生产聚集区向生产、消费、居住为一体的多功能区转型，实行联建共享，最大限度地提高公共基础设施的覆盖范围和利用效率；完善技术咨询、科技成果交易、知识产权转让、律师会计事务及教育培训中心等方面的中介机构的配套服务，提升园区的服务功能。**三是加强园区文化建设**。根据本地的资源禀赋、竞争优势和区域长远发展战略，在比较、优选的基础上，重点培育几个优势产业部门，并着力打造区域品牌，让区域品牌形成的集体氛围为整个产业所共享。加强产业集群的品牌文化建设，创造信任、互动的企业文化环境，使工业园区内形成专业化、规模化的生产体系。在做好工业园区文化建设的基础上，从塑造园区的对外形象，增强文化对企业和投资者的吸引力。**四是加强园区环境保护**。良好的生态环境是县域工业园区实现后发赶超的重要优势资源，园区建设决不能走“先污染，后治理”的老路，应该寻求经济效益、生态效益和社会效益三者共赢的园区发展新路。实施“环保一票否决”制度，在工业园区内部开展环境影响评价认证工作，严格限制低水平、高消耗、高污染的项目进驻。对于区内已实施的项目，坚持达标排放，控制污染物排放总量。有条件的园区可以设立针对重大污染源的监测点，按“谁污染，谁补偿”的原则，将环境保护纳入企业内成本，真正实现园区的可持续发展。

（三）创新园区招商模式，发展壮大主导产业。黔西南州工业园区产业集群难形成的另一原因是主导产业规模小，主导产业难以发挥“主导”作用，相关支撑产业不配套，难以发挥集群“支撑”作用。黔西南州系边远落后的内陆地区，工业经济落后，发展工业的内生动力不足，要促进工业园区产业集群发展，需要走产业链网状结构发展模式，即根据产业链和产业配套进行招商引资，利用外力推动发展。**一是围绕产业，配套招商**。工业园区要做强做大，并形成鲜明特色，必须充分依靠和积极培育主导产业。壮大主导产业不仅要求主导产业本身的规模不断扩大，还要求与主导产业相关的支持配套产业具有相当的规模，从而形成以主导产业为龙头、以相关配套产业为支撑的产业链条。黔西南州县域工业园区应紧紧围绕园区的主导产业进行配套招商，加速产业集聚。比如服装工业园区，应围绕服装这个主导产业，通过招商，不断引进服装配套企业再次集聚；制药工业园区，应围绕制约产业，引进医药研发、原辅料加工、包装营销等相关产业。为突出园区的特色，在招商引资过程中，应尽量限制或避免不相关产业和企业进入，才能营造工业园区的竞争优势，形成富有特色的产业集群。**二是依托资源，特色招商**。优势特色资源是工业园区招商的一个重要条件。由于市场竞争的需要，国内外投资商往往把寻找特色资源开发作为投资的重点。黔西南州的优势特色资源较多，如农业资源、生物资源、气候资源、矿产资源，具有广阔的市场开发潜力。因此，各工业园区应从本地实际出发，依托优势特色资源，分门别类，包装成一个个具体的项目进行对外招商。值得注意的是，在依托优势特色资源招商的过程中，千万不能将多宗特色资源开发放在一个工业园区内，应做到一个园区只发展一个特色产业，对于引进与本园区产业定位无关的项目，应转到其他园区落户，所产生的税收收入按照一定比例进行分成，以保护工业园区招商的积极性。**三是立足市场，项目招商**。对于既无主导产业又无优势特色资源的工业园区，就立足市场，积极寻找一些产品市场前景好、特色明显，同时具有较强辐射功能的项目进行招商。各园区根据自身的条件和区位特点，考虑采取三种模式：**（1）抓大带小**。招商条件好的地方，应首先把目光投向国内外大企业，通过引进一些大企业或大项目，带动中小企业或项目入驻。**（2）以小引大**。对于引进大企业暂时还有困难的园区，应采取“以小引大”的方式，通过引进一批中小企业在园区集中，形成一个较完善的、富有产业特色的生产基地，从而吸引一些相关大型企业进入。**（3）以市引企**。通过交易市场的建设，在某区域逐渐形成产品交易中心，从而吸引有关企业进入。

（四）优化升级产业结构，提升产业发展质量。黔西南州县域经济普遍不发达，工业化处于起步阶段，产业层次较低，要促进园区产业集群发展，必须调整优化园区产业结构。**一是立足优势选择主导产业**。针对黔西南州县域工业园区主导产业过多过杂的情况，州级政府应统筹引导，根据园区定位，按照“一个园区一个主导产业”的原则，确定各工业园区的主导产业，对园区现有产业与主导产业不相关联的企业实行转移或退出，进入与主导产业相关的园区。通过产业的专业化分工分类入园，和围绕主导产业发展相关支撑产业，实现工业园区产业优化升级。**二是采取阶段性推进策略**。黔西南州县域工业园区产业结构性矛盾十分突出，结构调整需要相当长一段时间和许多条件，因此，可根据县域现实条件采取阶段性推进策略。对于以传统农业经济为支柱产业、尚处于起步阶段的县域园区，应结合自身的比较优势，引进一些知识含量高、附加值高的大企业和大项目，做大主导产业规模。在壮大主导产业规模的基础上，对入园企业加以筛选，加快引进相关产业和高科技型的关键企业，提升产业的技术成分，促进产业集群的形成。加大引进技术密集型项目、资金密集型项目、产业链配套项目和现代服务业项目，加快引进技术的消化吸收和创新提高，用增量调整方式带动产业结构升级；重点扶持龙头项目或产业关联度较高、带动性较强并且能使产业链向高附加值延伸的大项目，带动相关产业集聚和配套，推进产业集聚。**三是发挥政府政策引导作用**。政府在制定产业集群政策方面，重点在于对园区主导产业的培育、对各园区专业分工及园区内各企业专业分工的引导、对配套政策实施的监督等方面。一方面要加强国家产业政策、地区产业政策的引导，促进各园区支柱产业的形成；一方面要制定和完善产业政策体系，提出明确的规模标准、重大项目的引进要求、入园企业的要求等，并运用财政、税收、融资、外贸等保障政策，保证产业政策自身、相关政策的协调和完善。最终形成专业分工明确，各园区和园区内企业竞争又合作的产业集群发展态势。

（五）加大园区科技投入，提高企业自主创新能力。黔西南州工业园区内的企业普遍实力弱、规模小、成长性差，抵御市场风险的能力不足。在今后的发展中应注重转变发展思路和发展方式，由过去的投资驱动转为创新驱动，由劳动密集型转向科技创新型，增强企业自身发展的内生动力。**一是加强产业技术研发**。充分利用工业园区“特区”“试验田”等体制机制优势，依托现有的工程技术研发中心、重点实验室等公共科技资源，围绕黔西南州县域工业园区的主导产业，重点实施风能、太阳能、光伏、光热发电共性关键技术研发，推进新能源产业的发展；开展先进制造业的研发，加快冶金、化工、建材等工业节能及清洁生产技术与装备的投入，推进先进制造业的发展；加快生物制药、民族制药的研发，推进新医药大健康产业发展；加快特色优质农产品综合开发利用，促进疫苗、基因工程药物等关键技术的研发，推进农畜产品精深加工产业发展。**二是加强人才队伍建设**。全面提升人才队伍整体素质，坚持“走出去”的原则，以加强人才能力建设、提高人才素质为主要内容，采取挂职、培训等多种方式，加强园区内人才队伍的能力建设和业务培训；积极引进一批急需紧缺人才，注重招商引资与招才引智的有机结合，力争引进一个项目，带进一批人才和一些先进技术、管理方法，把工业园区建设成为各县（市、区）自主创新的示范区。

（六）扩宽园区融资渠道，增强产业集群发展活力。产业园区在引进企业时，提供差异化的优惠政策一直是吸引企业入驻的关键，但随着招商目标由大型公司向科技型中小企业集群转变，企业关注的焦点从优惠政策转换成为更能助推企业快速发展的投融资服务内容上。**一是挖掘国家政策资源，争取**

政策性资金扶持。组织专业团队，认真研究国家产业及扶持政策，找准政策与园区的结合点，认真谋划项目储备，积极争取上级各类政策性资金。紧盯银行资金导向，及时关注国家有关金融工作的宏观政策，紧盯各类银行尤其是政策性银行资金导向，有针对性地与银行开展信贷及投融资服务，积极争取各银行直接贷款，在园区基础设施建设、土地储备整治、产业发展等方面争取资金支持。**二是搭建银政企合作桥梁，建设政银企联动平台**。进一步增强政府、金融机构和企业的良好互动，建立完善融资平台、担保平台、组织管理平台、社会公示平台和信用促进会为一体的“四台一会”机制，为园区资金存在困难的企业进行融资。创新服务模式，完善科技金融服务体系，有针对性地创新金融产品和个性化服务，推进企业融资多元化发展，解决中小企业融资难问题，助推中小企业、科技企业发展。**三是用好各类融资平台，拓宽融资担保渠道**。推行“代金券”制度，园区每年设立专项资金，用于企业与服务机构之间开展融资租赁、研发外包、检测外包等合作中抵扣等值的现金，形成利益诱导机制，在提高辖区企业相互之间配套率的同时，也通过融资租赁等金融手段为企业特别是中小企业拓展了融资的渠道。组建各类创业基金，扶持中小微企业发展。做大担保公司，充分发挥小额贷款公司的作用，建立动态信息报送制度，规范公司经营行为，促进行业健康发展。**四是努力拓宽融资方式，推动园区多形式融资**。积极解放思想、创新思路，通过发行企业债券、资产证券化、非公开债务融资定向募集（PPN）等方式，进一步拓宽融资渠道。加大企业的指导培育力度，鼓励有条件的企业进行股权交易或上市融资，缓解企业的资金困难。

（作者单位：黔西南州人民政府经济发展研究室）

税收视角下工业高质量发展研究

申蔓飞　李竹荣

内容摘要： 推动高质量发展是当前和今后一个时期确定发展思路、制定经济政策、实施宏观调控的根本要求。税务部门要在深化“放管服”改革，进一步发挥税收职能、优化税收营商环境、释放税收改革红利、做好税收服务实体经济、服务“三大战略”等方面打好“组合拳”，为解决我国社会主要矛盾提供财力支撑，助力地方经济高质量发展。工业经济是社会经济的主导，也是税收的重要来源，本文以税收支持黔西南工业强州战略为例，从服务地方重大战略部署出发，立足税收角度，发挥税收职能作用，助力地方经济高质量发展，为地方党委政府提供决策服务。

关键词： 税收视角　经济　高质量　发展 研究

党的十九大指出：“中国经济已由高速增长阶段转向高质量发展阶段”。2018 年国务院政府工作报告也明确提出要把经济高质量发展作为政府工作重中之重。作为新时代的税务部门，要树立经济新发展思想，在深化“放管服”改革，进一步发挥税收职能、优化税收营商环境、释放税收改革红利、做好税收服务实体经济、服务“三大战略”等方面打好“组合拳”，为解决我国社会主要矛盾提供财力支撑，助力地方经济高质量发展。工业经济是社会经济的主导，也是税收的重要来源，本文以税收支持黔西南工业强州战略为例，从服务地方重大战略部署出发，立足税收角度，发挥税收职能作用，助力地方经济高质量发展，为地方党委政府提供决策服务。

一、黔西南州工业经济税收发展现状

（一）工业经济税收基本情况。

近年来，黔西南州紧紧围绕供给侧结构性改革，大力实施工业强州战略，深入推进“大电强网 + 大产业”和“煤电网产”深度融合发展，统筹做好稳增长、促改革、调结构、防风险各项工作。黔西南州工业逐步形成了以烟为主的轻工业；以煤电为主的能源工业；以黄金为主的冶金工业；以水泥为主的建材工业；以化肥为主的化工工业；以大输液、小针剂、片剂和膏贴剂为主的制药工业，工业在全州经济发展中发挥着极其重要的作用。2017年，全州工业总产值完成812.44亿元，同比增长23.8%，全州工业经济呈现出稳中有进、质量提升、效益显著的良好态势。2017年，全州工业税收完成27.57亿元，同比增长15.9%。其中，黑色金属冶炼和压延加工、焦炭等行业税收增势迅猛，增幅均超过一倍。煤炭开采及洗选、卷烟、水力发电、建材等行业税收均呈两位数以上的增长，全州工业税收呈现量增质优的良好态势。

（二）工业经济发展的特点。

1. 轻重工业并举，小型企业实力提高。2017年，黔西南州规模以上工业增加值315.94亿元，比上年增长10.6%。其中，轻工业增加值41.38亿元，比上年增长35.7%，占规模以上工业增加值比重为13.1%；重工业增加值274.56亿元，增长7.0%，占规模以上工业增加值比重为86.9%。2017年，黔西南州规模以上工业中，重工业增加值、轻工业增加值分别是2011年的2倍和8倍。其中，轻工业增加值占全部规模以上工业的比重由2011年的3.7%上升到13.1%，提高了9.4个百分点。黔西南州规模以上工业法人企业2017年主营业务收入超过5亿元、10亿元的企业分别为20个和3个。大中型企业工业总产值占黔西南州工业的比重由2011年的47%下降到2017年的28.5%，而小型企业由52.8%上升到71.5%。

2. 侧重区域发展，园区聚集能力增强。“十三五”以来，黔西南州坚持集中布局、集约发展原则，着重发展清水河、威舍工业园区等十大大园区。2017年，十大工业园区实现工业总产值410亿元，占黔西南州规模以上工业总产值比重为50.5%，增长13.9%；投资完成187.6亿元，增长4.2%；新增入园项目88个，实现税收24.91亿元。其中，清水河+威舍工业园区完成工业总产值253.4亿元，占黔西南州工业总产值比重为31.2%，已成为黔西南州工业园区的龙头。

3. 行业主体凝聚，重点产业逐步形成。“十三五”以来，黔西南州大力调整产业结构，着力培育发展战略性新兴产业，形成以传统煤电金三大支柱产业为主导的重点产业聚集区。2017年，三大支柱产业完成工业总产值占全州规模以上工业总产值比重为71.5%。规模以上工业中，酒、饮料和精制茶制造业增加值增长27.0%，电力、热力生产和供应业增加值增长24.4%，有色金属冶炼和压延加工业增加值增长13.3%，非金属矿物制品业增加值增长

12.2%，电子通信设备制造业增加值增长41.9%。高新技术产业增加值比上年增长153.8%，占规模以上工业增加值比重为2.1%，比上年提高1.4个百分点。

（三）工业税收发展的特点。

1. 工业税收稳定增长，经济总量规模不断扩大。黔西南州工业税收总量从2013年的24.87亿元增长到2017年的27.57亿元，增速为10%；其中2017年增幅最高，比上年增长15.9%，工业税收占税收收入比重为40.6%。2013年和2016年工业税收下降主要是煤炭、电力、黄金税收大幅下滑影响。近几年来，大量工业企业落户我州，有力促进了工业经济的发展。工业强州战略的实施，新型工业化促进了资源优势向经济优势转化，提升了经济实力，实现产业协调发展，推动了我州工业化进程，其经济和社会效益正逐步显现。

2. 主体税种增势较好，税收经济发展基本协调。工业企业主体税种主要涉及增值税、消费税和所得税三个税种，从工业三个主体税种来看，2011年到2017年增值税平均增长2.5%，平均增长额3085万元；2017年，黔西南州工业增加值比上年增长10.6%。随着工业增加值的稳定增长，工业增值税增长较快，2017年黔西南州实现工业增值税17.68亿元，比上年增长13.2%。2011年到2017年消费税平均增长13.1%，平均增长额6339万元；黔西南州涉及的工业消费税消费品主要是卷烟、酒，2017年黔西南州实现工业消费税4.77亿元。2011年到2017年企业所得税平均增长16.39%，平均增长额9956万元；2017年黔西南州工业企业实现利润总额35.6亿元，比上年增长30.2%。企业所得税随企业利润增长保持良好增势，2017年黔西南州实现工业企业所得税5.08亿元，比上年增长76.2%。

3. 工业税负逐年降低，基础设施建设继续加快。税负是指税收与税基的比例关系，用来衡量纳税人承担的税收负担。工业增加值作为工业税收的税基，对应的税收为工业增值税，是研究“税收与经济相关性”的重要指标。因此，以工业增值税和工业增加值的比例关系可以衡量工业纳税人的税收负担。从黔西南州2011年至2017年工业增值税税负来看，呈现逐年降低趋势，其中2011年、2012年税负较高，分别为12.1%、11.3%，2013年开始，工业增值税税负均低于10%，2017年仅为5.6%。“十二五”以来，黔西南州加快基础设施建设，固定资产投资突飞猛进。“十二五”时期固定资产累计完成3166亿元，年均增长37.2%，其中工业投资累计完成991.44亿元，年均增长20%。2017年固定资产投资981.4亿元，比上年增长22.7%，其中工业投资完成235亿元，增长12.8%。

二、税收视角下工业经济发展存在的主要问题及原因分析

（一）存在的主要问题

1. 工业产业规划进度慢导致税收运行波动。黔西南州经济产业集中度高、结构单一，税源相对比较集中。导致税收收入总量和增速严重依赖工业经济。从工业税收占全州税收收入总量的比重看，2013 年至 2015 年占比分别为 64.4%、63.9%、61.7%，2016 年全面推开营改增后，三产税收规模迅速扩大，工业税收占比有所下降，剔除该因素，近两年工业税收占比均在 60% 左右。从增速看，2013 年工业税收下降 6.9%，导致全州税收收入增速仅为 3.1%；2017 年工业税收增速为 15.9%，带动全州税收收入增速高达 37.4%，增速创 2009 年以来新高。从工业经济的结构看，煤、电、烟三个主要工业行业占工业税收的 76%。从其他工业行业来看，有色金属矿采选业、非金属矿物制品业税收规模呈现上升趋势，占工业税收的 17.4%。黑色金属冶炼和压延加工、非金属矿采选、医药制造、化学原料和化学制品制造、酒、饮料和精制茶制造等行业总量较小，仅占工业税收的 3.6%。以黔西南州龙头工业企业中烟公司 – 兴义烟叶储运站为例，该企业税收一直占据黔西南州工业税收的主体地位。2013 年至 2017 年该企业累计工业税收占比达 26.8%，2016 年企业税收出现减收，同比下降 20%，受此影响黔西南州工业税收 2016 年同比下降 12.5%，反映出我州工业税收的稳定性较差，抗风险能力变低。

2. 工业企业建设周期长导致税收入库滞后。规模以上固定资产投资一直是拉动黔西南工业经济增长的主要动力，重点工业项目的建设成为黔西南州经济结构、产业结构调整的重要抓手之一。近三年，我州固定资产投资增速均在 20% 以上，固定资产投资额从 2015 年的 653.8 亿元增加到 2016 年的 800.2 亿元；2017 年接近千亿元大关，达到 981.4 亿元。随着新增重点工业项目的建设、投产，黔西南州工业化程度不断提升。但是由于新增工业项目建设周期较长，很多项目仍处于建设投产初期，受增值税转型政策的影响，大量固定资产进项税额在企业投产后需要逐步进行抵扣，待全部抵扣后方能实现税收，导致重点工业项目的税收效益往往更滞后于经济效益。以我州招商引资重点项目 XX 铝业有限公司和 XX 新材料有限公司为例，XX 铝业有限公司 2013 年 5 月设立，第一期项目于 2017 年 1 月投产，虽然实现销售收入 2.44 亿元，由于该公司在建设期取得大量进项税额发票，实际抵扣进项税额 3940 万元，尚有 2754 万元留抵进项税额，预计 2021 年前无增值税税款。XX 新

材料有限公司于 2017 年 2 月办理税务登记，截至 2018 年 10 月，虽然实现销售收入 5.76 亿元，但由于在建设期有大量进项税额发票，实际抵扣进项税额 9225 万元，尚有 7410 万元留抵进项税额，预计 2021 年前无增值税税款。

3. 工业经济发展风险高导致税收增长乏力。近几年黔西南州工业经济总量较快增长，企业效益快速提升，2013 年至 2017 年工业增加值年均增速 12.8%，但由于工业发展起步晚、基础薄弱，黔西南州工业增加值的年均增速慢于 GDP 增速（年均增速 13.9%），工业增加值占 GDP 的比重逐年下降，从 2013 年 33.8% 下降至 2017 年 29.6%。从全省看，贵州省工业增加值年均增速 10.8%，与 GDP 年均增速 10.9% 基本持平，工业增加值占 GDP 比重从 31.2% 到 31.8%，占比略有提高。当前我州工业经济发展面临的风险主要在三个方面：一是转型难。要实现工业经济的高质量发展，就必须加快产业结构调整、动力转换、创新驱动的步伐，但是全州取得高新技术资格的企业仅为 15 家，2017 年有 31 户企业进行了技术研发，研发费用投入只有 2.05 亿元，只占全州工业总产值的 0.25%，远远低于发达地区水平。二是产业链短。从黔西南工业产业来看，煤炭、黄金、木材等工业产业的产业链不长，产业主要集中在初级产品生产制造环节，中间产业链的二次产品精（深）加工末端产业链等制造业未落地，产品设计、包装、运输、服务等附加配套产业也大都未落地或未有效对接。三是企业自身积累不足。主要表现在，一方面在技术创新方面能力低，缺乏竞争力；另一方面是再投资不足，融资难度较大，短期效益高，持续发展难度大。

（二）存在问题的主要原因

1. 工业企业整体税费的负担较重。从工业企业税负来看，近五年黔西南州发展趋势与全省基本一致，2013 年以来呈现逐年下降的态势，2017 年全省及全州增幅均出现回升。与全省比较，我州工业企业整体税负较重，2013 年至 2015 年黔西南工业税负均高于全省平均税负。“十三五”以来，我州新增工业项目快速增长，固定资产投资增速连续两年位居全省第二，但是项目进项税额留底较大，只产生工业增加值而无增值税入库，导致近两年黔西南工业税负低于全省平均税负。剔除该因素，我州工业税负仍然高于全省平均税负。

2. 服务工业企业发展的力度不大。尽管我州在营造良好发展环境方面做了大量工作，也取得了很大进展，但是企业发展环境还不够宽松。一是政策支持力度不够，一些优惠政策没有完全落实到位，特别是在项目建设、技术开发、信息服务等方面对企业的支持力度不够。二是服务体系不健全，达不到企业的要求。企业真正需要的贷款信用担保、人才培训和引进、技术咨询、对外合作、产权交易等服务不到位，影响了工业企业整体素质的提高。三是一些政府部门服务意识淡薄，办事拖拉、推诿扯皮，不作为、乱作为的现象时有发生。特别是一些管理部门不能依法规范行政，违背行政审批服务“便民、利民、为民”的原则。

表 1　2013 年—2017 年黔西南州工业税负情况表

单位：亿元

年度	全省工业增加值	全省工业增值税	全省工业税负	全州工业增加值	全州工业增值税	全州工业税负
2013 年	2531.92	236.94	9.36	188.81	18.81	9.96
2014 年	3117.6	242.34	7.77	224.65	17.53	7.80
2015 年	3542.03	234.43	6.62	259.03	17.58	6.79
2016 年	4032.11	231.58	5.74	302.48	15.61	5.16
2017 年	4304.8	282.13	6.55	315.94	17.68	5.60

3. 工业经济自身发展的后劲不足。主要表现在，一是经济总量不大，规模工业增加值较少，企业规模小，带动力强的龙头企业尤其少，对我州经济的带动力有限；二是工业招商效果不佳，且项目储备不足，工业招商引资和产业规划重点在工业品工业上，消费品工业规划和招商引资力度不足；三是工业发展的产业化水平不高，传统产业比例大，产业结构单一。全州重点税源煤、电、金等基本上都处于产业链的前端，多为资源初级加工，资源利用深度不够，技术含量较低，附加值不高，经济效益难以充分显现。

三、税收支持工业经济高质量发展的建议

税收是一种调节经济的重要手段，税负的高低在一定程度影响企业的投资行为。要支持工业经济高质量发展，既需要科学的税制，也需要有效的执行和多部门的配合支持。因此，在当前发达国家实行减税政策的税收竞争中，我国在税收制度的顶层设计上应从提升工业经济的竞争力，增强工业经济活力的角度着力。

（一）在税收调节上，要坚持降税负增活力

在税制设计中，各种税收优惠政策因其出台具有高效性、针对性、灵活

性而在税收调控经济中得以广泛运用。税收支持工业经济发展，在税收制度的设计上，应体现国家对工业经济的支持和扶持。当前国家出台了大量的税收优惠政策，但还需要在规范优惠税款的使用和加强优惠政策的评估上下功夫，积极清理税收优惠政策，进一步完善税制，使降低税负增强企业活力的目的得以实现。

1. 规范优惠税款的使用途径，为企业发展提供资金保障。在税收优惠政策立法环节，对一些专项性的税收减免，都应当根据企业需要解决企业的特殊困难，规定减免税金的用途，这将大大提高减免税金的使用效果。根据十八届三中全会提出的完善国有资产管理体制，以管资本为主加强国有资产管理以及建立国家产业引导基金的要求，税收优惠税款属于国有资产，因此，可以探索将某些专项性的税收优惠纳入国有资本管理体系，按照国有资本的管理方式进行运作。即将优惠税款作为国有资本，以股权、债权或两者混合等形式投入国有企业、非公有制企业。一是可以将减免的税收根据企业的需求投入民营企业，发展混合型经济。二是对欠税额度大、经营困难且必需扶持的企业可实行债转股或债务重组。三是把减免的税金转化为国家专项扶持基金，专款专用，扶持企业发展等等。

2. 加强优惠政策的效应分析，为政策调整提供制定依据。税收优惠政策效应分析是税收优惠政策管理的基本要求，为完善、规范税收优惠政策提供了定量分析依据，为今后制定税收优惠政策积累宝贵经验。科学的评价制度，是税收优惠管理使用制度的核心环节。要及时开展政策执行情况、实施效果和政策自身的评价。执行情况评价主要是看优惠条件的适应性，促进政策的落实；实施效果评价主要是看税收优惠的激励性，促进政策效应的发挥；政策自身评价主要是看政策价值目标和方式的合理性，促进政策的完善。要建立高效的优惠政策效应分析反馈机制，及时优化、完善优惠政策，提高税收优惠政策的针对性。

3. 注重优惠对象的公平公正，为税制优化提供法律支持。习近平总书记提出的“使市场在资源配置中起决定性作用”，深刻诠释了税收中性的重要性，也对税收优惠政策的公平公正提出了更高要求。一方面要从内容上对现有的税收优惠政策进行整理、汇总、规范，对减免的项目、条件、程序等从法律层面上做出明确规定，提高税收优惠政策的法律层次，切实落实十八届三中全会提出的“税收优惠政策统一由专门税收法律法规规定”的目标。另一方面要从范围上加强对税收优惠的规范管理，清理已经不符合制定初衷、无法达到预期效果的税收优惠政策，注重不同企业类型间税收待遇的公平性，消除不公平税收政策对市场配置资源作用的扭曲。

（二）在政策执行上，要坚持不折不扣落实

面对经济下行压力，国务院出台了多项减税政策，营造稳定的经济环境，促进实体经济健康发展。税务部门作为税收政策的执行者，要严格落实各项改革措施，坚持把落实“放管服”改革作为税务系统全面深化改革，建设法治税务和助推工业强州的重要抓手，精心做好简政放权的“减法”、后续管理的“加法”和优化服务的“乘法”，通过发挥税收职能，服务国家大局，充分激发市场主体活力，真正促进工业产业转型升级、实体经济加快发展，为工业经济发展注入新的活力。

1. 简政放权做“减法”。深入推进行政审批上的简政放权，研究改进依法保留的审批事项，细化和规范其他权力事项，进一步削减税务行政审批和前置性审核事项，优化审批流程，精简纳税人资料报送，打造权力瘦身的“紧身衣”，有效便利纳税人，持续推进办税便利化。严格按照公开的《行政审批事项目录》实施审批，全面推进“阳光审批”，坚决杜绝变相审批。进一步简化办税手续，推行网上审批，由办税服务厅统一受理、内部流转、限时办结。积极推行涉税审批备案业务“容缺办理”，对因报送资料不全但不影响事后核查情形的审批事项，先将涉税业务予以办理，其余资料事后补齐。

2. 后续管理做“加法”。实现事前审核向事中事后的监管，固定管户向分类分级管理、无差别管理向风险管理、经验管理向大数据管理的“四个转变”，进一步依托大数据，积极推行“实名办税制 + 分类分级 + 信用积分 + 风险管理”征管方式，进一步规范和改进税收执法，以加强事中事后管理，提升管理效能。

3. 优化服务做“乘法”。进一步拓展网上办税服务功能，实现线上线下多元化服务模式，编制工业企业办税事项“最多跑一次”清单，持续开展涉税业务全省通办范围，拓展与邮政部门战略合作内容，最大限度减少纳税人到实体办税服务厅次数，减少纳税人办税在途时间；集成整合办税流程，为工业企业推出“套餐式”服务。

（三）在税收共治上，要坚持共享共管共担

工业经济的发展在全州经济发展中具有举足轻重的地位，政府及经济管理服务部门只有结合工业强州工作要求，以服务地方经济发展为己任，突出服务地方经济发展职能作用，建立税收共治机制，共同承担支持地方工业经济发展的职责，才能形成合力促进全州经济的发展。

1. 建立统筹工业经济信息的共享机制。一是要加强领导，统筹规划，搭建工业数据的共享平台。按照统一标准、协调运转、资源共享的原则，加大行政引导力度，构建完备的、全方位的、多层次的工业经济信息资源服务体系，提高政府和职能部门数据资源的有效利用。二是强化意识，为工业经济信息共享机制建设营造宽松和谐的氛围和环境。政府各部门要有强烈的数据资源共享意识，要从思想上认识数据资源共享的重要性，在数据的收集、分类、加工、储存保护等过程中自觉为实现工业数据共享机制营造良好环境。三是建立工业经济数据共享的奖惩机制，调动各方积极性，有效实现数据信息的完全共享。

2. 建立服务工业经济发展的共管机制。推动工业经济高质量发展，必须要进一步完善政务服务体系建设，建立服务工业经济发展的共管机制。一是要切实优化营商环境，整合全州政务资源，建立高效便利快捷的政务服务软件环境。以充分落实简政放权，提高行政效率和政务办理速度为重点，切实推动政府各单位各部门“马上办、限期办、加快办”，确保各类企业从考察开始到最后的落地、投产、运营等系列过程，都能够享受良好的政务环境和优质、便利、快捷的服务。二是政府各职能部门要按照各自职能加强对工业经济发展协调服务力度，进一步加大全州路、电、水、讯等配套基础设施建设力度，改善工业经济发展的硬件环境，有效降低企业投资的成本负担。

3. 建立防范工业经济风险的共担机制。工业经济的风险主要是指系统性风险和经营性风险，企业的经营性风险是个别的，对经济税收的影响具有局限性，但是如果出现系统性风险，工业经济将会大幅下滑，经济税收等财政性风险将会随之产生，所以必须建立防范工业经济系统性风险的共担机制。一是政府各职能部门要加强风险监控预警，防范有可能造成系统性风险的各种因素。二是应加强制度建设，改善营商环境，促进企业创新和转型升级，特别是在推进供给侧结构性改革中，要以提升效率为主线，提高工业尤其是制造业的供给率和结构水平，有效防范工业经济系统性风险发生。

（作者单位：国家税务总局黔西南州税务局）

黔西南州大数据产业发展研究

骆雪娇　王林玉　刘芳　雷高峰

内容摘要：本文通过对黔西南州大数据产业发展现状的梳理，以及黔西州大数据产业发展的优劣势分析，从大数据产业发展的三大体系出发，构建符合黔西南州发展实际的大数据产业体系。探索出推进黔西南州大数据产业发展的路径：以政府政策、资金为核心的发展路径，二是探索以人才保障为核心的大数据产业发展路径，三是探索以数据资源共享开放为核心的大数据产业发展路径，四是探索以信息安全保障为核心的大数据产业发展路径，对推动大数据产业发展具有一定的指导意义。

关键词：黔西南州；大数据产业；发展

大数据的应用和推广对于国家提出的供给侧结构性改革和“中国制造2025”具有重要意义，将成为区域经济发展的新引擎。黔西南州资源丰富，环境优美，但基础设施薄弱、生态环境脆弱，相比矿产、能源等高能耗高污染的传统产业，大数据无疑是绿色、高效的新型产业，发展大数据对环境产生的破坏性很小，并且黔西南州自然生态环境多样化，具有发展大数据产业的独特优势，因此，大数据产业发展是实现黔西南州生态绿色发展的必然选择。

一、黔西南州大数据产业发展现状分析

（一）黔西南州大数据产业发展情况概述

近年来，黔西南州紧紧围绕省委、省政府战略部署，牢牢守好发展和生态两条底线，积极实施大数据战略行动，将发展大数据产业作为“大扶贫、大山地旅游、大数据”三大战略行动写入《黔西南州国民经济和社会发展第十三个五年规划》，并紧扣发展阶段性特征和脱贫攻坚历史使命，结合推进工业强州，增强政策效应，发挥资源优势，强化数据应用，推动融合发展，加

快产业结构转型升级和新兴产业发展。黔西南州大数据应用企业不断增多，目前，落户义龙新区和兴义市大数据双创中心的大数据企业有轩慧国信、中国华信、移动公司呼叫中心、中联创等30多家，黔西南州正积极围绕数据资源进行上下游产业开发，催生了移动支付管理、旅游数字化服务、餐桌垃圾监管等数据应用新业态的衍生，培育了一大批具有黔西南“特色”的电子商务品牌，如：“淘手游”“贞丰一品”“普安红”“新滢工艺”“晴隆羊”等。其中，“淘手游”已成长为全国最大的手机游戏账户及虚拟商品交易平台、国内手机游戏虚拟财产交易行业龙头和我州数字经济的龙头企业，预计今年交易额将突破12亿。不仅如此，黔城惠、特色金州商城、布苗乡、同城购、布依阿妈等一批骨干电子商务平台正在加快集聚发展。仅2018年一季度，黔西南州软件与信息服务业营业收入较去年同期增长16倍，电子信息制造业总产值较去年同期增长20倍。（2018年一季度）数字经济占GDP比重达到28%，较2017年上升3个百分点。

1. 义龙大数据园区建设情况。黔西南州大数据产业主要集中在义龙新区大数据产业园区，是贵州省三大云计算数据中心之一和云上贵州第三节点，将成为全国各个数据节点不可缺少的组成部分。园区位于义龙新区万屯镇，总用地面积1311亩，园区规划14栋数据中心以及研发教育中心、指挥中心、孵化中心、展示会议中心，建筑规模68.8万平方米。其中一期用地面积89605平方米，已建成2幢IDC机楼、1幢动力中心、1幢数据监控配套中心，建筑面积59624平方米，一期室外配套附属设施已全部建成；二期工程3#、4#数据中心、2#动力中心主体已完工，三期工程招投标正在进行中。

2. 大数据园区企业入驻情况。义龙大数据园区践行“创新、协调、绿色、开放、共享”五大发展理念，以华为云服务西南大区为依托，利用区位优势，大力发展大数据产业，联手上海、广州、深圳、宁波等地打造及数据产生、采集、存储、管理、挖掘分析和运用为一体的全产业链业态。2016年7月，黔西南州政府已同华为集团签署战略合作协议，华为公司已入驻园区一期工程1#数据中心，中国电信已入驻一期工程2#数据中心。一期双创中心现已入驻国内知名中国移动、中国联通、贵广网络、华信设计院、中联创、必爱旅行网、优晟文旅、讯猫软件、联科卫信、义龙会达网约车、龙云科技、翊光科技、蜂巢算力、五矿中泰、尚付通科技、北京众信佳、云屯网络、边屯商旅、守望领域、绿建实业、翰辰科技、裕农菌业、雪烽装饰、盛世光明、贵州智链通科技有限公司、贵州增信信息科技有限公司等20多家引进企业，以及金义大数据、云大数据、万峰集团等多家本土企业，提供就业岗位500余个，促进义龙新区经济的快速发展。

3. 黔西南州大数据应用情况。为了更好地发展大数据产业，黔西南州通过扎实推进“千企改造”工程和“万企融合”大行动，狠抓大数据与实体经济深度融合，为促进传统企业进行智能化、自动化、信息化和数字化改造，先后引进了中船重工、航天云网、用友软件等一批知名大数据企业。目前，全州已有义龙振华新材料、金州电力智能电网等8家标杆企业完成了改造，有60多家企业正在加快推进改造，有30多家中小微企业、合作社上云，年内可实现150家企业和1000多家合作社上云。具体应用如下：一是搭建了“智慧金州”大数据统一平台，建成了“精准扶贫指挥作战系统”，通过平台应用，使大数据在精准扶贫上的应用让精准扶贫更精准，成为全省首家使用数据共享平台进行贫困户精准比对识别，并对扶贫资金进行实时监控，对扶贫干部进行实时监管，对扶贫项目进行绩效比对。二是为了推动大数据在政务、民生、公共安全工程等领域创新网上服务模式，实施了“互联网+政务服务”行动。三是为了创新在线“一课双师”教学模式，促进黔西南州教育均衡、提质发展，建设了金州教育云平台。四是为了缓解边远地区群众“就医难”“就医贵”的问题，黔西南州利用北大医信、朗玛医疗等合作企业在智慧医疗、互联网医院等方面优势，搭建州、县、乡、村四级互联网医疗平台（智慧金州医疗平台），实现了乡镇医院HIS系统的全面部署，极大提升了医疗系统的信息化水平。五是为了推动黔西南州河长制组织工作规范化、高效化、实时化、准确化、公开化开展，运用云计算、大数据、物联网传感器、移动监测等新技术，黔西南州搭建了河长云平台。

（二）黔西南州大数据产业发展存在问题及原因分析

近年来，黔西南州在守住发展和生态两条底线的同时，实施主基调主战略，推进大扶贫、大数据、大生态三大战略行动。打造民族特色山地经济创新示范区，坚定不移实施大数据战略行动，经过积极努力，取得一定的成效，仅2018年1月至8月，大数据企业主营业务收入95.44亿元，增长37%，其中：全州电信业务总量89.04亿元，增速达182.6%，大数据电子信息产业完成投资3.5亿元，同比增长860%；软件和信息服务业实现收入2.9亿元，同比增长125.8%。大数据用电累计10.6178亿度，增长1749.79%。尽管如此，黔西南州在大数据产业发展过程中仍然存在很多问题，亟待进一步解决。从全国大数据产业发展情况来看，国内所列政策文本中，国家层面的《关于促进大数据发展的规划纲要》以及上海、广东等都指出了大数据产业发展的不足之处。主要包括：数据共享程度不高、大数据产业发展关键技术储备不足、产业基础薄弱、法律法规滞后等。通过对黔西南州大数据产业的实地走访调研，黔西南州的大数据产业也同样面临着诸多问题。

1. 大数据应用水平较低。目前，无论是政用、民用还是商用，主要都是利用了大数据的采集、存储这两个初级技术，与大数据的计算分析相结合的产业目前还处于起步阶段。黔西南州大数据的应用还局限在政府管理和民生服务等方面，商业应用的发展水平较低。某些服务产业本身的信息化水平也较低，未能较为深入地与利用程度较高的产业实现全面融合。而且目前各行各业对于大数据的认识还不够充分，政府和民众对于大数据应用的意识较为淡薄。

2. 大数据信息有效性低。黔西南州政府、企业和行业信息化系统建设中受到各种因素制约，形成了众多"信息孤岛"，数据零散且更新较为缓慢，导致数据开放程度严重滞后。已有数据资源存在标准化、准确性、完整性低，利用价值不高的情况。黔西南州大数据平台在建设"智慧金州"平台过程中，对相应的委办（局）信息进行了数据互联互通的问题清查、数据比对，发现一些委办（局）数据不准确、真实性欠缺、数据不完整。为了确保数据的有效性，需要建立相应的机制，正确行使协同、调度等职能，从而达到对政府部门现有数据资源的适当利用。例如：公安部门的人口信息具有相对的权威性，其他委办（局）若需要相关数据就可以与公安部门所掌握的人口信息进行核对、清查、比对。

3. 数据共享开放难度大。在国家数据共享开放政策、标准不明确的前提下，数据的鲜活度、质量、更新没有机制保障，数据开放、共享仍是黔西南州发展大数据面临的挑战。通过调研了解到，黔西南州大数据共享主要存在不想开放、不敢开放、不会开放等问题，主要体现在以下几个方面：一是数据共享开放的风险没有得到解决。在大数据互联互通、共享交换中存在许多风险点，如：数据流出、数据存储方面缺乏约束等。在共享开放的过程中，需要中介方进行专业的数据挖掘、数据清洗、数据脱敏等直接接触数据的工作，如何确保在能有效地保护隐私和国家安全的前提下提供数据，从而规避相应的风险成了亟待解决的问题。二是数据开放审核的流程没有得到规范。数据共享开放中还缺少对可开放数据的审核，如：州（市）人社局信息中包含了群众看病、买药、住院等信息，涉及群众的隐私信息需要脱敏或保密，工商局企业信息中可开放企业基本信息，但对企业法人信息，如：身份证信息、地址信息需要脱敏或保密，政务大数据的使用涉及隐私权和知识产权等，这些问题的存在都需要建立有效的审核制度和标准，从而确保数据开放的有效、适度、高效和有序。三是缺少数据共享开放的长效约束机制，数据建设过程得不到保障，数据建设成果良莠不齐；数据管理体制没有理顺，缺乏有效的机制约束，专业的数据管理队伍缺失，体制缺位，导致各部门的责任、权利划分不清晰；共享交换的方式和方法缺少清晰界定；对共享开放目录、数据的价值评估体系及手段欠缺，缺乏对共享开放深度、广度的引导，缺少标准统一的考核评价体系及考核主导机构，未形成奖惩明确的长效运行机制。

4. 大数据产业基础薄弱。由于黔西南州一二三产业基础较为薄弱，大数据产业发展还处于起步阶段，州内企业大多对信息化认识不够，不仅大数据与自身产业的融合积极性不高，而且对大数据相关产业或企业带动作用也不明显。

二、黔西南州发展大数据产业的优势劣势分析

（一）优势分析

1. 气候优势。黔西南自然生态良好，常年平均气温 18℃，气候宜居、节能降耗。平均空气质量指数在 20–45 之间，而且地质结构稳定，远离地震带，地质灾害风险较低，能够较大程度降低数据中心能耗，保证数据中心安全稳固，具备建设和发展大型数据中心的气候环境和安全条件。黔西南州大数据园区坐落于义龙新区，位于北纬 25 度这个世界公认的黄金气候生态带，海拔 1200 米至 1500 米，属于典型的中海拔低纬度地区，夏无酷暑，冬无严寒，年平均气温 16.8℃，PM 为 2.5，不冷不热、不干不湿，机房全年 200 多天不用开空调，降低能耗，绝对最高温度 34.5℃，绝对最低温度 –1.5℃，常年雨量充沛，日照充足，年均降雨量为 1382 毫米，无霜期为 300 天以上，非常适宜居住；数据园区位于新区万屯镇，在 2015 年被评为“全国十佳呼吸小镇”。

2. 资源优势。黔西南的能矿资源、水利资源非常丰富，经过多年坚持不懈的发展，拥有南方唯一可自主定价、自负盈亏的地方电网。“十三五”期末，电力装机可达到 1300 万千瓦，地方电网自有电力装机可达到 500 万千

瓦，能为数据中心提供充足、稳定、价廉的电力保障，是南方最竞争力的数据中心建设地之一。园区南方电网、地方电网双回路电力保障，7×24 小时不断电，拥有电价自主能力，最低可至 0.34 元 / 度。且大数据园区自建 2.5×4 万千瓦天然气分布式能源作为电力保障。黔西南充分发挥黔西南州电力资源丰富、供应稳定、成本较低的优势，在数据中心供电等重要资源方面提供充足保障，重点确保义龙试验区大数据产业园双回路供电，实现州内各企业数据中心安全稳定运转。制定大数据项目用电优惠政策，对满足要求的州内企业优先列入大用户直供电范围，享受优惠电价政策，降低企业电力运营。

3. 安全优势。大数据产业的发展离不开大量的数据信息，数据信息的安全保障无疑是大数据产业发展的根本，黔西南州具有独特的安全保障优势。一是战略后方、地质稳定。园区位于我国西南腹地，八年抗战、三线建设时均为战略大后方，且所处位置地壳板块稳定，避开亚洲地震带，自当地明代有文献记载以来，从未发生过地震灾害，具有容灾备份优势条件。二是黔西南州武警支队基地营房距离大数据园区仅 2 千米，武警常驻人员达 300 人，如有需要可武警直接驻扎，这给入驻企业提供了强大的安全后盾。

4. 交通优势。黔西南州位于滇黔桂三省（区）结合部，拥有立体交通、往来便捷，素有“三省通衢”之称，是中国西南出海大通道上的重要节点区域和通往中国——东盟自由贸易区的前沿窗口及阵地。为汕昆高速、沪昆高速、盘兴高速、望安高速交汇处；南昆铁路、盘兴高铁穿境而过，兴义万峰林机场赴北京、上海、广州、深圳、重庆、成都、武汉、西安等大城市均有航班到达。园区距离兴义火车站 8.8 千米，离市区 14.7 千米，离兴义市万峰林机场仅 16.5 千米。公路、铁路、飞机一应俱全。园区门口有义龙 3 路、4 路公交，交通便利，出行方便。

5. 政策优势。黔西南州紧紧围绕省委、省政府战略部署，将发展大数据写入了《黔西南州国民经济和社会发展第十三个五年规划》，积极推动大数据战略行动在我州落地实施。同时，对应贵州省的系列决策和部署，结合黔西南州实际，深入研究制定了《黔西南州大数据发展“十三五”时期行动计划（2016–2020 年）》《黔西南州大数据产业发展规划》《黔西南支持大数据产业发展应用相关政策的意见》《黔西南州大数据产业投资指南》《黔西南州大数据发展三年行动实施方案》《黔西南州大数据与实体经济深度融合行动计划》《黔西南州实施“万企融合”大行动打好“数字经济”攻坚战方案》等政策文件，初步建立起成龙配套的政策体系，为促进企业发展、产业集聚提供了有力的政策支撑。在资金保障方面，州财政每年落实 1.5 亿元大数据发展专项资金，各县（市）、义龙新区每年也分别落实 500 万元大数据发展专项资金。不仅如此，义龙新区大数据园区是州委州政府深入贯彻落实省委省政府关于“大数据、大扶贫”的战略行动，提出了“1+3+3”战略，把大数据作为全州重大战略任务来抓，并且为园区提供生产性配套设施，为园区员工的生活提供保障。如：园区建有采用国际 T3+ 标准 IDC 数据存储机房，机房租赁价格便宜、租赁方式多样，可整栋或整层出租，亦可根据企业需求按平方出租；企业入驻园区前两年办公区域实行免费策略，第三年开始实行收费，价格双方进行商议；园区内中国移动、中国联通、中国电信、贵广网络四网保障、骨干直连，网络延迟可达 10ms 以下，且宽带费用每年不高于 20 万元 /G；园区生活性配套设施齐全，一是园区为入驻企业提供 130 平方米三室一厅一厨两卫附带阳台的公寓，租赁费用仅为 2100 元 / 套 / 年，且公寓楼下配备大型超市，满足员工的生活购物需求。二是园区配备有员工食堂，供应园区所有入驻企业的员工早中晚餐。三是配备咖啡厅，为园区入驻企业员工提供休闲点心、茶点，环境优雅、安静，适合与客户商谈事务。四是园区内配备共享小汽车：园区所有企业均可向云屯网络进行汽车租赁，节省企业的公车费用支出。五是企业注册便捷服务：园区为入驻企业提供公司注册服务，确保入驻企业快速落户。

6. 数据优势。数据中心采用贵州特有全新风空调模式，通过滤网利用外部空气带走机房内部热量制冷，达到节能的目的。机房降温采用风冷以及水冷的方式保证温度均匀。年平均 PUE 值为 1.25，瞬时可低至 1.12，良好的生态环境在为数据中心的运行提供无粉尘无污染的同时为大数据产业的发展带来潜在机遇。

7. 合作优势。园区最大的优势在于入驻企业可以根据自身情况自主选择合作方式。一是入资合作成立，入驻企业可选择与园区按股份制共同出资建立合资公司，园区以合资股份制为入驻企业提供前期资金支持，且合资成立的公司，园区不插手任何经营相关事务。二是独资成立，入驻企业独资在园区建立公司，自主经营管理。

（二）劣势分析

1. 大数据专业型人才匮乏。一方面，大数据涵盖内容广泛，不仅涉及计算机的硬件和软件，还涉及算法、人工智能、通信和信号处理，所需的专业人才除了程序员和数据库工程师外，还需要天体物理学家、生态学家、数学和统计学家、社会网络学家和社会行为心理学家等多个学科的高端人才。黔西南作为内陆地区，教育储备与发达地区相比非常薄弱，人才流通不足，仅拥有计算机、互联网、电子信息、软件工程等专业大专以上毕业生 3 万余人，虽为大数据产业发展所需人才提供了一定的信息化人才储备，但只能完成一些简单的基础性工作，短时间内并不能成为黔西南州大数据产业发展的主力军。另一方面，大数据产业对人才的全面性要求高，不仅要具备很多基础知识，拥有数据分析和数据挖掘能力，还要拥有大数据思维，懂得具体业务领域，而这方面的高端人才黔西南州严重匮乏，大数据各结构层次人才数量不能满足实际需要，人才培养与产业发展要求不适应。目前，黔西南州的院校、科研院所层次较低，也缺乏大数据相关的教育、职业培训资源，造成州内现有大数据人才素质得不到提升，人才培养也是目前黔西南州的短板。再次，黔西南州大数据发展管理局是新成立的工作机构，目前各项工作均由“数据铁笼”建设领导小组办公室承接，而领导小组办公室人员均为各县（市）抽调，没有专职工作人员，特别缺乏专业技术人员，各项工作开展不稳定，工作延续性差。

2. 大数据基础设施薄弱。一是信息基础设施薄弱，发展大数据产业的基础设施不够完善。从全国范围来看，黔西南州的数据中心机房建设标准较低，按照电信运营商机房标准来衡量，本地数据中心机房多为一星、二星标准（五星最高，一星最低）；尚未与贵安国家级互联网骨干直联点互联直通，互联网出口带宽不足。二是交通设施基础有待加强。尽管近年来黔西南州交通基础设施发展很快，但是整体基础比较薄弱，尤其是在加快对外交通干线、高速公路网、航空交通建设的同时，普通路网、农村公路、城市大容量公共交通建设投资不足，发展滞后，与完善网络的要求还存在着较大差距，仍然是制约黔西南州经济社会发展和影响生产力布局、对外开放的重要因素，也是制约发展大数据产业的短板因素。

3. 大数据思维观念淡薄。大数据是一门新功课，由于对大数据还缺乏全面、科学的认识，对大数据产业发展的认识不够，缺乏运用大数据思维采集、管理、应用数据资源，“数据小农意识”的思想仍普遍存在，一方面将数据当成私有财产，很多部门和企业不愿意共享开放数据，认为拿出来了就不是自己的了，不仅如此，还担心数据如果按次开放，共享数据的安全得不到保障，所以不敢开放数据，即使为响应政策要求开放数据，都是有任务则开放，没有任务则不开放，部门间共享业务数据提供缺乏主动性。另一方面，州直各部门和各县市运用互联网思维能力还较弱，“互联网+”行动计划储备项目较少，缺乏典型案例，对下一步争取上级资金工作比较被动。

三、构建黔西南州大数据产业体系研究

党的十九大提出，要实施乡村振兴战略，推动新兴工业化、信息化、城镇化和农业现代化的同步发展，推动实体经济与互联网、大数据、人工智能的深度融合，建设网络强国、数字中国、智慧社会，大力发展数字经济，构建合理的大数据产业体系。因此，构建大数据产业发展体系，成为当前黔西南州大数据产业发展的重点。

通过对黔西南州大数据产业发展现状的梳理，以及对黔西州大数据产业发展的优势和劣势进行分析，并结合黔西南州实际构建大数据产业体系。具体步骤：首先，制定黔西南州大数据战略规划；其次，对黔西南州大数据产业发展的“症结”进行梳理，从而在战略规划中对症下药，制定出切实可行的“良方”，这样才能使政策从实际需求出发，提高政策的执行力。本课题认为黔西南州应构建以下几个方面的大数据产业体系：

（一）构建以技术研发为中心的大数据核心产业体系

中国梦的核心是以技术研发为中心而发展的，以实现中华民族的伟大复兴为总任务。而大数据的核心业态是集存储采集、加工分析、运营服务、交换交易等要素，密切关注和研究大数据发展的专家和人们都会发现，大数据的发展离不开对大数据关键技术的研发及产业发展的持续的资金支持和人力投入。从大数据层面看，技术研发关系到世界信息资源变革的未来，对维护国家安全具有重要影响，回顾过去是为了前瞻未来，掌握信息资源的主导权。

大数据核心产业体系的构建原则：一是强调以技术研发为核心的大数据发展战略模式，构建以技术研发为核心的大数据综合一体化平台（即构建以政治、城市管理、经济运行、民生服务为一体的综合服务平台。），突出技术发展优势，加快落实数据整合、共享、对接的基础性的技术标准，并且要明确政府部门间、政企间的数据进行有效互通的规则。二是要突出黔西南特色，黔西南州应强化技术研发实力优势，致力于解决综合性服务平台所面临的开放共享难、流通交易难、融合应用难等问题，用技术解决发展瓶颈，同时促进技术本身融合发展。依据自身发展等级合理的构建并运用大数据平台，充分利用黔西南的气候、能源、环境等方面的绿色资源优势，构建大数据核心产业集群，以中国南方云基地建设为核心，提供新型数据中心服务、

云计算服务、数据加工清洗服务和智能终端制造服务，逐步打造为贵州省绿色数据中心聚集地、南方云产业高地、国家级数据储备绿色基地，争取成为面向东盟国家的国际信息港。依托电信基础运营商、广电公司，通过引进的华为、阿里、浪潮、世纪互联、蓝汛等 IDC 企业及增值服务企业，建设黔西南州投资数据中心项目，推动绿色化、特色化和定制化的数据中心基础设施和云计算平台设施的建设。

1. 依托资源优势构建数据存储和容灾备份服务中心。以数据中心基础设施为基础，充分利用黔西南州丰富且低廉的电力资源优势，以消解多余产能、提高电能利用率为出发点，满足数据中心用电需求，实现电力供销效率与数据中心发展双赢。面向本省、辐射西部、全国乃至东盟地区用户提供数据存储、应用承载、容灾备份等数据中心服务。（1）提供同城数据存储与容灾备份。通过旅游、健康医疗、教育、工业等行业部门和相关企业的数据资源共享和汇聚，为本地政府、委办局、企业提供同城数据存储与容灾备份。（2）构建黔西南州重点行业数据容灾备份中心。通过抓好中国教育电教馆和华大基因数据服务中心项目落地，积极推动和引进旅游、医疗健康、教育、工业、农业等大型企业数据容灾备份中心落户，建设黔西南州重点行业数据容灾备份中心。（3）提供异地容灾备份服务。通过技术提升，推进黔西南州与贵阳、贵安等地数据中心互联互通，提供异地容灾备份服务，开展面向国家各部委、对口扶贫支援省市和大型企业的数据资源招商，推动数据中心运营商承接国家各部委、中央企业的南方数据中心、分中心和容灾备份中心建设工作。开展区域性数据资源招商，争取引进一批省市数据资源项目，为全国各地提供异地灾备服务。争取一批国家部委、行业协会和标志性企业在黔西南州建设数据存储或灾备基地。

2. 依托新型云计算服务打造特色智能终端基地。通过引进的电信运营商、互联网企业、第三方专业 IDC 服务商、提供 IaaS 服务的基础设施服务提供商提供云主机、云存储、云安全、云加速、云渲染等新型云计算服务。面向政府、旅游、健康医疗、教育、工业等行业，支持行业主管部门与互联网企业合作建设公共云和行业云平台，引导行业信息化应用向云平台迁移。鼓励骨干企业开放自有云平台资源，打造协作共赢的云计算服务生态环境。（1）构建智慧旅游平台。以旅游公共服务为载体，构建智慧旅游平台，实现旅游公共信息的采集与发布、旅游产业监管信息的采集、景区游客、车流承载量统计与预警、旅游形象全国及海外推广、旅游业态服务新模式推广等山地旅游相关的智慧管理、智慧营销、智慧服务和智慧体验旅游。(2)构建教育资源公共服务平台。依托中国电教馆数据资源，建设教育资源公共服务平台，全方位面向社会提供黔西南州教育云的“一站式”云服务。将推进各级各类学校教师和学生在教育云的使用，开展师生网络学习空间建设和应用工作，鼓励学生应用网络学习空间开展个性化学习、自主学习、协作学习，利用教育云平台，初步解决边远地区学校和教学优质资源的共享问题。(3)构建农业物联网平台。通过云平台打造农业物联网，实现农副产品生产全过程监控、绿色有机食品跟踪、农产品市场的分析预警、农产品市场与加工厂商信息互通，让农产品进厂前能有效预估和轻松入库，并增强工厂对原材料的把控能力，真正形成农业良性产业链。

3.依托政府数据资源构建数据共享应用体系。黔西南州应在全面落实国家大数据战略的基础上，加强大数据应用，深度挖掘数据潜在价值，提高黔西南州大数据产业的竞争力。一方面，依托政府数据服务网汇聚各级、各部门开放的政务信息资源，为社会提供各类数据服务。另一方面，积极向社会开放政府数据开放平台接口，鼓励社会力量参与政府数据资源的深加工和再利用，支持和鼓励政府部门、公共服务机构、企业针对特定行业领域和用户群的开发大数据服务平台，并且深度挖掘数据潜在价值，引导相关企业提供数据租售、分析预测、决策支持等服务。利用开放的政府数据资源进行技术创新、服务创新和商业模式创新，不断优化政府监管服务，提升社会治理水平。(1)构建数据交换平台。通过“数据铁笼”权力监督大数据应用，以构建覆盖全州所有预算单位的数据交换平台，“数字铁笼”的应用，让我州被省财政厅列为全省财政预算一体化平台试点地区。并且依托大数据、云计算创新扶贫开发手段，打造黔西南州精准扶贫云，找出贫困对象的“症结”，对症下药，实现精准扶贫、精准脱贫，从而增强贫困地区和贫困群众发展的内生动力，从根本上解决贫困人口的生计问题。(2)完善河长制信息化建设平台。依托黔西南州水利信息化建设工作的基础，推动黔西南州河长制组织工作的规范化，结合黔西南州河长制的管理特点，为贵州省河长制信息化建设提供高效、实时、准确和公开数据资源，成为贵州省河长制信息化建设的试点。(3)构建智慧金州服务平台。通过智慧金州服务新市民计划推进措施，充分发挥智慧金州平台的支持和服务作用，让群众少跑腿，干部少填表，全方位、全过程助推新市民计划，最大惠及新市民，确保实现“搬得出、稳得住、快融入、能致富”。(4)完善黔西南州教育局云大数据平台。实施“互联网＋教育”“云＋端”教学，扩大优质教育资源覆盖面，让农村、边远、贫困和民族地区的孩子共享优质教育资源，缩小区域、城乡、校际差距，实现教育精准扶贫、推进教育均衡、促进教育公平、提高教育质量。该平台为政府大数据应用示范项目。（5）搭建“村村通”农村出行服务平台。“村村通”农村出行服务平台的搭建遵循“互联网＋交通”的设计理念，按照村村通客运、城乡客运一体化、农村客运公交化的目标，着力破解老百姓出行最后一千米，最大限度满足广大农民群众安全、经济、便捷出行需求。（6）搭建“企业云”公共服务平台。搭建“企业云”公共服务平台，为全州大、中、小微企业和合作社提供大数据与实体经济融合发展服务，在平台上将提供财务软件、供应链管理、电子发票、协同办公、企业 ERP 管理、行业专家咨询等共性需求服务，能够减轻企业负担、降低企业运营成本、规范企业管理，从而提高企业效率，实现了让数据多跑路、让企业少跑腿的格局。

（二）构建以挖掘数据价值为导向的大数据产业发展体系

1. 挖掘以数据资产化为导向的产业价值。在大数据时代，数据逐渐成为企业资产，渗透到每个行业，成为大数据产业创新的核心驱动力。充分利用黔西南州举办国际山地旅游大会的优势，建设山地旅游大数据中心。通过数据抓取、数据抽取、数据交换等技术手段实现对山地旅游相关的涵盖旅游吃住行游购娱六大类别多种数据来源进行数据采集，整合山地旅游数据资源，逐步构建信息齐全、现实性强、覆盖全国的旅游基础数据库，并且针对客流预测预警、客源地精准营销、游客行为分析、旅游产品创新、全域旅游开发、旅游＋、旅游精准扶贫等专项应用领域，构建若干细分领域专项应用资源库，建立一点构建、服务全国的专项应用大数据资源库，鼓励推动社会机构和企业利用专项应用大数据资源库进行创新创业，鼓励相关企业、高校和科研机构开展产学研合作，开展旅游大数据关键技术攻关，推动旅游大数据的集中式深度开发。推动产业利用数据实现精准和个性化的生产、营销和获利模式。

2. 挖掘以技术创新为导向的产业价值。世界上每天都在生成海量数据，这就要求大数据产业的技术要不断革新，才能准确有效地获取数据、存储数据、整合数据为用户提供服务。黔西南州应充分利用劳动力富裕和人力成本低的优势，提高技术创新的能力，从数据清洗产业入手，培养本地数据加工企业和人才，推进数据资源的采集和商品化，加强数据加工、清洗、脱敏、可视化等领域企业的引进和培育。逐渐打造清洗、分析、挖掘和展示全产业链条能力，发展基于数据标准化的数据清洗产业，鼓励企业针对政府及不同行业大数据特点，针对文本、语音、图像等数据，开展数字化、纠错、去重、脱敏、加标签等数据清洗技术的研发，形成行业特色的大数据清洗产品，从而实现技术创新和产品的商业化。

（三）构建具有黔西南“特色”的大数据应用衍生体系

充分利用黔西南自然生态和资源等方面的优势，将电力资源、煤炭资源、特色农业、旅游和健康大数据作为核心特色和突破重点，在旅游和健康两大特色大数据产业上做到“精专强大”，吸引大数据产业资金、人才、企业入驻，快速形成龙头效应，打造成为立足西南、辐射全国的特色大数据产业聚集高地。积极探寻大数据在精准扶贫、教育、生态、工业、农业等方面的创新协作共赢的应用模式和商业模式，成为向全省乃至全国推广的示范样板项目，并带动和培育一批围绕大数据应用服务的相关企业，将黔西南州建设成为通过大数据促进区域经济转型升级的典范，形成大数据创新融合应用样板示范基地。

1. 构建“大数据 + 工业”的产业体系。黔西南州要紧紧围绕“升服务、降成本、优环境”的指导思想，推进大数据与工业深度融合，支持企业将大数据融入生产经营各环节，推动大数据在研发设计、生产制造、经营管理、市场营销、售后服务等环节的集成应用，推动制造模式变革和工业转型升级。（1）推进“大电强网 + 大数据 + 大产业”深度融合。一方面加强“大电强网”建设，加快智慧电网布局，提升电力市场分析和配电管理能力，推进配电网在线监测、精准电力调配、配电网维护与配电网建设，实现精准管理和精准服务，协助用户优化用电方案，提升用户服务质量。另一方面，深化煤、电、网、产一体化深度融合产业布局，重点加强电力大数据的发展，发展工业大数据关联制造业，做大优势产业，从而推进工业结构优化。（2）构建工业发展决策云平台。为了提升大数据对去产能的支撑能力，分析工业产品市场供需变化，积极推广工业电商，建立与“中国煤炭大数据”平台、贵州工业云平台等行业平台及国家、省级平台的业务关联，深化黔西南州工业电商平台，建设黔西南州工业发展决策云平台。实现用户信息采集与分析，实现用户能源需求分析与预测、用户能耗行为分析、能源优化调度、行业运行负荷预测、全球价格监测、商品期货等，实现对接入企业的日常生产管理、工作日志管理功能，指导政府行业管理，指引企业研发创新、生产决策、营销决策，逐步建设工业发展决策云平台。从而推动大数据技术提升产业层次，推进传统工业智能化改造；推进能源互联网，助力煤炭、电力、建材、黄金等产业供给侧改革；强化大数据对工业发展保障能力的提升，推进安全生产和环境保护大数据工程。（3）推进信息化与工业化融合。加快电力、冶金、建材、化工、煤炭等行业智能化进程，在煤炭、有色、建材等产业，加强对市场需求分析与预测、用户能耗行为分析、能源优化调度、行业运行负荷预测、全球价格监测等，助力产业的供给侧改革，指导政府行业管理，指引企业研发创新、生产决策、营销决策。例：黔西南州 2018 年计划实施 8 个融合示范项目，企业名称：贵州金州电力有限责任公司；贵州金源投资有限公司、安龙县万物汇电商仓储集散有限公司；贵州紫金矿业股份有限公司；贵州森垚水泥有限公司；贵州德隆水泥有限公司、册亨荣畅化工科技发展有限公司；贵州振华义龙新材料有限公司。2018 年计划带动 150 家融合企业。实际 2018 年上半年黔西南州已完成 80 家企业“万企融合”建设，预计实现重点工业行业关键工序数控化率达 20%。

2. 构建“大数据 + 农业”的产业体系。大数据与农业深度融合。推动农村产权交易平台建设，实现农村产权交易一站式办结。推动大数据与农业园区、农民专业合作社等融合，整合构建面向农业农村的大数据服务平台，推动大数据中心与电商平台、市场交易平台互联共享，实现农产品和重要生产资料生产、流通各环节信息可查询、来源可追溯、去向可跟踪、责任可追究，促进农产品消费安全。其具体做法是依托黔西南州农业特色优势，建设“农业大数据生产云”平台，实现农业数据集向全社会开放，推进大数据与农业深度融合，大幅提升农业生产智能化、经营网络化、管理高效化、服务便捷化的能力和水平。（1）构建农业资源环境本地数据库。依托农业大数据生产云平台，构建农林资源环境大数据实施检测网络，开展耕地、草原、林地、水利设施、水资源等数据在线采集，对农业资源环境进行精准监测，构建农业资源环境本地数据库，从而指导农业生产。（2）健全动物疫病和植物病虫害信息数据库体系。一方面，依托农业大数据生产云建立动物疫病信息数据库体系和重大动物疫病防空指挥调度系统，提升动物疫病监测预警能力。另一方面，依托农业大数据生产云健全植物病虫害信息数据库体系和植物病虫害防空指挥调度系统，提升植物病虫害监测预警能力。（3）健全面向农业农村的综合信息服务体系。依托农业大数据生产云，鼓励各类经营性农业信息服务组织开发基于 APP 应用的农业大数据信息服务产品，建立健全面向农业农村的综合信息服务体系，从而满足农户生产经营的个性化需求。

案例一：以黔西南州薏仁米产业试点为例，把前端加上物联网技术，实现农业、种养殖与销售端的结合，使传统农业更具有“智慧”，结合种子资源库建设开发，提高农民的产量，带动了食用菌、花卉、中药材三个产业，减少农产品滞销的风险，给农民带来经济效益。案例二：“田源记”是在“互联网 + 农业”行动计划的指导下衍生的，是一款为中小型农牧业从事者提供农牧场智能预测、优化和增值服务的手机运用 APP，通过溯源记录，实现农作物从种植到收割全程可追溯；牲畜从出生到出栏养殖过程可追溯。通过深挖大数据潜在价值，带动产业发展，提高农产品附加值，不仅增加了农民的直接收入，还提供了更多的就业岗位，从根本上解决农民的就业问题。

3. 构建“大数据 + 服务业”的产业体系。（1）构建公共出行信息服务平台。根据公众出行需求，加快建设便捷高效的公共出行信息服务平台，整合实时路况和公交、铁路、航班、停车场等信息，推进跨部门、跨区域交通服务数据融合，创建一批“一站式”“一票制”“一卡通”等服务模式，提供一体化出行信息服务。例如：贵阳拟建公交“智慧大脑”，将根据智能大数据计算结果，开辟多趟直达班车、大站快车、学生专线、假日专线、上下班通勤专线等，满足不同群体和各个阶层的交通需求，提高乘客体验满意度。同时，通过大数据的“智能运营”，可以根据市民出行需求，自动完善线网规划、排班计划等，实现公交系统的自动调度。比如，通过及时预测掌握乘客会在哪里出现、有多少人、在什么时间段出现等数据，由系统进行精准匹配，对整个线路、线网进行优化完善。黔西南州也可以根据实际情况借鉴该模式，实现交通路线实时查询、停车场信息查询、出行线路规划等服务，提高出行效率，节约出行成本。（2）完善电子商务销售平台。借鉴“中国淘宝村”扶贫模式（即息烽县农村电商公共服务中心和有“淘宝村”之称的立碑村村民依靠电商把当地农产品销往中国各地，从而实现脱贫致富的做法。），利用“互联网 +”开展电商农产品上大型扶贫推广活动，运用大数据采集和分析，了解农产品市场有针对性进行营销和投放，做大做强本土电商企业，探索出黔西南绿色发展、减贫脱贫新道路。如：通过在“黔邮乡情”平台推出“册亨糯米蕉”扶贫项目，在京东贵州扶贫馆、电商云、电商云到村里的商城共销售出 78855 件，销售 118.3 吨，销售额 80 万元。可以在全州范围内推广该模式。（3）构建“黔西南州物流云”平台。为了实现交通货运信息、物流供需信息、网上物流在线跟踪等信息互通共享，推动智能物流发展，黔西南州应鼓励生鲜电商和专业冷链物流龙头企业采用新技术、新模式，完善生鲜食品、药品等冷链物流配送服务网络。一方面鼓励大型物流企业发展专业货机（如：顺丰快递、申通快递等多久物流企业都有自己的专列和货运航班）、电商快递专列（如：京东、唯品会、当当网都有自己的物流网），发展电子商务物流，提高物流效率。另一方面，整合社区现有便民服务设施，发展定时配送、社区自提柜、冷链储藏柜、代收服务点等新型社区化智能化配送模式。例：为了给义龙大数据园区入驻的大数据企业营造良好的发展环境和企业员工提供便捷的服务，万峰集团搭建了云屯网共享汽车服务平台。其共享汽车主要针对大数据产业园区的企业提供汽车租赁服务，目的是节省园区企业的公车费用支出。从长远来看，云屯网可以扩大共享汽车的服务规模，增加货运服务，围绕车、货匹配核心业务，实现货运汽车车头与挂车有效匹配，提高挂车使用效率，降低货运成本。采取与资质企业合作或者自建形式生产重量更轻的货运挂车，提高货运量，节省货车司机的过路费和燃料费。将云屯网建设成黔西南现代汽车共享中心和物流呼叫中心产业基地的同时，打造智慧物流产业基地，构建跨行业、跨区域的物流信息公共服务系统平台，实现物流信息和供需信息的互通共享。（4）构建健康医疗大数据中心。一是通过对公共卫生、医疗服务、医疗保障、计划生育、药品管理、综合管理等应用系统建设，完善“医疗健康云”服务，推广在线医疗服务；二是完善四大医疗基础数据库（即：电子健康档案、全员人口、电子病历、卫生资源）的数据；三是为了能够面向社会提供网上预约挂号、统一支付、检验检查结果查询、健康咨询、医疗保健、在线监测以及药品配送等服务，构建“互联网＋医疗健康”服务体系；四是推广使用智慧门诊、家庭医生签约服务等应用程序（APP）；五是发展远程医疗，为病人提供远程会诊、远程影像诊断等远程医疗服务；六要通过电信专线网络可接入全州所有乡镇卫生院，搭建基层医疗机构信息平台建设，切实解决群众看病就医难。（5）完善“智慧旅游”大数据平台。运用大数据手段，实施“智慧旅游”发展战略，推进大数据与服务业深度融合，从而提高大数据服务旅游经济效益。目前，黔西南州已将智慧旅游建设数据接入贵州智慧旅游平台运营服务有限公司，打造集高清视频监控系统、智能停车场、客流量分析系统、森林防火、综合管控指挥中心、道路卡口分析系统、WIFI、OA 办公系统、广播寻呼系统、智能化机房、LOST 电商平台为一体的 11 个子系统的智慧旅游大数据云平台。一是通过平台可以对黔西南州主要景区进行实时云播，对景区内实时客流量进行统计，可以使景区内的车辆能够有序、安全、规范的进出以及对自驾游车源地精准分析。二是通过网络分销系统分析游客客源地、性别、年龄段、消费能力，电商平台还可以为游客提供订票、订房、订餐、购物、旅游咨询、投诉建议等服务，从而带动更多景区群众就业和增收。

四、推进黔西南州大数据产业发展的路径研究

（一）探索以政府政策、资金为核心的发展路径

每个产业的兴起和发展都需要相关政策的扶持与支持，大数据产业的发展同样离不开政策的支持，有了政策的扶持，相关产业的发展便如虎添翼。国家十三五规划建议提出，“实施国家大数据战略，推进数据资源开放共享”。将大数据发展当作我国国家发展的战略，开启大数据建设的新篇章。国家在过去制定颁布了《中国制造 2025》和“互联网 +”等一系列的行动计划，极大地激发并鼓舞了普通大众的创新创业热情，也明确的坚定了大数据发展的国家战略方向。国务院常务会议在 2015 年通过颁布的《关于促进大数据发展的行动纲要》，明确要求开发好、应用好大数据这一战略性资源。李克强总理再次强调“我们正在推进简政放权，放管结合、优化服务，而大数据手段的运用十分重要。”从目前大数据产业发展的实际来看，政府对于其发展的支持力度是相对较高的。

1. 借鉴我国以政府政策、资金为核心城市大数据产业战略发展模式。黔西南州发展大数据产业，政府如果能够给予政策的强势扶持以及资金的充足配给会使得我州大数据产业的发展速度以及发展成效更快、更好。在此，我们可以借鉴我国以政府政策、资金为核心城市大数据产业战略发展模式的主要典型城市贵安新区的发展经验。充分运用政策拉动优势，积极发展大数据产业，打造大数据窗口。同时充分运用自身的生态优势和能源优势，即低气温、好气候的自然条件以及丰富的水资源与电力资源等大数据发展的软环境，吸引众多大型企业落户黔西南，其中包括三大运营商和重量级的互联网企业，这些都为黔西南州发展大数据产业带来了极大的优势与机遇。

2. 借助政策扶持机遇，逐步从多个角度发力，积极发展大数据产业。虽然政府的政策、资金是对大数据发展的支持，但是黔西南州在大数据建设运用的过程中，也不能造成资源的浪费，应该有的放矢地进行资金投入以及政策的灵活高效运用。同时，在强调政策拉动的同时不能过度依赖政策本身，应该借助政策扶持的机遇，逐步从多个角度发力，积极发展大数据产业，从而带动黔西南其他相关产业的转型升级高效发展。鉴于此，黔西南州在充分

利用和发挥好大数据产业创新创业政策、优化大数据产业发展环境的同时，还要注意两个关键点：（1）要注重坚持市场导向。对于大数据产业而言，在创新创业政策实施过程中，要在充分发挥市场作用的基础上，加强政府引导，以政府支持来推动社会的创新与创业。引导企业和个人在数据安全管理、数据存储与管理、数据应用以及相关方面创业，只有坚持市场导向，才能更好地推动相关技术研发与应用，促进相关领域和环节企业的发展。（2）要形成完善的集成体系。大数据产业发展正处于起步阶段，对于大数据产业发展而言，创业成本、资金支持、知识产权、技术创新、利益分配、创新指导等都是不可或缺的要素。从大数据产业发展的要素可以看出，大数据产业发展的政策应该是多元、多向度和立体化的，不能仅仅局限于资金或技术研发等低维度政策支撑。因此，要构建完善的政策体系，只有完善的政策体系的构建和功能的释放具有极其重要的作用，才能产生更强的聚集效能。

（二）探索以人才保障为核心的发展路径

在越炒越热的大数据以及大数据产业背后，我们应该对挖掘数据的人赋予更高的关注。如若没有能够掌握大数据分析工具、技术的人才，那大数据也只能是形单影只的数据源，不能体现它潜在的价值。大数据人才对大数据产业发展的重要性不言而喻，加大对大数据人才的引进力度和本土培养力度迫在眉睫。因为，在大数据产业发展中，对高端人才、复合型大数据人才的需求迫在眉睫，其中包括数据处理人才、数据研发人才、硬件开发人才等。但是从目前各地区发展的实际来看，各个地区都缺乏大数据所需的复合型人才，人才的缺失一定程度上会使得大数据的潜能无法得以释放。

1. 强调以人才为核心的大数据战略发展模式。强调以人才为核心的大数据战略发展模式的城市应该具备以下的特征：首先，该地区的科研院所、高校的数量多且质量相对较高。高校是为社会发展“传送”人才的重要渠道，城市中如果高等院校的数量众多，可以考虑高校中设立数据科学专业，设置数据分析与数据挖掘的课程，培养大数据科学家。大数据的复合型人才，应该是相关领域知识叠加大数据技术的人才，比如同时具有金融知识和掌握大数据相关技术的人才，即可称之为大数据所需的复合型人才。其次，该地区的互联网企业数量可观。互联网企业的数量直接决定大数据产业发展的直接人才来源，互联网企业势必配备了一定的具有实际操作经验的技术人员，这为城市强化人才保障为核心的发展模式提供可能。最后，政府对该地区城市发展提供优惠的人才政策。帮助地区和相关城市能够吸纳海内外高层次人才和紧缺人才，同时通过政府的引导积极推进和推动地区的人事制度改革，形成有利于人才脱颖进一步发展的选人用人机制，完善人才评价和激励机制，发挥人才的主动性、创造性，积极性、优化人才环境，为各类人才创新创业提供良好条件。

2. 加快构建黔西南州大数据产业发展的人才体系。在强化人才优势的同时不断调整和完善人才培养的体制机制，依据市场需求分配劳动力资源，把人才培养转到大数据相关产业最紧缺的人才需求方向上来，合理分配专业性人才的培养工作。加快构建黔西南州大数据产业发展的人才体系，是大数据产业在黔西南州得以迅速发展的根本所在。因此，黔西南需加强科研院所高校与企业的合作，将大数据理论学习与实际操作相结合，培养人才的过程是漫长且艰巨的。那么，如何构建黔西南州大数据产业发展的人才队伍体系呢？（1）建立本土大数据人才的教育和培养体系。大力培养本土人才，建立完整的大数据人才教育和培养体系。在本科院校、大专院校、职业技术学校等教育机构开设互联网 +、电子商务、物流管理、电子信息产业等相关的专业，通过全体系培训模式（全体系培训模式是指运营 + 技术 + 推销 + 管理的培训模式）和全路程培训模式（全路程培训模式是指理论 + 实训 + 实习 + 就业的培训模式），培养大批本土专业人才。（2）建立大数据专业人才库。聘请国内知名专家作为大数据产业发展的顾问，建立大数据专业人才库，并从黔西南州的资源优势、产业优势、企业优势、重点项目入手，通过给他们营造良好的生活和工作条件以及解决其子女的入学问题等优惠政策来加大对大数据人才的引进力度，引进符合黔西南州大数据产业发展的并且具有实战经验的专业人才，从而带动黔西南州大数据人才的快速成长，推动黔西南州大数据产业的快速发展，促进黔西南州的经济繁荣，从而加快黔西南州全面建成小康步伐。

（三）探索以数据资源共享开放为核心的发展路径

通过信息化建设，把党政部门的工作流程、办事流程以信息化辅助业务的形式，搭建信息化办公流程，实时掌握党政部门的工作、办事情况，避免人为暗箱操作，减少行政自由裁量权和随意性。同时，大力发展大数据平台作用，实现部门间数据共享，让居民和企业少跑腿、好办事、不添堵。明确政府信息共享的内容、方式和程序，避免行政“碎片化”，破除部门利益，构建“整体政府”，实现“人员少跑路，数据多跑路”。促进政务资源整合、简化政务服务界面、完善服务访问手段、丰富政务服务内容，让公众“不出门、少跑腿”也能把事办成。因此，黔西南州应在政务数据系统的基础上，建立各级政府和部门间的数据交换共享机制，集合汇聚各部门包括垂直部门及各市的政务数据，设立面向社会的政府数据服务网，建设统一的政务数据资源库，进一步推进政务公开工作。管理政府数据开放共享，打破数据壁垒，是提高公共服务质量的前提，黔西南州加强大数据资源的综合利用能力应从以下几个方面着手。

1. 建立政府数据资源管理机构。为了进一步规范政府数据资源的管理流程，全面梳理政府数据资源成立数据资源管理机构。建立统筹管理全州大数据发展的专门机构和省部协同机制，基本建立“责、权、利”清晰的数据资源管理和运营服务保障体系。按照国家有关技术规范，研究编制黔西南州《政务信息资源开放共享管理办法》和《政务信息资源目录编制指南》，与贵州省协同建立统一的政务信息资源目录体系，构建经济建设、资源环境、旅游住宿、交通服务、餐饮美食、医疗健康、教育科技、社会保障、消费购物、生活服务、企业服务等不同主题的数据集，形成按领域、按部门、按共享程度等不同类型的分类目录。

2. 建立政府数据共享交换平台。建设政府数据共享交换平台，大力推动政府数据共享交换依托电子政务网络，按照“增量先行、存量补进”的原则，建设全州统一的政府数据共享交换平台，重点在财政经济、政务服务、食品药品监管、信用信息、公共资源交易、项目审批等领域，开展数据交换共享，逐步形成全州横向联动、纵向贯通的大数据共享交换体系。

3. 建立大数据管理服务平台。加强大数据基础设施建设、建立大数据管理服务平台。建设政府数据统一开放平台，稳步推动公共数据对外开放依托政府数据共享交换平台，优先开放政府数据，进而推动公共数据对外开放。大力推进健康医疗、社保就业、教育文化、交通旅游等民生服务领域优先开放数据资源。加快推进企业监管、环境治理、食品安全、信用体系等社会治理领域和金融服务、工业制造、商贸流通等产业领域高价值数据资源开放共享。

（四）探索以信息安全保障为核心的大数据产业发展路径

没有数据安全，数据产业发展风险重重使其发展受阻；数据共享不能实现，数据整合和数据增值就无法实现。我们可以说数据共享和数据安全二者相互相成，是大数据产业发展极其重要的两个环节，但现实生活中这两个环节都很难做好。因此，搭建平台实现数据共享和保障数据安全是黔西南州在大数据产业发展过程中必须做好的两大难题。

1. 健全数据共享管理制度。为了进一步强化安全供给，黔西南州应建立云计算、大数据环境下的信息安全保障体系。（1）出台相关管理办法。以法律的形式规定公共信息资源开放共享的内容、程序、标准和相关事项，制定和出台《黔西南州公共信息资源开放共享管理办法》，并在此基础上建立公共信息资源共享网站，形成信息资源社会化共享服务体系。（2）制定公共信息资源定期上报与交换机制。为了保证各领域所更新的信息能够让相关部门或者企业及时掌握，在保证数据安全的前提下，对地理信息、教育、交通和医疗等重要公共信息，应实行定期上报与交换机制。

2. 完善数据安全保障制度。为了保证数据安全和个人隐私，黔西南州应明确偷窃、泄露保密信息和个人隐私侵犯行为的责任、惩罚措施及监管机制，完善数据安全及个人隐私保护法律法规，增强信息安全保障能力。（1）制定大数据技术标准和运营标准。为了加强网络信息基础设施建设，黔西南州应制定大数据技术标准和运营标准，提高数据的收集、存储、传输、分析和处理等水平，以及网络抗攻击网关、入侵检测技术、防火墙技术、跨部门多层次协作保障技术、加密技术、网络安全融合技术、网络溯源技术水平，以及降低大数据安全风险。（2）建立大数据安全管理机制。为了增强大数据安全防控能力，最大限度降低由此带来的损失。黔西南州政府要建立集数据信息监测、预警、防范、引导、危机处理为一体的大数据安全管理机制，并且要组建大数据安全组织机构，要明晰职权，明确分工。具体做法：一是对入场的厂商签订保密协议，明确数据保密责任和义务，同时与入场人员签订保密协议；二是委托黔西南州国安局对入场人员进行背景调查，确保入场人员忠诚可靠，确保政府数据安全；三是按照人员职务角色划分数据权限，控制数据权限，因岗设定数据范围，杜绝无关人员查看无关数据；四是要求统一提供数据审计，在黔西南州新建的大数据项目中，从数据的更改、删除、查看都进行记录，何人、何时、何处查看何种数据一目了然；五是保障网络安全。大流量 DDOS 攻击防护，中小流量 DDOS 攻击防护，针对 VIP 客户可定制精细化 DDOS 防护策略，入侵检测，日志数据分析，发现主机被入侵后发送预警给对应租户，漏洞扫描，网络监控 7×24，服务器监控 7×24，环境监控 7×24，专线传输，业务隔离，数据备份，保证数据不会丢失。

大数据产业，是黔西南州发展山地经济的重要引擎，加快构建符合黔西南州发展实际的大数据产业体系，即：以技术研发为中心的大数据核心产业体系、以挖掘数据价值为导向的大数据产业发展体系以及构建具有黔西南“特色”的大数据应用衍生体系，必将推进黔西南州大数据产业的发展。

（作者单位：中共黔西南州委党校、黔西南州行政学院）

黔西南州大健康产业发展研究

尤立宪

大健康产业是随着健康理念延伸而形成的健康关联产业的集合，健康产业将成为继 IT 产业之后全球新经济的焦点。近年来，黔西南州根据全省的产业定位，紧盯中药材和重点医疗企业发展，以及在重点区域开展大健康产业招商，多层级全方位布局大健康医药产业。但在推进过程中，存在诸多问题和困难，阻碍了大健康产业快速发展。面对经济新常态，为把大健康产业培育成为我州的重要支柱产业，推动康养黔西南、四季花园城建设，州政府经济发展研究室组织调研组对全州发展大健康产业的现状和存在问题进行深入调研，提出了加快大健康产业发展的路径建议。

一、黔西南州发展大健康产业的必要性

习近平总书记指出，人民身体健康是全面建设小康社会的重要内涵，是每一个人成长和实现幸福生活的重要基础。在新经济发展新常态下，大健康产业方兴未艾，大健康时代呼之欲出。黔西南州作为山地旅游的福地，生态保护的绿地，发展大健康产业，具有十分重要的意义。

（一）是推进供给侧结构性改革的重要方向。供给侧改革的三大要素为“优化产能、国际合作、重民生”，其中“重民生”就是要大力发展民生导向型产业与大健康行业。我州作为矿产资源大州，多年来，矿产资源税收一直占据财政收入“半壁江山”，导致全州经济社会发展的重心依赖于矿产资源的开采。近年来，我州煤炭行业面临产能过剩、产品结构单一、成本高、亏损面大等突出问题。2015 年，煤炭产、销量同比下降 6.2% 和 3.5%，行业负债率高达 69.3%。要解决这些问题，必须通过供给侧结构性改革调整发展战略，创造新的消费市场，这就需要实现煤炭发展方式、发展要素、产业分工、产业结构的有效转变，将我州铁合金、水泥、冶金等传统产业逐步转向范围覆盖广、产业链长、直接影响到国民经济多个行业发展的大健康产业，形成新

的经济增长点。

（二）是促进经济稳定增长的朝阳产业。大健康是大产业、是大财富，以人为本，身体健康是根本。现在的人们，都树立了“健康、养生、长寿”的意识，迫切需要政府为他们创造大健康服务。近年来，我州立足丰富的中药材资源和区位优势，朝着大健康产业方向发展。截至目前，已有52个医药产业项目纳入《贵州省大健康医药产业发展六项实施计划》，培育种植中药材品种118个，山地户外运动基础设施基本完善，兴义德心园养老中心成效明显，大健康产业已初见雏形。尤其是近两年来，随着一届接一届国际山地旅游暨户外运动大会的成功召开，我州越来越多的企业开始主打健康牌、养生牌，一批批大健康产业不断涌现。从我国发达地区看，大健康产业已成为国民经济的重要支柱。在发达国家，健康产业增加值占GDP比重超过15%，而我州还处于起步阶段，占GDP比重在3%左右，发展潜力很大。

（三）是守牢“两条底线”的必然选择。2015年6月，习近平总书记在贵州考察调研时要求：希望贵州协调推进“四个全面”战略布局，守住发展和生态两条底线，培植后发优势，奋力后发赶超，走出一条有别于东部、不同于西部其他省份的发展新路。大健康产业涵盖医药种植、养殖和药品研制、医药世界、保健食品、健康旅游、健康服务等多个领域。对于具有丰富自然资源、厚重历史文化、良好区位优势和三个世界“独一无二”（独一无二的低纬度中海拔宜人气候；独一无二的万峰林景区田园风光；独一无二的“一城三景”）的我州而言，是发展绿色产业不可多得的一块宝地。发展以大健康为目标的医药养生养老产业，是我州在发展中求保护、在保护中求发展战略的必然选择。

二、黔西南州发展大健康产业现状及存在问题分析

近年来，全州上下认真贯彻落实习近平总书记系列重要讲话精神，积极主动适应新常态，推动大健康产业向前发展。2015年底，全州开工建设的37个大健康医药产业项目累计完成投资21亿元，中药材总产值突破40亿元，覆盖农户26.6万户，户均增收2346元，医药工业总产值4.79亿元，相比2014年的4.41亿元，同比增长8.6%。兴义市德心园敬老中心建成投用，有床位220张；安龙县正在打造“黔西南州健康养老服务基地——中国安龙养生谷”。不难看出，我州医药产业规模不断扩大，中药材种植成效明显，养生养老产业初见雏形，大健康产业方兴未艾。我州大健康产业发展虽然取得了不

少成绩，但也存在不少问题，主要表现在以下几个方面。

（一）发展思路不够清晰。大健康产业是我州经济社会发展未来持续向好的支柱产业，没有发展基础不行，没有高标准规划布局的发展思路更不行。大健康产业是个漫长的产业，见效慢。但从我州目前的情况看，大健产业发展几乎是由各县（市）自主规划布局，有的县（市）对大健康产业缺乏研究，发展的大健康产业规划标准低，难以适应未来发展；有的县（市）将本区域内重点工程同质化的项目挂牌为大健康产业项目；特别是在一些适宜发展大健康产业而不适宜发展工业的县（市），因为“一把手”对发展大健康产业思路不明晰，项目选择不准，导致一些工业项目半途而废，圈地“晒太阳”。

（二）医药产业基础薄弱。医药行业的发展需要不断创新来维持，只有不断推陈出新，生产出更有效、更安全、更适应市场需要的新产品才能真正促进医药行业的发展。当前，在我州已建成的红星医药产业园，虽然有两家领军型企业生产的“布医坊”牌排毒贴产品、“六味祛风活络膏”分别获得“贵州省名牌产品”称号和国家药监局颁发的新药证书，拥有完全自主知识产权，并获得国家重大新药创制项目支持，但制药企业处于发展阶段，医药科技投入不足，在新药开发研究方面比较欠缺，导致重复品种多、独家产品少，老产品多、新产品少，低档次产品多、高档次产品少等现象仍然层出不穷，产品缺乏核心竞争力。

（三）医养结合矛盾突出。“医养结合”是在做好传统生活照料、精神慰藉等为老年人服务的基础上，更加注重老年人的医疗保健服务，为入住老年人提供养老和医疗服务。但从我州目前的情况看，医疗机构和养老机构互相独立、自成系统，养老院不方便就医，医院里又不能养老，老年人一旦患病就不得不经常往返家庭、医院和养老机构之间，既耽误治疗，也增加了家属负担。同时，一些养老服务机构仍停留在传统的养老服务模式阶段，仅提供简单的吃住和日常生活照料服务，大部分没有配备医务室和医务护理人员，更无能力单独设置医疗机构，增加了入住老人的就医成本与负担。部分养老机构甚至出于规避风险的考虑，只接收生活能够自理的老年人，将失能、失智老年人排斥在外，导致养老机构的覆盖人群出现结构性缺陷。此外，养老机构的护理人员多为城市下岗工人、进城务工人员，年龄普遍偏大，文化水平不高，多数没有经过有关部门的专业培训，缺乏专业的管理、护理知识及技能，难以满足老年人日益增长的多元化养老需求。由于“医”“养”分属不同专业领域，相应的公共资源也由卫生、民政等不同部门分配，而且“医”“养”又受到社保、财政等因素制约，各部门对相关政策的认识、调整和落实难以做到协调一致和横向整合。

（四）民营养老发展缓慢。一些医院由于自身医疗资源紧张，加之医患关系、医疗纠纷和养老行业的低利润等因素，往往把主要精力放在常规医疗上，不愿参与养老领域，而我州的民营养老机构由于受土地政策的影响，民间资本进入养老机构的积极性又不高，发展进度缓慢。因此，现有的民营养老机构除了单纯的养老服务，医疗、康复、保健等养老服务体系均没有形成。例如，我州满足一般养老的民营养老机构——兴义市万峰林办鱼陇村德心园敬老中心，因为受多方政策制约，该养老机构虽能接纳200余人的养老服务，但这里缺乏基本的基础设施建设，只能提供一些吃、住、娱等简单的项目，大大阻碍了养老机构的发展壮大。

三、黔西南州大健康产业发展路径和措施

大健康产业是继IT后的阳光产业。据权威部门预计，到2016年底，我国大健康产业规模将接近3万亿元，达到全球第一；到2020年，健康服务业总规模达到8万亿元以上。预测在未来数年内，我州大健康产业产值将占GDP比重10%以上。因此，发展大健康产业是我州协调推进“四个全面”战略布局、践行“五大发展理念”、实现与全省全国同步建成小康社会的重要抓手，我州应以普及健康生活、优化健康服务、完善健康保障、建设健康环境、发展健康产业为重点，着力抓好大健康产业发展布局，在产业融合发展、培育产业集群上出重拳，在加强统筹和改革创新力度上下猛药，实现大健康产业提速增量、跨界融合、创新发展。

（一）规划布局大健康产业。发展大健康产业不仅具有产值方面的意义，更具有极大的社会功能，是老百姓的安身工程、安心工程，规划布局至关重要。**一是规划建设医药研制高地。**医药企业要想获得可持续发展，必须高技术、严管理、重功效地发展好衍生品，塑造好品牌，获得消费市场的认可。从国内外来看，强生、惠氏、云南白药、东阿阿胶等不少医药企业都积极开发药品衍生产品，拉长产品线和产业链。如云南白药牙膏市场份额现仅次于外资品牌——佳洁士和高露洁，排名第三，成为第一民族品牌和功能性牙膏的第一品牌。结合我州实际，建议以义龙试验区红星医药产业园为主要载体，完善园区基础设施建设，加快构建涵盖以“医、养、健、管”为支撑的

大健康医药服务产业体系，引导贵州天地药业、贵州苗药药业、贵州德良方药业、贵州心意药业、贵州云峰药业等企业，在研制好原有药品的基础上，大力发展养生保健、绿色食品等产业，拉长医药产业链条，加快向健康保健、医疗器械、物流营销等领域延伸拓展，将义龙试验区红星医药产业园建设成为贵州乃至西南地区的医药研制高地。**二是规划建设养生休闲福地。**随着人们生活水平的提高，大众旅游需求持续升温，养生度假旅游已成为旅游业的重要发展方向和人们健康消费的重要方式。我州应围绕进一步放大“四季花园城、康养黔西南”主题文化品牌效应，充分利用我州优越的自然环境、旅游资源和国际山地旅游目的地的高端平台，以及地处滇黔桂三省区（结合部）的区位优势，开发推广休闲度假旅游产品，加快体验性、参与性和休闲性项目建设，在兴义市规划建设“四季花园城”中央休闲文化区，在兴义市、兴仁县、安龙县和贞丰县分别规划建设中高端养生休闲区、城市生态休闲区，在安龙县、册亨县、望谟县、晴隆县、普安县分别规划建设“两江一河”农业生态休闲区，在兴仁县、安龙县、贞丰县、晴隆县、普安县和册亨县分别规划建设特色产业休闲区，在兴义市、兴仁县、安龙县和贞丰县分别重点开发适宜中短期游客养生居住的酒店式公寓，打造休闲度假、体育运动、健康娱乐、文化创意、乡村体验等旅游板块，发展乡村酒店、养生湿地、休闲农庄、生态渔村、水乡生态农家乐等新型业态，努力建设“休闲型健康养生旅游目的地”，更加叫响“四季花园城、康养黔西南”品牌，将我州打造成为国内独一世界唯一的养生休闲福地。**三是规划建设绿色有机健康种植基地。**种植基地就是名气。近年来，绿色有机健康食品越来越备受消费者青睐。我州具有得天独厚的气候、土壤、资源优势，加快绿色有机健康产业发展，是我州在今后一定时期内，产业发展潜力最大、发展前景最好，最具区域特色的支柱产业。因此，建议兴义市以十里坪蔬菜基地为核心，向四周辐射，打造 2 万亩以上的绿色有机蔬菜基地，满足兴义市和义龙试验区市民生活消费；兴仁县、贞丰县、安龙县、晴隆县、普安县、册亨县、望谟县在分别打造满足本辖区内群众生活消费的同时，兴仁县、安龙县、晴隆县加快薏仁米种植面积，力争突破 60 万亩。其余县（市）加快中药材种植步伐。比如沿沪昆、晴兴、惠兴高速公路两侧可以布局成倒提壶、金线莲等濒临绝灭的珍稀中药材种植基地，形成三大条中药材产业带。万峰林、马岭河峡谷、双乳峰和 24 道拐等景区景点周围，主要种植经过农业部门鉴定过的有机健康花草，既美化景区，也给当地群众带来直接经济收入。同时，建议在义龙试验区规划建设绿色有机食品深加工基地，将我州绿色有机健康种植基地产品进行转换，实施品牌化战略，打造一批具有鲜明特色的优势旅游产品、特色旅游产品和知名旅游产品，不断扩大我州绿色有机健康旅游产品市场占有率，提升我州现代农业市场化、产业化水平。**四是规划建设养老服务胜地**。养老产业能带动其他产业大发展，催生更多新型产业，带来更多的就业机会，增添全新的经济发展动力。从2009年开始，我国老年人口将年均增加800万－900万。目前，国内多个城市和知名企业都在积极发展养老产业。如合众人寿推出的“合众优年”产品，已将“优先入住养老社区”作为业务拓展的利器，并在武汉、沈阳、合肥、南宁四个城市投资建设新型专业养老社区。而我州截至2015年底，60周岁以上老年人口为43.95万，占全州总人口的12.59%。80周岁以上高龄老人为4.23万，占老年人口的10.06%。预计到2020年，我州60周岁以上老年人口将达47万，届时将占全州总人口的13.5%。我州交通便捷，境内山川秀美，气候宜人，终年温暖湿润，冬无严寒，夏无酷暑，为发展养老产业奠定了坚实的基础。建议我州积极引导现有养老机构与医疗机构合作共建，提升养老机构的医疗、康复、护理、保健等功能。加强与国内外企业的合作，在兴义市白龙山茶旅一体化园区、万峰林新区、义龙试验区等地规划建设“候鸟式养老”“虚拟养老”和“长年养老”板块项目，打造集健康退休社区、活跃老人社区、养老中心、健康管理、老年专属医院、医疗康复中心等功能于一体的养老旗舰社区，并引入连锁经营模式，在全州建设一批连锁化、品牌化的养老服务机构，着力构建三省区（结合部）养老服务胜地。

（二）打好“五张融合牌”。坚持绿色发展，着力打造以养生业与大旅游、医药研制业与大扶贫，以及健康产业与山地城市、各领域要素和大数据融合牌，抢占大健康产业新“高地”。**一是打好大健康养生业与大旅游融合牌**。依托资源禀赋，把大健康作为旅游业发展的新增长极，坚定不移推进生态产业化，实现大健康与大旅游融合发展。建议在兴义市、安龙县和贞丰县培育壮大以“养”为支撑的健康养生产业，构建生态体验、度假养生、休闲观光、温泉水疗平台，形成生态养生大健康产业体系，力争成为具有影响力的康体养生基地、禅修养生中心和全国医养结合示范目的地；在兴义市、晴隆县和普安县培育壮大以“健”为支撑的运动康体产业，建设山地生态户外体育公园，开发康体养生系列产品，促进全民健身与休闲养生融合发展，建成上规模、上档次、大联合的全域旅游示范区，推动我州旅游业“井喷式”

增长。**二是打好大健康中药材与大扶贫融合牌。**中药材产业的持续发展，不仅能带动农民脱贫致富，同时也推动了区域经济发展。要打好这张融合牌，建议以园区示范带动、政府主动推动的“一带一推”模式，做大中药材产业规模，提高产业扶贫覆盖面；依托科技支撑，在种子种苗培育上下功夫，在种管技术推广上做文章，实现兴药富民；围绕中药材研、产、供、销等环节，积极开发上下游产品，提高中药材产业附加值，推动产业转型升级，让中药材产业成为我州农民增收的“杀手锏”；立足实际，不断探索和创新产业推动扶贫的实现路径，让企业和农户都成为产业发展的受益者，实现全州与全省全国同步建成小康社会目标。**三是打好大健康产业与城市融合牌。**发展大健康产业，离不开健康城市这个载体平台。世界卫生组织认为，健康城市应该是一个不断开发、发展自然和社会环境，并不断扩大社会资源，使人们在享受生命和充分发挥潜能方面能够互相支持的城市，并于 1996 年提出了健康城市的 10 条标准。这些标准，既是对城市建设管理的要求，更是对城市产业形态的呼应。因此，兴义市、义龙试验区等城市应率先统筹大健康产业规划与健康城市建设规划，统筹产业发展与城乡建设，做到以城市功能完善集聚产业发展要素、服务产业发展，以产业发展倒逼城市功能的提升、实现发展惠民。**四是打好大健康产业各领域要素融合牌。**大健康产业涵盖医药保健产品、营养保健食品、医疗保健器械、休闲保健服务、健康咨询管理等多个与人健康紧密相关的生产和服务活动。它们虽分属不同领域，但相互之间关联度高。我州发展大健康产业，应充分挖掘现有基础，发挥既有优势，选准方向和重点，突出研发能力建设、品牌标准打造、规模企业培育和商业模式创新，注重“研、产、购、医、养、游”等互促并进，协调发展，加快构建富有竞争力的黔西南州大健康产业体系。**五是打好大健康与大数据融合牌。**大健康医药产业是极具潜力的新兴产业，是大数据信息产业的“姊妹篇”，是坚守“两条底线”的绿色产业。建议充分利用义龙试验区大数据产业园信息技术，下大功夫做好“医、养、健、管”四篇大文章，构建特色鲜明、融合互动的大健康医药产业体系。应精准发力、深处着力，下苦功夫组织实施好大项目、大平台、大企业“三项大行动”，全面推进健康养生、健康医药、健康养老、健康医疗、健康食药材、健康运动产业发展“六项实施计划”和重大项目、重点工程，重点推动“大数据 + 医疗”“大数据 + 健康管理”和“大数据 + 健康服务”发展，促进优质医疗资源加快向基层延伸，加快个人健康信息数据化进程，提供全面、个性、及时的健康服务，形成大健康医药产业多点发力、集聚发展的生动格局。

（三）加快培育产业集群。坚持以产业化为根本，充分挖掘现有基础和优势，瞄准健康医疗、医疗器械、养老休闲、健康旅游、健康管理等重点方向，注重“研、产、购、医、养、游”融合发展，全力打造“三省区中心经济带”大健康产业集群基地。**一是搭建平台建设。**大健康产业是具有市场潜力的新兴产业，需要高起点、高视野搭建好平台建设。承载平台方面：建议推动各县（市、区）围绕本地特色资源优势，结合我州文化资源、旅游资源发展特色化健康旅游，建设万峰林、万峰湖、双乳峰、放马坪、二十四道拐茶旅一体化园区、白龙山茶旅一体化园区旅游产业生态圈，形成“医 + 养 + 旅”产业模式，以园聚项目、促项目、扶项目，结合实际建立大健康产业园；合作平台方面：建议推动建立以企业为主体的行业协会或商会，为具有共同资源、共同技术、共同市场的产业集群提供有针对性的服务；招商引资平台方面：建议完善“一个产业、一套措施、一名联系领导、一支队伍、一抓到底”的工作机制，突出产业链式招商，广泛吸引域外同产业的优秀企业入驻产业集群，领办、创办实体。**二是培育主导产业。**大健康产业关联度强，对其他产业和整个区域经济发展有较强带动作用，结合实际培育主导产业意义重大。种植业上，建议抓好“七个一万亩”工程。即册亨县、望谟县以种植三七、石斛、小花清风藤、重楼为主，各县新增 10000 亩左右；兴仁县、安龙县和贞丰县以种植薏仁、花椒、生姜、山银花、砂仁、石斛为主，各县新增 10000 亩左右；晴隆县、普安县以种植薏仁、白芨、三七为主，各县新增 10000 亩左右。养老产业上，无论是全国全省还是全州，都已进入老龄化社会，养老地产市场真空多、潜力大。但养老地产在我州还是空白，建议借鉴北京东方太阳城、广州友好老年公寓等成功经验，在兴义市率先探索“健康养老地产”产业发展。养生产业方面，全国已呈现亚健康群体的高比例和社会老龄化的发展趋势，解决老年健康问题和亚健康的重要方式就是通过生态人居改善人体微循环，使身心浸润在完全生态的环境氛围中。我州作为世界三个“独一无二”的国际山地旅游目的地，是全世界养生的首选之地，建议在兴义市率先探索“健康养生地产”产业发展。制药产业上，建议集中精力打造好贵州布医坊民族特色用品有限公司生产的“布医坊”牌排毒贴和贵州苗药药业有限公司生产的“六味祛风活络膏”等产品，力争荣获“中国名牌产品”称号；重点发展肿瘤治疗药物、心脑血管治疗药物、抗艾滋病治疗药物，加快研发肿瘤和艾滋病预防疫苗。医养产业上，建议引导建设医养融合型服务机构，提供治疗期住院、康复期集中护理、稳定期居家照料的一体化医养融合服务；支持养老机构开展医疗服务，推进养老机构配备医务室和医护人员，支持有条件的自办医疗服务机构，让入住老人享受专业、周到的医疗保健服务；加大对公办养老机构、日间照料中心和居家养老服务、农村幸福院建设的投入力度，力争到2020年实现以居家为基础、社区为依托、机构为支撑，功能完善、布局合理、规模适度、覆盖城乡的养老服务体系。**三是引导关联企业和行业向大健康产业转型发展。**提高产业发展质量和效益的根本在于提高劳动生产率和全要素生产率，在于创新要素质量的全面提升和结构优化。大健康产业是未来的朝阳产业，传统产业向朝阳产业转型发展是唯一的一条出路。因此，建议引导农业、制造业、旅游业等行业企业选准方向，开发大健康产业类产品和服务。积极组织企业和研究机构对我州花椒、砂仁、芋头等绿色农产品和铁皮石斛、白芨等特色中草药等，进行深度开发，推出一批营养品、保健品、健康食品。引导重点企业与行业协会等开展合作，抱团发展，围绕一个品牌进行“产、供、销”量身打造。引导现有医药企业勇力探索、大胆创新，开发功能性日化产品。探索医疗机构与养老机构合作新模式，推进医疗卫生与养老服务相结合。充分依托天地药业、德良方药业等民族制药企业积极发展生物医药产业，依托安龙百能农用车项目积极发展高端装备制造业，依托大数据产业积极发展新一代信息技术产业，依托州内丰富的风能和太阳能积极发展新能源产业。

（四）加大改革创新力度。大健康产业作为新兴产业，促进其发展必须理顺各方面机制，只有加强规划统筹和改革创新力度，才能推进大健康产业发展与生态保护有机结合、良性互动、协调共进。**一是明确产业发展组织协调机构。**大健康产业涉及一、二、三产业及多个部门，是天生的融合性产业。建议建立“黔西南州大健康产业发展”组织机构，明确产业发展的牵头部门和参与部门。**二是出台扶持产业发展的政策意见。**及早将大健康产业纳入我州重点产业扶持范围，研究出台促进大健康产业发展的相关政策，在市场准入、项目立项、土地供应、技术创新、市场开拓等方面给予优惠，适时设立黔西南州“大健康产业发展扶持资金”，帮助解决产业发展中资金瓶颈。**三是建立高端人才引进的配套保障政策。**把大健康产业类人才纳入全州人才工作规划，加快引进一批大健康产业发展领军型人才，引导和支持黔西南民族职业学院高校和职业学校开设健康产业类相关学科专业，加快培养护士、营养师、按摩师、理疗师、养老护理员等专业技术人才。**四是推出负面清单。**深入推进依法行政，推行一个窗口，一站式审批，一条龙服务，急事急办，特事特办。制定全面责任清单、负面清单、责任清单，放宽市场准入，实施健康产业非禁即入，激活社会力量参与健康产业发展，鼓励金融机构创新适合健康产业特点的金融产品和服务方式，鼓励企业、民间资本投资健康产业。**五是建立健全监督监管机制**。依法推动促进大健康产业发展相关法规的制定和修订，定期开展督查，切实抓好税费、土地、价格等政策措施的落实。重点加强大健康产业的统计调查方法和监测指标体系建设，客观、科学和全面地反映我州产业发展状况。依法规范健康服务机构从业行为，充分利用广播电视、平面媒体及互联网等新兴媒体，加强宣传和舆论引导，进一步树立四季花园城、康养黔西南的品牌效应。

（作者单位：黔西南州人民政府电子政务办公室）

黔西南州农民工返乡创业园建设研究

罗依　唐莉

内容摘要：本次研究，笔者以调查问卷、访谈等方法进行了调研，对黔西南州农民工创业的情况和农民工返乡创业园的建设情况作了基本阐述，从农民工本身、资金方面、农民工返乡创业园建管方面、优惠政策及宣传五个方面分析总结了黔西南州农民工返乡创业园建设存在的问题，并从加强创业培训提高创业农民工的创业知识和技能技术、加大资金投入力度，拓宽农民工创业资金融资渠道、加大创业园建设力度，完善创业园管理体制、优化政策体系，加大政策倾斜，健全服务体系、大力宣传创业精神，营造农民工创业氛围五个方面提出了建议。

关键词：农民工　返乡　创业园

农民工返乡创业园的建设，是助力扶贫攻坚的重要举措之一。近年来，黔西南州返乡创业的农民工逐年增多，因此，各县、市、兴趣要积极建设好农民工创业园，为返乡农民工提供好创业的平台。对黔西南州农民工返乡创业园建设的研究，有利于实现我州产业优化升级，有利于解决我州农村劳动力的转移就业问题，有利于实现我州经济快速发展，有利于农民工身份的转化，促进社会公平的建设。本次课题总结分析了黔西南州农民工返乡创业的过程中出现的问题，并根据调研结果有针对性提出解决方法，为黔西南州农民工返乡创业园的建设提供相应的政策参考和建设途径。

一、黔西南州农民工返乡创业及农民工创业园建设现状

笔者紧紧围绕我州农民工返乡创业园建设的情况，到兴义市、义龙新区、晴隆县等地调研。调查中发现，外出打工的农民工工作经验丰富，在外经过长时间的磨炼后回来的农民工已经成为懂企业、懂管理的新型农民。目前，我州返乡创业的农民工逐年增多，同时，依托山地旅游的快速发展，小

城镇建设进行得如火如荼，因此，我州应牢牢抓住机遇，以建设返乡农民工创业园为抓手，吸引外出打工的农民工积极回乡创业，形成一股创业热潮。

（一）黔西南州农民工创业现状。在对黔西南州几个县、市、新区进行实地调研时，笔者通过调查问卷和访谈的方式，对园区内部分农民工以及由他们推荐相关农民工进行了基本情况调研，调查问卷总共发放 50 份，回收 50 份，有效答卷 50 份。通过农民工基本情况来加深对创业农民工的了解。被调研的农民工基本情况如表 1、表 1 所示。由表 1 可知，返乡创业的农民工大多集中于 26 岁至 35 岁，也就是说这个年龄段的农民工具有创业精神，其次是 36 岁至 45 岁，占 20%，46 岁以上的最少，仅占 6%，当问及原因时，这部分农民工表示他们缺乏资金，技术和观念跟不上时代，也承受不起创业带来的风险。由表 16 可知，被调研的农民工中具有初中学历的人有 32 人，占 64%，具有小学学历的占 22%，有高中学历的占 12%，具有大专以上学历的仅有 1 人。由此可推测，农民工的学历多为初中及以下，学历普遍较低，综合素质不高，大专以上的农民工返乡创业较少。

表 1　被调研的农民工的年龄情况

年龄	18 岁 -25 岁	26 岁 -30 岁	31 岁 -35 岁	36 岁 -45 岁	46 岁以上
人数	4	18	15	10	3
比例	8%	36%	30%	20%	6%

表 2　被调研的农民工的学历状况

学历	小学及以下	初中	高中（含中专、技校）	大专	本科及以上
人数	11	32	6	1	0
比例	22%	64%	12%	2%	0%

（二）黔西南州农民工创业园建设现状。目前，从州人社局了解到黔西南州一共建成了 9 个农民工返乡创业园区，经与各县人社局了解并到部分创业园实地调查，将建设基本情况归纳如表 3 所示。由表 3 可知，黔西南州各县、市、新区各建成了 1 个农民工返乡创业园，一共建成 9 个农民工创业园。由于全州各项政策措施都层层逐步落实到位，黔西南州农民工返乡创业园建设工作在稳步推进。黔西南州农民工创业园近两年来发展较迅速，根据市场需要和农民工创业选择，目前全州农民工创业园区企业行业类型主要分以下几种：食品、农产品加工业；种植、养殖业；轻工业；建筑、建材业；服务业

等。其中，食品、农产品加工业是全州农民工创业的主要类型。黔西南州农民工返乡创业园建设项目自启动以来，我州各级政府都高度重视，积极创造条件，加强创业园的建设，为返乡农民工创业提供平台。除州政府投入资金以外，各县、市、新区也积极制定了相应的优惠政策，加大投入建设资金，创业园建设的各项工作都在稳步推进。

表 17 黔西南州农民工返乡创业园建设基本情况表

	建设情况
兴义市	兴义市农民工创业园设置在木贾物流城，占地面积 400 亩，目前，创业园已吸纳入驻大小企业 800 多家，带动就业 4000 余人，解决当地农民工就业人数 2000 余人，其中农民工创业 173 家，带动就业 582 人。
义龙新区	义龙新区农民工创业园设在龙广纳桃村，目前入驻 27 家企业，带动就业 853 人。
兴仁县	兴仁县农民工创业园于 2015 年 12 月建成，并已按照州级农民工创业园考核标准，向州人社局申报州级农民工创业园。2015 年来，由贵州金凤凰产业投资有限公司提供担保，县创业小额贷款担保中心贴息，为 10 家创业企业发放创业担保贷款 2000 万元。目前，兴仁县农民工创业园有入驻企业 19 家，就业人员 1680 人。
安龙县	安龙县农民工创业示范园成立 2015 年 6 月，是依托小微企业创业园专门为返乡农民工、大学生创业者搭建的创业平台，规划面积 1.8 平方千米，是安龙工业园的“园中园”，是安龙民营经济和小微企业聚集地，是安龙县委、县政府打造的大众创业、万众创新平台。目前入驻企业 100 余家，带动就业人数 1500 余人。
贞丰县	贞丰创业孵化园位于贞丰县珉谷街道办事处丰茂广场，面积约 2 千余 m^2，现创业园管理企业有 15 家，吸纳 42 人就业，创业项目主要为电子商务，销售方式采用线上与线下相结合方式运行。
普安县	普安县农民工返乡创业园目前尚处于初步建设阶段。
晴隆县	晴隆县农民工创业园位于晴隆县东观街道办五里社区（即三宝彝族乡产业园），于 2017 年 11 月 15 日挂牌成立。占地面积 350 亩，工程总投资 1.85 亿，目前完成投资 6490.00 万元。目前，入园企业及个体工商户 28 家（其中企业 9 家）带动就业 226 人。后续拟入驻 16 家企业和工商户。
册亨县	册亨县农民工返乡创业园与创业孵化示范基地共同建设，目前创业园尚处于初步建设阶段，入驻企业 14 家，带动就业人数 40 人。
望谟县	望谟县创建了一个县级农民工创业园和三个农民工创业点。其中县级农民工创业园枫林小区依托枫林小区开发商创建，园区企业 35 家，带动就业人数 240 人，现有产值 800 万元。全县共创建三个农民工创业点，分别为望谟县郊纳镇纳江社区、桑郎镇开发小区、蔗香镇码头浮桥。郊纳镇纳江社区创业点主营小商品批发零售，现有各类型企业 25 家，带动就业人数 80 人，创业点年产值 200 万元。

二、黔西南州农民工返乡创业园建设存在的问题

农民工创业园属于新兴的建设项目，因此，笔者对农民工返乡创业的需要和认识情况通过调查问卷方法进行了了解，调查问卷总共发放50份，回收50份，有效答卷50份，虽然样本不大，但也具备一定的代表性。同时，对园区建设情况通过实地调研和访谈进行了解，分析出了目前黔西南州农民工返乡创业和创业园建设中存在的问题和面临的困难。黔西南州返乡农民工创业园的建设，各级政府都在积极开展建设工作，创业园的建设也取得了一定的成绩，但是，在创业园建设的整个过程中还存在诸多问题。通过调研发现，农民工在创业过程中遇到的主要困难分别是资金来源、技术支持和人才支撑等，农民工返乡创业园的建设过程中在资金、管理体制等方面也遇到相应的困难和问题。这些困难和问题需要各级党委政府、领导班子高度重视，及时采取相应的措施进行解决。基于本次调研情况，现将黔西南州农民工返乡创业园建设存在的问题分析如下。

（一）农民工方面的问题。**一是农民工的创业意识较淡，缺乏创业能力。**根据对被调研农民工的调查发现，很大部分农民工自身的创业意愿比较薄弱，特别是年龄偏大的返乡农民工，几乎没有创业的意识，认为自己进行自主创业的风险较大，自己及家人无法承担相应的风险。问到50位被调研农民工自己创业意愿时，有56%的农民工表示不愿意自己创业，有30%的农民工表示如果有足够的条件，愿意自主创业；14%的农民表示对于创业没有看法，拿不定主意。那些表示不愿意创业和对于创业没有意识的农民工，在被问及原因时，大多表示觉得自己的能力不足、缺乏资金、没有经验和项目等。由此可知，大部分农民工的创业意识和创业意愿都比较淡薄，创业能力有限。**二是创业农民工的文化素质不高，缺乏企业相关管理经验。**返乡创业的农民工多数是长时间在外省打工的农民，他们大多数文化程度都在初中、小学文化，部分在高中、中专，高职以上学历的农民工寥寥无几。由于文化知识水平较低，他们对科学的管理知识掌握不够充分，对市场信息获取和分析不够透彻，这些因素一定程度阻碍了黔西南州农民工创业及创业园建设。正也因为他们文化水平不高，在外务工时，大多都是从事技术工和销售工等基础工作，难以积累管理经验，这也导致了他们创业水平不高。这些农民工外出打工积累了一定的经验，但由于自身条件的限制，缺乏管理经验，对市场的认知不够全面，销售的能力不足，因此，这些创业农民工创办的企业都

是些小型或者微型企业，大多集中在农产品、养殖业和旅游产品上，科技水平不高，缺乏管理人才和技术人才。在被问到是否需要政府帮助培训时，几乎所有人都表示需要，在被问到需要培训的内容时，大部分都选择了专业技能、营销知识、经营管理知识等。**三是农民工创业创新能力不足。**从各县、市、新区农民工创业的情况来看，他们创业大多以夫妻、兄妹、父子的模式进行创业，规模都较小，行业大多集中在农产品加工和销售、种植养殖业和小型的加工业，这些企业的科技含量都较低，没有完善的经营模式和管理模式，大部分企业抗风险能力较差，创业思路狭窄、创业路子无法进一步拓宽，缺乏创新的能力，对企业的发展有一定限制。农民工创业创新能力的不足也深深影响了农民工创业园的建设和发展。

（二）资金方面的问题。通过实地调研和访谈发现，相关园区工作人员和政府人员认为，虽然现在政府在园区建设上给予大力的支持，并在资金上提供了保障，但是，如想要建成更完善、更科学、更有吸引力的创业园区，那么就需要不断地补充资金。并且，在农民工创业资金方面，大多数农民工都表示亟需得到进一步的资金支持。**一是创业园缺乏资金，相应的设施建设跟不上。**据了解，政府提供的建设资金几乎都不能满足创业园建设的需要。一些创业园区的建设，前期投资都是六七千万，再加上绿化、亮化、电网等基础设施以及后续的建设资金，几乎都要投资一两个亿，尽管各县、市、新区都有一定的财政实力，但是也不能满足农民工创业园建设所需要的资金。因此，在资金有限的情况下，一些创业园区的建设也只是建设起一些基础的设施，有些园区还在边建设边使用，功能不够完善、配套设施不够健全，甚至有些园区都不能满足现有企业的生产运营的需求。**二是农民工创业资金缺乏，融资渠道窄，融资困难。**农民工返乡创业遇到的最大困难就是缺乏创业资金，返乡农民工虽然在外务工积累了一定的资本，但是这些资金根本无法满足创办企业的需求。资金不足，即使有再高的创业热情，在缺少创业条件下，也难以克服困难创办企业，虽然政府也出台了相应的扶持政策，但是力度不大，资金的缺乏使得一些有创业意愿的返乡农民工放弃了创业。农民工创业的融资渠道较窄，多半是银行给的贷款，但对于文化水平有限的农民工来说，繁杂的贷款手续成了难以克服的困难，加上农民工几乎都是白手起家，根本没有什么东西可以进行担保抵押，因此，得到银行贷款的可能性很小。有些农民工在的不到银行贷款的情况下会选择小额贷款，但小额贷款的利率过高，额度又不大，也无法满足创业的需求。农民工的创业资金不足，融资的渠道单一，这些有限的资金难以维持企业的创建和运营，后期流动的资金就更加缺乏，这些都造成了农民工创业以及创业园建设发展的瓶颈。

（三）建设管理方面的问题。**一是建园的目标不够明确。**很多县农民工返乡创业园的建设目标不明确，大多是因为州政府要求每个县都必须建成一个农民工返乡创业园，因此才拟定方案进行建设，而在方案拟定的时候并未科学、全面、系统的去规划园区建设，对实际情况考虑不周，这就导致方案制定是完美的，而到真正实施建设的时候就会遇到非常多困难。一些农民工创业园的建设只是为了应付上级部门，一些入驻园区的企业名不符实，一些地方对本地及入驻园区具有创业意愿且符合创业条件的农民工摸底不清楚、产业发展情况不清晰，就匆忙创立创业项目，这些都说明了一些创业园的建设缺乏明确的定位和长远的规划。有个别园区实际上是原有工业园或创新创业园的翻版，并未重新建设单独的农民工创业园，再有就是有些地方的农民工创业园，入园的项目多是招商引资的项目和已经创办成功的企业，真正是农民工入园创业的并不多。**二是创业园管理体制不完善。**对于农民工创业园的管理上，大多园区都缺乏一套科学、完善的管理体制和管理模式。在创业园的管理上随意性很大，一些创业园主管部门只负责审批入园条件，并无专人管理，一些创业园则是将管理授权给园区里某一企业进行管理，这无疑都阻碍了创业园的发展。农民工创业园的建设和发展，从开始的融资、项目建设、服务、再到后期的管理，这中间的工作非常繁琐，涉及众多部门，若没有专人专管和一套科学的管理体制，建设工作将难以开展。**三是创业园内培训体制不完善。**由于农民工本身受教育的水平较低，入园创业的农民大多都是初中小学文化，他们不仅思维上受到限制，而且对信息化技术操作更是一无所知，然而，现如今的社会是信息化社会，若对电脑等信息化技术不了解的话，将难以把握市场信息，限制了与外界的沟通。此外，由于农民工本身的知识和经验限制，他们对于创办企业所需要的技术支持和管理方法也受到了限制，亟需得到这方面的培训。有些创业园内有培训班，也开展了相应的一些技术培训，但培训效果不显著，因此，创业园内需要完善培训体系，对创业农民工进行有针对性的培训，提高他们的综合水平和技术技能，为创业成功奠定基础。

（四）优惠政策及配套设施方面问题。**一是优惠政策不到位、不配套、执行难。**目前，黔西南州的农民工返乡创业园大多都是在乡镇建立，能够享受到的优惠政策是有限的。目前的优惠政策涉及范围较窄，包括税费的减免、小额担保贷款、培训、创业补贴等，在调研时发现，当问到创业农民工需要政府哪些方面的支持时，大多都表示需要详细的创业指导和信息咨询服务。政府的扶持政策不完善，没有完善的农民工创业和农民工创业园建设的扶持政策体系，农民工创业涉及部门众多，即使各部门都开展了一些扶持工作，但总体的配套政策较落后，相关制度也不完善，政策不够具体，执行起来困难大，增加了农民工创业的难度。**二是相关配套设施不够完善，不能满足企业发展的需求。**完善的配套设施和基础设施是创业园有效运行的基础，黔西南州的农民工创业园都还需要稳步推进建设，一些园区还在边建设边使用，由于资金投入不足、创业园又大多设立在乡镇，水、电、道路及信息服务等设施不完善，难以为创业提供稳定的支撑，基础设施和服务设施跟不上企业发展的需求，这也从一定程度上阻碍了创业园的建设和发展。

（五）创业园本身以及相关创业扶持政策宣传不够，没有形成创业热潮。一些地方的农民工创业园，就连当地的人都不知道不了解，外界就更不知道创业园的存在了，这样会使得有想投资的找不到地方投资，创业园内的企业需要外界人士投资的找不到人投。在相关政策上，在问到被调研的创业农民工是否了解目前政府的扶持政策不时，有很大部分农民工表示不清楚或者不知道政府是否有相关的创业扶持政策，连园内创业的农民工都对扶持政策不太了解，就更别说想入园创业的农民工了。宣传不到位，宣传效果不好，导致创业热潮难以形成。

三、促进黔西南州农民工创业园建设的对策建议

（一）加强创业培训，提高创业农民工的创业知识和技能技术。**一是积极组织农民工创业培训。**要充分利用各县职业学校、黔西南州民族职业技术学院以及各类培训机构和满足条件的社会团体等资源开展创业培训，创业培训范围不仅包括创业园内的农民工，还要将具有创业愿望的农民工纳入进来。**二是制定并完善相应的培训标准和制度。**根据农民工的特点和他们的需求进行有针对性的培训，完善相应的培训标准和相关制度，充实培训内容，包括农民创业意识、企业管理相关理论和技术、技能、相关政策法律法规知识等。**三是采取多种方式提高农民创业水平。**“请进来”是邀请成功的企业家进园来开展讲座，把他们创业成功的经验传授给正在创业的农民工。“走出去”是把农民工带出去考察成功企业，学习相关经验，以此提高农民工的创业成功率和质量。四是设立专门咨询热线，提供创业服务。创业园内设立专门的咨询热线，为农民工创业提供咨询服务，及时解决他们在创业上遇到的困难，提高创业成功率。

（二）加大农民工创业的资金投入，拓宽融资渠道。提高返乡农民工创业成功率，资金是必须要解决的大问题，只有把资金问题解决了才能使农民工成功创业。因此，在资金问题上，要进一步加大投入力度，寻求更多的融资渠道，为农民工创业打好基础，提供有力的资金保障。**一是以政府为主导，建立农民工创业专项基金**。建立农民工创业的专项基金，要以政府财政为主导，鼓励社会资本的参与，此外，还可以从各县、市、新区农民工创业园上交的税收中抽取部分加入到农民工创业园专项基金，以支持农民工创业和创业园的建设。对于创业基金的管理，应该成立专门的基金管理机构，负责管理基金做好相应的资金使用监督工作，保以证基金能够有效合法的使用。**二是拓宽融资渠道，加大资金力度**。各县、市、新区可以在创业园内建立返乡农民工创业金融服务中心，吸纳农业银行、农村商业银行等银行设立为返乡农民工创业提供服务的窗口，对那些有潜力、发展前景好、的企业提供信贷服务；针对不同需求的农民工创业者，制定不同层次的贷款政策，加大支持力度，改进信贷评估机制，建立和完善相关管理制度，切实解决农民工融资难问题；引进新型农村金融机构，提高金融服务水平；同时，各级政府还应该积极开展工作，在政策和措施上加大农民工返乡创业资金的扶持力度。

（三）加大返乡农民工创业园建设力度，完善创业园管理体制。**一是切实建设好农民工返乡创业园**。在创业园的建设上，各地政府要加强重视，将农民工返乡创业工作列入重要工作日程，扎实做好相关的建设工作。除了资金的投入外，政府应成立相关的领导小组，负责农民工返乡创业园的建设与协调服务的事务。**二是科学制定方案，做好督查督建工作，保证创业园建设质量**。农民工返乡创业园的建设，是一项非常系统的工程，因此，除了要及时建成创业园，还必须要保证创业园的建设质量，应科学的制定建设方案并严格按照方案要求的时间进度和质量要求完成好创业园的建设，而不是方案与现实脱离，搞一个空壳创业园以应付检查，每一个环节都必须要有专人负责，做到创业园的建设进展与协调工作同步，建设好每一个农民工返乡创业园。**三是成立专门的创业园管理机构，建立健全管理制度**。在农民工返乡创业园的管理上，应该成立专门的管理机构，制订出一套系统的、科学的管理机制，对创业园内的企业进行科学的管理。建立并完善创业园的培训制度，根据创业农民工和创业园内企业的不同要求，提供创业知识、技术技能、会计、管理、法律等方面的培训服务，确保创业园内的企业能有序高效地运转。

（四）优化政策体系，加大政策倾斜力度。要制定好一系列系统且可行的优惠政策，以此吸引和引导更多的外出务工农民工返乡创业，要有效地发挥创业园的作用。因此，要建立健全农民工返乡创业的扶持政策体系，优化政策体系，必须进一步加大扶持力度。**一是进一步加大政策的扶持力度。**州政府可以采取补助资金的形式，制定相应的奖励机制，对基本建成并投入使用的创业园给予一定的奖励补助，激发各县、市、新区建设创业园的积极性；各级政府要采取有效的、灵活多变的方法方式，制定政府贴息贷款政策，鼓励政府工作人员自愿参与担保，为农民工解决好创业资金问题，为他们的创业提供资金保障；根据各地的不同情况，出台系统的、可操作性强的各种优惠政策，进一步加大政策的扶持力度。**二是要切实制定并落实好财政税收优惠政策。**农民工返乡创办企业，能够为更好的发展地方经济做贡献，进一步解决农村劳动力的就业问题，从长远来看，无论是对经济的发展还是对社会的发展都是有益的，相比招商引资进来的企业也更能够扎根本地，所以，要制定相应的财政税收优惠政策，并且力度要进一步优惠，加大落实力度，为农民工创业提供实实在在的优惠的创业政策。**三是完善服务体系。**

应该成立创业园内的服务中心，给农民工提供服务平台，解决农民工创业过程中遇到的各类问题。政府以及主管部门要规范好农民工创业的行政审批事项，要简化程序，实行一站式、一条龙的服务，为农民工创业提供好相应服务。此外，还应根据农民工创业需求，免费提供相应的风险评估、开业指导、法律援助等服务。

（五）大力宣传农民工创业精神，营造浓厚的创业氛围。**一是注重总结创业经验并加强推广。**政府及相关主管部门应该认真总结各地农民工返乡创业和创业园建设的好的经验和好的做法，在全州范围内加以宣传和推广。**二是组建宣讲团，传授经验和技术。**从州级层面组建宣讲团，将农民工创业的成功经验，用身边人说身边事的方式，向广大农民传授经验和技术，引导和鼓励返乡农民工积极投身创业。**三是多渠道宣传，营造浓厚创业氛围。**通过发放创业的宣传资料、张贴创业标语等方式，营造浓厚的创业氛围，让大家了解农民工返乡创业园，了解相应创业的优惠政策，使那些有创业意愿、有技术本领的农民工积极主动进园创业。

建设好农民工返乡创业园，不仅仅是数量问题，要必须保障好创业园的建设质量，应该先建设起一两个重点示范园区，通过示范园的建设经验，带动整个黔西南州的农民工返乡创业园建设。

（作者单位：黔西南州民族职业技术学院）

黔西南州易地扶贫搬迁移民就业保障研究

黄锦英

内容摘要：易地搬迁是中共中央扶贫工作会议上提出实施“五个一批”工程之一，是解决因生态环境脆弱、土地资源匮乏和交通不便等恶劣的生存环境所引起的农村贫困现象的重要举措，也是当前黔西南州重要的扶贫模式之一。对“一方水土养不起一方人”贫困地区实施易地搬迁，实现其由“因困而贫”向“因迁而富”的转变，对打赢扶贫攻坚战、全面建成小康社会具有重大意义。而要使移民搬得出、稳得住、有发展、能致富，搬迁后的就业保障是关键。本文基于就业保障视角，分析当前黔西南州易地扶贫搬迁移民的就业现状、影响因素及所面临就业保障困境，并在此基础上提出相应的对策建议。

关键词：易地扶贫搬迁　就业现状　就业保障　黔西南州

“易地扶贫搬迁”是将居住在自然条件和生态环境较差地方的贫困群众搬迁到基础设施较为完善、生态环境较好的地方，改变他们现在的居住环境、生活和生产条件，使他们能够融人现代社会，跟上现代社会发展的步伐，得到更多信息，受到较好的教育，为他们彻底脱贫致富创造条件。从地形地貌来看，黔西南州位于贵州省西南部，地处黔、滇、桂三省区的结合部，珠江上游和南昆铁路中段，属珠江水系南北盘江流域，是典型的低纬度高海拔山区。州境内地形起伏大，地貌复杂，可分为 5 个不同地貌区，即低山侵蚀山地峡谷区；岩溶高原槽坝区；岩溶侵蚀高原区；岩溶侵蚀山地区；侵蚀山地河谷区。从人口结构来看，根据 2010 年第六次人口普查数据，黔西南州常住人口为 2805857 人，有布依、苗、汉、瑶、仡佬、回等 35 个民族，各少数民族人口为 1113895 人，占 39.7%，其中，居住在城镇的人口为 789849 人，占 28.15%，居住在乡村的人口为 2016008 人，占 71.85%。可见，少数民族占比较大，同时，城镇化率较低，农村人口比重较大，高于同时期全国农村人口的比重 21.55 个百分点。黔西南州呈现出贫困人口数量大，贫困程度深，致贫原因复杂等特点，这加大了我州扶贫工作的难度和复杂程度。基于实际情况，黔西南州把易地扶贫搬迁作为主要的扶贫模式。“十三五”期间，我州将实施 30 多万人的易地扶贫搬迁，预计总投资超过 130 亿元。2016 年已完成搬迁 69389 人（建档立卡贫困人口 46312 人）。其中各县和兴义市城市规划区（含州人民政府同意安置的中心小城镇）安置 38835 人，普安、晴隆、册亨、望谟四县跨区域迁入兴义、义龙城市规划区安置 23000 人（其中：迁入兴义 10000 人、迁入义龙 13000 人）。截止 2017 年底，实际完成搬迁 11214 户、48620 人，其中办理迁移户口 495 户、1988 人，迁移户及迁移人员占比分别为 4.41% 和 4.09%。①

从上述数据可看出，其一，我州的易地扶贫搬迁移民数量相对较大，其二，在这些移民中，办理户口迁移的移民比重较小，主要原因是捆绑在户籍关系上的各种社会利益特别是土地利益尚未得到有效分割（贺春秀，2017），这反映出的直接问题是虽然已签订迁移合同，但绝大多数移民还存在人离地不离的观望态度，也从侧面反映了搬迁移民对可持续生计问题的担忧。因此，搬得出、稳得住才是易地扶贫搬迁移民政策取得真正实效的体现。基于此，本文基于易地扶贫搬迁移民的就业保障视角，分析当前我州搬迁移民的就业状况，以期提出切实可行的对策建议。

一、黔西南州易地扶贫搬迁移民的就业现状

为了获得我州当前易地扶贫搬迁移民就业情况的第一手资料，本项目开展了简单随机抽样调查，共抽取了兴义市丰都胖山易地移民安置点、义龙新区鲁屯安置区和册亨县纳福新区易地扶贫搬迁亨达安置点进行了实地访谈调查，共走访了 112 人，其中处于劳动年龄范围内的访谈对象共 98 人，占比约 88%，其余的为家中的老年人（通过老年人了解其家庭劳动力的就业状况），占比约为 12%。由于时间紧，调研范围较窄，调研深度不够，导致调研的数据结果代表性可能不是很高，但亦足以证明当前易地扶贫搬迁移民的大概情况。以下对实地调查状况加以分析。

（一）样本就业基本现状

1. 总体就业状况。调研发现，所有调查对象中，已经解决就业问题的人数共 85 人，占总调查人数百分比为约 76%，暂时未就业人数为 27 人，占比约为 24%，未就业人数中，部分人还回到迁出地继续进行农业生产（如下表 1）。

表 1 样本总体就业状况

		频数	比重（%）
就业状态	就业	85	76%
	未就业	27	24%
	合计	112	100%

2. 就业渠道状况。从就业渠道上看，黔西南州调查样本中，有约 46% 的易地扶贫搬迁移民通过别人介绍方式得以就业，比重较大，其次是通过政府安置得以就业，占比为 16%，而通过自己寻找得以就业的比例相对较少，占比为 14%，除了以上主要三种就业渠道，其余的 24% 的人暂时还没找到职业或正准备自己创业。可见，政府在解决移民就业方面的工作有待加强，同时，绝大部分人还无法依靠自己找到工作（或者说大部分人无法适应自己单独外出工作），因而他们只能依靠其他力量。

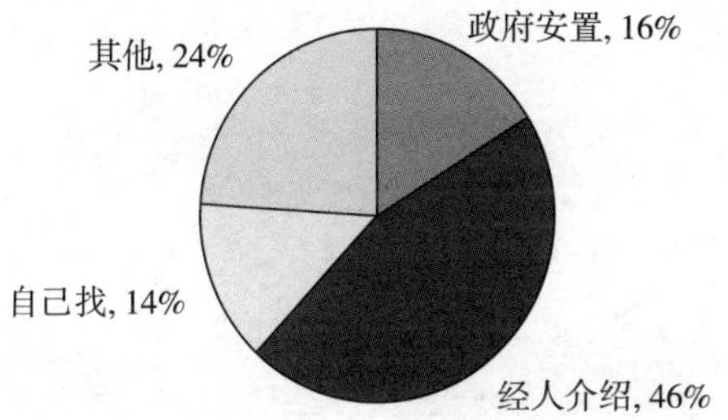

图 1 黔西南州样本易地扶贫搬迁移民的就业渠道状况

3. 就业行业状况。从调查样本的就业行业状况来看，主要从事于服务业、建筑、制造业以及交通运输、仓储物流和公益性岗位四个行业，占比分别为 36%、22%、20% 和 18%，其中从事服务业的人数最多，而这些人中，从事餐饮服务的人数最多。

4. 劳动收入状况。从劳动收入角度看，黔西南州样本搬迁移民大部分人的劳动收入偏低，收入低于 3000 人数占到总样本人数 65%，其中收入在 1000 元 –2000 元区间的人数占比为 19%，2000 元 –3000 元的人数占比为 46%。这部分人主要从事的行业是餐饮、超市普通员工等服务业。劳动收入在 3000 元 –5000 元区间的人数占比为 39%，这部分人主要从事的行业是行业交通运输、仓储物流、建筑、制造业的等行业。少部分人的劳动收入在 5000 元以上，占比为5%，经过进一步访谈，获取较高收入的主要原因是延长工作时间、加大工作强度以获取更多的劳动提成。

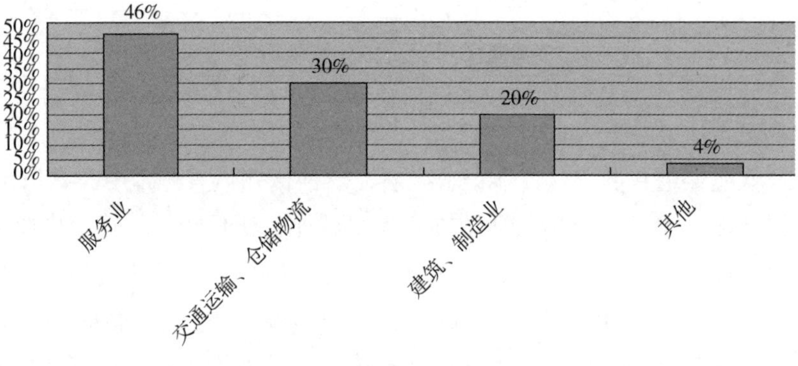

图2　黔西南州样本易地扶贫搬迁移民的就业行业状况

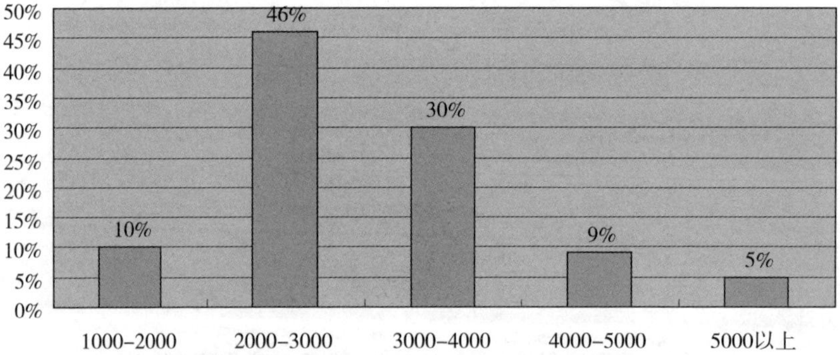

图3　黔西南州样本易地扶贫搬迁移民劳动收入状况

（二）就业保障现状

1.就业安置现状。黔西南州在易地扶贫搬迁移民工作中强调，保证每户一人稳定就业，并由政府、企业和社区三方联动开展移民就业扶贫。政府主要以提供公益性岗位为主要措施进行移民就业扶持，企业通过“百企帮白村”的方式为搬迁移民提供就业机会；社区主要通过提供就业介绍、就业信息、就业服务等公共服务为搬迁移民提供就业扶持。调研发现，通过公益性岗位安置的就业人数较少，样本调研数据中，这一比重约为16%。相对来说，在企业性质单位就业的人数较多。同时，少部分被调查者表示社区在促进就业工作方面起着较大作用，大部分人表示在寻找工作方面较少或没有得到社区的帮助。可见，要解决搬迁移民“搬得出、稳得住、能致富”问题，政府层面相关部门在促进就业方面的工作有待加强。

2. 就业培训现状。2016 年，黔西南州先后出台了《黔西南州 2016 年易地扶贫搬迁工程就业和社会保障工作实施方案》和《州人民政府办公室关于印发黔西南州精准贫困户劳动力转移就业工作实施方案的通知》，明确了“培训一人，就业一人，脱贫一户”的目标。通知指出：按照“摸清底数、区分类型、强化培训、分类就业”的思路，以建立贫困户劳动力台账为基础，以各级公共就业服务机构为平台，以“五人小组”为抓手，以就业援助、就业培训、产业促进、转移就业为手段，努力实现“就业一人，脱贫一户”的目标。并指出“2016 年完成 15740 人转移就业”，按照 2016 年实际完成搬迁人数 69389 人，实现搬迁移民转移就业目标率约为 22%，与实际调研得出的 16% 的移民就业率相比可以看出，实际就业率与目标就业率存在一定差距。访谈调研发现，在就业教育培训方面，被访谈者表示接受了就业培训的人数共有 23 人，占总样本调研人数比重为约为 21%，比重较小，绝大部分表示没接受过培训，也不知晓相关的培训信息。当被问到有没有接到过相关电话，这部分人基本都表示没有，当被问到目前的就业状态时，有一部分人还没有固定的就业，且其中一部分人还会回到迁出地居住（已经领了精准扶贫住房的钥匙，但老家的房子也还没被拆掉）。可见，对易地搬迁移民就业前的就业教育培训方面，已经受到相关培训的人数较少，获取就业信息的渠道非常有限。

3. 就业权益保护现状。就业权益是劳动者所享有的基本权益，其主要包括“就业竞争权、自由选择权、平等就业权、职业安定权和公共就业保障权”。“就业权作为一种法律规定的普遍的社会权利，保障这一权利的实现首先是国家的责任和义务。”易地扶贫搬迁移民属于弱势群体，体现在就业机会缺乏、就业层次低、经济来源单一、生活水平低下等问题，因此解决其就业是脱贫的有效途径。由于他们在劳动力市场竞争中的弱势地位，其就业权益需要通过政府加以保护。下面从就业机会获取、劳动合同签订状况和就业的不公平待遇状况三个方面对易地扶贫搬迁移民的就业权益保护现状进行分析。就业机会获取方面，有约 32% 的样本移民认为较好的工作机会被提供给了有关系的移民；47% 的被调查者表示他们通过自己的努力寻找工作机会并找到了工作，21% 的移民表示在寻找工作中遭到了不公平对待，并强烈表示希望能够得到政府相关部门的帮助。就业劳动合同签订方面，已就业的被调查者中，已经与用人单位签订了书面劳动合同的劳动者占比为 19%，比重较小，大部分人通过头口方式与用人单位达成协议，占比高达 56%，其余的 25% 的被调查者表示没有签订书面劳动合同也没有达成通过口头方式加以承诺，进一步访谈发现，这部分移民的文化程度较低，同时缺乏劳动权益保护意识，他们对劳动者所享有的一些基本权益如社会保险、国家节假日时间的工资制度基本不了解，并且认为有一份工作就不错了，没有想那么多。就业的不公平待遇方面，当在就业过程中受到不公平对待，自身合法权益受到侵犯时，有约 22% 的被调查者表示会选择到相关的政府部分寻找帮助，24% 的被调查者表示会找亲戚朋友帮忙，8% 的人表示会寻找新闻媒体帮忙，46% 的被调查和选择了忍气吞声，这一部分人占比最大。他们选择人气吞声的理由是人生地不熟，感觉维权很难，说了也没用，保住工作最重要，或者干脆考虑换工作。从上述调研分析可见，在就业权益保护方面体现出两个主要问题，其一绝大部分搬迁移民缺乏基本的劳动法律知识，且维权意识不强，会选择忍气吞声；其二，合法权益受到侵犯时，能够想到通过政府相关部分解决的人数比较少。因此，政府层面上，有必要加强搬迁移民基本的劳动法律知识和在劳动过程中的维权意识，并提供相应的保护措施和援助渠道。

二、黔西南州易地扶贫搬迁移民就业保障的影响因素分析

（一）移民自身特征层面上的影响。调研分析发现，样本移民的就业情况与其自身的特征有很大关系，体现在以下几个方面：从性别上看，女性的就业率高于男性，且这部分已就业的女性主要在餐饮等服务行业领域就职，男性主要在物流仓储领域就职。相对来说，男性致辞或换工作的频率较高，进一步调查，男性的适应性较女性弱。从文化程度上看，实现稳定就业的人数随着文化程度的提高而增加，大部分被调查者的文化程度为小学和初中文化，文化程度越高，表现越积极自信。从年龄结构上看，4050 者的就业比例最高，这与他们所承担的家庭经济压力最大有关。从是否是建档立卡贫困户来看，非贫困户搬迁移民的就业比例反而较高，可见贫困户需要更多的就业扶贫。上述分析可见，实施就业扶贫过程中，应该注重关注男性的就业适应性、文化程度较低者、4050 年龄段移民及贫困户移民的就业问题。

（二）政府就业政策层面上的影响。易地扶贫搬迁移民就业政策上，黔西南州先后出台了《黔西南州 2016 年易地扶贫搬迁工程就业和社会保障工作实施方案》和《州人民政府办公室关于印发黔西南州精准贫困户劳动力转移就

业工作实施方案的通知》，并主要通过就业培训的方式帮助搬迁移民实现就业。调研发现，接受政府的就业帮扶与就业率呈正相关关系。但是，在已实现就业的移民中，经过培训和得到相关帮扶的人数所占比重仍然较低，大部分人表示没有接受过相关的培训，对政府实施的就业促进政策也并不知晓。进步一访谈发现，基本上所有被调查者都表示希望得到政府在就业方面的帮扶。此外，由于搬迁移民已经完成了农转非农的身份上本质性转变，对他们政策上的保护理应涵盖就业促进、就业过程中的权益保障以及失业保障等全面的保障。

（三）就业市场层面上的影响。就业市场与经济的发展水平息息相关，经济发展水平越高，第三产业能够吸纳劳动力的数量越大。辛岭、蒋和平经过研究发现周边的企业数量对劳动力的非农就业产生正向影响[②]。易地扶贫搬迁移民面临着身份、居住空间、依附产业等各方面的转变，加入劳动力市场是实现生计可持续的前提。截至 2017 年，黔西南州第一产业、第二产业、第三产业增加值占地区生产总值的比重分别为 19.12%、31.91%、48.97%[③]，可见，解决搬迁移民的就业问题，可以以第二产业和第三产业为依托，统计合适的就业岗位并作为解决搬迁移民就业问题的重要措施。

三、黔西南州易地扶贫搬迁移民就业保障的困境分析

从黔西南州易地扶贫搬迁移民就业现状及影响因素的分析可看出，移民在搬迁后的就业安置状况并不理想，同时，移民所获得的就业教育培训人数占比比较小，他们对相关促进就业政策的知晓度也比较低，这与易地扶贫搬迁的投入是不相符的。因此，基于就业现状和影响因素的分析，接下来对当前黔西南州搬迁移民在就业保障中面临的困境加以探讨分析。

（一）就业政策保障的困境分析

经过文献研究发现，我国从中央到地方针对易地搬迁移民就业保障的制度体系尚处在初步建立探索阶段。由于搬迁移民已经明确了农转非农的身份转变，不能再依赖土地实现物质生产上一定程度的自给自足，亦失去了失业后最基本的粮食、蔬果等食物的自给机会，这意味着只有就业，才能保障最基本的物质生活需求。因此，完善易地扶贫搬迁移民的就业保障政策成为移民扶贫的必需举措，是实现移民“搬得出、稳得住、能致富”的制度保障，对避免“因搬致贫”或“因搬更贫”后果的出现具有重大意义。从上述分析中可知，在相关政策层面上，当前针对搬迁移民的政策重在就业培训、就业

介绍等就业促进政策方面，而就业过程中的权益保护和就业后续的失业保障还处于缺失状态。

1. 就业促进政策覆盖面低。移民搬迁之后，政府采取了相应的促进就业的配套措施，但是能够享受到就业培训或就业介绍的人数占比非常少，这导致在搬迁之后没有实现就业的移民，有些选择了返回迁入地继续耕地，而那些整村搬迁的移民由于返回耕地不现实，处于失业状态，这很容易导致这部分人陷入更加贫困的境地。调研已分析，基本所有被调查者都希望得到政府层面上更多的搬迁后续帮扶，特别是解决就业问题上，而另一方面，他们对搬迁后的生存和发展以及对政府能够提供相应帮助的期望都非常低。

2. 就业法律援助缺失。上述调研结果分析发现，大部分人通过头口方式与用人单位达成协议，占比高达 56%，其余的 25% 的被调查者表示没有签订书面劳动合同也没有达成通过口头方式加以承诺，只有 19% 的移民与单位签订了书面合同。没有签订正式劳动合同的这部分移民与用人单位构成了法律范畴的事实劳动关系，但由于没有劳动合同，一旦出现了劳动纠纷或工伤，劳动者需要举证证明自己与用人单位的事实劳动关系，这就存在举证失败的风险，对搬迁移民这一弱势群体来说是极为不利的。调研结果也现实，在就业过程中若合法权益受到了侵害，有约 22% 的被调查者表示会选择到相关的政府部分寻找帮助，24% 的被调查者表示会找亲戚朋友帮忙，8% 的人表示会寻找新闻媒体帮忙，46% 的被调查和选择了忍气吞声。这一现象是搬迁移民缺乏基本的劳动法律知识和当前法律援助缺失的结果。

3. 缺乏就业保障的评估机制。建立后续的就业保障评估机制是就业扶贫政策的重要环节，就业保障评估机制可以动态跟踪搬迁移民的基本就业情况，及时发现就业过程中出现的问题，并为就业扶贫政策做好长期规划提供依据。当前，在黔西南州扶贫生态移民工程的政策体系中，只有对整个项目工程的评估机制，缺乏专门针对移民就业保障政策的评估机制，容易导致移民就业保障政策只是流于形式，而未落实到实处。

（二）就业机会保障的困境分析

1. 公益性岗位供需矛盾突出。移民搬迁之前的生计主要依赖土地，实现部分物质供给的自给自足，搬迁后由于年龄、文化程度及技能等客观因素的制约，脱离了农耕后，绝大部分搬迁移民对就业无所适从。搬迁后的脱贫只能靠就业来解决，但是，上述调研分析显示，公益性岗位供需矛盾突出，政府能够提供的公益性就业岗位安置非常有限，大部分搬迁移民只能通过自己找的方式解决就业。另一方面，搬迁移民的就业机会缺乏，大部分移民所能从事的职业仅限于餐饮服务、物流仓储以及建筑等一些对技能没有特别要去的行业。因此，出现了一方面基本所有的被调查移民都希望政府给予就业方面更多的帮扶，另一方面他们对能够获得政府就业帮扶的期望非常低的矛盾心理。

2. 就业渠道单一。从就业渠道上看，黔西南州调查样本中，有约 71% 的易地扶贫搬迁移民通过别人介绍方式或自己寻找得以就业，比重较大，而依靠政府安置得以就业的比例为 16%，占比较低，同时，还有约 24% 的人还未实现就业。这与搬迁移民自身观念保守、出省就业积极性不高有关。一部分移民从思想上难以接受非农身份的转变，就业的积极性和动力不足，很多人在搬迁之后依然转移到自己的土地上，继续从事传统农业耕作。另一方面，由于大多数搬迁移民只有小学和初中文化程度，外出务工的积极性不高，思想认识及专业技能的缺乏使其难以融入具有竞争性的劳动力市场。

（三）就业培训保障的困境分析

1. 培训资源分配不均。我国的职业教育虽然有了长足的发展，但是对于广大农村地区还是非常稀缺的一种教育资源。访谈调研发现，在就业教育培训方面，被访谈者表示接受了就业培训的人数共有 23 人，占总样本调研人数比重为约为 21%，比重较小，绝大部分表示没接受过培训，也不知晓相关的培训信息。从培训时间上看，只有 5 人接受了约 50 小时以上的职业技能培训，主要是电工及电焊等方面的培训。培训时间超过 10 小时有 18 人，可见移民所接受的职业教育和专业技能培训的缺乏问题尤为突出。而在如今专业技能分工越来越细的今天，缺少一技之长的人就业会越来越困难。也正是专业技能的不足让他们缺乏参与市场就业竞争的信心和能力不足，更由于自身的知识、技能、城市适应能力和生活能力等方面的限制，移民就业的层次不高，工作流动性大。此外，由于培训资源掌握在政府手中，造成了移民培训难以向专业化、市场化发展，在某种程度上也加深了培训资源的分配不均。在调研的三个安置区中，册亨亨达安置点的受访移民目前还未接受过任何就业培训。

2. 培训经费不足。根据政府和社区相关的就业培训管理人员反映，组织一场就业培训的人均费用需要 50 元 -100 元，按照这个标准若将贵州省 2015 年的全部搬迁移民纳入就业培训范围，则所需费用为 1000 万元（魏丹，2017）。易地扶贫搬迁项目的经费由中央和地方政府共同承担，调研显示，相关的管理人员表明地方政府相配套的财政经费紧张，大部分经费已投入到安置住房及其基础设置的建设中，使得用于后续扶贫的资金很有限，并表示“能够保证安置住房保质保量完成建设已不容易，哪还有很多钱去搞就业培训”。可见，经费紧缺是搬迁移民就业培训难以实现全覆盖的根本原因。

（四）就业服务保障的困境分析

1. 就业服务平台建设滞后。调研发现，移民安置点附近尚未建立起配套的公共就业服务场所，同时，当地的就业服务平台也没有针对移民发挥相应的作用。绝大部分被调查者表示没有听说就业服务机构，在政府公益性岗位就业的人也说不出具体的机构名称。这至少说明在搬迁移民就业问题上，搬迁者和政府在一定程度上存在信息不对称。调研同时显示，为搬迁移民提供介绍工作、提供就业信息等服务主要由安置区的居委会提供，但由于当前的社区规模不大、建设时间短、公共服务体系尚未建立起来等原因，就业服务存在临时性、随意性等特点。

2. 就业服务信息化程度低。贵州省劳动力就业创业情况统计信息平台是支撑就业扶贫工作的数据平台，借助这一平台，黔西南州的就业扶贫信息化建设尚处在数据录入阶段，主要做法是各县（市、新区）与扶贫办、移民局的沟通对接，上报、核实数据，以完善基础数据信息，提高贫困劳动力和易地扶贫搬迁对象就业创业信息统计的质量。借助互联网，就业服务信息化是促进搬迁移民就业的有效途径，在今后工作中应不断加强。

四、黔西南州完善易地扶贫搬迁移民就业保障的对策

（一）建立就业法律援助制度，完善就业政策保障。就业保障制度应该涵盖促进就业、就业权益保护、失业后的保障等完整的制度框架。政府应该在现有的制度框架下查缺补漏，建立全面的、完整的涵盖易地扶贫搬迁移民的就业保障制度体系，并作出具体规划，将保障体系的责任主体、保障对象归类划分、保障的具体实施措施以及后续的政策实施效果评估反馈以文件的形式规定下来，确保搬迁移民的就业政策落到实处。针对大部分搬迁移民在就业过程中未与用人签订正式合同的现状，首先，以普法培训的方式加强搬迁移民劳动法的基本知识，加强他们的法律保护意识；其次规范用人单位行为，加强对用人单位的管制，审核其劳动合同的签订状况，对不签订或违反书面劳动合同的情形，按照劳动法规定作出相应的处罚；第三，针对绝大多数搬迁移民在工作中合法权益受到侵犯时选择忍气吞声的情况，应建立起相

配套的法律援助体系，鼓励相关的法律工作单位和人员加入到移民法律援助中，为搬迁移民这一弱势群体的就业提供法律后盾。建立就业保障政策评估机制。在扶贫生态移民工程评估体系下建立就业保障政策评估机制，量化指标考核，将城镇安置点移民就业率作为考核中的重点指标，同时辅助以就业培训质量与数量、就业服务质量评价以及劳动权益案件处理等一系列指标，建立起科学、合理的指标体系。将移民就业保障评估结果与安置点相关政府负责部门的绩效挂钩，使各项移民就业保障政策落实到实处。

（二）创造就业机会，拓宽就业渠道。贵州省提出了“5 个 100 工程”，即在扶贫生态移民城镇安置点所在地区着力于重点打造 100 个产业园、100 个城市综合体、100 个旅游景区、113 个农业园区和 100 个示范小城镇。该工程中的每个项目都覆盖了黔西南州的各县、市，调研发现，兴义市清水河产业园区、贞丰县者相镇示范小城镇、册亨县岩架布依风情园等吸纳劳动力的作用比较大。因此可依托“5 个 100 工程”发展平台，大力打造特色产业园区、高效农业示范园区、旅游景区以、城市综合体及示范小城镇，创造就业机会，并优先就近解决搬迁移民的就业问题。基于黔西南州少数民族文化和旅游资源都很丰富的实际情况，可以在发展特色产业和特色旅游景区加大投入，以促进经济发展，带动就业。在拓宽移民就业渠道方面，政府层面上应在搬迁移民和企业之间起到中间人的作用，及时为搬迁移民提供企业的招聘信息，同时加大公益性岗位就业安置的力度；以及时了解搬迁移民的就业状态，对长时间未就业的移民进行归类分析，并对他们进行必要的就业教育培训。此外，针对还会回到迁出地进行农业耕作的这部分人，要加强思想引导性培训，对他们开展基本权益保护、城市生活常识以及寻找就业机会等方面知识的培训，从思想上改变其走出农田外出就业的信心和动力。

（三）增加就业培训经费投入，推进培训主体社会化。截至当前，搬迁移民的规模已较大，已经解决了搬出的问题，接下来的工作重点应该转到“稳住和脱贫”问题上来。只有搬迁移民实现就业，才有可能脱贫，只有脱贫了，才能实现搬迁的目的和意义。因此，应该在促进搬迁移民的就业方面加大经费投入，加强对经费的有效使用和管理。具体操作可以从以下几个方面着手：其一，以州级为统筹层次，整合人社、扶贫、移民等相关部门涉及移民培训的所有资金，建立移民就业培训专项基金，实行专款专用，便于解决培训资源分配不均问题。其二，建立健全的搬迁移民就业培训经费的预算制度，专项培训经费超支的部分主要由政府财政补贴，同时可通过向企业或其他社会组织等进行多渠道筹资，并给予这些企业或社会组织政策上的优惠。其三，培训经费应该倾向于贫困程度较深的人口，同时倾向于就业率较高的领域，以提高资金的使用效率。在培训主体上，改变以往主要由政府相关部门承担培训任务的做法，积极探索移民就业培训主体的社会化。把企业、专业培训机构、社区和学校引入到培训主体体系中。在对移民基本状况如年龄、文化程度、就业意向等进行统计的基础上，鼓励企业如家政公司、物流公司等进行就职前的培训，培训合格者直接招聘入职；以政府购买服务的方式委托第三方的专业培训机构进行针对性的专项培训，并根据培训后的就业率按比例付费；加强社区在就业介绍、思想动员等方面的作用；委托相关的职业学校进行培训。

（四）完善就业服务体系，促进就业信息化建设。建立起政府、社区居委会、用人单位和搬迁移民多方密切联系的服务体系，以社区为纽带建立社区就业服务平台，并实现政府相关部门、社区、用人和移民基本就业就业信息的共享。政府层面上负责与用人单位沟通联系，争取更多企业加入到帮扶项目中；用人单位层面上，负责为搬迁移民提供更多的就业岗位或产业扶持的方式创造更多的就业岗位；社区居委会负责传达政府的相关政策，发布企业的招聘信息，帮助搬迁移民向政府表达他们的诉求；搬迁移民要积极与社区居委会沟通联系，并积极响应政府的相关政策，积极配合相关部门的工作，并加强自身思想意识的转变和自我发展能力的提升。加强后续的就业动态跟踪监测体系。在就业信息化建设过程中，注重加强就业状态的及时更新与跟踪，以便了解搬迁移民在就业市场中体现出来的突出的共性问题，为进一步了解搬迁移民群体，采取针对性措施提供依据。借助互联网的发展，加强相关 APP 软件的开发与推广。

（作者单位：兴义民族师范学院）

).

第四章　山地旅游

南北盘江千里精品旅游线开发研究

岑大明

内容摘要：发展全域山地旅游，是黔西南州旅游发展的定位和目标，针对全州旅游资源零散、景区景点分散、开发管理各自为阵、缺乏全域统筹平台、难以形成竞争优势的实际，论文创造性地提出“开发南北盘江千里精品旅游线，打造‘一线联五湖’景区集群，构建全域山地文化旅游新格局”的战略构想，并从区位优势培育、区域联动机制、开发建设机制、旅游人才保障等视角提出了路径建议，为黔西南州发展全域山地旅游提供参考。

关键词：全域旅游　精品线　景区集群　路径建议

2017 年黔西南州政府工作报告提出，今后五年着力在发展全域山地旅游上实现创新示范。可见，全域山地旅游已成为黔西南州旅游发展的新定位、新目标。面对全州旅游资源零散、景区景点分散、开发管理各自为阵的实际，如何整合开发旅游资源，打造民族特色山地景区集群，构建全域山地旅游体系，是发展全域山地旅游必须首先破解的课题。为此，笔者进行了初步研究和有益探索。

一、开发盘江千里精品旅游线，是推动全域山地旅游发展的必然选择

全域山地旅游可以诠释为一个区域内山地旅游业态的全域化。推进山地旅游业态全域化是发展全域山地旅游的唯一路径。黔西南州旅游资源丰富、旅游景区（点）众多，但分散在十万大山里，要实现旅游业态全域化，需要创新打造平台载体，将零散的旅游资源整合开发、将分散的景区景点集约经营，形成经纬鲜明的全域山地旅游体系。什么样的平台载体才能更好地统筹分散在十万大山里的旅游资源、景区景点？

（一）千里南北盘江，是构建全域山地旅游体系的最佳连接线。南盘

江、北盘江是珠江上游的两条重要水系，均发源于云南省沾益县乌蒙山脉马雄山。南盘江从兴义市三江口入境，流经兴义、安龙、册亨3县市13个乡镇，干流长264千米；北盘江从普安县龙吟镇入境，流经晴隆、贞丰、册亨等6县（市）21个乡镇，干流长327千米。特别是南北盘江将黔西南州紧紧环抱，在册亨县双江镇汇合为红水河，形成罕见的千里盘江U形“水带”。这条全长591千米的U形盘江“水带”，将全州8县（市）紧紧串联，在“U”形中，在现有公路网络的基础上，加快“断头路”建设，完善纵横交通路网，即可实现水陆互通、景区互联把全州的旅游资源、景区景点纳入网格“一网打尽”。所以，以千里南北盘江为载体，能有效地将各县（市）的旅游资源和景区景点连接聚集起来，成为全域山地旅游体系的最佳连接线。

（二）旅游资源优势，为开发盘江千里精品旅游线提供基础条件。黔西南州境内的南北盘江流域旅游资源融山水、乡村、人文资源为一体，分布密集、品味高雅、组合良好。**一是山水旅游资源优势。**南盘江以万峰林、万峰湖为核心的旅游资源具有唯一性，沿江岸畔有三江口、云湖山、万峰林、万峰湖、马岭河峡谷、安龙十里荷花等自然风光。北盘江以光照湖、马马崖湖、董箐湖以及沿江的V形峡谷、U形峡谷山水风光为核心的旅游资源极为独特，沿岸分布有二十四道拐、三岔河、双乳峰、花江峡谷、燕子洞等景区。**二是乡村旅游资源优势。**南盘江沿江有三江口、巴结、万峰湖、八渡、双江等小城镇，有南笼、坝盘等10多个布依古寨。北盘江沿江有光照、百德、兴北、者相、白层、岩架、蔗香等小镇，有茅口、河塘、茅草坪、小花江、董岗等20多个乡村元素保存完好的原生态村寨。**三是人文旅游资源优势。**南北盘江民族文化多彩，有布依族“查白歌节”、苗族“走亲节”、彝族“火把节”等民族节日；有“八音坐唱”“阿妹戚托”等享誉中外的民族歌舞，查白歌节、土法造纸、布依戏等被列入国家级非物质文化遗产；有晴隆二十道拐、盘江铁桥、白层渡口、卡法连队遗址等特色红色文化资源；有牂牁文化、夜郎文化、安龙历史文化名城、普纳山古战场、花江古驿道等历史文化资源。**四是区域资源组合优势。**黔西南州的自然景观、民族村寨、文化古迹等重点旅游资源80%以上分布在南北盘江流域，万峰林、万峰湖、马岭河峡谷、云湖山、双乳峰、二十四道拐等已开发成形的重要景区也大都分布在南北盘江流域，并且南北盘江流域的旅游资源融山水游、乡村游、人文游为一体，是黔西南州山地旅游的代表，开发盘江千里精品旅游线，就是要统筹整合开发南北盘江的旅游资源，推动旅游景区集群发展，通过打造南北盘江精品旅游线，将全州景区联动起来，形成区域旅游竞争优势，推动全域山地旅游的发展。

（三）区位优势突显，为开发千里盘江精品旅游线创造了必要条件。南北盘江过去因为地处偏僻、交通落后，盘江沿岸多为荒芜之地，不具备开发条件，优越的资源优未得到有效开发。近几年来，随着交通建设的迅猛发展，汕昆、晴兴、惠兴、望安等高速公路先后建成，穿越盘江流域，加上原有的1条国道、4条省道，织密了盘江流域的交通网络，特别是随着红水河水运中通道的建设，促进了水陆交通格局的形成，使盘江流域的区位优势逐渐凸显，从过去的“边缘”地带变为黔西南州融入毕水兴经济圈、黔中经济圈、珠三角以及东盟自由贸易区的前沿阵地。特别是区位优势突显，使盘江流域形成中国西南部1000千米以内聚集贵阳、重庆、成都、长沙、广州、澳门、南宁、海口、昆明9个城市（见图2），成为中国西线黄金旅游线的重要组成部分。盘江流域的区位优势，有利于吸纳外部的信息、资金、技术、人才等要素向区域流动，特别是有利于旅游市场的聚集，为开发盘江千里精品旅游线、打造大西南山地旅游聚集区，准备了必不可少的条件。

（四）国家区域战略，为开发盘江千里精品旅游线带来宝贵的机遇。一是“十三五”时期是脱贫攻坚、同步小康的决胜时期，国家实施脱贫攻坚战略，盘江流域作为贫困人口聚集区，为争取国家基础设施、产业扶贫资金投入盘江千里精品旅游线开发提供了重大机遇。二是盘江流域是《西江—珠江经济区发展规划》《左右江革命老区振兴规划》的重要组成部分，为将南北盘江千里精品旅游线纳入这两个规划推进实施，争取中央的政策、资金支持上提供了直接机遇。三是南北盘江是珠江流域西江上源的两大支流，国家加强珠江流域生态保护，必将加大生态工程建设力度，为将盘江文化生态旅游纳入珠江流域生态保护工程建设争取支持提供了现实机遇。四是国家实施“一带一路”、长江经济带等区域发展战略，有利于盘江千里精品旅游线在对外开放中迎来发展机遇。抢抓这些机遇，将有利于借助外力推动盘江千里精品旅游线的开发进程，加快形成产业优势和经济优势。五是2016年12月国务院正式印发实施的《“十三五”旅游业发展规划》，将“珠三角旅游城市群”纳入全国重点做强的5个跨区域旅游城市群，将“滇黔桂民族文化旅游区”纳入全国重点培育的20个跨区域特色旅游功能区，为开发盘江千里精品旅游线，打造民族特色山地旅游聚集区提供了政策支撑。

二、打造“一线联五湖”景区集群，构建全域山地旅游发展新格局

围绕滇黔桂民族文化旅游区的新定位，以及“十三五”国家重点支持的精品景区、乡村旅游、滨水旅游、休闲度假等8大旅游产业，根据南北盘江的旅游资源，盘江千里精品旅游线可按“一条主线、N个接入点、五个精品组团”进行布局，构建以民族文化为特色的全域山地旅游体系。一条主线，即：以南北盘江在黔西南州591千米的干流为主线，从南盘江三江口沿江而下，途经万峰湖、八渡、抵达双江口（南北盘江交汇处），沿北盘江而上，途经岩架、乐元、白层、董箐、马马崖、光照湖抵达一线天，将南、北盘江沿岸的山水、乡村、人文等旅游资源整合开发、集群发展，形成千里精品旅游线，构建山水游、乡村游、人文游相融合的民族特色全域山地旅游新格局。N个接入点，即：将南北盘江流域的景区景点、旅游小镇、民族村寨、古渡码头、茶马古道以及者楼河、清水江、麻沙河等支流旅游资源接入主线、融入组团。五个精品组团，即：在千里南北盘江干流上，以南北盘江梯级电站形成的湖泊为核心，聚集周边旅游资源、景区景点，突出特色旅游主题，打造万峰湖、双江湖、董箐湖、马马崖湖、光照湖五个精品旅游组团，形成“一线联五湖”的精品景区集群。

（一）打造万峰湖城市精品旅游组团。充分利用兴义市独一无二的“一城三景”优势，以城市旅游为主题，以兴义国际山地旅游城市为载体，以万峰湖、万峰林、马岭河峡谷为内核，聚集上下游和周边景区景点、旅游资源整合开发，拓展三大景区的外延和内涵，拉长产业链、拓展旅游业态，促进城在景中、景在城中的城市旅游集群的形成，打造城市旅游“三个世界之最”）。**一是打造“世界最大的高原城市湖泊”。围绕“玩水”**，将万峰湖旅游外延向上游的三江口、云湖山景区拓展，规划建设万峰湖滨水度假小镇、南盘江布依美食小镇、沧江休闲娱乐、三江口世外桃源小镇等特色旅游小镇，包装“渔舟晚唱”“云湖观海”“垂钓天堂”等一批精品景点，沿江规划开发开放南龙古寨等3至5个乡村旅游景点，推进特色旅游小镇、乡村旅游景点与兴义城市融合发展。**二是打造“世界最大的城市峰林”。围绕“游山”**，将泥凼石林、何应钦故居、刘氏庄园等景点融入万峰林景区通盘布局，融入地理风水文化整合开发，规划建设上述景点的连接线，推进万峰林旅游向峰林深处拓展，实现“观万峰林”向“游万峰林”转变；规划建设纳灰河水景生

态旅游工程，实现山的秀美与水的灵性有机结合，提升万峰林的品质。**三是打造“世界最大的城中峡谷”。围绕“玩峡谷”**，将“贵州龙”地质公园、“猫猫洞”古人类遗址等独特风物，纳入马岭河峡谷景区统一规划，调整景区定位，规划建设城市峡谷公园，修通马岭河峡谷至万峰湖红椿码头的水运航道，拓展峡谷荡舟观光，修建马岭峡谷沿谷通往万峰湖的旅游步道，实施沿途亮化工程，促进城、峡、湖、峰的贯通融合，提高市民的参与度。此外，利用安龙县历史文化资源优势，全力打造历史文化名城，升级拓展半山亭、招堤、府试院、南明皇都、卧雪山庄等一批历史人文景区，接入万峰湖，作为万峰湖城市旅游精品组的补充和拓展。

（二）打造双江湖滨水精品旅游组团。充分利用龙滩电站库区及南北盘江交汇处形成的宽水域、多港湾、多山坡等自然资源，册亨、望谟深厚的布依族文化资源，以及南北盘江入海口的区位优势，以滨水旅游为主题，围绕“一核三带”布局打造双江滨水精品旅游集群。“一核”：就是在南、北盘江交汇的“双江”口规划建设由旅客服务中心、水上运动中心、滨水度假保健、海滨沙滩观光、布依美食城、布依民歌城、布依纺织城、绝技演艺城等功能区组成的水上旅游综合体，发挥南北盘江精品旅游线对外门户和旅客南北聚集分流的平台作用，旅客从这里可以沿南盘江而上，可以沿北盘江而上，也可沿红水河而下。“三带”：就是以双江水上旅游综合体为核心，沿南盘江、北盘江、红水河分别开发三条百里特色文化旅游带。即沿南盘江开发双江至万峰湖百里布依水乡文化旅游带，将板万古寨、坝盘古寨、板其溶洞、寒泉洞、八渡古渡口、“龙王石”、古方红糖等物质文化和布依摩经、布依歌舞、布依节日、布依风情等非物质文化旅游带精心包装开发，打造布依水乡精品文化旅游景区集群。沿北盘江开发双江至白层百里“诗画田园”旅游带，开发蔗香芒果小镇、岩架香蕉小镇、乐元油茶小镇、沙坪砂仁小镇、石屯板栗小镇、白层火龙果小镇、者楼河诗意田园、清水江诗意水乡、洛凡燕子洞、白层古渡口等景区，打造沿江百里“诗画田园”景观。沿红水河开发蔗香至桑郎百里海滨康养旅游带，发挥蔗香湖水域面积宽广、野生鱼类资源丰富等优势，开发野钓、潜水、度假、水疗、药疗等旅游业态，打造百里海滨健康养生长廊。

（三）打造董箐湖峡谷精品旅游组团。充分利用北盘江董箐电站大坝至九盘60千米江段聚集的湖、峡、桥、古驿道等旅游资源，以原生态峡谷旅游为主题，保持原生态景区风貌，体现真山、真水、真树、真景，包装打造精品景区集群。**一是开发花江湖景区。**将董箐湖更名为花江湖，坚持在保护中开发，实施山、水、树等生态细胞保护工程，保护好清澈的湖水、秀美的小岛、脆弱的生态，在沿湖栽种各类名花，打造百花湖景观；规划建设旅客服务中心，增强“一湖”服务整个景区的功能，将湖畔的董箐、董岗等村寨接入董箐湖统筹开发，将董箐湖的生活服务功能引入村寨，减轻董箐湖的环境承载能力；规划建设沿湖观光游道和湖畔峰林深处健身步道，开发董箐湖周围的小岛，将董箐湖打造成为观湖水山色、休闲养生、婚纱摄影、文艺创作等休闲型精品景区。**二是开发花江大峡谷。**从董箐到小花江约 50 千米峡谷，可分为董岗、马家坪、小花江三段，不建游道不修栈道，乘船观景，乘船游峡，实施游船管控，禁用“噪音船”，采用“静音船”，打造“静游观光、净心洗肺”修心养性峡谷游品牌。充分利用峡谷中部马家坪国有农场，精心开发百花岛、百果园、布依山歌场，供游客游峡中途上岸入园，观百花、品百果、听布依山歌，迷失在秀美的山水、纯美的山歌之中。**三是开发花江古驿道。**沿江畔修复开发花江铁索桥至平街约 13 千米古驿道，复建平街古驿站，挖掘展示古驿道文化；沿江岸栽种百果百花，再现“花江”景观；将绝地逢生的“顶坛模式”包装打造成为景点接入古驿道，真实地展现“贵州精神”。此外，加快者相旅游小镇建设、规划建设北盘江旅游小镇，将双乳峰、三岔河等景区接入北盘江董箐湖统筹运营，形成精品景区集群。

（四）打造马马崖湖山地精品旅游组团。以山地文化旅游为主题，以马马崖电站库区“水体”为平台，充分利用沿江的奇特山崖、百德温泉、麻沙河支流、高坡草场、抗战文化等旅游资源优势，打造山地旅游精品景区集群。**一是开发马马崖温泉旅游小镇。**利用兴仁百德镇温泉资源，依托百德小城镇，紧靠马马崖湖畔规划建设马马崖温泉旅游小镇，打造高品位的旅游服务综合体，搭建马马崖旅游组团接待服务平台。**二是开发麻沙河漂流旅游区。**充分利用北盘江麻沙河支流水流平缓的优势，精心开发麻沙河漂旅游线，带动麻沙河沿线九重岩、观音洞、香炉石等自然景观的开发，接入马马崖湖景区组团。**三是开发百里高原牧场。**贵州不缺山水，但缺草原，充分利用马马崖湖畔、麻沙河流域山地缓坡优势，规划建设百里高原牧场，将兴仁放马坪与晴隆三望坪连接起来，打造百里草原风光，移植异域草原旅游，将“晴隆模式”“阿妹戚托”接入马马崖湖景区组团，让游客游湖登岸就能感受到异域风情。**四是开发百里天然石崖画廊。**马马崖至盘江铁索桥约 80 千米江段两岸石崖色彩缤纷、质地奇异的，每壁石崖就像一幅天然石画，对其进行艺术包装，赋予其意象，让每一壁石崖成为一幅栩栩如生的画作，打造世间“独一无二”的百里天然石崖画廊。此外，将晴隆二十四道拐、盘江铁索桥等接入马马崖湖景区组团，形成山地精品旅游景区集群。

（五）打造光照湖高源湖泊旅游组团。光照湖距晴隆县城30千米，水域面积51.45平方千米，是北盘江光照水电站蓄水发电形成的贵州最大的人工湖泊。利用“高山峡谷出平湖”这一区别于其它湖泊的独特优势、水体特征以及沿湖乡村文化资源，以高原湖泊旅游为主题，打造高原湖光山色、峡谷风光、民族文化相融合的精品旅游景区组团。**一是建设景区游客服务中心。**光照湖水体由河塘、皮坡两个宽水域和中营至龙吟一条峡谷带组成，光照湖景区应依托“水体”进行布局。利用河塘宽水域湖泊优势，规划建设景区游客服务中心，修建码头、酒店、停车场等服务设施，修通河塘至晴隆县城旅游公路，使光照湖与二十四道拐连为一线。**二是开发牂牁文化旅游景区。**从北盘江光照电站大坝到大田乡蓝田村沿江二十余千米均为布依族聚居的江域，布依族原生态的建筑风格、饮食文化、服饰文化、民风民俗等仍保存完好，依托皮坡水域湖泊，在湖畔的缓坡、小岛、湖弯规划建设农耕体验园、布依风情园、盘江垂钓园、布依美食园等旅游业态，向外界展示神秘多彩的牂牁文化、夜郎文化。**三是开发苗族文化旅游景区。**北盘江的晴隆中营、长流到普安龙吟系苗族聚居江域，可利用中营至龙吟江段峡谷的雄、奇、险、峻、秀的自然风光，重点包装“仙人屯”“一线天”、飞水岩瀑布等景点，在北盘江入境处的普安河阳规划建设融苗族民居、饮食文化、苗族歌舞、苗族绝技等为一体的苗族风情园，展示多彩的苗族文化，形成精品旅游景区集群，打开盘江千里精品旅游线面向云南的旅游门户，承接来自云南和省内六盘水方向的旅客。

三、盘江千里精品旅游线开发路径建议

（一）构建区域立体交通体系。充分利用《左右江革命老区振兴规划》、国发2号文件以及贫困山区、民族地区的政策支撑，加快黔滇桂三省区结合部铁路、公路、水路、航空交通基础设施建设，构建南下两广、北上贵阳、西出云南的立体快速交通体系，融入全国骨干交通网，切实解决被边缘化的问题。**一是加快高速铁路建设。**加快建成兴义至盘县、兴义至贵阳高速铁路，接入贵昆、湘黔国家铁路干线，打通北上贵阳、西出昆明的快速铁路通道；加快建设兴义至百色高速铁路、兴义至永州铁路，接入湘黔国家铁路干

线，打通南下两广、北进中原的铁路快速通道，构建黔滇桂三省区结合部铁路枢纽。**二是加快高速公路建设**。加快建设望谟至罗甸、望谟至紫云、关岭经贞丰至安龙、纳雍至晴隆高速公路，打通南北盘江融入黔中经济圈的公路快速通道；加快建设贞丰经册亨至八渡高速公路建设，接入汕昆高速公路，打通南北盘江融入珠三角、东南亚经济圈的公路快速通道；加快建设兴义经文山至河口高速公路，打通南北盘江融入滇西经济圈的公路快速通道。**三是加快高速水路建设**。加快南北盘江、红水河三级航道建设，推动龙滩、岩滩千吨级过船设施建设，加快建设安龙坡脚、册亨岩架、贞丰白层、望谟庶香等港口码头，提高水路客货运力，打通南北盘江出海水运大通道。**四是加快航空扩能建设**。加快兴义万峰林机场升级扩能，完善功能设施，加强航线开发，开通兴义直飞全国各省会城市航线，加密兴义直飞全国重要旅游城市航线，构建兴义与全国各大城市安全快速、便捷高效的空中走廊。总之，通过构建快速立体的交通体系，推动“快旅慢游”的形成，促进旅游市场的繁荣。

（二）构建区域合作联动机制。南北盘江涉及三省区五个地州，三省（区）五地州应充分发挥南北盘江流域旅游资源优势和生态优势，坚持区域性整体开发，建立科学有效的区域合作联动开发机制，合力打造中国西南部山水旅游聚集区。**一是推动战略合作关系的建立**。黔西南州盘江千里精品旅游线处于南北盘江的中段，上游是云南曲靖地区，下游有广西百色地区，南盘江右岸广西百色，北盘江左面是贵州六盘水、安顺地区。盘江千里精品旅游线在南北南江流域中，干流长度最长、流域面积最大、旅游资源最丰富，处于南北盘江流域旅游开发的核心地位，应主动加强与周边各地州沟通共商，建立南北盘江流域旅游开发战略合作关系。**二是构建旅游规划联动机制**。坚持区域统筹，推动南北盘江涉及地市建立旅游规划共商机制，根据各地市旅游资源的特点，共同编制南北盘江流域旅游发展规划，力求各地市的旅游发展规划相互协调、相互补充，在规划上规避景区景点同质，增强区域旅游发展的整体竞争力。**三是构建环境建设联动机制**。加快建立南北盘江流域大交通体系建设联动机制，五地市联合编制盘江流域铁路、公路、水路、航空等立体交通建设规划，共同争取中央支持，推进盘江流域内通外联大交通网络建设；加快建立生态环境治理和保护联动机制，五地市联合实施南北盘江、红水河生态环境治理，共同保护盘江流域的绿水青山，培育区域旅游发展的竞争优势。**四是构建市场共享联动机制**。五地市加快建立资源互济、品牌互补、客源互输等市场共享机制，努力规避恶性竞争、无序竞争，共同打造区域山水旅游品牌，推动南北盘江流域旅游聚集区的形成。

（三）构建新型开发建设机制。针对旅游资源多为国有资源的实际，为保持国有资源的公有性，应按照“政府统筹、市场引导、企业主体、社会参与”的原则构建开发经营机制，推动盘江精品旅游线集约化、集团化开发。**一是建立州县统筹机制。**坚持州抓规划，按照“区域统筹、多规合一、全州一盘棋”的规划思路，做好旅游线路、景区景点、配套设施、相关产业等详细规划，精心设计包装盘江千里精品旅游线上的各个旅游项目，抓好年度目标任务的分解、督查落实和绩效考核。坚持县抓平台，各县（市）按照盘江千里精品旅游线建设详细规划，抓好辖区内的基础设施、投资环境、项目融资等建设，搭建优越的旅游开发平台，按照州下达的旅游线开发目标任务，组织推进项目招商、落地落实。同时建立州、县利益分配机制，调动各个层级的积极性，推动精品旅游线的开发。**二是组建建设经营主体。**加快组建全州国有控股的盘江流域旅游开发有限公司（简称旅游公司），将全州旅游资源估价转化为国有资产，划转到旅游公司作为国有股权，组建各县市旅游分公司，盘活州县旅游资源资产，鼓励各类企业、社会资本、民间资本参股旅游公司，推进盘江流域景区景点规划区内的“三变”改革，吸纳农民“三变”资金入股旅游公司，做大做强融资平台，采取贷款、发行基金等方式进行融资，推进盘江千里精品旅游线景区景点建设、市场营销和经营管理。**三是建立多元化景区开发机制。**认真研究国家脱贫攻坚、国发二号文件、《左右江革命老区振兴规划》等有关政策，围绕盘江千里精品旅游线开发建设，认真编制一批基础设施、产业发展、生态建设等方面的项目，通过项目申报争取国家资金投入旅游开发。出台盘江精品旅游线开发优惠政策，精心编制包装一批旅游景区、旅游小镇、旅游度假区、观光农业园等旅游项目，实施项目招商，广泛吸纳市场主体投入千里精品旅游线开发。

（四）加快推进旅游人才开发。人才是旅游业发展的决定因素，针对黔西南州旅游职业经理人、旅游策划、景区经营、旅游营销等旅游人才缺乏的现状，应加快推进四类旅游人才开发，为实现全域旅游目标提供人才保障。**一是加快旅游行政管理人才开发。**重点抓好州、县旅游部门干部队伍建设，选好配强州、县旅游部门领导班子，选拔有旅游战略思维、懂旅游策划、旅游营销、旅游管理党政人才担任组建领导班子，加大对州县旅游行政管理人员的旅游市场开拓、旅游产品开发、景区管理等方面的能力开发，建设一支能适应全域山地旅游发展的行政管理人才队伍。**二是加快旅游企业管理人才开**

发。紧紧围绕盘江千里精品旅游线开发建设，积极营造优越的投资环境，加强各类旅游企业的引进力度，通过旅游企业的招商引资，引进一批高层次职业经理人才。支持兴义师范学院、州职业技术学院开设旅游业急需紧缺的新专业、新学科，或委托全国旅游院校采取定向培养等方式，加快培养旅游业发展所急需的景区开发设计、旅游营销、旅游策划、会展旅游、运动休闲、医药保健、涉外导游等旅游短缺专业人才。**三是加快高素质导游人才开发**。结合南北盘江精品旅游线景区景点等特点，开发培养一批精通盘江流域地域文化、民族文化、民族风情的优秀导游人员，优化导游队伍结构；加强对导游人员的职业道德、政策法规、服务意识教育和导游技能培训，提高导游队伍素质；加强一批涉外、会展、康养等业态导游培养，不断打造一支代表旅游业形象的过硬的导游员队伍。**四是加快特色旅游乡土人才开发**。乡土人才是发展盘江民族特色山地旅游的重要力量，应建立盘江乡土人才开发基金，加快沿江民族服饰、山地美食、舞蹈戏曲、民间绝技等非物质文化遗产人才的开发，通乡土人才的培养开发，推动南北盘江民族特色山地旅游的发展。

总之，开发盘江千里精品旅游线是构建黔西南州全域山地旅游新格局的有效途径，只有精心策划，走产业集群发展之路，着力打造精品旅游景区集群，通过构建高效便捷的立体交通体系、建立区域联动开发机制、构建新型开发建设机制、加强旅游发展人才保障，将盘江精品旅游线开发任务落到实处，才能推动全域山地旅游的发展。（注：本文获滇黔桂三省（区）社科联第三届南盘江流域发展论坛一等奖）

（作者单位：黔西南州人民政府经济发展研究室）

南盘江流域开发特色旅游产品研究

尤立宪

内容摘要：南盘江流域开发特色旅游产品具有丰富的原生态旅游资源和适宜的环境条件，以及独特的民族风情、民族风俗等文化资源，开发特色旅游产品有利于拉动南盘江沿线各地的经济建设。本文通过对南盘江流域开发特色旅游产品的优势、以及国内一些流域成功的例子进行了深入分析，提出了开发南盘江流域特色旅游产品的三大举措，对南盘江流域旅游开发具有实际指导意义，具有一定的研究价值。

关键词：南盘江流域　特色旅游产品开发

南盘江是珠江的源头，发源于云南省曲靖市乌蒙山余脉马雄山东麓，全长914千米，从发源地开始流经滇、黔、桂三省区，经北盘江一同汇入红水河，东下西江与珠江汇合后流入大海。南盘江流域水土丰美、物产丰富，其拥有独特的环境优势、丰富的资源、优美的景色以及多民族独特的民族风情和悠久的历史文化底蕴，是开发特色旅游产品的理想区域，对加速推动滇、黔、桂三省区经济社会发展，促进沿线人民群众生活水平的提高和精神文明建设具有重大意义。

一、南盘江流域旅游产品开发优势条件分析

开发特色的旅游产品，必须具备特色的自然风景资源、人文古迹资源和节庆活动资源。南盘江流域具有独特的气候资源、水资源和旅游资源，也为开发特色旅游产品奠定了坚实的基础。

（一）从气候资源看：南盘江流经滇黔桂三省的沾益、曲靖、陆良、宜良、开远、罗平、泸西、砚山、建水、蒙自、丘北、澄江、路南、富源、石屏、江川、华宁、通海、峨山、弥勒、广南、罗平、师宗、兴义、安龙、册亨、兴仁、普安、盘县、隆林、西林、望谟等县境内，被誉为“一江跨三

省”之称，这里雨量充沛，年平均降雨量在1100毫米左右。其中，途经的云南、贵州境内流域四季如春，气温均在10℃至21℃之间，广西境内流域气温温差较大，最高时38℃左右，最低也有12℃。但南盘江流域途经广西境内只是两个县的距离，约50千米左右。众观国内的长江、嘉陵江等流域，这些流域的气温四季多变。因此，南盘江流域开发特色旅游产品比长江、嘉陵江等流域占有很好的发展优势。

（二）从旅游资源看：自古以来，南盘江就是云贵通往两广的必经水路，动植物资源分布类型完整，高山峡谷地下水道纵横，不同河段景色各异、风景不一。有的地段急流险滩、波翻浪涌，有的则平静舒缓、水色如蓝，群山一片新绿，凝碧之中唯有木棉火红。在这条充满神奇美丽风光的黄金水道上，自上而下主要分布着五个景区：源头珠江源风景区为云南省第一批省级风景名胜区，由于近年来成功举办“珠江源旅游节”越来越受到世人瞩目；宜良县至红河境内有一个江湖风景区，有众多的高原湖泊与江道相连，江河湖海相融，浑然一体，在云贵高原独一无二；在罗平县境内有一个三江口风景区，这里地处滇、黔、桂三省区结合部，景色异常独特；在兴义市与广西隆林县、西林县交界处有一个万峰湖景区，这里风光优美，成功举办过中国首届野钓大赛，成了人间垂钓的天堂；在兴义市境内还有一个马岭河大峡谷风景区，属于国家级风景名胜区，奇特的风光被人们誉为世界上最美丽的“疤痕”。南盘江由此流向望谟县蔗香，与北盘江汇合而奔向大海。在这里，既可以领略南盘江的奔腾气势，又可观赏滇、黔、桂三省区山水风景，为开发特色旅游产品奠定了坚实的基础。

（三）从交通区位看：南盘江流域西北部为金沙江和乌江的分水岭乌蒙山脉，东北与北盘江为邻，南部与郁江的分水岭为都阳山脉，西南与红河的分水岭为横断山脉，其源头被北盘江、金沙江等紧紧环抱，相距昆明市、曲靖市200多千米、50千米，相距贵阳市、兴义市200多千米、170千米，相距南宁市、百色市800千米、300千米。由此不难看出，南盘江流域正处于滇黔桂三省区中心位置。在流域内，沪昆高铁、南昆铁路、沪昆高速公路、汕昆高速公路穿境而过，流域途经的每个县市均通沥青路（水泥路），沿线最近的机场有兴义万峰林机场，目前机场已开通北京、上海、广州、深圳、重庆、上海、南京、西安等20多条航线，南盘江流域具有便捷的交通优势。综上所述，南盘江流域开发特色旅游产品具有良好的区位、交通优势。

二、发挥优势构建南盘江流域旅游产品体系

特色是构建旅游产品的核心。应紧紧围绕南盘流域的气候、湖泊峡谷、文化等特色，结合实际资源，以打造休闲旅游目的地、文化旅游目的地、养生旅游目的地为目标，构建“湖泊峡谷、避暑度假、民族美食文化”三大旅游产品体系，形成一条盘江千里旅游精品线。

（一）构建“湖泊峡谷”旅游产品。南盘江流域显著的喀斯特地形地貌特征，孕育了众多别具一格的湖泊和峡谷。应以江湖风景区、三江口风景区、万峰湖景区、马岭河峡谷景区为重点，开发出“湖泊峡谷”系列产品。**一是打造奇境探险游。**以峡谷自然风光为主，突出“原汁原味、挑战自我”主题，依托马岭河峡谷多元地质特征，打造南盘江江湖风景区等四大连湖奇景观光游，马岭河峡谷、笃山溶洞、小山峡峡谷景区探险游、野外生存挑战等探险产品体系。**二是打造康体养生避暑游。**突出南盘江流域湖泊、峡谷“独一无二”的原生态、高负氧离子元素，全力打造避暑品牌和康体养生休闲度假旅游目的地，形成以自然观光、生态度假、休闲娱乐、山地运动、峡谷探险等复合型旅游产品。**三是打造湖面飞机鸟瞰游。**南盘江流域万峰湖湖是我国第五大淡水湖，湖面积相当于76个杭州西湖，是滇黔桂三省（区）乃至西部地区不可多得的“宝贝湖”。应充分发挥万峰湖湖面之大、风景之美、负氧离子之高等优势，在万峰湖畔规划建设直升机鸟瞰游项目，让游客飞上蓝天，尽享万峰湖的大和美。**四是打造赛事品牌。**应在兴义万峰湖举行全国性野钓大赛、龙舟赛，在罗平小山峡等地举行全国性登山赛，既满足不同体育项目的游客参与运动又满足体育迷到比赛现场观看的需要，并根据市场多元化需求进行项目创意与策划，逐步将南盘江流域体育赛事打造成为全国性品牌赛事，满足不同人群对旅游产品的需要。

（二）构建“避暑度假”旅游产品。充分践行“绿水青山就是金山银山”的理念，发挥南盘江流域尤其是黔西南段清洁的空气、宜人的天气、洁净的水气等资源优势和良好的生态环境，全力发展山地避暑休闲度假游。**一是打造旅游度假示范区。**充分发挥好兴义市具有独特的交通区位优势和生态环境等优势，将兴义市万峰林街道办纳灰村、纳录村、双生村等村联结起来，统一布局，打造成一个让游客梦寐以求的想来、来了迟迟不想走的国级家旅游度假示范区，推动万峰林、万峰湖、马岭河峡谷以及南盘江流域沿线景区景点全域旅游发展。**二是打造西南疗养基地。**以万峰湖景区、九龙瀑布景区、

三江口风景区、珠江源风景区等为重心，根据景区优势，结合疗养实际，建设同时能容纳 5000 人的西南疗养基地。南盘江流域沿线各地方政府也可结本地实际，在各景区附近分别打造一个能同时容纳 500 人到 1000 人的疗养基地，将各疗养基地有效地串连成为，构建成西南疗养基地。

（三）构建“民族美食文化”旅游产品。以“绿色南盘江、多彩民族文化”为理念，将南盘江流域打造成全国独特的少数民族文化精品旅游线。**一是挖掘文化元素品牌。**着重研究南盘江流域这些厚重的历史的文化，促进历史文化与旅游资源相融合，围绕“古”这一主体文化，大力推进珠江源石牌坊、霞客草堂、天下第一棋盘、珠江禅寺等为代表的古文化游，将南盘江流域的三国文化、爨文化、土司文化、屯艮文化、红色文化、铜鼓文化、歌圩文化、服饰文化等元素植根于古文化游中，打造全国江河流域最大的历史文化旅游基地。**二是催生乡村旅游品牌。**应围绕“绿”这一产业主体，在南盘江流域源头的乌蒙山、中段的三江口、中下段的万峰湖等，根据不同区域的民族在旅游线路建设特色的民族村寨或生态休闲度假游示范区，让前来观光的游客领略不同民族的风情和习俗，品尝民族特色美食，观看布依戏等民俗表演，欣赏“阿妹戚托”等民族歌舞，聆听“八音坐唱”小打音乐，将南盘江流域沿线构筑成为滇、黔、桂三省区乃至西部地区“后花园”，带动沿岸村民发展致富。**三是推广民族美食品牌。**应以贵州省黔西南州兴义羊肉粉、兴仁牛肉粉、安龙剪粉为代表的“三碗粉”为主，以云南省的米线、广西壮族自治区的螺丝粉等为辅，借贵州省黔西南州 2017 年 6 月 28 日举办的首届国际山地美食节之东风，举办南盘江流域民族特色美食活动，将南盘江流域自清代延传至今的民族美食推向全国，将深藏着南盘江流域“密码”的山地民族美食产品展现到国外。与此同时，也可定期或不定期组织团队前往国内大城市、国外旅游城市推广南盘江流域美食产品，让广游客慕名而来，来了不想走。**四是开发商品品牌。**应以展现三国文化、爨文化、土司文化、屯艮文化、红色文化、铜鼓文化、歌圩文化、服饰文化等各种文化和各大景区形象为主体，积极开发推出一批具有南盘江流域特的集纪念、观赏性、实用性为一体的旅游用品、纪念品和工艺品；围绕“铜鼓”“唢呐”、民间艺术等，加强研究与开发，推出一批独具特色的精特旅游产品；以云南罗平县、贵州兴义市为代表的农村乐体验游，积极培育会议旅游、养生旅游等，引导建设一批特色景观旅游村镇，大力发展多样化旅游产品，全力打造南盘江流域“完整版”的旅游产品体系。

三、开发南盘江流域旅游产品的路径建议

南盘江流域开发特色旅游产品，要结合国家经济战略向西部发展的政策，借力“一带一路”之东风，抢抓实施乡村振兴战略之机遇，以丰富的生态自然资源打造全域旅游为核心，大力支持生态区域经济建设，利用原有的旅游产业和丰富的自然景观，倾力打造南盘江流域生态经济圈，形成具有生态环保、观赏品牌赛事、参加休闲娱乐健身、领略特色民族风情、品尝少数民族美食的特色旅游经济产业链。

（一）建立创新工作推进机制。要想开发好南盘江流域特色旅游产品，设置一个统筹三省区的机构事在必行。南盘江流域途经滇黔桂三省区，近年来，虽然各地都在下大力打造旅游业，但由于没有一个牵头的机构，形成你干你的，我干我的，沿线的旅游产品要么重叠，要么缺乏特色，以致于这么多年来，南盘江流域旅游产业难以形成一条精品的旅游线路，发展受到了制约。**一是召开联席会议。**云南、贵州、广西三省（区）地缘相近，人文相亲，习俗相通，有着类似的发展条件。三省（区）应心往一处想、劲往一处使，由云南省发起倡议，组织召开三省（区）联席会议，深入了解各地发展旅游商品情况，遇到的困难等，商讨开发南盘江流域特色旅游产品之大计。**二是加强组织领导。**建议由云南省牵头，成立南盘江流域特色旅游产品开发推动工作组，组长由云南省省长（或常务副省长）担任，副组长由贵州省、广西壮族自治区分管旅游的副省长、副主席担任，成员由三省（区）旅游局长担任，办公室设在贵州省黔西南州兴义市，办公室主任由黔西南州分管旅游的副州长担任。工作组严格按照联席会议商定的《南盘江流域开发特色旅游产品实施方案》，推动各项工作的落实。**三是建立健全机制。**围绕“创新统筹职能、创新政策措施、创新产品引导”这一主线，以创新南盘江流域旅游发展体制机制为重点，以探索旅游支持政策为保障，以推进特色旅游产品为抓手，明确开发南盘江流域特色旅游产品在三省（区）国民经济社会发展中的支柱产业地位，形成各负其责、齐抓共管的旅游发展综合议事长效协调机制。

（二）注重规划建设和项目包装。在南盘江流域开发特色旅游产品是朝阳产业、新兴产业和绿色产业，也是拉动地方经济社会快速健康发展的支柱产业，三省（区）应高度重视顶层设计，坚持规划先行，实行一张蓝图干到底，高起点、高标准、高质量开发南盘江流域特色旅游产品，提升旅游产业

的影响力和竞争力，全力打造国际一流的旅游精品线路。**一是注重编制总规。**围绕南盘江流域的自然景观、生态环境、气候特色、民族文化等优势，立足“大旅游、大产品、大市场”的产业发展要求，本着“全域旅游一体化、功能规划优势化、线路整合互补化”的原则，邀请全国知名旅游规划设计单位，按照构建“峡谷湖泊”“避暑度假”“民族美食文化”旅游产品体系，科学编制《南盘江流域开发特色旅游产品总体规划》。**二是注重项目包装。**南盘江流域特色旅游产品的开发，完全符合国家生态经济产业化理念和建设“一带一路”经济的重要举措，三省（区）应按照《南盘江流域开发特色旅游产品总体规划》，积极谋划、包装、生成一批南盘江流域途经本省（区）内景区景点特色旅游产品项目，以项目抓建设，以项目促发展，以项目树特色，推动南盘江流域特色旅游产品产业链不断拉长。

（三）创新建设营运模式。旅游产品是旅游产业发展的载体，也是一个地方旅游业引领现代服务业发展的重要标志。南盘江流域要增强旅游产业核心竞争力，地方政府在牢牢把握旅游产品所有权的基础上，必须把创新旅游产品建设营运模式作为推动旅游业发展的重要支撑。**一是创新项目建设模式。**各省（区）应牢固树立“一盘棋”的思想，全面服从南盘江流域特色旅游产品推动工作组的领导，大胆地对旅游产品项目建设模式进行创新，打破以往旅游项目交给企业建设的常规做法，由政府严格按照《南盘江流域开发特色旅游产品总体规划》，组织平台公司融资进行项目建设，确保“一张蓝图干到底”。**二是创新招商模式。**三省（区）应对建设好的旅游产品项目按照功能板块进行分类，并对各旅游产品项目的区位背景、地理位置、地形地貌、气候条件和项目背景、规划设计、业态区域脉络等形成文字材料，通过平面媒体和网络媒体面向社会招商，根据不同的旅游产品设计不同的经营年限和租金，吸引一批沿海地区从事旅游开发的商人前来投资经营。**三是实施打包式推介宣传。**有什么样的策划，就有什么样的宣传方式，有什么样的宣传力量，就有什么样的宣传效果。由南盘江流域特色旅游产品推动工作组牵头，三省（区）共同出资，通过招投标方式，向外聘请一家知名宣传策划公司，对南盘江流域旅游产品进行“统一策划、统一推介、统一宣传”，确保南盘江流域特色旅游产品宣传效果最大化，吸引更多的游客到南盘江旅游。

良好的生态环境和特色的地区文化是流域特色旅游产品开发的基础和灵魂，必须注重对生态环境的保护和当地人文资源的挖掘；对流域特色旅游产品的开发应紧紧抓住该流域的品牌，充分发挥流域“纽带”的功能；对流域特色旅游产品的开发应开拓视野，注重整体性、完整性。通过将特色旅游产品开发的基础、核心、目标等要素结合起来，形成完整的特色旅游产品开发链；南盘江流域沿江的旅游资源类型丰富，万峰湖风光、松林古镇、珠江源石牌坊、天下第一棋盘等旅游产品具有较高的开发价值，对入境游客具有较高的吸引力。本文通过对南盘江流域开发特色旅游产品的优势进行了深入分析，提出了构建南盘江流域特色旅游产品的一系例体系，以及开发南盘江流域特色旅游产品的一系列举措，对南盘江流域旅游开发具有实际指导意义，具有一定的研究价值。（注：此文获滇黔桂三省（区）社科联第三届南盘江流域发展论坛三等奖）

（作者单位：黔西南州人民政府电子政务办公室）

黔西南州旅游景区建设研究

孔德跃　岑福州

根据州政府办公室关于大兴调查研究之风开展研究问题破解难题竞赛活动的安排部署，为进一步推动“大山地旅游”战略行动实施，切实摸清我州旅游景区发展现状，研究提出促进全州旅游景区游客实现“井喷式”增长的办法措施，2016 年 8 月上旬以来，第五调研组通过实地考察、组织座谈、问卷调查等方式，对全州景区景点（以下统称景区）发展情况进行了深入细致的调查研究。现将调研情况报告如下。

一、全州旅游景区发展现状及特点

旅游景区作为旅游产业的重要组成部分，是全州旅游业发展的龙头和标杆，景区游客数量直接决定旅游业能否实现“井喷式”增长。近年来，在州委、州政府领导下，全州各级各部门抢抓大众旅游时代来临和国际山地旅游大会永久会场落户黔西南的重大机遇，紧扣把黔西南州建设成为国际山地旅游目的地、全国山地旅游发展示范区的总体目标，认真落实《关于推动大山地旅游战略行动的实施意见》，坚持高位谋划、高端开发、高效利用，不断完善基础设施，着力提升发展质量，创新推进旅游景区发展改革建设，全州旅游景区发展提速、档次提级、效益提升，主要呈现出以下特点。

（一）景区数量日益增多

从调研统计情况看，目前全州共有各类景区 53 个（部分景区因游客数量少、尚未建立成熟的统计调度机制等原因，未纳入本次统计范围），在 8 县（市）、义龙试验区均有分布。其中：兴义市 8 个、兴仁县 14 个，安龙县 16 个，贞丰县 2 个，晴隆县 1 个，普安县 1 个，册亨县 6 个，望谟县 1 个，义龙试验区 4 个。（图 5）

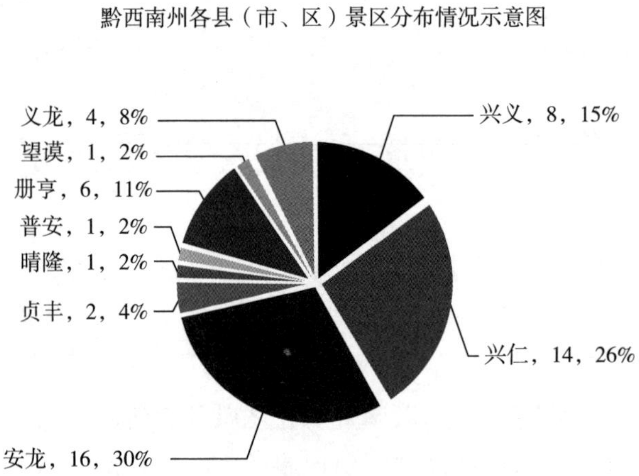

图 1　黔西南州各县（市、区）景区分布情况示意图

（二）景区类型日趋丰富

53 个旅游景区涵盖自然景观、乡村旅游、历史文化、工业旅游、红色旅游、科技教育、度假休闲、主题游乐等类型，景区业态更加丰富，可玩性较高，呈现出体育与旅游、文化与旅游等多业态深度融合发展的趋势，特别是万峰林、三岔河、24 道拐等传统景区，通过“旅游 +”的模式，为景区注入休闲度假、参与体验等新鲜内容，在吸引大量游客的同时也加快推动了景区提质转型。同时，随着我州乡村旅游业的快速发展，各县（市、区）均重点打造了一批乡村旅游景区。从调研结果来看，53 个景区中，乡村旅游（农业观光）所占比重较大，达 36%，其次为自然景观，为 32%。（图 2）

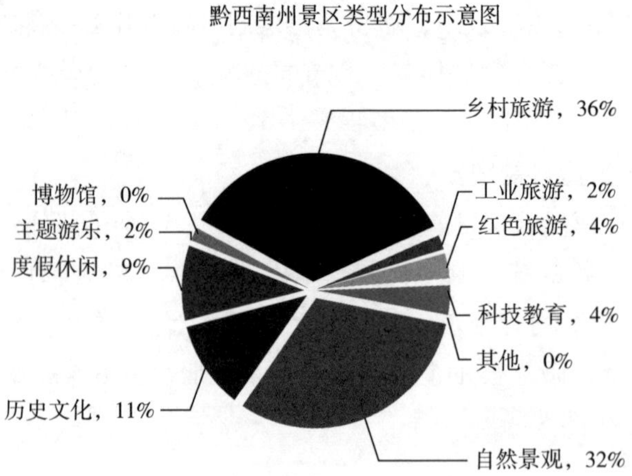

图 2　黔西南州景区类型分布示意图

（三）景区效益逐年提升

由于近年来我州不断完善旅游基础设施，组织开展各类文旅、文体活动，着力加强景区推广宣传，特别是2015年首届国际山地旅游大会在兴义成功召开，有力推动了游客数量的“井喷式”增长，旅游景区接待人次和门票收入呈逐年递增趋势。2014年，全州景区接待人次同比增长23.22%，门票收入同比增长34.16%；2015年全州景区接待人次同比增长50.4%，门票收入同比增长35.67%（图3）。2016年上半年，全州景区接待人次和门票收入继续保持大幅增长态势，分别达63%、36%。（图3）

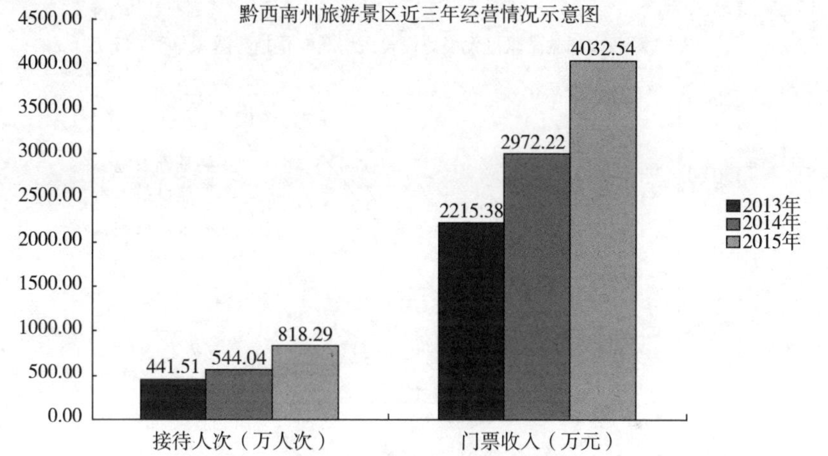

图3 黔西南州旅游景区近三年经营情况示意图

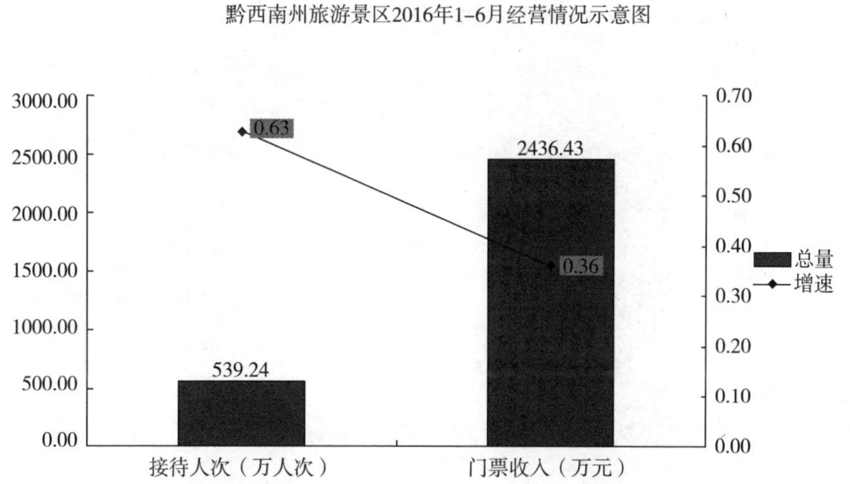

图4 黔西南州旅游景区2016年1–6月经营情况示意图

（四）景区投入力度加大。

从调研结果来看，近年来州县各级在景区升级建设方面投入力度逐年加大。特别是 2015 年以来，随着我州确立山地旅游在全州现代产业体系中的引领性地位，集全州之力推动实施大山地旅游战略行动和国际山地旅游暨户外运动大会永久会址建设，全州旅游景区建设投入急剧增长。2013 年，全州旅游景区建设投入累计约 4.44 亿元，到 2015 年，相关投入累计达 21.19 亿元，同比增长近 5 倍。2016 年上半年，仅基础设施建设投入就达 25.86 亿元，同比增长 3.26 倍。（图 5、图 6）

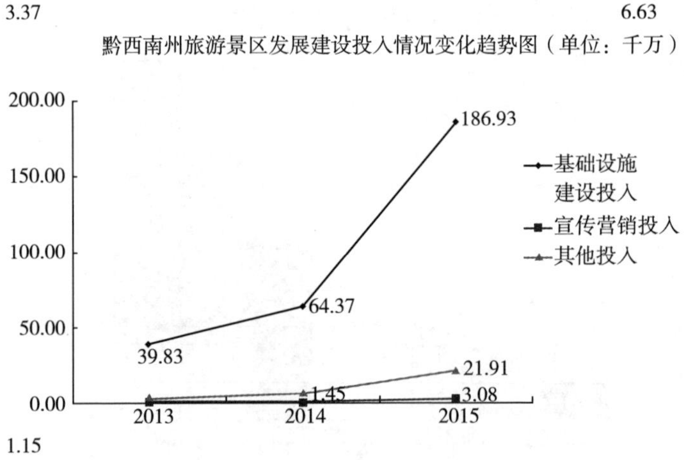

图 5　黔西南州旅游景区发展建设投入情况变化趋势图

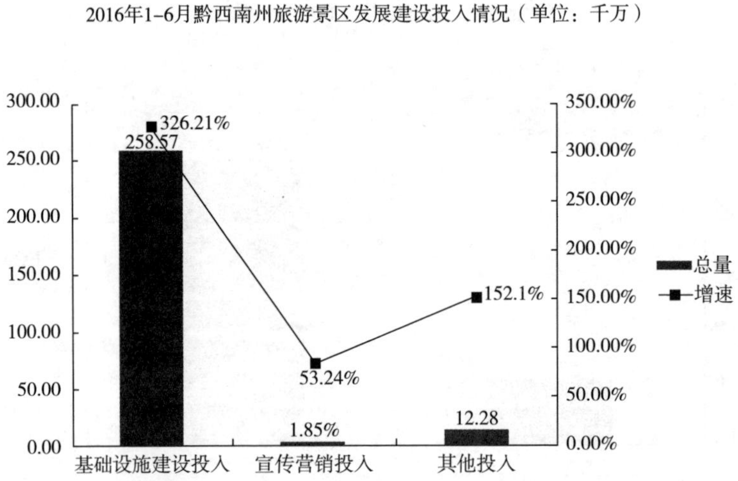

图 6　2016 年 1 月 -6 月黔西南州旅游景区发展建设投入情况

（五）景区实力快速增强。

近三年来，全州旅游景区固定资产总额扩张较快。据不完全统计，截至 2015 年底，53 个景区固定资产总数约 14.9 亿元，同比增长 93%；职工总数约 1130 人，同比增长 50.46%。全州固定资产接近或超过亿元的景区由 2013 年的 3 个上升为 2015 年的 7 个；职工总数在上百人的景区有 3 个，其中万峰林景区职工总数达 200 余人。万峰林、马岭河峡谷、三岔河等优势老景区综合实力稳步提升，资产增幅较大，2013 年—2015 年度，三个景区固定资产年均增长达 29.8%、35.4%、96%；同时，普安茶文化生态旅游休闲度假景区、兴仁薏品田园生态旅游景区、史迪威·晴隆二十四道拐遗址公园等新兴景区固定资产也保持高速增长态势。（图 7、图 8）

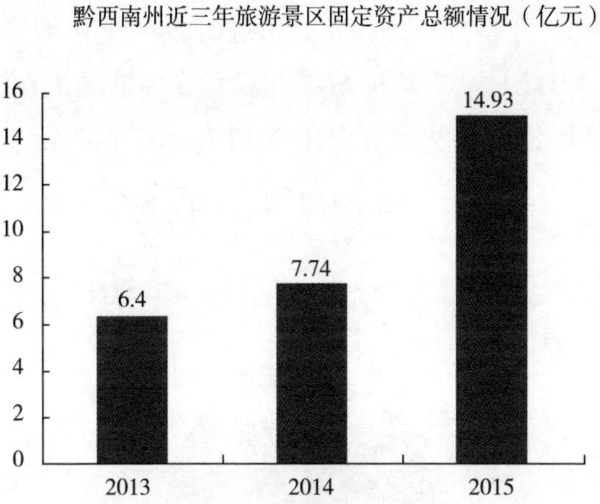

图 7　黔西南州近三年旅游景区固定资产总额情况

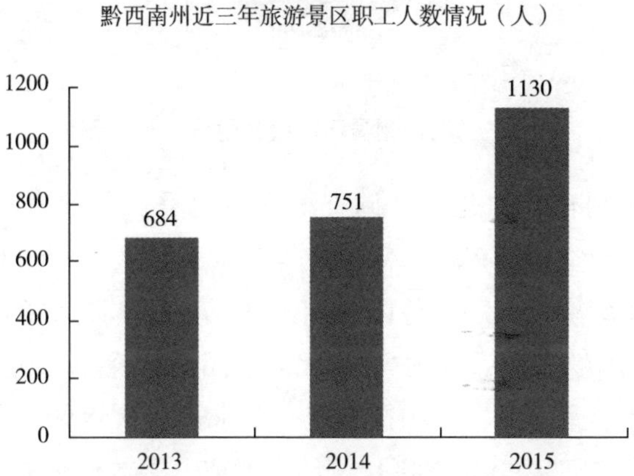

图 8　黔西南州近三年旅游景区职工人数情况

二、存在的问题和不足

我州旅游景区依托良好的生态景观、独特的民族风情和不断改善的交通条件，近年来取得了长足发展和进步，在国内外的知名度逐渐打响，游客量与日俱增。但总体来看，我州旅游景区发展档次、水平与所拥有的旅游资源级别不匹配、不协调，还存在诸多问题和不足，制约了景区的跨越式发展。主要体现在以下几个方面：

（一）景区等级较低、管理体制亟待创新。

景区等级普遍偏低。目前我州国家级 A 级景区仅为 4 个（其中万峰林、马岭河峡谷、双乳峰 3 个景区为 4A 级，贵州醇景区为 2A 级），与我州打造国际山地旅游目的地的目标定位极不相称。据了解，今年以来，晴隆二十四道拐、义龙博览园、贞丰三岔河、安龙招堤等景区正在加紧进行 A 级景区的申报和评定工作，万峰林、马岭河峡谷、双乳峰等景区正在按照 5A 标准进行提质改造，等级景区偏少的状况有望在 2017 年前得到改善。

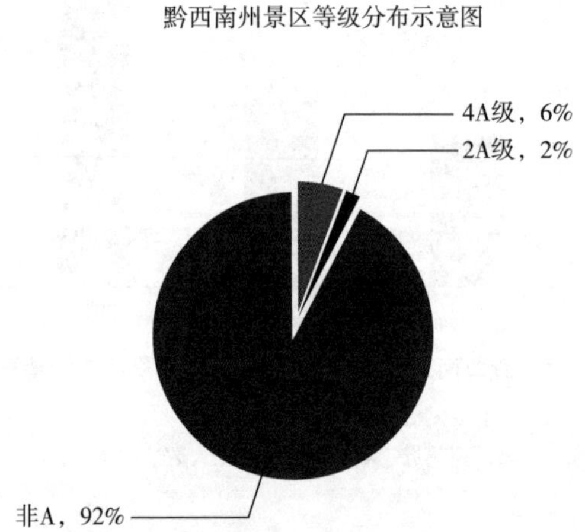

图 9　黔西南州景区等级数量分布示意图

景区管理体制较为僵化。从调查统计情况看，目前全州景区按性质划分，主要有事业单位、国有、私营企业等类别；景区管理体制有管委会 + 公司、公司、托管经营等形态。总体来看，景区管理体制改革创新步伐较慢。以万峰林、马岭河峡谷、万峰湖、晴隆 24 道拐遗址公园、三岔河、双乳峰、招堤等 7 个国有景区为例，其中按省统一要求构建大景区管委会体制，建立“管委会 + 公司”管理模式的景区比例约占四成，多数仍采取纯国企或事业单位管理方式；万峰林、马岭河峡谷、万峰湖景区尽管已基本建立“管委会+公司”体制，但离建立产权关系明确、市场对接充分的现代企业制度要求仍有不小差距。（表1）

表1　黔西南州旅游景区管理体制一览表（部分）

序号	景区名称	性质	管理体制
1	双乳峰景区	国有企业	公司
2	三岔河景区	国有企业	公司
3	招堤旅游景区	事业	公司
4	万峰林景区	国有企业	管委会+公司
5	马岭河峡谷景区	事业	管委会+公司
6	万峰湖景区	事业	管委会+公司
7	史迪威·晴隆二十四道拐遗址公园	国有企业	托管经营

（二）景区业态单一、产品体系亟待丰富。

旅游业态总体偏少。在所有景区中，乡村旅游（农业观光）、自然景观、历史文化类合计占比接近80%，而工业旅游、度假休闲、科技教育等其他旅游业态的各自占比均低于10%，充分说明我州仍处于传统观光游向休闲体验度假游转变的起步阶段。这一点也可以从到我州旅游的游客类型上得到印证，从调查数据分析，目前到我州进行观光旅游、文化旅游、乡村旅游、生态旅游的游客比例分别为26.35%、20.45%、17.20%、15.39%，合计占比达79.39%，而到我州进行体育探险、健康疗养的游客占比仅为2.1%、1.86%。这与我州打造“山地旅游胜地·户外运动乐园”及“康养黔西南·四季花园城”的目标有较大差距。（图10）

民族文化旅游产品尤为奇缺。我州作为少数民族自治州，传统民俗民族文化是吸引游客的重要内容之一。但许多优秀的民族民间文化资源和项目，尚未转化成产品进入旅游市场。且从调查结果来看，我州目前仍缺少能够全方位展示黔西南文化内涵和城市品位的民族文化博物馆、文化旅游主题景区，文化展示仅靠宣传短片、标语口号和为数不多的民族节庆等方式，对游客来说缺乏直观性、体验性。（表2）

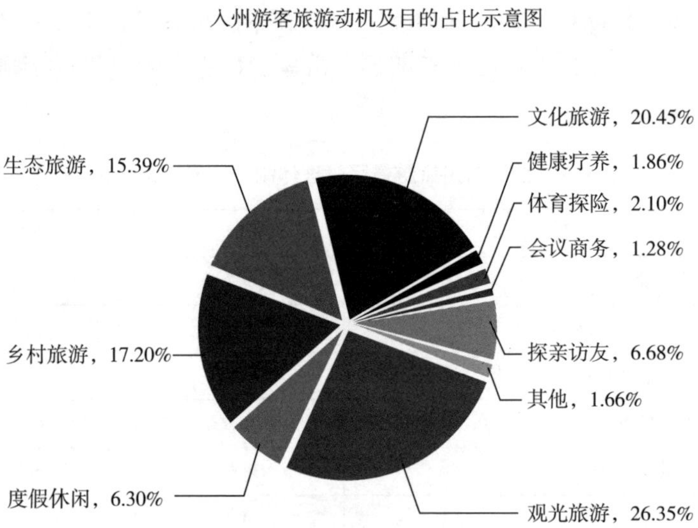

图 10　入州游客旅游动机及目的占比示意图

表 2　黔西南州主要民族节庆一览表

序号	节庆名称	主办单位	举办时间和周期	举办地点
1	贵州晴隆彝族火把节	晴隆县政府	每年 8 月（一年一次）	晴隆县
2	安龙县荷花节	安龙县政府	每年 8 月（一年一次）	安龙县
3	望谟县布依族“三月三”风情节	望谟县政府	农历三月初三（一年一次）	望谟县
4	贞丰县布依族“六月六”风情节	贞丰县政府	农历六月初六（一年一次）	贞丰县者相镇纳孔村
5	兴仁县苗族“八月八”风情节	兴仁县政府	农历八月初八（一年一次）	兴仁县屯脚镇鲤鱼村
6	普安县布依族采茶节	普安县政府	每年 3 月（一年一次）	普安县
7	册亨县布依文化年活动	册亨县政府	每年 10 月（一年一次）	册亨县
8	布依族查白歌节	义龙试验区管委会	农历六月二十三日（一年一次）	顶效镇查白村
9	毛杉树歌节	义龙试验区管委会	农历三月后第一个蛇场天（一年一次）	德卧镇毛杉树村
10	底西苗族采花节	义龙试验区管委会	正月十三、十四、十五	新桥镇巧烂村底西组
11	布依族“二月二”铜鼓节	兴仁县人民政府	农历二月初二（一年一次）	兴仁县屯脚镇
12	“四月八”祈雨节	兴仁县人民政府	农历四月初八（一年一次）	兴仁县巴铃镇
13	兴义市鲁布格彝族火把节	兴义市鲁布格镇政府	每年 8 月（一年一次）	兴义市鲁布格镇

（三）景区宣传不足、宣传投入亟待加大。

宣传理念急需更新。总体来看，我州旅游景区宣传营销仍处于凭直觉、凭经验推动的传统阶段，缺乏在深入调研基础上对客源市场和游客群体的细分研判，从而导致在旅游宣传上存在一定盲目性、随机性，针对性、实效性不强。在宣传营销方式上存在侧重形象营销而忽视内容营销，宣传去哪儿玩的内容多，宣传玩什么、怎么玩、怎么服务的内容少；在宣传营销渠道上侧重利用网络和旅行社平台。从本次调研统计数据看，目前游客了解我州旅游信息渠道大致有网络、旅行社等 5 种方式，其中：通过网络自行了解我州旅游信息的入州游客占比达 35%。这一数据既反映出网络新媒体在旅游宣传中的突出地位和作用，但同时也说明我州旅游宣传渠道仍较单一，针对目标客源市场的“组合拳”式的多元化精准营销工作亟待加强。（图 11）

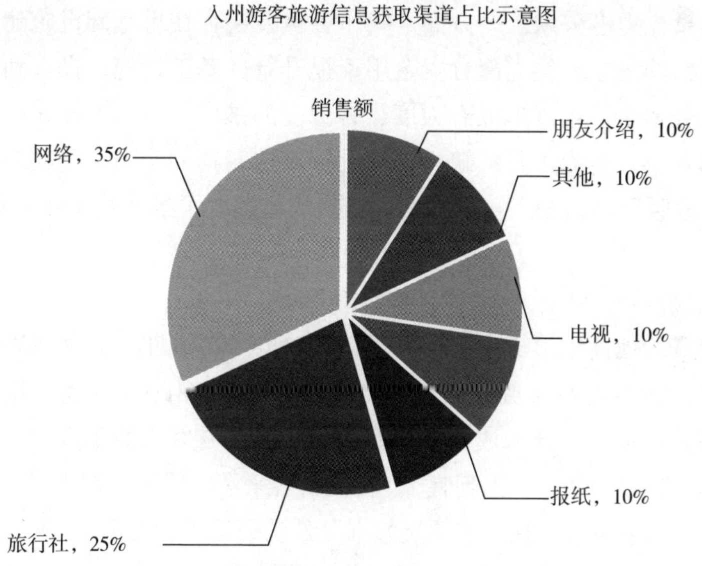

图 11　入州游客旅游信息获取渠道占比示意图

宣传覆盖范围不广。目前我州的旅游外宣主要还是针对航班通达省份或附近省份，宣传覆盖面还不够广。从统计数据来看，近年来到我州旅游的游客大多来自于云南、四川、重庆等周边省份，景区的知名度在东部、东北部等地区仍较低。而且旅游景区针对外国的宣传更是少之又少，导致国外游客数占总数的比重较低，据统计，国外游客 2015 年仅约 8.2 万人次，仅占总数的 0.4%，离省委、省政府提出的黔西南要以国外游客为主的标准要求差距甚

远。（图 12）

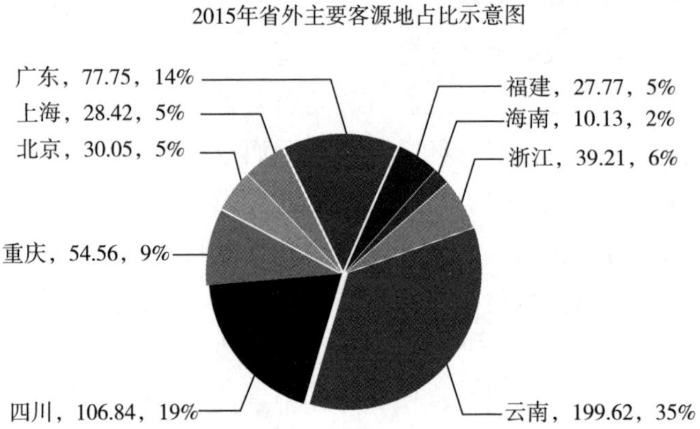

图 12　2015 年省外主要客源地占比示意图

宣传投入力度欠缺。一方面，我州各级普遍存在重基础设施建设，轻宣传推广营销的现象，绝大部分资金用于提升景区基础设施，投入到宣传方面的资金十分稀少，难以形成有力度、有深度的推广。另一方面，我州的旅游企业规模较小、能力不足，缺少独立进行宣传营销的实力，更缺乏“整合资源、抱团取暖”的机制，宣传方面各自为战，削弱了景区整体外宣实力。（图 11、图 12）

（四）游客消费偏少、消费结构亟待升级。

旅游目的地尚未形成。统计发现，2013 年 –2015 年，入州游客中“一日游”游客占游客总数比例分别为：65%、69.9%、60.1%，上述数据表明，我州仍是旅游过境地，还未成为旅游目的地。过夜游客人数不多，景区缺少核心吸引物，难以实现“一天到晚”。往往游客来了、看了，就走了，还没有形成“坐下来，静下来，住下来，玩起来”的消费需求和习惯。（图 13）

基本消费比重过大。游客消费分为基本消费和非基本消费两项。其中基本消费包含吃、住、行等必须要消费的内容，非基本消费包含游、购、娱等可选择消费的内容。统计调查发现，游客到我州旅游的花费，绝大部分是用于支付旅行社团费或交通消耗的基本费用。而用于州内购物、景区游览或其他娱乐活动方面的费用占比则较小。说明我州旅游景区可让游客“掏腰包”的项目严重缺乏。（表 3、表 4）

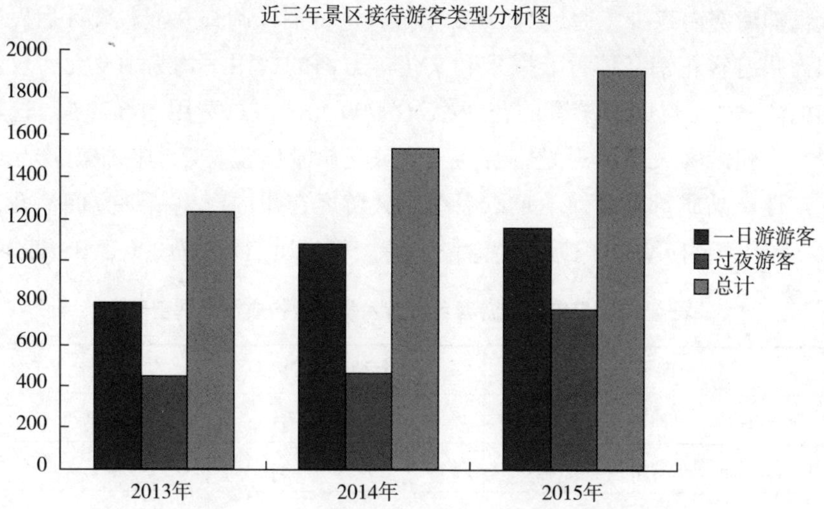

图 13 近三年景区接待游客类型分析图

表 3 2015 年 1 月 –12 月国内游客组团入州消费构成情况调查表

项目	平均消费（元 / 人次）	占总费用比重（%）	同比增幅（%）
在出发地支付给旅行社的费用	728	31.73	
在本地支付给旅行社的费用	139	6.05	
离开本地的长途交通费			
飞机	407	17.74	
火车	126	5.49	
长途汽车	200	8.71	
住宿	113	4.92	
餐饮	110	4.79	
景区游览	144	6.27	
体育、娱乐和文化服务	109	4.75	
购物			
其中：各类工艺品、蜡染制品	49	2.13	
药材、药品、保健品	62	2.70	
市内交通	20	0.87	
其他	87	3.79	
合计	2294	100	26.04

精神消费内容少。通过对2015年游客进行抽样调查并汇总统计后发现，组团入州游客花销在体育、娱乐和文化等方面的费用平均为109元，仅占总费用的4.75%，自助型游客的花费也仅为90元，占总费用的6.79%。这进一步说明入州游客大多以观光旅游为主，缺乏旅游体验与互动性旅游产品或体验互动性产品质量不高，不足以吸引广大游客在州内产生精神方面消费，费用大多数用于购买景区门票、纪念品、特产等物质消费方面。（表3、表4）

表4　2015年国内游客自驾游入州消费构成情况调查表

项目	平均消费（元/人次）	占总费用比重（%）
在出发地支付给旅行社的费用	10	0.75
在本地支付给旅行社的费用		
油费及汽车维护费	380	28.67
过路、停车费	200	15.09
住宿	150	11.32
餐饮	120	9.05
景区游览	160	12.07
体育、娱乐和文化服务	90	6.79
购物		
其中：各类工艺品、蜡染制品	70	5.28
药材、药品、保健品	50	3.77
其他	95	7.169
合计	1325	100

三、对策建议

（一）坚持提级和改革“双管齐下”，加快推进景区提质增效。**做足提级文章**。加快推进万峰林、马岭河峡谷、双乳峰等景区升级改造和5A级景区申报工作，积极抓好晴隆二十四道拐、义龙博览园、贞丰三岔河、安龙招堤等景区A级景区申报、评定工作，启动新建景区A级景区申报前期工作，确保在2017年底实现全州旅游景区建成1个以上5A级景区，4个4A级景区、10个3A级景区、10个以上2A级景区，形成门类相关齐全的A级景区体系。**做活管理体制**。强化州旅发委旅游综合协调功能，加强对各类旅游资源的综合管理。推动以万峰林、马岭河峡谷、双乳峰、晴隆24道拐等国有核心旅游景区管理体制改革，加快完善大景区管委会体制。推进区域旅游管理一体化改革，以重点旅游景区为龙头，整合区域内旅游资源，加快实现区域内旅游景区景点、旅游外部设施、旅游线路、旅游产品等规划建设、开发运营等一体化；当前，重点要全面贯彻落实省委陈敏尔在兴义调研时提出的“建立一城+林、湖、峡的大管理体制，对林、湖、峡进行统一管理，与兴义城市建设配合起来”的重要指示精神，以兴义市为龙头，力争在构建大景区管委会体制，完善“管委会+公司”管理模式迈出更大步伐，推进产城景融合发展、提档升级。推动景区实现所有权、管理权和经营权分离，推出一批旅游招商引资项目，精准引进一批旅游集团和战略投资者参与旅游景区开发，培育一批旅游市场主体。深化推广“三变”改革经验，积极探索乡村旅游中的产权改革，盘活景区土地、劳动力、资产、自然风光等要素，让广大农民成为市场主体，分享更多改革红利。

（二）坚持理念和手段“双重创新”，加快提升景区宣传营销水平。**多种宣传方式并举**。创新性地策划和实施多样化主题营销活动以吸引媒体、社会和市场的关注。利用热点事件、娱乐明星、高端会议等，创新开展旅游宣传营销。特别要利用好国际山地旅游大会在我州召开这个重要平台，着力开展好旅游宣传推介。在宣传媒介方面，不仅要通过电视广播、旅游杂志、宣传册、户外广告等传统媒介开展宣传，还要注重邀请知名旅行机构、旅游记者到我州参与旅游体验活动，借助知名机构和人士的力量拓展宣传渠道。**扩大宣传覆盖范围**。不仅着力在航班通达城市和重要客源地开展精准化的旅游宣传营销，还要把宣传范围扩大至全国，甚至日韩等重点客源地国家。着重运用以互联网为核心的高科技营销手段，建立网络营销平台，把我州的景区入驻到知名、大型的旅游网站，以扩大景区宣传的影响力和景区品牌的知名度。**加大宣传投入力度**。各级政府要高度重视旅游宣传营销工作，将其摆到重要的位置来研究和推动。充分调动各有关部门的积极性，进一步加大旅游宣传资金投入，在各方资源上给予充分保障。景区要充分发挥在宣传营销方面的主体作用，按照政府负责形象营销、景区负责内容营销的总体要求，积极主动做好景区宣传推广工作。

（三）坚持种类和特色“双轮驱动”，加快构建完善齐全的旅游产品体系。**开发多元化旅游产品**。整合旅游景区资源，着力打造一批独具特色的“二、三日游”综合产品。重点打造和推出乡村旅游、体育探险、休闲养生、民族文化等3–5条综合性旅游线路，发挥我州旅游景区优势和特色，补齐短板和不足。把传统的旅游项目和住宿、美食、购物、娱乐等要素项目结合起来，加大夜间旅游项目的开发力度，形成以重点旅游景区为龙头，要素综合配套、质优价廉，可以满足游客白天、夜间不同消费需求的多元化旅游产品。让游客来了还想来，来了不想走，使旅游过境地转变为旅游目的地。

开发个性化旅游产品。对产品进行个性化、创新化开发是旅游景区提高核心竞争力的重要手段。要针对不同需求的游客，推出相应的个性化主题旅游产品，开发富有地方特色、带有强烈地方印记的旅游商品，最大限度的满足游客求新求异求奇的旅游心理需要，刺激和引导游客消费。结合黔西南实际，要着力**做响文化旅游产品**，更加注重挖掘、保护和开发利用历史和民族文化资源，做活、做亮历史和民族文化，凡是具备条件的旅游景区都要积极增设文化体验项目，结合景区主题和民族节庆，充分展示我州独特文化资源，达到游客参与深度体验民族文化的最佳效果；要着力**做特体育旅游产品，**充分发挥我州生态环境良好，山地资源丰富的优势，围绕打造国际“山地玩都”的总目标，大力发展山地户外运动，打造活力四射的体育旅游品牌。不仅要着重举办国际性、专业性的体育赛事，也要开展进入门槛低、方便全民参与的普及性户外活动。大力推广以体养生的健康生活方式，在景区内开发建设新的疗养基地、户外运动基地等。让游客来后不仅能观光，还能亲身参与，获得更为直接的旅游享受，增强景区吸引力。

附件：黔西南州景区景点基本情况一览表

黔西南州景区景点基本情况一览表

序号	县（市、区）	景区名称	景区等级	景区类型	备注
1	兴义市	万峰林景区	4A	乡村旅游、自然景观	
2	兴义市	马岭河峡谷景区	4A	自然景观	
3	兴义市	万峰湖景区	非A	自然景观	
4	兴义市	何应钦故居	非A	历史文化	
5	兴义市	刘氏庄园	非A	历史文化	
6	兴义市	南龙布依古寨	非A	乡村旅游	
7	兴义市	泥凼石林	非A	自然景观	

续表

序号	县（市、区）	景区名称	景区等级	景区类型	备注
8	兴义市	鲁布革风景区	非 A	自然景观	
9	兴仁县	放马坪高山草原	非 A	自然景观	
10	兴仁县	马金河旅游景区	非 A	乡村旅游	
11	兴仁县	东湖生态观光园	非 A	度假休闲	
12	兴仁县	鲤鱼坝苗族风情体验区	非 A	乡村旅游	
13	兴仁县	绿荫河景区	非 A	乡村旅游	
14	兴仁县	薏品田园生态旅游景区	非 A	度假休闲	
15	兴仁县	黔仁茶生态农业旅游观光区	非 A	乡村旅游（农业观光）	
16	兴仁县	马堡树生态旅游景区	非 A	自然景观	
17	兴仁县	打鱼凼滨水度假区	非 A	自然景观	
18	兴仁县	真武山公园	非 A	历史文化	
19	兴仁县	富益茶园	非 A	自然景观	
20	兴仁县	大硝洞	非 A	自然景观	
21	兴仁县	三家寨道堂	非 A	历史文化	
22	兴仁县	马马崖景区	非 A	自然景观	
23	安龙县	招堤旅游景区	非 A	自然景观、历史文化	
24	安龙县	明十八先生墓	非 A	历史文化	
25	安龙县	博物馆（南明皇宫）	非 A	历史文化	
26	安龙县	兴义府试院	非 A	历史文化	
27	安龙县	金州农耕文化园	非 A	乡村旅游（农业观光）	
28	安龙县	仙鹤坪国家森林公园	非 A	自然景观	
29	安龙县	笃山溶洞群	非 A	自然景观	
30	安龙县	万峰湖景区	非 A	自然景观	
31	安龙县	大秦光伏生态园	非 A	工业旅游、科技教育	
32	安龙县	草纸街 71 号	非 A	红色旅游	
33	安龙县	招堤牡丹园	非 A	乡村旅游（农业观光）	
34	安龙县	金慧花卉蝴蝶兰园	非 A	乡村旅游（农业观光）	

续表

序号	县（市、区）	景区名称	景区等级	景区类型	备注
35	安龙县	打凼民族村寨	非 A	乡村旅游（农业观光）	
36	安龙县	坝盘民族村寨	非 A	乡村旅游（农业观光）	
37	安龙县	香车河民族村寨	非 A	乡村旅游（农业观光）	
38	安龙县	海庄民族村寨	非 A	乡村旅游（农业观光）	
39	贞丰县	双乳峰景区	4A	自然景观	
40	贞丰县	三岔河景区	非 A	自然景观	
41	普安县	普安茶文化生态旅游休闲度假景区	非 A	自然景观、度假休闲、乡村旅游、户外运动、农业观光	
42	晴隆县	史迪威·晴隆二十四道拐遗址公园	非 A	红色旅游	
43	册亨县	冗渡大寨布依民族民间文化保护区	非 A	历史文化	在建新景区
44	册亨县	岩架山地农业休闲旅游度假区	非 A	度假休闲	在建新景区
45	册亨县	板万布依古寨	非 A	乡村旅游	在建新景区
46	册亨县	央箐万重山景区	非 A	自然景观	在建新景区
47	册亨县	坡蒲布依古寨	非 A	乡村旅游	在建新景区
48	册亨县	冗渡羊博园农旅一体化示范基地	非 A	科技教育	在建新景区
49	望谟县	蔗香双江口滨湖度假区	非 A	度假休闲、主题游乐	
50	义龙试验区	楼纳	非 A	乡村旅游	
51	义龙试验区	间歇泉	非 A	乡村旅游	
52	义龙试验区	鲁屯古镇	非 A	乡村旅游	
53	义龙试验区	科汪、纳西古寨	非 A	乡村旅游	

（作者单位：黔西南州人民政府办公室）

黔西南州旅游景区“门票经济”研究

黄敏

门票经济，是指旅游景区依靠门票收入而形成的经济。近年来，黔西南州旅游人次和总收入逐年上升，但由于部分景区对“门票经济”依赖度过高，导致收入来源单一、业态僵化、人气不旺，进而影响旅游业与其他产业融合发展，影响我州游客人数和旅游总收入在全省的排名。发展全域旅游，必须尽快转变景点景区“重门票、轻业态”的生存模式，进一步丰富“吃、住、行、游、购、娱”“文、商、养、学、闲、情、奇”等旅游要素，推进旅游业与文化、娱乐、住宿、餐饮、零售等产业更加协调、更加有效地协同发展，才能获取更大的整体效益。

一、黔西南州主要旅游景区基本收入情况及特征

2017 年底，州政府经济发展研究室对全州旅游景点收入情况进行调研，各县（市、区）统计上报了 12 个景区景点 2016 年 1 月至 2017 年 10 月的收入情况，见下表。

我州主要旅游景区收入情况表（单位：万人、万元）

景区名称	人数	门票	摆渡	购物	食宿	年卡	导游	停车	其他	合计
万峰林	86.35	2973.51	2404.6			244.48	29.48	122.5	235.27	6009.84
马岭河	81.01	4265.43	236.39			81.58	13.02	38.88		4635.3
万峰湖	19.48		106.4						0.12	106.52
24 道拐	19.05		775		4.6				11.5	791.1
放马坪高山草原	109.78			3987.61	3146.21				96.15	7229.97
三岔河	210.3	1168.6			5476.3				2252.7	8897.6
双乳峰	198.5	1785.77		4015.5	6685.2				7520.03	20006.5
安龙招堤	7	156								156

续表

景区名称	人数	门票	摆渡	购物	食宿	年卡	导游	停车	其他	合计
绿荫河	68.2			409.2	1098.46				54.15	1561.81
鲤鱼坝	39.25			354.82	845.63				41.35	1241.8
马金河	37.33			200.04	579.78				22.87	802.69
薏品田园食药康养小镇	44.61			239.31	1387.85				90.99	1718.15
合计	920.86	10349.31	3522.39	9206.48	19224.03	326.06	42.5	161.4	10325.13	53160.64

由于12个景点景区涵盖了我州的5A、4A级及部分知名度较高的3A级景区，其收入情况一定程度上反映了全州旅游景区收入的共性：

（一）景区旅游业态单一，收入项目少。景区业态以观光旅游为主，休闲旅游、乡村旅游、康养旅游才处于起步阶段，旅游业态单一，收入项目省。统计时段内，12个景区共实现旅游收入53160.64万元，其中：门票占19.47%，摆渡6.63%，购物占17.32%，食宿占36.16%，年卡、导游、停车等占1%，滑草、房车、帐篷等其他新业态收入占19.42%。其中，万峰林、马岭河、安龙招堤3个景区的门票收入分别占景区总收入的49.48%、92.02%、100%，对门票经济依赖过重。

（二）人均旅游消费偏低，门票支出占比高。从人均旅游消费上看，进入统计景区的游客每人次人均旅游消费43元，最高的是双乳峰，人均消费100.79元，最低的是万峰湖，人均消费5.47元，消费水平非常低。收取门票的万峰林、马岭河、山岔河、双乳峰、安龙招堤5个景区，游客人均消费支出分别为69.6元、57.22元、100.79元、42.31元、22.29元。其中，万峰林、马岭河、安龙招堤的平均门票支出（含摆渡票）分别占人均消费支出的89.48%、97.12%、100%。

（三）景区财政贡献低，盈利能力差。统计景区中，马岭河、万峰湖、招堤、万峰林、双乳峰、三岔河、24道拐等7个景区的性质为事业或国有企业。统计数据显示，2016年至2017年10月，仅有万峰林、马岭河、万峰湖三个景区累计上缴财政2843.09万元。其中，万峰林2322.58万元，马岭河峡谷459.95万元，万峰湖60.56万元。其余景区收入均用于维持景区运转，盈利能力差。

二、实行景区门票对旅游发展的消极影响

（一）影响景区人气。旅游者产生的两个客观条件之一，就是足够的支付能力。门票支出作为游客旅游成本的主体部分，直接左右游客的旅游选择。以湖南凤凰古城景区为例，在未收门票以前，景区接待游客达650万人次，旅游总收入高达44.31亿元。2013年4月，凤凰景区开始收取148元的门票，当年游客数量直接下降60%左右。人民网的旅游调查结果显示，89.2%的网友认为目前景区门票“太贵了，门票支出已经严重影响旅游热情”。这一调查结论在我州统计景区的游客人数中也得到了证明。2016年和2017年，我州分别实现旅游入境总人数2866.46万人次、4303.92万人次，同期进入12个景区的消费人数仅为920.86万人次，占比仅12.84%。其中，购票进入我州知名重点景区万峰林、万岭河的游客仅占1.2%、1.13%。剔除统计口径、统计范围等因素，到景区周边却未购票进景点、未实现消费的游客量非常大，马岭河的冷清和万峰林限制景区外的热闹就是实证。

（二）影响景区业态发展。景区门票收入过高，单靠门票经济便可维持基本运转，久而久之，势必导致景区在市场营销、新产品开发、转型发展上的积极性不高；反过来，收入来源单一又会加剧景区对“门票经济”的依赖。以我州“老中新”三代景区为例，传统老景区马岭河、万峰林等，门票收入占景区旅游总收入高达92.02%、49.48%，由于单靠门票、摆渡、年卡、导游、停车等限制性收费即可运营，除了山地旅游运动会增加小火车、花田景观、热气球等项目外，景区近十年来并未增加有显著吸引力的新项目，尤其是马岭河峡谷，连原有的漂流项目都取消了，业态不增反减。中代景区如双乳峰、三岔河，景区收入除门票外，购物、住宿、餐饮、休闲娱乐等均占一定比重；而万峰湖、放马坪等全域旅游时代的新景区，已经完全摒弃了门票收入，开始走多元化发展和竞争的道路，这也恰恰契合了旅游业的发展走向。

（三）影响旅游相关产业发展。简单来说，旅游业是由“吃、住、行、游、娱、购”等要素形成的产业集群，门票花销过大，必然会扼制游客吃、住、行、娱、购的支出消费。同时，由于门票经济将游客挡在门外，导致旅游市场整体呈现消费群体不多、供给质量不高、消费能力不强的态势，旅游产业链得不到有效全面发展，始终处于发育不良状态。

三、取消景区门票对旅游发展的积极影响

取消景区门票，降低旅游成本，短时间看会带来门票显性收入的减少，

从长远看，将会带来旅游人气更加旺盛、旅游要素更加丰富、旅游产业链条更加完善等隐性效益。

（一）有利于快速提升景区人气。景区免费向公众开放，大量本地居民就地转化为游客，可快速提升景区游客数量，让原本游客不多的景区迅速爆满。旅游是“用脚投票”的产业，哪些人多去哪里，随着景区游人“井喷”，必将营造出旅游产业兴旺态势，有利于提高景区的知名度。景区门票免费后，旅游社的旅游线路成本相应下降，将会吸引更多旅行社将免费景区纳入产品名单，与贵阳、安顺、六盘水、云南等西南地区旅游目的地形成联动旅游圈，打造跨区域的旅游线路，吸引更多游客进入，有利于做大我州游客总量和旅游总收入。

（二）有利于景区业态丰富完善。随时大量游客进入，为景区丰富业态打下了坚实的消费群体基础。景区没有了门票这个“抓钱手”，必然要不断加大探索和创新力度，创设新的游玩项目，发展新的旅游业态，吸引游客把免掉的门票钱通过购物、娱乐等消费在景区，才能确保景区收益和运转。反之，随着丰富的景区业态又与景区人气相辅相成，又会吸引来更多游客继续消费，形成源源不断的消费市场。

（三）有利于拉动旅游相关产业联动发展。随着游客数量增加、旅游成本降低，游客在景区及周边的逗留时间就会不断延长，有利于拉动住宿、餐饮、交通等旅游相关行业联动发展，形成以旅游业为龙头的第三产业集群。以杭州西湖为例，从 2002 年起，杭州西湖相继取消 130 多个景点的门票，每年损失门票收入 2000 多万，但因游客数量增加、逗留时间延长，杭州市餐饮、旅馆、零售、交通等服务行业都获得了新的发展空间，创造了大量的就业岗位和经济效益。杭州有个著名的“241”算法——只要每个游客在杭州多留 24 小时，杭州市的年旅游综合收入便会增加 100 亿元。

（四）有利于树立良好发展形象。景区的使用权不再属于某一企业或某一单位，而是作为城市基础设施的一部分供社会公众共享，打造良好人居环境，有利于提升人民群众的获得感和幸福感。在英、美、法等发达国家，国家景区的经营动机都是以环境保护、教育、为居民提供休闲环境等公共福利为主，增加旅游收入动机靠后。如尼亚加拉大瀑布、山岳雪山、巴黎圣母院、凯旋门、大英博物馆等，都是免费向公众开放。部分国家对本国民众实行优惠票价，如印度泰姬陵、埃及金字塔、克里姆林宫博物馆，国民票价 20 卢布、1 埃镑、150 卢布，外国人则需支付 750 卢布、60 埃镑、350 卢布。

同时，景区免费开放涉及各方利益的博弈，考验的是地方政府的财政协调能力、市场运作能力，有利于树立良好发展形象，吸引更多投资和人才，为推动地方经济持续发展打下资本和智力基础。

四、推进黔西南州景区门票改革的建议

国家旅游局局长李金早指出：“从景点旅游模式走向全域旅游模式，需要实现从门票经济向产业经济转变，从旅游过度依赖门票收入的阶段走出来。”景区门票改革，可借鉴杭州西湖、唐山南湖等地的免费模式，突破门票经济的束缚，实行“收费”与“免费”合理搭配，“免费”与“消费”相互促进，使旅游发展从“围景建区、设门收票”向“区景一体、产业一体”转变，促进旅游景区与其他产业融合发展，最终实现游客更满意、居民得实惠、企业有发展、百业添效益、政府增税收的目标。

（一）改变景区门票收费“一刀切”模式，“免费”与“收费”合理搭配。根据景区的核心资源、特色亮点、地理位置、周边商业等状况，结合游客消费喜好、进入人数、总体收入、特色项目等，对全州景点景区进行统一规划，确保“收费”与“免费”景点合理搭配。对城景一体的景区，或者景区内消费、娱乐项目丰富的景区，如万峰林、万峰湖、三岔河等，以免费为主，景区内的摆渡车、娱乐项目收费为补。对非城景一体、景区内第三产业不发达的景区，如晴隆的24道拐，景区内或周边没有能够留下游客继续消费的产业，以收费为主，但应实行多种票价。比如对景区窗口出售的门票，可借鉴美国科多拉多大峡谷的做法（世界自然遗产，门票为25美元/车，买一张票就可以在7天内自由进出景区），允许游客在一定期限内多次往返景区；对于交通、餐饮等其他产业消费赠送的门票，可单次进入景区，以此吸引游客进入、延长游客滞留时间，发展休闲度假、养生养老等旅游业态。

（二）因势利导，以“免费”促“消费”。首先，景区要充分利用免费带来的高客流量，尽快丰富“吃、住、行、游、购、娱”“文、商、养、学、闲、情、奇”等旅游业态要素，提高旅游供给产品和质量，以大范围、大幅度的免费引客，以高质量的旅游业态供给留客，以小成本的免费，换取不限量的消费。其次，要建立行业利益联动机制，以旅游业的让利，换取其他相关产业的收益。景点免费开放，游客逗留时间延长，更多受益的是餐饮、住宿等行业，要按照“谁受益、谁补偿”的原则，可借鉴重庆温泉小镇的运作模式（在上泉坊酒店入住价格在300元以上的房间，每天可送一张价格

145 的温泉票），在景区、酒店、餐饮之间达成利益协作机制，机场、大型酒店、景区餐馆每年必须以团购价向景区购入一定数量的门票，视游客的消费金额赠送不同价位的景区门票，但这类门票只能限期有效、一次进入，游客需要二次进入景区的，必须重新消费，同时，游客也可凭借自主购买的景区门票，在其他相关产业内享受有折扣的消费，这样可实现游客旅游成本降低、相关产业联动促销、景区门票收入有保障的“三赢”局面。

（三）加快转型，尽快实现景区“三权分离”。目前大多数的国有景区，集所有权、管理权、经营权于一体，比如我州的 5A、4A 景区。从体制上而言，还是吃“大锅饭”，由于经营权是零成本获得，导致景区在旅游产品的创新、策划、推介上的能动性不高。同时，景区经营单位属本土国有企业或事业单位，在人力、市场、营销、网络等方面，无法与全国联网的大型旅游公司相抗衡，因此，在市场竞争中根本不占优势，造成旅游资源丰富、旅游收益低下的不平衡局面。应加快改革和转型步伐，将景区的所有权、管理权、经营权分离，通过招标出让经营权，吸引大型的专业旅游公司来经营景区，招标收入归地方财政所有，解决现有国有景区投入多、收益低、“赔钱赚吆喝”的问题。对于一时无法出让经营权的景区，也可通过出租景区商铺、增设景区内的消费网点等市场化手段获取收益，弥补门票免费造成的收入损失。

（四）还景于民，所有景区对州内常住人口免费开放。自然景观、历史遗迹等旅游景点，所有权归国家，是地方政府投资建设，资本均来源于财政收入和税收，是全州人民共同努力的结果，理应让本地民众共享改革发展成果，提高获得感和幸福感。建议除私有企业自主投资兴建的景区外，全州所有景区均作为公共基础设施的一部分，向州内常住人口、对口帮扶城市人口免费开放，还景于民。为避免节假日期间景区拥堵，节假日期间本地人口应让景于外地游客，确有需要进入景区的，必须与外地游客同行。

（作者单位：黔西南州人民政府办公室）

黔西南州乡村旅游发展研究

龙启兵

内容摘要：黔西南州具有资源丰富，旅旅产业有基础、交通便利等发展乡村旅游的先决条件。发展乡村旅游成为拉动黔西南州城乡消费的新引擎、成为加快农业转型的新路径、成为助推精准扶贫的新动力、成为美丽乡村升级的新模式、成为绿色发展的新动能。突出抓谋划、抓卖点、抓产品、抓市场是黔西南州发展乡村旅游需突出的重点。黔西南州可从创新乡村旅游发展管理机制、创新乡村景点服务机制、创新乡村旅游宣传促销机制、创新乡村旅游资源保护机制、创新乡村旅游人才培养机制、创新乡村旅游发展投入机制等方面扎实推进。

关键词：黔西南州　乡村旅游　建设机制

十九大报告中指出要实施乡村振兴战略，其中最有代表性的是发展乡村旅游，它是旅游精准扶贫的核心，是发展农村经济新的增长点、增加农村劳动力就业新的突破点、提高农村文明程度新的切入点和加快旅游产业调整新的着力点，对促进旅游业发展和推进新农村建设意义重大。习近平总书记到贵州考察时指出，贵州素有“公园省”之美誉，要把旅游业做大做强，丰富旅游生态和人文内涵，要积极发展健康养老、休闲娱乐等生活性服务业，使之等成为重要新兴产业。近年来，黔西南州大力发展乡村旅游，呈现出“人气渐旺、业态渐多、效益渐好”的良好发展势头，成为了当前农村经济发展的重要增长点。发展乡村旅游完全符合州情实际，是推动“农业强、农村美、农民富”的路子，是符合习近平总书记提出的发展健康养老、休闲娱乐等生活性服务业的路子。

一、黔西南州发展乡村旅游的先决条件

黔西南州具有独特的生态资源，厚重的历史文化，便利的交通设施，乡

村旅游资源类型多样，自身条件良好。

（一）资源有优势。黔西南州是中国“西电东送”的重要电源基地、电力枢纽和通道。有矿产资源 40 多种，黄金远景储量 1500 吨以上，被中国黄金协会命名为“中国金州”。境内山川秀美、景色迷人、旅游资源富集、组合良好，拥有马岭河峡谷、万峰林、万峰湖国家风景名胜区，兴义国家地质公园万峰林，三岔河国家水利风景区，仙鹤坪国家森林公园，有招堤、云湖山、北盘江大峡谷等奇特自然景观，是世界锥状喀斯特地质地貌的典型代表。森林覆盖率 54.87%，生物资源丰富，有银杏等 300 余种珍稀树种，有石斛等 2000 多种药用植物，是贵州省中草药药源宝库之一。州内有“兴义人”古人类文化遗址、夜郎文化遗址、南明历史遗迹、何应钦先生故居和作为二战时期“史迪威公路”形象标识的“晴隆二十四道拐”等历史文化遗产。距今 2.4 亿年前的“贵州龙”化石在州内广为分布，是中国三叠纪中期海生爬行动物群的代表。盘江奇石种类多样，形态各异，在奇石收藏界享有盛誉，州府所在地兴义市被中国观赏石协会命名为“中国观赏石之乡”。布依族音乐“八音坐唱”在海内外享有“天籁之音”“声音活化石”之美誉。全州夏无酷暑、冬无严寒、空气清净，对游客身体素质要求较低，走进山、亲近水、步入大自然，就能实现乡村旅游体验。

（二）发展有需求。乡村旅游业是守住生态和发展两条底线最合适、最应该做的产业，其关联度高、覆盖面广、就业机会多、综合效益好，既是惠民产业，也是富民产业。据专家测算，1 个旅游岗位可以带动相关产业 5 个就业岗位，而 1 个乡村旅游点就可以直接带动 20 人甚至整个村的就业。发展旅游还是供给侧结构性改革的重要内容，对于落实好去产能、去杠杆、去库存、降成本、补短板五大任务具有现实意义。黔西南州要在供给侧结构性改革过程中提速度、提增量，就要抓好旅游业特别是乡村旅游的发展，发挥好旅游业的龙头带动作用，把服务业做大做强做优，实现全州产业结构调整的新突破。

（三）产业有基础。近年来，按照全国旅游发展规划、全省全域山地旅游发展定位，黔西南州着力实施大山地旅游战略行动，充分发挥山地旅游资源优势，全力打造全域山地旅游地标，2013 年 –2018 年全州累计完成投资 300 多亿元，建成了万峰林、万峰湖、三岔河、马岭河峡谷等一批以“游山”“玩水”为主题的山水游精品景区，兴义纳灰、贞丰纳孔、兴仁鲤鱼、义龙楼纳等一批乡村旅游景区，安龙招堤、晴隆二十四道拐等一批精品人文景区，建成万峰林、双乳峰等4A级景区，放马坪、万重山等3A级景区，形成了山水游、乡村游、人文游全域山地旅游体系。通过加速推进“四在农家·美丽乡村”创建示范带动，涌现出了一批美丽村庄。目前，全州已建成省级示范点22个，州级示范点526个，县级示范点600个，创建点覆盖全州526个行政村，2018年，全州乡村旅游景点新增91个，直接受益群众达110万人。

（四）交通有支撑。地处珠江上游黔、滇、桂三省（区）结合部，是三省（区）重要的物资集散地和商贸中心。州府所在地兴义市位于南（宁）贵（阳）昆（明）经济圈的中心地带和贵阳、昆明、南宁三个省会城市的三重辐射圈内，区位优势突出。南昆铁路、324和320国道、汕昆高速、镇胜高速、晴兴高速、惠兴高速、望安高速公路、关兴高等级公路横贯州境，沪昆高铁穿境而过。兴义万峰林机场已开通北京、上海、昆明、广州、贵阳、重庆、宁波、丽江、成都、海口、福州等航线，西南水运出海通道基本建成，初步形成集公路、铁路、水运、航空、管道为一体的综合运输网络。全州基本实现“组组通”和90%通村路硬化建设的目标，乡村交通基础设施趋好。

（五）政策有保障。党中央提出乡村振兴战略，出台了一系列支持旅游业加快发展的意见和政策措施。省委、省政府对加快旅游业发展非常重视，孙志刚书记、谌贻琴省长对贵州旅游业发展作出了一系列重要指示。省委常委会给予黔西南州“念好山字经，打好特色牌，奋力打造民族特色山地经济创新示范区”的科学定位。为贯彻落实好省委精神，黔西南州实施乡村发展倍增计划，加快推进旅游扶贫。力争用3年时间，通过州县乡村四级联动和社会广泛参与，完成100个美丽乡村暨旅游扶贫示范村创建工作，直接带动农村9878户3.3万贫困人口脱贫，辐射带动周边10万人以上农村贫困人口脱贫，实现农村居民人均可支配收入1万元以上，大力发展山地旅游业，做大乡村旅游总量、做优乡村旅游品牌，全力打造全民参与的山地旅游扶贫示范区。中央和省委高度重视旅游业发展，为我们实现旅游业特别是乡村旅游发展提供了良好的发展环境。

二、黔西南州发展乡村旅游的必要性

发展乡村旅游是稳增长、调结构、惠民生的好产业，是实现“百姓富、生态美”大产业，符合群众求变求富求发展、游客求美求乐求健康的愿望，对加快区域脱贫攻坚、同步小康十分必要。

（一）乡村旅游成为了拉动城乡消费的新引擎。乡村旅游具有淳朴、悠闲、恬静的特征，与城市居民“回归自然”的心态相契合。随着经济社会发展的加快，特别是农村交通基础设施的大力改善，乡村旅游更加受到人们的追捧，到乡村休闲、度假、养生成为了众多城市居民的选择，引发了新的消费热点。就黔西南州而言，2017 年接待游客 4185 万人次、旅游总收入 339 亿元。其中，实现乡村旅游总收入 31 亿元，同比分别增长 54% 和 57%。仅 2018 年“端午”小长假，全州就接待游客 188.94 万人次，同比增长 47.58%；实现社会总收入 11.83 亿元，同比增长 52.46%。由此可见，乡村旅游已成为当前消费升级的新趋势和拉动城乡消费的新引擎，我们要主动对接城市居民消费新需求，大力培育乡村旅游大产业，推动城市消费向农村流动。

（二）乡村旅游成为了加快农业转型的新路径。近年来，黔西南州各级推动乡村旅游与农业的深度融合，改造提升了传统农业，通过建设现代高效农业示范园区、在景点景区建设中加入农耕元素、把农耕文化提炼升化为“贵州精神”等多种形式，对全州农耕文化进行保护与开发。例如，兴义市十里坪现代高效农业示范园区，距离市区不足 10 千米，地势平坦、土壤肥沃、光照充足、交通便利，农业基础设施完善，区位优势独特。引进鸿鑫农业发展有限责任公司、康之源农业有限公司、锐源养殖场、乾晟养牛农民专业合作社等州、市龙头企业，按照“规模化种植、标准化生产、商品化处理、品牌化销售、产业化经营”的要求，建成年产 1 万头优质二元种猪、4 万头商品猪的生猪养殖园、2000 亩无公害精品蔬菜种植基地、万羽蛋鸡养殖场和 20 亩荷花观光休闲区，以“猪—沼—菜—猪”的生态循环发展模式，年产销蔬菜 3 万吨以上，年产值 1.7 亿元。截止目前，形成了集规模种、养、休闲观光、科技展示为一体的现代农业示范点，直接带动当地就业 500 人以上，辐射带动周边乡镇农户 2000 户，有力的带动当地及周边群众增收致富。该园区的建成，它催生了生态农业、创意农业、观光农业、休闲农业、体验农业等农业新业态。

（三）乡村旅游成为了助推精准扶贫的新动力。随着城市人口生活水平的日益提高和私家车数量的不断增加，越来越多的城里人在闲暇时倾向于选择到山清水秀的农村，享受“采菊东篱下，悠然见南山”的乡村生活，这为黔西南州乡村旅游的发展带来了黄金机会。以贞丰县纳空村为例，该村原是典型的贫困村，通过“四在农家 · 美丽乡村”“一事一议”、棚户区改造等项目，大力搞好硬化、亮化、美化、绿化工程，按照“林上果、林下药、田中菜、园内鸡”的农业产业发展模式，实现“产、城、景”互动。积极发展以旅游观光及配套服务业为主的第三产业，同时发展村域商业，依托纳孔村优美的自然风光、浓郁的布依风情、丰富的人文景观，建设了民俗酒店、布依农家乐、花海、高效农业产业园区等休闲项目，建成了“山野环抱、河流相连、绿带成网”的绿色空间，2017 年人均纯收入已超万元，达到了户户脱贫、人人增收，每天有上千游客慕名游览，浙江商家还投资新办了多家民俗酒店。如今的纳孔村，村容布局合理、配套完善、交通便捷、环境优美、林木葱郁、水流清澈、屋舍俨然，家家房前屋后栽花种树，鸟语花香，全村群众相互相扶持、齐心协力，用朴实和智慧不断创造着美好新生活，培育和绽放了黔山之中一朵绚丽的民族团结幸福之花，它已成为了贞丰县乃至黔西南州重要的休闲旅游目的地，更是全州精准旅游扶贫的一个典范。

（四）乡村旅游成为了美丽乡村升级的新模式。近年来，全州各地围绕住农家院、吃农家饭、干农家活、观农家景、享农家情、返璞归真、记住乡愁，旅游因素融入“四在农家、美丽乡村”创建，把村庄边成了景区、把农房变成了景观、把山水田园变成了风景，探索了依托乡村旅游推动“四在农家、美丽乡村”升级的模式。例如，兴义市的纳灰村，依托万峰林内喀斯特地貌景观丰富，峰林地貌发育成熟等特点，通过美丽乡村、六项行动计划的实施，大力发展农家乐和房屋的靓化、美化。在气势磅礴的万峰林和美丽的纳灰河映衬下，纳灰布依古寨像镶嵌在这条美丽飘带上的一串珍珠，形成了乡野优美的空间氛围和静谧的水岸林荫。再加上万峰林中的“八卦田”，稻田之间形状各异、千姿百态，在不同的季节呈现出了变幻万千的稻田湿地景观，它已成为了全省乃至全国发展乡村旅游的成功范例。贞丰县纳孔村是一个让人流年忘返的布依民族村寨，白墙灰瓦、布依美食……走进纳孔，随处可见民族元素的现代表达。同样通过多年发展，该村初步实现家家办旅游，人人当向导，个个有收入。仅 2017 年春节期间，纳孔村游客达到 47 万人次，旅游收入达到 1225.8 万元，旅游人数和旅游收入均呈井喷式增长。

（五）乡村旅游成为了绿色发展的新动能。绿色发展已成为当今时代的主题。近年来，全州按照“美丽乡村、绿色小镇、山水城市、和谐社区、多彩贵州”的要求，突出绿色发展，注重传统城镇化理念与生态环境保护、人文精神协调统一，以美丽乡村建设为抓手，推进绿色建筑，实施绿色项目，打造了一批“百姓富、生态美”的美丽乡村。例如，普安县江西坡镇细寨村（茶场社区）依托江西坡万亩生态茶园和“中国古茶树之乡”名片，围绕打造“世界茶源地、养心健康城”，全力推进茶旅一体化建设，实现“产、城、景”融合发展，现已规划建设了世界茶源文化广场、国际山地自行车赛道等，正在精心打造的布依茶源小镇，已成为普安县城的后花园。安龙县阳方居委会通过大秦光伏农业科技园、金惠花卉发展有限公司等企业，发展现代观光农业旅游，月接待游客量1000余人，带动当地群众150多人就业，促进当地农民工增收280余万元，是“生态美、百姓富”的真实写照。

三、黔西南州发展乡村旅游需突出的重点

黔西南州乡村旅游类型多并已初见雏形，诸如以蔬菜瓜果为代表的观赏型乡村种植旅游业、以仙鹤坪国家森林公园为代表的林业旅游资源、以晴隆贝加山草场为代表的牧业养殖乡村旅游、以万峰湖为代表的垂钓休闲旅游以及以顶坛模式为代表的生态观光旅游等等，全州发展乡村旅游可谓得天时、占地利、有人和。在推进乡村旅游进程中，要突出重点，尤其在抓谋划、抓卖点、抓产品、抓市场等方面需下足功夫。

（一）突出抓谋划。充分发挥规划的引领作用，高度重视规划编制，聘请权威机构提供技术支撑，打破领域、板块、单元界限，统筹考虑资源优势、产业基础、环境容量，同步规划产业发展、乡村旅游开发的总体规划和相关的专项规划，推进产业发展规划、旅游开发规划与土地利用规划、主体功能区规划等各类规划之间的平衡衔接、有效融合，确保各类规划布局合理、规模相配、定位相符、功能相适，实现时间上同步演进、布局上功能分区、产业上多产融合。规划一经评审，提交人大表决通过后实施，做到有法可依。要坚持用战略眼光、国际化眼光和先进理念来谋划推进乡村旅游，强化市场的理念，突出需求导向，开发多元化的乡村旅游产品，围绕满足不同层次群体的消费需求；强化系统的理念，兼顾当前和长远，科学合理开发利用资源，避免重复建设。推进与“四在农家、美丽乡村”、精准扶贫、生态文明建设等融合发展；强化创意的理念，引入创意农业，把农业的产前、产中、产后连接为一体，将农产品与文化、艺术创意相结合，实现其附加值最大化；强化乡愁的理念，乡村旅游姓“乡”不姓“市”、姓“农”不姓“城”。要坚持道法自然，去人工化、去城市化，让乡村旅游充分融入自然和人文，绝不能让“乡村”受到过度商业化的逐利行为践踏而消失，使之更能望得见山、看得见水、记得住乡愁。要把改善农村民生，实现共同富裕作为工作的着力点贯穿始终。例如，像兴义纳灰这样的村寨，就必须进一步突出政府主导，借鉴“西江苗寨”“丽江古城”的发展模式，高起点规划，结合新农村建设项

目实施，突出布依文化主题，做足休闲度假、体验参与这篇文章，提升乡村旅游品位，将其打造成全国知名的乡村旅游目的地。

（二）突出抓卖点。打造乡村旅游的核心，就是要培育新的卖点。要做足“养生”“养心”“养老”“养胃”“养眼”等方面的文章，充分发挥黔西南州独一无二的低纬度中海拔宜人气候、独一无二的万峰林景区田园风光、独一无二的“一城三景”等自然优势和优质的生态功能，打造“天然氧吧”，利用自然优势，开发康体养生、休闲体验项目和农时农事活动，吸引城市居民到乡村度假养生。把农村公共服务、村民素质提升等作为工作重点，满足游客“真正到农村去休闲”的内在要求，让游客产生“生态乡野、回归本真”的心灵归属感。注重发挥农业教育、体验、参与功能，让鲜活的生活内容为游客提供思考、享受和回味的空间，并从中开启智慧，感悟人与自然的和谐，真正使“乡村”二字在游客内心深处引发文化联想与思想共鸣，以增强对旅游者精神世界的撞击力度，既为旅游者营造“心远地自偏”的心境和意境，又使之成为游客和居民间的文化互动，推动城市文明行为习惯向乡村传播，实现乡村旅游的深度发展和经济社会效益的提高。随着老龄化趋势的加剧，发展乡村养老产业，打造休闲养老新模式，不断满足老年人日益增长的养老服务需求具有十分重要的意义。围绕人们对健康生活、安全饮食的需求和追求，大力开发原生态食品，推出绿色、生态、特色的地方小吃，让游客品尝特色乡村美食，满足味觉享受。要以“保留老村精华、营造新村意象”为前提，围绕山、水、林、田、路、园、房，打造时时有景、处处是景的自然景观、人文景观，把农村的宁静之美、田园风光之美、自然和谐之美淳朴民风之美全面展现出来，形成强烈的视觉冲击效果和感观体验效果，最大限度地满足旅游者需求。

（三）突出抓产品。依托城市周边较好的经济基础条件、交通优势以及相对完善的服务设施，大力发展中心城区及各县城周边城郊休闲型乡村旅游，壮大“周末经济”“假日经济”。发挥黔西南独特的气候等优势，大力发展避暑养生型、度假养老型乡村旅游。立足乡村本土历史文化的挖掘、重点体现红色文化、茶叶文化、民俗文化等特色，注重文化遗产保护，以黔西南州独特的历史人文景观吸引游客，在少数民族聚集的贞丰、册亨、望谟等县大力发展历史文化乡村旅游，大力挖掘开发具有民族特色的建筑、文化、习俗、宗教、服饰、饮食等要素，吸引游客前来参观体验。发挥黔西南地理环境优势，以打造国际山地旅游永久目的地为平台，大力发展户外运动型乡村旅游，综合考虑景观营造、生态建设、活动设计、市场推广，加快推进各类户外运动配套设施建设，举办各类山地运动，塑造不同主题的乡村户外运动品牌。

（四）突出抓市场。乡村旅游市场是多层次的，要走旅游多元化发展的路子，将旅游观光、休闲度假、体验参与有机融合，避免因季节性问题造成的旅游设施闲置和“花谢人散”的局面。要着力构建开放、规范、诚信、有序、安全的市场体系，既要挖掘本地市场潜力，把全州 350 万人口的消费积极性调动起来，又要打好乡村旅游营销攻坚战，面向世界，广泛吸纳乡村旅游客源不断做大市场“蛋糕”。坚持依法、规范管理，建立乡村旅游服务标准体系，对乡村旅游市场进行统一开发、统一经营、统一管理，建立投诉快速反应机制，依法打击各类扰乱市场的违法行为，切实解决各类恶意竞争的市场秩序。积极引导乡村旅游从业人员诚实守信，守法经营，信守承诺。开展各种积极健康活动，建立游客不文明信息通报制度，曝光不文明旅游行为。坚持安全第一的理念，加强安全管理，做到游前有提示、游中有警示、意外有救援，实现出行安全、游玩安全、饮食安全，让游客愿消费、敢消费、放心消费。

四、黔西南州发展乡村旅游的对策建议

当前，全州乡村旅游虽已取得长足发展，但景区景点服务不够完善、管理体制不顺、服务不够到位、宣传不够到位以及专业人才不足等仍是制约乡村旅游发展的瓶颈，要解决这些问题，首先要创新管理体制机制，发挥政府、市场、企业、乡村等作用，出台鼓励发展乡村旅游的有关政策，加快乡村旅游跨越发展。

（一）创新乡村旅游发展管理机制。乡村旅游产业牵涉面广、综合性强，其发展需要党委政府和相关部门以及旅游行业自身等多方面的共同努力。建立健全高效的旅游产业发展协调机制，构建“统一领导、分级管理、职责明确、相互配合”的乡村旅游发展管理体制，按照“大旅游”“大市场”的要求，围绕“吃、住、行、游、购、娱”六要素，协调处理好旅游主管部门与乡村之间的关系，形成一个各方面和谐顺畅的乡村旅游发展新格局。要创新经营体制，提高产业运营质量。借鉴外地先进做法和经验，摆脱长期以来旅行社市场平均分工导致的市场重叠、过渡竞争的格局，破解乡村旅游景区管理混乱困局，打破乡村旅游资源分割状态。鼓励经济实力强的旅行社进入乡

村旅游线路产品开发设计领域，培育自己的品牌，逐步形成品牌旅行社打造产品，中小旅行社分销产品，各司其职的垂直经营管理体系。按照政企分开的原则，组建黔西南州乡村旅游集团公司，负责对全州乡村景点进行统一开发、经营，使集团公司成为真正的市场主体。根据各景点实际情况，组建相应的子公司，共同对乡村旅游资源进行开发与经营，延长旅游产业链，打造乡村旅游消费产业集聚区。

（二）创新乡村景点服务机制。提升景区道路质量，配设景区专用交通工具，建设景区大型停车场，在购票点设置遮阳避雨设施，设立游览路线清晰、内容齐全的告知牌，在景区开通免费 WIFI 服务项目和旅游气象综合服务项目，完善垃圾箱、路灯、公用电话亭等基础设施，完善景区厕所功能设施并配备热水装置，设立医疗站并配备相应的医护人员，建立应急救援制度，建立严格规范的导游工作机制，提升导游素质，保证导游质量，树立良好的景区形象。要注重乡村规划，在自然景观为主的旅游区，必须做好远景规划，不能漫无目的、随心所欲。现实中最大的问题就是农民建房缺少规划制约，我行我素，房屋布局凌乱，杂乱无章，加之道路交通状况不佳，看上去感觉心神疲惫，毫无美感。规划等部门要予以引导和指导，从交通布局、村落布局、房屋设计上多下功夫，使村镇建设与自然景观相协调。

（三）创新乡村旅游宣传促销机制。乡村旅游业仅靠原生态的“天生丽质”是不够的，还需响亮的知名度。要联合开拓市场，通过旅游协会、旅游景区协会等，组织旅游企业参加乡村旅游产品交易会和宣传促销等活动，扩大与州内外各旅行社的联系，全方位、多角度地宣传黔西南乡村旅游品牌。加快乡村旅游资源的整合与包装，强化区域联合，打造乡村旅游精品线路，推向州外旅游市场。要在全国各大主流媒体、报刊网站、公路沿线、车站码头等进行地毯式全方位宣传。继续办好国际山地旅游大会、万峰林峰会等系列活动，提高我州乡村旅游的档次、知名度和影响力，做精、做大、做深我州乡村旅游景区形象。树立开放意识，及时掌握各种旅游促销信息，积极参加国内外旅游交易会和促销活动，通过邀请知名旅行商考察踩线、组织文化名人开展采风观光、举办专题研讨会等方式，丰富乡村旅游产品的文化内涵。要深度挖掘乡村人文、民俗、历史内涵，突出特色和差异性，突出农村天然、质朴、绿色、清新的环境氛围，强调天趣、闲趣、野趣，尽力展现乡村旅游魅力。

（四）创新乡村旅游资源保护机制。制定乡村旅游资源管理条例，针对不同类型的乡村旅游资源，采取不同的保护和利用措施。利用纸质媒介、网络媒介和新兴媒体加强宣传，让旅客形成自觉保护旅游资源的意识，让人民群众积极参与旅游资源的保护。对景区进行科学开发，注重保护不可再生的旅游资源，尤其是要对历史人文资源进行重点保护。制定合理的开放方式和开放时间，把旅客人数控制在乡村景点可承受的范围。安排旅游资源保护专项资金，加强对景区的环境保护力度，确保植被不被破坏、河流和空气不被污染、保持景区的清洁卫生，杜绝脏、乱、差等现象，让景区充分与自然环境相融合。

（五）创新乡村旅游人才培养机制。人才是乡村旅游发展的根本所在，建设一支高素质的人才队伍是乡村旅游工作的当务之急。要着力培育乡村旅游党政人才，以乡镇和村两级干部为骨干，加强教育培养，打造一支热爱乡村旅游、懂乡村旅游、会抓乡村旅游的党政管理人才队伍。以各类经营主主体、乡村旅游企业负责人、参与乡村旅游经营的农户为骨干，深入开展乡村旅游经营管理专题培训，打造一支服务优良、经营规范的乡村旅游经营管理队伍。围绕游客消费需求，以景区景点讲解员、各类服务人员为骨干，打造一支热情周到、服务细致的乡村旅游服务人才队伍。采取“请进来”“走出去”的方式，开展与专业团队合作，借智借脑借力，打造一支懂规划、懂策划、懂创意的乡村旅游专业人才队伍。

（六）创新乡村旅游发展投入机制。乡村旅游经济要大发展，离不开资金的大投入。通过创新体制、激活机制，逐步建立社会化、市场化的多元投资体系，积极推进旅游资源开发的市场化运作。坚持以市场为导向，通过出让乡村旅游资源的开发经营权，建立起政府主导、企业主体、市场运作的新机制。加快建立乡村旅游发展基金，多形式、多渠道地筹集社会资金，广辟财源、多方筹资，解决全州乡村旅游资源开发资金不足的问题。积极创新乡村农业发展载体，以产业为核心、以文化为灵魂、以旅游为主线，按照“一村一特、一村一景”及乡村旅游景区景点标准，推进旅游基础设施建设，着力将兴仁薏品田园小镇、普安茶源小镇、册亨香蕉小镇、龙头山农业综合体等一批农旅一体景区、景点打造成乡村旅游的典范，促进乡村旅游融合式发展。

（作者单位：黔西南州人民政府公报编辑室）

构建黔西南州特色街区研究

罗厚成 龙大光 周尚

内容摘要： 旅游特色街区不仅是旅游吸引物，还是引领和拓展旅游消费的重要载体。构建旅游特色街区，是实现旅游业提质增效的重要抓手。黔西南州旅游特色街区建设仍处于起步阶段，还存在建设滞后、特色不明显、文化深度不够、功能不丰富、民族风情氛围不浓等问题，原因主要在于区域经济欠发达，旅游业发展起步晚，对旅游特色街区的功能认识不足，文化旅游发展滞后，需要树立超前意识，创新发展理念，将旅游特色街区纳入区域发展战略统筹规划建设。建议将旅游业作为区域经济主导产业之一，采取创新旅游业发展理念、统筹推进全域旅游发展、推进旅游特色街区建设等策略措施，构建景区景点和特色街区协同发展新格局。

关键词： 旅游特色街区 山地旅游 全域旅游 主导产业

近年来，黔西南州旅游业呈现"井喷式"增长。2016 年，全州接待旅游总人数 2866.46 万人次，同比增长 50.2%；实现旅游总收入 226.21 亿元，同比增长 61.4%，占全州 GDP 的 24%。保持快速发展，实现提质增效，是黔西南州旅游业发展面临的现实问题。旅游特色街区具有游览、购物、餐饮、休闲娱乐、文化展示等功能，不仅是旅游吸引物，还是引领和拓展旅游消费的重要载体。构建旅游特色街区，是实现旅游业提质增效的重要抓手。本文对黔西南州旅游特色街区发展状况进行调查分析，借鉴国内典型旅游特色街区发展经验与理论研究成果，基于黔西南州全域山地旅游发展战略，提出黔西南州构建旅游特色街区的发展定位和对策建议。

一、国内典型特色旅游街区发展状况与理论研究综述

（一）国内典型旅游特色街区发展状况

1. 阳朔西街。20 世纪 70 年代末，桂林市被确定为中国主要旅游目的地之

一，漓江边的阳朔位于桂林市南63千米，是一座有2000多年历史美丽城镇。桂林山水中漓江风光的主要景观位于阳朔县境内。旅游业发展初期，游客一般从桂林乘游船至阳朔县城码头，在县城短时间观光后返回桂林，很少在阳朔住宿。1985年后，在政府主导下，阳朔县城滨江路旅游工艺品市场逐步建设发展，到1990年，共建设售货亭475个，主要销售本地特产的干鲜果品和工艺品。1999年，阳朔县实施西街保护性整治工程，古老、陈旧的街道不断焕发出新的生机和魅力。2000年前后，阳朔西街已建成众多的工艺品店、书画店、旅馆、咖啡厅、酒吧、中国功夫馆等，深受外国游客喜爱，因此，阳朔西街被称为“洋人街”。20世纪70年代以来，阳朔旅游业从接待观光旅游（1973年–1982年）逐步发展到身心体验旅游（1983年–1992年）、综合多样旅游（1993年–2002年）、深度文化旅游（2003年–2012年）。近年来，阳朔紧跟旅游市场需求步伐，主动推动旅游业从观光旅游向休闲度假旅游、从景区旅游向全域旅游转型。2016年，阳朔县地区生产总值为116.54亿元，接待旅游人数1439.76万人次，实现旅游总消费117.84亿元。

2. 宽窄巷子。成都宽窄巷子由宽巷子、窄巷子和井巷子三条历史文化街区组成。2003年启动的宽窄巷子改造工程，改造范围主要包括两个区域，一个是核心保护区，一个是环境协调区。在核心保护区内，本着“只迁不拆”原则，采用产权买断、调换等方式获取该区域内所有房屋产权，全部外迁原所有人和使用人，保留并修缮该区域内近40%的建筑；其余60%的建筑在保持原有建筑风貌的基础上进行改建，并做到“整旧如旧”。在环境协调区，拆除原有大部分建筑，新开发建设独立仿古宅院式别墅等，做到“整新如旧”。2008，改造工程全面竣工，宽窄巷子功能由单一居住功能向以“文化、商业、旅游”为核心的功能转变，其中，宽巷子是“闲生活”区，以旅游休闲为主题；窄巷子是“慢生活”区，以品牌商业为主题；井巷子是“新生活”区，以时尚年轻为主题。成都宽窄巷子的旅游开发属于政府主导、企业化运行的独具特色的商业模式。

3. 西江千户苗寨。西江千户苗寨位于贵州省黔东南州雷山县，由10余个依山而建的自然村寨相连成片，是目前中国最大的苗族聚居村寨，其主要部分位于白水河东北侧的河谷坡地上，群山环抱，梯田相映。苗寨民族风情浓厚，被誉为苗族文化艺术馆、苗族历史和文化的“活化石”。苗寨内的吊脚楼造型独特，充分展示了建造人的高超智慧。寨内节日独具民族特色，最有代表性的是鼓藏节和苗年节。1982年，苗寨被贵州省政府列为贵州东线民族风情旅游景点，1992 年被列为省级文物保护单位，2004 年被列为全省首批村镇保护和建设项目 5 个重点民族村镇之一，2005 年“中国民族博物馆西江千户苗寨”挂牌。2008 年，贵州省第三届旅游发展大会在西江召开，西江基础设施建设得到较大改善，进一步将西江千户苗寨推进中国市场与国际市场。2017 年，西江千户苗寨入选“中国优秀国际十佳乡村旅游目的地”。

4. 六月六旅游文化街。六月六旅游文化街位于贵州省贵安新区马场镇龙窝新旧寨，其整体功能定位为“山水田园 · 民俗风情 · 休闲度假”，有布依民俗文化风情街、生态农业园、主题婚纱婚庆馆、超大湿地景观湖等旅游度假资源，包含文化布依、体验布依、原味布依、收藏布依、时尚布依等丰富内涵。文化布依主要通过布依戏社、工坊、茶驿等演绎布依文化大戏；体验布依则是游客体验创造消费热情感受布依民俗工艺魅力，在文化浸染中快乐消费；原味布依则是在民族传统小吃、民族传统菜系、灰鹅、酸汤鱼、辣子鸡、大型餐饮、休闲餐饮、特色餐饮等感知原味布依文化；收藏布依则是展示木偶、波波糖、竹编、银饰等布依手工艺，让游客尽情观赏；时尚布依则是民族特色商品、文化产品、农特产品、复古商品、民族时装与挑花、刺绣等非物质文化遗产相结合的现代产品。

（二）国内旅游特色街区研究综述

国内近年来关于旅游特色街区的研究文献，主要围绕概念及分类、开发策略等方面进行研究，主要针对某一个旅游特色街区进行应用研究。

1. 概念及分类研究方面。侯利民、陶卓民（2007）认为旅游特色街区是通过表现城市的文化、历史背景，配备各项旅游设施，具有某种城市景观和独特文化魅力，形成一定的规模、知名度，满足旅游者购物娱乐、文化体验、休闲消遣需求的街区。张岚、张树夫（2008）认为城市旅游街区有公务型旅游街区、商业型旅游街区、文化型旅游街区和风光型旅游街区四种基本类型。肖月强、黄萍等（2011）提出城市特色商业街的评价体系和分类标准，提出名气、商气、人气、财气、特色、管理、基础设施等七个评价指标，由评判结果进行分类。赵梦妮、钟永德（2013）认为旅游特色街区是指以城镇景观、历史、文化等特色为吸引物，具有住宿、餐饮、购物、娱乐、文化休闲等多方面功能设施的商业街区。姚博（2013）指出都市文化旅游特色街区是以都市文化特色为依托，集都市观光、休闲、购物、文化体验为一体的都市综合性活动场所，是城市自然环境与文化内涵的有效融合，对储存、流传、创新都市文化，提升都市经济、休闲与产业功能，创造良好的都市旅游品牌具有重要的意义。2013 年，国家旅游局综合多方面的研究成果，出台行业标准《旅游特色街区服务质量要求》，将旅游特色街区定义为：有明确的地域范围及一定的规模，具有游览、购物、餐饮、休闲娱乐、文化展示等特色功能，具备相应旅游服务设施、能提供相应旅游服务，有专门机构进行管理，具有一定旅游知名度的开放式街区，包括特色商业街、餐饮街、娱乐休闲街、历史文化风貌街等街区。

2. 开发策略研究方面。徐辉（2010）以杭州中山路为例，阐述了城市特色街区的旅游文化资源开发，提出政府引导型、社区介入型、“旅游文化 + 体验”“旅游资源 + 文化创意”等旅游发展模式。袁锦贵（2010）认为可以通过博物馆体验文化旅游、特色街区商业旅游、文化古迹创意旅游、旅游商品服务旅游、旅游综合开发等模式实现工业、商业、旅游与文化的对接与融合，从而发掘浙商文化，弘扬浙商精神，保护并发展浙江的老字号，为浙江发展的文化产业提出新的思路。王婷婷（2011）以中山市孙文西路文化旅游步行街为例，分析其资源开发利用现状和现有形象定位等方面存在的问题，提出增强其品牌特色、提升其文化品质、完善其旅游形象的对策。龙雨萍（2012）在对襄阳市旅游特色街区的街区类型、空间结构及其成因研究的基础上，提出襄阳市旅游特色街区的市场推广策略。王康生、黄美忠、徐松华（2014）研究认为武昌区中南路街是武汉江南金融商务中心的“总部核心区”，其宗教文化资源极为丰富又极具特色，旅游业发展前景广阔，提出充分利用其资源打造宗教文化旅游特色街区思路。凌连新、覃国候（2017）研究认为随着我国社会经济快速发展，智慧旅游时代到来，广西阳朔西街正面临良好的发展机遇，但是旅游信息化发展滞后、高层次人才缺乏等因素制约着阳朔西街的可持续发展，提出的保护西街传统风貌、推进旅游信息化、培养旅游创新型人才等可持续发展对策。任俊英（2017）对新常态下太原市特色旅游街区开发提出“商旅核心，晋商风韵”，“主题定位，时尚历史”，“行业分布，科学合理”，“文化气息，重点培育”，“宣传营销，大力推进”等建议。

二、黔西南州旅游特色街区的发展状况

（一）发展现状

按照旅游特色街区的定义，黔西南州旅游特色街区发展尚处于起步阶段，如兴义市街心花园“八卦街”、兴义民族风情街、兴义国际商贸城、兴

仁品牌步行街、安龙金荷步行街、贞丰历史文化街、普安商业街、册亨洛央天主堂、晴隆民族风情街、望谟布依文化街等，逐渐成为游客消费的重要场所。还有一些依托民族风情建设的乡村街区如普安“中国苗族第一镇”、兴仁鲤鱼坝苗族风情村、义龙“查白场”等，已逐渐成为吸引游客的重要元素。

（二）存在问题

1. 景区附近的旅游特色街区建设滞后。截至 2017 年 10 月，黔西南州有 6 个国家 4A 级景区，分别是兴义万峰林景区、兴义马岭河峡谷旅游景区、贞丰双乳峰景区、晴隆史迪威 24 道拐景区、贞丰三岔河景区和兴仁放马坪景区，在每个景区附近没有形成与之相匹配的成熟旅游街区，游客“快旅快游”“走马观花”，体验不深，消费单一，旅游产业链短。其他景点附近的旅游街区建设也滞后于旅游业发展的需要。

2. 城市商业街区的地方特色不明显。城区商业街一般是由老城区改建而成，在管理上延续传统城市管理方式，由街道办负责，没有设立专门的街区旅游管理机构；所销售产品大多是随处可见的现代工业产品，鲜见地域特色产品；其主要功能仍然是满足当地居民日常消费需求，作为旅游吸引物的功能不强，游客消费不多。

3. 历史文化街区的文化深度不够。在历史文化街区宣传推介、规划建设上，对当地历史文化挖掘不够，如对古夜郎国文化、牂牁文化、黔西南州近代历史文化、兴义笔山书院文化等的挖掘不够，已开发的文化资源往往只是机械、静止展示其历史原貌，相同的文化元素在不同区域重复展示，特色不明显，吸引力不足。

4. 民族风情特色街区氛围不浓厚。城市建设、乡村建设中对传统村落和民族特色建筑的保护和传承不够，传统民风民俗受现代生活方式、生活节奏强烈冲击，以致在城市建设的民族风情街缺乏浓厚的民风民俗氛围，如兴义民族风情街、兴仁东湖生态民俗商业街、晴隆民族风情街、望谟布依文化街等；依托民族村寨建设的文化街、风情街等“原生味”不足，如鲤鱼坝苗族风情村、贞丰纳孔布依族风情村、贞丰纳玛苗族风情村等。

5. 红色文化旅游街区功能不丰富。红色文化旅游街区具有政治、文化、民生等功能。红军长征途中，在黔西南州 9 个县市（试验区）都留下弥足珍贵的足迹。一些地方依托红军足迹，开发红色文化旅游景点，景点周围自然衍生出具有旅游街区雏形的功能区，仅供游客吃、住、游等，其政治功能、文化功能、民生功能等尚未充分发挥。

（三）原因分析

旅游活动作为一种社会经济活动，其发展程度受制于地方经济社会发展水平。近年来，黔西南州经济社会发展较快，交通基础设施明显改善，景区景点建设成效显著，但欠发达欠开发仍然是全州面临的主要矛盾，这从根本制约了全州旅游业和旅游特色街区的发展水平。与周边地区相比，黔西南州旅游业发展起步较晚，全州上下对旅游业在区域经济发展中的主导意义认识不足，对旅游特色街区在旅游业中的重要功能认识不充分，目前旅游业仍以景点旅游为主，旅游建设项目仍以景区建设为主，鲜见主题鲜明的旅游特色街区建设项目或旅游综合体建设项目。近年来，区域旅游形象定位从“安逸的兴义”到“水墨金州”再到“山地玩都”等更替频繁，重“自然”轻“人文”，重“人气”轻“文气”，对文化旅游资源的传承保护与开发创新重视不够，对地方民族文化、历史文化、红色文化等还停留在简单宣传、重复展示之上，没有开发出大型和有深度的文化旅游产品，旅游业内涵不足，旅游产业体系和产业链尚未形成，旅游产业价值链短。

三、黔西南州构建旅游特色街区的发展定位及对策建议

（一）发展定位

将旅游业作为区域经济主导产业之一，将旅游特色街区建设纳入“奋力打造民族特色山地经济创新示范区”战略和全域山地旅游体系，结合城市城镇协调发展和乡村振兴战略，树立超前意识，创新发展理念，统筹规划建设，在每个 4A 级以上景点城区配套建设一个特色旅游街区，每个县（市、试验区）集中打造一个历史文化旅游特色街区、一个民族风情旅游特色街区、一个红色文化旅游特色街区、一个城市商业旅游特色街区，每个乡镇集中打造一个旅游特色街区，每个村规划建设一条旅游特色街道，构建景区景点与旅游特色街区各美其美、美美与共的协同发展格局，让旅游特色街区与旅游景区交相辉映，成为重要的旅游吸引物，使游客引得来、留得住、玩得好，深化旅游消费体验，增加旅游业收入，提高旅游业发展质量，引领第三产业发展。

（二）对策建议

旅游业的发展水平决定了旅游特色街区的发展水平，旅游特色街区的发展又推动旅游业的繁荣。因此，本文基于全州旅游业的发展和旅游特色街区建设，从地方政府宏观管理与提供公共服务的角度，提出以下策略措施建议。

1. 创新旅游业发展理念。随着经济发展和人民生活水平提高，我国步入大众旅游时代，旅游业的发展前景广阔，意义深远。根据黔西南州农业规模小、工业发展薄弱、三次产业结构中第三产业占比较高的实际和旅游资源丰富，气候条件、区位条件较好的优势，树牢旅游产业是区域经济主导产业之一的理念，构建一体化的管理体制机制，按照全省大扶贫、大数据、大生态发展战略，结合州“产业发展脱贫攻坚战”“一县一业、一乡一特、一村一品”要求和“奋力打造民族特色山地经济创新示范区”发展山地旅游、山地运动、山地特色农业需要，坚持高起点高标准，统一规划全域山地旅游体系，打造“旅游+”经济模式，推动旅游产业跨界融合发展，建设特色旅游街区，创造全时旅游条件，推进全民旅游发展，充分发挥旅游业在第三产业中的龙头带动作用和广泛影响作用，使旅游景区与旅游特色街区协同发展，使城市旅游与乡村旅游协同发展，使旅游经济与区域经济协同发展，以旅游业发展助推脱贫攻坚、助力同步小康。

2. 统筹推进全域旅游发展。培育和建立地方性旅游投资公司，搭建旅游产业投融资平台，创新投融资机制，在重点项目建设上，由国有资本先期投入，重点完善旅游配套服务体系，不断优化食、住、行、游、购、娱等服务设施；打造一批旅游精品项目，提升旅游景区级别；建设一批旅游特色街区、特色乡镇、特色村寨，等投资企业经营稳健和产业成熟后，通过企业上市、股权转让等方式退出。结合山地旅游特色，打造好旅游产品招商项目，推进精准招商，培育旅游产品品牌，推进旅游产品系列化、精品化、差异化，拓展旅游业产业链和价值链，引领城乡经济社会发展。推进旅游产业、旅游行业精准引进人才、精准培养人才，为全州旅游业发展提供人才支撑。通过专门的研究机构对区域旅游资源进行深入、系统分析，挖掘其文化内涵、观赏价值和体验价值，统筹全州及各县（市、试验区）旅游形象定位，通过平面广告、网络媒体及新媒体，举办节庆活动和大型旅游活动，特别是通过每年一度国际山地旅游大会，加强宣传推介，提升区域旅游知名度和吸引力。综合运用声、光、影等技术，丰富游客视觉、听觉、嗅觉、味觉、触觉体验；创新城市、街区、乡镇、村寨命名，创新阐释景观景点，创新打造旅游商品，提升历史感、文化感和可识别性，增加旅游产业文化内涵，提升区域旅游品质。

3. 推进旅游特色街区建设。旅游特色街区不仅具有经济功能，更具有政治功能、民生功能、文化功能、生态功能，新时代旅游特色街区的特色，首先应体现在特色治理机制上，旅游特色街区的治理机制，最重要的是居民参与、共建共享，在旅游特色街区规划建设之初，就要把原街道管理委员会等“改造”为全体居民参与的“旅游街道管理委员会”，建立起以“旅游”为中心的管理体制机制。按照现有4A级景区特色，参照桂林阳朔西街的发展经验，在兴义、贞丰、兴仁、晴隆等城区新建或改建以旅馆、咖啡厅、酒吧、工艺品店、书画店及地方特色产品店为主的旅游特色街区，提升过夜游客比例。充分挖掘地方历史文化，在县（市、试验区）城区改造升级中，参照成都宽窄巷子建设经验，建设融文化、商业、旅游为一体的历史文化街区。按照各地民族特色和发展基础，参照贵安新区六月六旅游文化街建设经验打造独具特色的民族文化旅游街区，传承、创新民族文化与民间文化。依托民族村寨特色，借鉴黔东南西江千户苗寨发展经验，打造民族风情旅游景点，，保护、开发乡村文化，让人们记住乡愁，推动乡村旅游发展。每个县（市、试验区）依托红军足迹和革命历史，分别打造一个融政治、教育、文化、经济、民生等功能为一体的的红色文化街区，传递正能量，发挥正效应，发展红色文化旅游，推进和谐社会建设。

（作者单位：罗厚成，黔西南民族职业技术学院；龙大光，黔西南民族职业技术学院；周尚，黔西南广播电视台）

旅游景区涉外旅游英语人才培养研究

潘贵渝　贺菁　刘敏

内容摘要： 本文从政、校、企三方结合的角度，通过对黔西南州涉外旅游英语人才的现状、需求进行深入调查、研究、分析，准确把握旅游岗位人才能力要求和技术发展动态，探讨怎样改革旅游人才培养模式，注重培养既具有旅游专业知识又精通英语的涉外旅游英语人才，完善政、校、企合作的长效机制，为黔西南州涉外旅游英语人才培养提供政策措施建议，以此促进黔西南旅游经济更好更快地发展。

关键词： 黔西南旅游　涉外旅游　英语导游　人才培养

随着我国旅游业的高速发展，人们旅游消费意识的提升和消费水平的增高，旅游业已成为我国经济新的增长点。我国的入境旅游、出境旅游、国内旅游三大市场全面快速增长。国家《“十三五”旅游业发展规划》明确指出，到 2020 年，旅游市场总规模达到 67 亿人次，旅游业总收入达到 7 万亿元，年均新增旅游就业人数将达 100 万人以上[1]。

贵州拥有独具特色的自然风光和民族风情，大自然的鬼斧神工造就了多山、多河、多瀑、多洞、多温泉的“绿色喀斯特王国”，美丽的自然风光和浓郁的民族文化吸引着越来越多的省外、境外游客到贵州旅游。近年来，贵州旅游持续“井喷”、旅游经济蓬勃发展。贵州省《“十三五”旅游发展规划》提出，要主动迎接大众旅游业时代，以旅游业供给侧结构性改革为主线，发挥全域旅游资源优势，加快发展以山地旅游作为贵州旅游的民族和山地为特色的文化旅游业，大力发展山地新型旅游业态[2]。国发〔2012〕2 号文件提出建设“文化旅游创新区”，首次从国家层面明确了贵州旅游业的战略定位[3]。贵州在新一轮西部大开发中面临良好的机遇，作为人才培养基地的各大高等院校，如何打造既有过硬的专业技能，又有流畅准确的外语表达能力的综合型人才，已成为目前高校重点讨论研究的问题。

黔西南州地处滇黔桂三省（区）结合部，素有“金三角”之美誉，是个多民族聚居的地区，居住着汉、布依、苗、彝等35个民族。这里有着旖旎迷人的自然风光和淳朴浓郁的民族风情。黔西南旅游资源得天独厚，尤其是民俗生态旅游发展潜力巨大。

黔西南州《关于推动大山地旅游战略行动的实施意见》提出，用山地旅游引领“8+N”现代产业体系，发展黔西南全域旅游，打造黔西南旅游升级版，在全省树立全域山地旅游的标杆，走出一条符合黔西南实际的发展新路，创建“黔西南州国家山地旅游示范区”[4]。2017年，全省旅游总人数7.44亿人次，旅游总收入7116.81亿元[5]。黔西南州大力发展全域山地旅游，旅游业快速增长。2017年，全州旅游总收入266亿余元，接待游客3550万余人次[6]。毋庸讳言，黔西南旅游前景灿烂。旅游业的迅猛发展，需要更多高素质的旅游人才为支撑，需要加大旅游人才的培养力度，主动服务地方经济发展。

一、黔西南州涉外旅游英语人才培养的重要意义

黔西南州旅游业发展迅速，以其奇山秀水、浓郁民风、悠久历史吸引着众多海内外游客前来观光游览，优秀的旅游资源为黔西南州旅游业的发展提供了坚实的基础，其国际知名度越来越大，所以，对于黔西南州而言其导游需求量是巨大的，而为了使景区景点更加国际化，旅游英语人才就显得尤为重要。但由于受经济、文化教育发展的制约，我州旅游业人才不仅需求缺口大，而且外语导游人才严重匮乏，优秀的外语导游更是凤毛麟角，极大地阻碍了旅游产业做大、做强。为了促进黔西南州旅游行业服务品质的提升，打造黔西南国际化的山地旅游品牌，促进就业，带动住宿接待、特色餐饮、景区景点游览、特产销售、交通运输等各方面形成新的就业增长点，提升导游人员自身的综合能力和综合素质，增强黔西南旅游文化发展软实力。所以，加强景区（点）涉外英语人才的培养对我州的旅游发展有着极其重要的意义。

二、黔西南州涉外旅游现状分析

（一）黔西南涉外旅游现状

根据我州的旅游情况和气候等因素，各大旅行社每年四、五月份就开始准备迎接旅游高峰了。旺季一般是7–10月以及1–3月，游客多为本地著名景区景点而来。淡季并非没有生意，也有游客专门为温泉、滑雪、滑草、垂钓

等项目而来。黔西南州2017年接待入境游客达4.12万人次，同比增长9.2%。到黔西南旅游的境外游客大多来自韩国、马来西亚、新加坡、中国台湾、香港、澳门等地。此类境外游客一般是自带翻译，或领队兼翻译，或团内有可以双语沟通的游客。美、英、澳、加等英语国家的游客多为喜欢自由行的背包客，一般已做足旅游攻略，带好翻译工具，这类游客很少向旅游社寻求翻译资源。带本地团队出国游的导游需要加大对机场英语的熟练程度，至于国外景区景点介绍、购物等，通常由目的地导游负责。

（二）黔西南州旅游业英语导游现状

由于高校教育和市场需求方面的部分脱节，造成旅行业导游能力素养的不完全。简单来说，从事旅游专业学习的导游在英语水平和西方文化素养方面有所欠缺；而对于英语能力的较强的从业者，又在旅游专业知识方面暴露出不足。成为一名合格的导游除了要具备良好的职业道德和扎实的旅游专业基础知识，还要有相当丰富的人文、地理、历史、科学等知识，导游在一定意义上来说是一名通才，语言只是沟通基础。全国导游评级分初、中、高、特四个等级。截止2017年底，黔西南州取得中文初级导游证三百余人，中级三人，无高级、无特级导游，也无英语导游。高、特级及英语导游的缺乏，制约了黔西南本地旅游业的发展。

通过调查走访发现，黔西南英语导游的培养陷入一种“恶性循环”，即“不需要就不培养，不培养就没有市场，没有市场就没有动力培养”。产生这种想法的原因在于，英语国家游客大多为喜爱“自由行”的背包客，旅途中遇到的沟通问题可以通过提前做好的详细攻略、使用翻译软件等办法解决。这部分散客通过自己想办法，直接跳过了向旅行社寻找帮助的环节，因此到本地寻求专业的英语导游的外国游客数量较少，也给旅行社造成一种英语导游没什么市场的错觉。而团队服务方面，外地领队也因为知晓黔西南本地缺乏专业英语导游而直接从外地带翻译、请导游等方法解决，如此更加造成了本地英语导游人才市场的匮乏，本地市场就没有动力培养和寻找复合型英语导游人才，也陷入逐渐失去这块市场的无奈困境。通过调查走访发现，目前黔西南涉外旅游团如急需英语导游，仍然是通过从贵阳、昆明等地高价聘请、或通过鼓励英语口语能力较强的其他行业人士兼职等方式来解决。能在接团过程中，兼具较强外语基础和导游文化知识以及丰富带团经验的人才，实在是屈指可数。黔西南旅游市场已经暴露出涉外英语人才数量和质量两方面严重不足的问题。

针对这个现象，从 2018 年 9 月对黔西南民族职业技术学院 2017 级 -2018 级 100 位（92 名女生、8 名男生）的旅游专业学生的问卷调查中，已得到印证。学生对于导游专业的不确定，对未来英语能力发展的不自信和对旅游职业前景的困惑，都反映出黔西南导游市场后备力量的空虚。

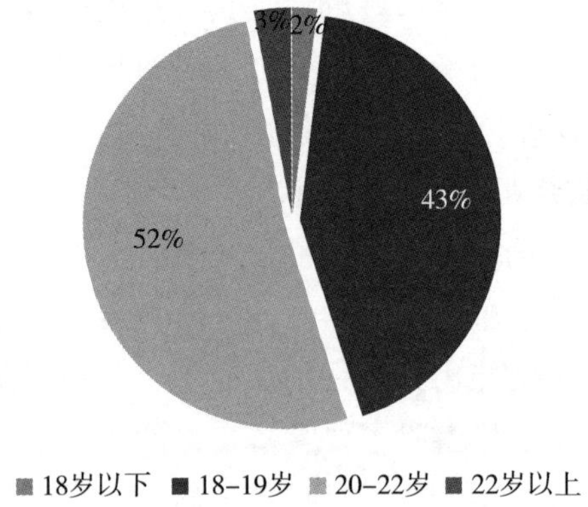

图 21

从被调查人年龄层次来看，18 岁 -22 岁占了导游专业总人数的 95%，说明导游后备力量的培养年龄段处于大学校园和初涉职场的阶段。

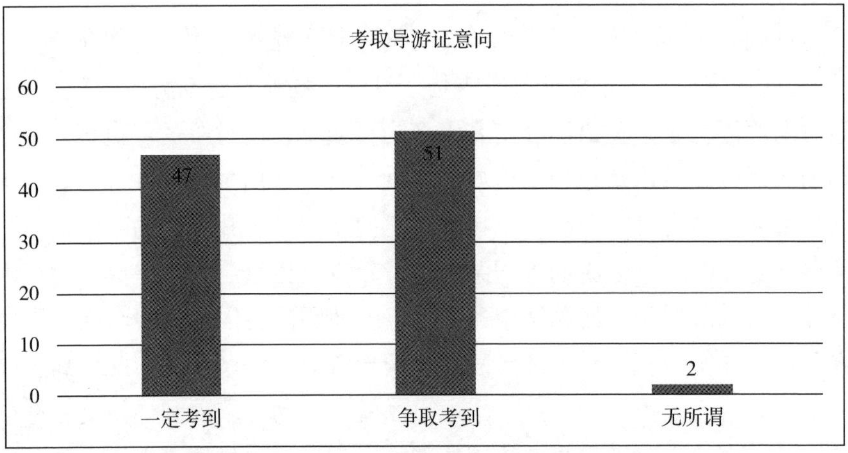

图 22

针对考取导游证意向调查数据显示，有一半多的被调查学生表示，对取得导游证并没有十足的决心。

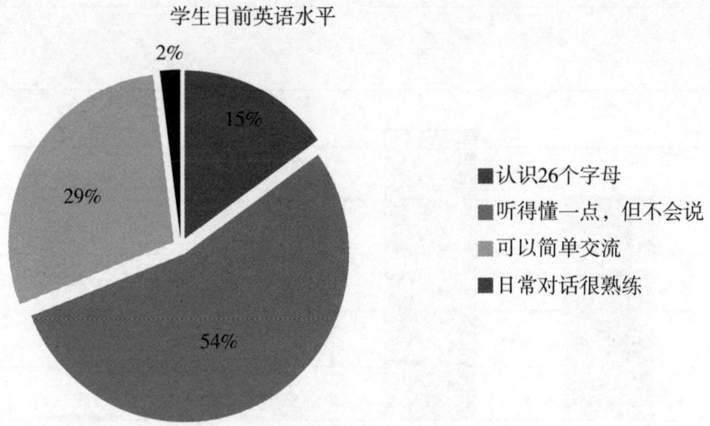

图 23

针对导游专业学生的英语水平调查情况来看，情况不容乐观。15% 的被调查者基本不懂英语，54% 的被调查者只能理解非常简单的日常交际口语，但无法顺畅表达。29% 的被调查者可以进行简单的双向交流。只有 2% 的表示能够应付日常对话。这个图表说明导游专业学生的英语语言技能基础是比较薄弱的，应增加训练量。

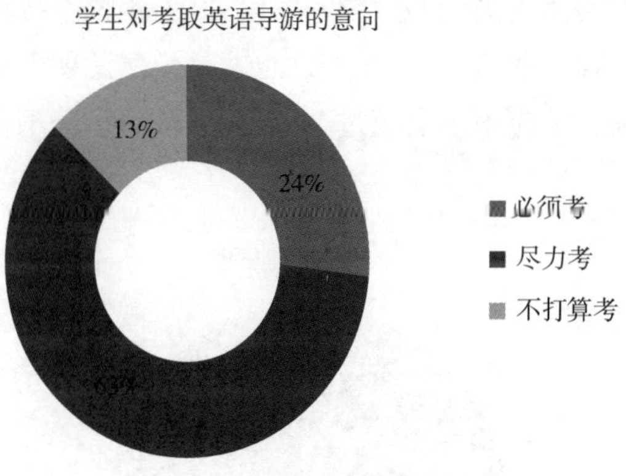

图 24

从对考取英语导游的意向情况来看，只有不到三成的被调查者表示必须考取英语导游证。另外七成中，有一成多的直接放弃，有六成多打算尝试。总的来看，整个导游专业对于考取英语导游证的决心是不够的。

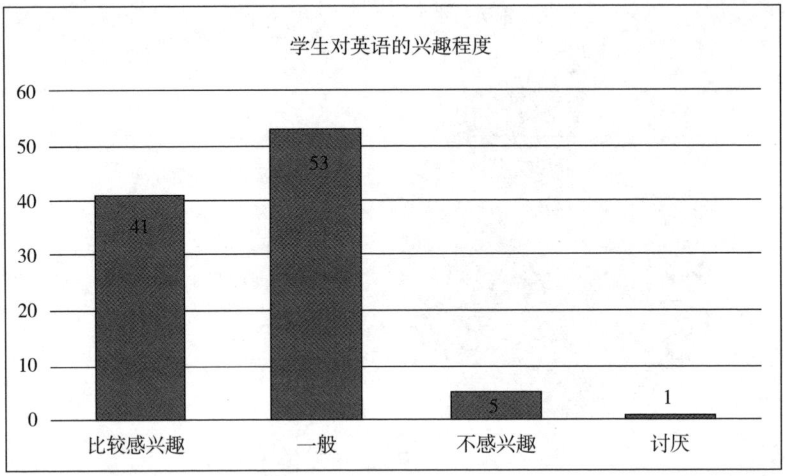

图 25

被调查学生对英语的兴趣程度从侧面印证了图 25 的分析结果：有近六成的学生直接表示对英语兴趣不大，只有四成表示对英语感兴趣。对于培养英语导游来说，英语是基础语言技能，而兴趣又是决定是否能持续付出努力的重要因素。由此推测，被调查者中能尝试考取英语导游并为之持续努力的学生，不到四成。据黔西南民族职业技术学院 2018 年招生统计数据显示，当年就读旅游服务与管理专业学生为 58 人，也就是说愿意朝着英语导游方向努力的学生，从表上来看，应该不会超过 23 人。但该数字并不代表考取英语导游资格的成功率。

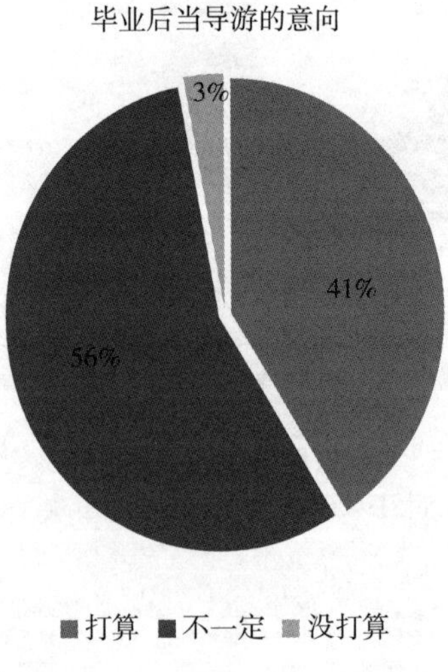

图 26

该图表显示，从事导游专业的被调查者中，只有41%的学生将职业方向定位在旅游市场，另外56%呈观望态度，甚至3%表示并不打算当导游。如果大胆预想，41%打算当导游的学生与41%对英语感兴趣的学生完全重合，并且考证全部顺利过关，那么2018级毕业生中从事英语导游的学生不会超过23人，这个数字放在2017年接待3550万游客，其中入境游客4.12万人次的黔西南旅游市场中来看，远远不能满足市场需求，这也再次证明了黔西南英语导游市场后备力量不足的现状。

（三）黔西南州涉外旅游英语人才需求分析

随着黔西南州旅游业的蓬勃发展，目前旅游市场发生了巨大转变，由过去的走马观花式旅游向生活体验型、休闲度假、历史文化游等新型旅游模式转变。市场发生了变化，对旅游从业人员的要求也越来越高，需要导游人员具备更多的文化内涵、具有更高的服务水平和更强的组织能力。因此涉外旅游市场也面临大量英语旅游人才的缺口，从数量上看，黔西南旅游市场对英语人才有大量的需求缺口，导游人才供不应求，英语导游的匮乏已成为我州涉外旅游业发展的瓶颈问题。从质量上看，黔西南旅游市场对英语人才有从低学历向高学历、单一型向复合型人才转变的要求，旅游行业中的高端人才及高素质外语人才尤为缺乏，也就是缺乏行业精英。

黔西南进出口检验检疫部门的建立，即将开通国际航班，国际入境旅客人数会逐渐攀多，要使黔西南州旅游业可持续又快又好地发展，就离不开既懂旅行社经营管理又具有国际视野的高技能型人才，对于外语导游的需求量，无论是数量还是质量都会不断提升。而旅游英语人才来源有两种，一是学校教育，另一种是在岗学习。旅游教育虽然已初步形成了由中职、专科、高职（高专）、本科、研究生等多层次的旅游教育体系，但总体来看，涉外英语人才培养仍处于一个规模有限、层次较低的状态，由于受到生源、师资、经费、课程设置等方面的影响，学校教育的专业化程度及学生的实际能力有待提高；同时，由于工作实际需要，旅游企业无法规模性、系统性地给予员工专业英语培训和涉外礼仪培训，这样阻碍了从业人员知识更新和业务水平的提高。从贵州旅游局统计数据来看，贵州取得外语导游资格的仅占7.53%，总人数不到1000人。通过走访黔西南州几个知名的旅行社和酒店，许多导游表示，随着黔西南旅游业的快速发展，对人才的数量和质量提出了更高的要求，如果有机会还是想进修一下英语、韩语、日语等。针对我州旅游业发展现状，为了进一步了解社会、企业对旅游人员在知识、技能、素质和思想道德方面的要求，课题组对黔西南州部分知名旅行社和酒店进行问卷调查。

【访谈 1】贵社（酒店）涉外英语导游在本单位所有导游中占比例多少？

【访谈 2】现有导游人员来源是什么？

【访谈 3】招聘涉外导游主要考虑哪些素养？

表 1 调查结果统计（访谈 1–2）

序号	调查内容	结果统计				
1	年龄	18—25	26–30	31–40	41–50	51 以上
	结果	18.6%	35.8%	28.4%	15.8%	1.4%
2	性别	男		女		
	结果	43.5%		56.5%		
3	学历	高中或中专	大专	本科	研究生	其他
	结果	21.4%	45.8%	20.7%	3.1%	9%
4	专业	旅游专业	酒店管理专业	英语专业	旅游英语专业	其他
	结果	47.2%	45.3%	0	0	7.5%
5	从业背景	院校毕业	二次就业		其他	
	结果	41.9%	27.6%		30.5%	
6	工作年限	1 年以下	1–3 年	3–5 年	5–8 年	8 年以上
	结果	14.2%	33.5%	31.3%	12.2%	8.8%
7	月工资收入	1000 元以下	1001–2000 元	2001–3000 元	3001–4000 元	4000 元以上
	结果	0	10.8%	31.5%	46.7%	11%

通过走访调查，黔西南没有取得导游资格的英语导游，因为涉外导游之职对从业者的基本能力和素质要求极高，必须过语言关，被调查者均为旅游及酒店管理专业，属于非英语专业或非旅游英语专业，虽然有一定的英语基础，但是听说能力较薄弱，不能胜任英语导游工作。由于中国文化旅游资源丰富，作为导游必须具备很深的文化底蕴和理解、鉴赏能力，这些能力必须长期积累，绝非一蹴而就，而且导游工作及其辛苦，所以一部分工作了 3 年 –5 年并积累了一定经验的导游也逐渐开始转行。在与旅行社访谈中得知，虽然目前缺乏涉外英语导游，但各旅行社非常重视这个问题，并提出相关招聘涉外英语导游的要求，应聘者除了必须掌握扎实英语语言基础知识和

涉外旅游基础知识，熟悉国际旅游业的政策法规，具有较强的英语语言交际能力，更重要的是品德修养以及心理素质、亲和力、独立工作能力、审美能力、协调能力、应变能力等综合运用能力及涉外业务能力，并将其作为衡量旅行社外接能力的一个具体指标。

表 2　工作领域与职业能力对照表（访谈 3）

工作领域	工作任务	职业能力
中、英文导游	地陪服务 全陪服务 领队服务 涉外导游服务 导购服务	具备较强的中英文导游能力、英文导游词的写作与讲解能力
门市接待	信息咨询 服务与管理	熟悉旅游线路，能熟练运用中英文与旅游者进行业务洽谈、解答游客的各种咨询
计调	信息统计 订票服务 订房服务 内勤服务 调度服务	收集整理中英文旅游业务信息；制定落实接待境外游客的计划；计算机应用能力；中英文文案写作能力；中英文沟通及协调能力
外联	市场调研 旅游线路设计与销售	做好国内外旅游市场调查工作；设计出有市场潜力的旅游产品并做好中英文对外旅游宣传工作
大型主题公园、各景区风景点讲解	中英文讲解服务 接待服务 导购服务	具有较强的中英文讲解能力

三、加快黔西南州涉外旅游英语人才培养的路径建议

近年来，黔西南州实施大山地旅游战略行动的决策部署，坚持用山地旅游引领“8+N”现代产业体系，全州旅游工作取得了突破性成果，加快黔西南州旅游业国际化的脚步。政府要培养高素质的、具有国际视野、了解和熟悉国际事务规则、能参与国际交流和竞争的语言基本功扎实、知识广博、知识结构完善的复合型英语人才[7]，必须加大政策支持力度和教育投入。而作为人才培养基地的各大高等院校，如何打造专业领域内既有广博知识，又有良好的外语表达能力的复合型外语人才，以及如何使培养的人才积极适应和推

动发展的现状[8]，已成为当前各高校教育教学讨论研究的紧迫课题。

（一）政府方面

人才竞争是现代旅游业竞争形式的核心，打造一支职业道德与专业素质过硬的旅游人才队伍是建设旅游强州的核心条件。我国政府多年来一直坚持前沿性人才培养战略，即加快人才培养方式改革，提高人才培养质量。《国家中长期教育改革和发展规划纲要（2010—2020年）》提出，要深化教育教学改革，创新人才培养模式，以适应国家和社会发展需要[9]。《国务院关于加快旅游业发展的意见》提出，要把旅游业培育成国民经济的战略性支柱产业和人民群众更加满意的现代服务业[10]。国家人才发展战略的出台，为各地人才培养工作指明了方向，注入了活力。

通过走访调查，我们总结出以下政府决策方面的建议：

1. 人才是旅游业发展的决定因素。目前，旅游业发展所面临的最大问题是一线从业人员缺口较大。市场急需一批旅游职业经理人、旅游外联营销、电子商务旅游、运动休闲、会展旅游等初、中级层次的经营管理人才和高素质的中英文导游人才，因此抓好人才，建好队伍是提升旅游行业竞争力的决定因素。可以通过选拔旅游行业中的优秀人才到国内外知名旅游企业学习，以此提升旅游从业者的综合文化素质。政府是投资主体，高等院校和旅游企业作为培养主体，旅游企业作为使用主体。作为投资主体，政府可统筹人才培养专项资金，设置人才培养项目，吸引高等院校和企业积极参与人才培养工作[11]。比如，政府可通过以专项资金鼓励的方式，引进和培养导游中的领军人物，成为英语导游专业的引领者。高等院校和旅游培训机构可申请财政支持和项目资金，调整校企合作框架内的人才培养课程体系，定向培育人才。企业则可通过向高等院校提供实践基地和实践机会，共同参与到培养计划中来。另一个方面，企业可以将表现出色的旅游管理人才，送回高等院校一起参与制定人才提升计划，在提供市场需求反馈的基础上，与高校合作，加快人才培养模式的改革。

2. 资源共享，充分发挥“大数据”的引领作用。政府应该建设官方旅游业人才库或者旅游业信息交流平台，并以政策形式要求导游从业人员在平台注册信息。除了借平台掌握更多实时数据、更好地管控和指导旅游市场以外，平台更多的作用是共享旅游资源、政策查考、旅游数据更新等重要信息，以此规避信息封闭行为，破开各企业“单打独斗”的局面，整合各企业旅游信息资源，为企业和导游们提供交流互动、提升专业水平的公共资源。

在走访中，部分导游表示，有关黔西南的部分数据已发生改变，但导游词仍然是老一套，没有官方数据确认和参考，导游不能擅自删改，希望官方及时更新实时数据，以此作为导游对外公布的依据。此外，在此平台上还可举行定期培训，导游比赛、导游年会、研讨会等。利用旅游淡季，积极鼓励和组织导游提升自身专业素养，对于表现优秀者、比赛中胜出者或者突出贡献的导游，给予荣誉和奖金鼓励，起到模范激励的作用。

3. 坚持树立“大旅游教育”和“人才市场”的观念。要建立和完善旅游人才市场体系，就要适应市场经济，充分了解竞争机制，运用市场手段，发挥社会各类旅游院校、培训机构在培养旅游人才方面的积极性和主力作用[12]。政府可以邀请国内外知名外语培训机构，轮训从业人员外语口语能力和文化见识。在培训中，既促进本地导游和企业的提高语言素养，拓展国际视野，又以此为平台，以政府为推介，打通对外交流，拓宽人才引进的渠道。在交流中，对于流露出愿意为黔西南旅游事业添砖加瓦的优秀外语人才、旅游及酒店管理等高层次人才，要及时笼络和鼓励，并通过“绿色通道”引进充实教师队伍和相关行业，同时解决其相关人事、配偶就业、子女读书和住房等后顾之忧，使其安心将才华投入到本地的旅游大发展中。

（二）企业方面

1. 旅游人力资源不能满足市场的需求。随着黔西南州旅游业的迅猛发展，旅游企业对人力资源的需求急剧增长，但是旅游人力资源储备不足，旅游人才的培养与社会需求脱节[13]，旅游企业的人才流失率高，同时，根据各大高校就业指导中心数据显示，有一定比例的旅游专业毕业学生不愿意从事与本专业对口的工作，所以旅游企业面临着高速发展中的瓶颈问题。

2. 以就业为导向，以服务为宗旨。依托校企合作，围绕黔西南州区域经济发展规划的产业布局，以工学结合为切入点，以学岗融合、课岗对接为原则，结合旅游专业多元性的特色，打破传统的“重理论轻实践”的培养方式，突出以“核心岗位职业能力培养”为主线，坚持以就业为导向，以服务为宗旨，以岗位能力需求为目标创新教学模式，将知识结构和能力结构模块化，校企合作共同开发核心课程和教学资源。

3. 深化产教融合、校企合作。根据旅游行业企业对人才的需求，深化产教融合、校企合作，通过“四双”（校企双授课、双指导、双监控、双评估）教育教学的实施，强化校企协同一体化育人机制，完善人才培养模式。深化校企合作，与省内外旅行社、酒店、特色休闲农庄、景区等旅游企业加强联系，建立稳定校企合作关系，从旅行社、酒店、景区、会展中心等企事业单位聘请一线行业专家或骨干担任兼职教师，充实教师队伍，不断提升教学质量和水平。

（三）学校教育方面

国发 2012 年 2 号文件明确提出：把人才作为贵州山地旅游发展之本，转型之要，跨越之基[14]。充分利用现在教育资源扩大旅游教育规模，积极引进国内国际旅游培训机构，实施“人才强旅战略”，着力解决旅游高层次经营管理人才、旅游创新型人才、旅游技术型人才、旅游技能型人才缺乏的短板。贵州省旅游局《关于加强贵州旅游人才队伍建设的意见》提出，要加强省级旅游人才基地建设，每个市（州）规划建设 1 个旅游人才基地。创新旅游人才培养模式，建立政、企、学、研联合培养机制，鼓励旅游院校根据市场需求，办好优势专业，开发新专业，形成办学特色[15]。黔西南州《关于推动大山地旅游战略行动的实施意见》提出，发挥兴义民族师范学院、黔西南州职业技术学院两所高校和州内中职学校的作用，立足本土开展山地旅游职业教育，加强旅游景区、旅游酒店、旅行社等从业人员岗位资格培训和旅游行业基层服务人员技能培训，整体提升全州旅游从业人员职业技能水平和综合素质[16]。

1. 加快职业教育集团化改革，整合职业教育资源。加快职业教育集团化改革，整合职业教育资源，实现以黔西南民族职业技术学院为龙头的高、中职学校集团化办学。加快发展高等职业教育，调整优化中等职业教育。着力构建职业教育立交桥，实现“中职 + 高职 + 本科”教育贯通。深入推进产教融合、校企合作，推广“产业园区 + 标准厂房 + 职业教育”办学模式，加强职业院校实训基地建设，开设以大扶贫、山地旅游、大数据、高效农业、现代服务业、新型工业、民族文化等产业发展相适应的高、中职专业课程，建立职业教育师资培养培训基地。

2. 鼓励社会力量创办职业教育。扩大职业教育办学规模，实现中等职业教育与普通高中在校生人数大体相当。“政府有所呼，高校有所应”，黔西南民族职业技术学院应该主动担当起时代赋予我们的使命和职责，根据高职人才培养目标，突出“产教融合、工学交替、协同育人、开放共享”的办学特色，培养高质量的旅游行业技能型人才，助推旅游产业脱贫。依托《“十三五”全国旅游业发展规划》，培养适应我省旅游发展目标的技能型人才和“双师型”教师队伍，通过创建具有全省示范地位的“旅游专业实训基地”，在全省高职教育中起到示范作用，既能满足我院教学需求又能实现黔西南高职院校同类专业资源共享，为我省高职教育作出贡献。

3. 强化旅游人才的素质开发。习近平总书记说过：“要在全社会大兴识才、爱才、敬才、用才之风”，“让人才事业兴旺起来”。大力发展本地旅游业，客观上要打造一支素质优良、规模适当、结构合理的旅游从业队伍作为人才支撑。旅游业的竞争核心是人才的竞争，提高旅游人才素质提高与发展旅游业快速发展应同步进行。人才的创新精神、职业道德水准、实践能力和外语水平应作为人才培养的第一位。

4. 人才培养模式改革。作为地方高校，要围绕专业建设、师资队伍、生源、教学设施及本地区的需求等明确培养目标，主动适应市场对人才需求的变化[17]，转变观念，加大人才培养改革力度，拓宽人才培养模式，积极引进社会各方资金和技术，依托产业办专业，办好专业促发展的思路。积极为学生搭建到企业（顶岗）实习、就业的平台，按照开放合作、资源共享、协同育人、共同发展的原则，积极搭建校企合作平台，充分发挥市场机制作用，引导社会力量参与办学，发挥企业重要办学主体作用[18]，以旅游人才市场需求和职业能力提升为导向，校企协同一体化育人，共同探索和实施人才培养模式。

5. 教学内容和课程体系建设。以培养国际山地旅游高素质旅游人才为目标，完善现代学徒制人才培养模式，构建课程体系、打造高素质师资队伍，提升旅游人才培养质量。深化教学内容和课程体系改革，建设旅游技能与旅游管理融合培养的课程体系，建立《模拟导游》《旅行社管理》《旅游英语》《听力》《英语口语》《英语翻译》等课程标准，构建以旅游职业能力为导向的课程体系。在教学活动中，应打破传统的知识转移的“满堂灌”教学模式，加强学生对语言文化知识的认知及双语转换和运用的能力，使学生具备从事各类涉外工作的能力。建立与工作流程为导向的教学方法，将学生放到一个（模拟）企业管理环境中，根据行业特点和企业制度，让学生通过合作完成具体项目，以锻炼学生的实战能力、合作精神、组织与领导能力，整个活动中坚持使用英语，增强英语课堂活动的互动性、趣味性和职业性，使学生在学习理论知识的过程中掌握语言技能并发展专业技能[19]。根据旅游专业人才培养模式要求，以旅游职业岗位能力培养为导向，构建课程体系。按照基本技能、核心技能、综合技能 3 个层次教学培养目标，科学合理、循序渐进地安排和组织教学。教学体系如图所示：

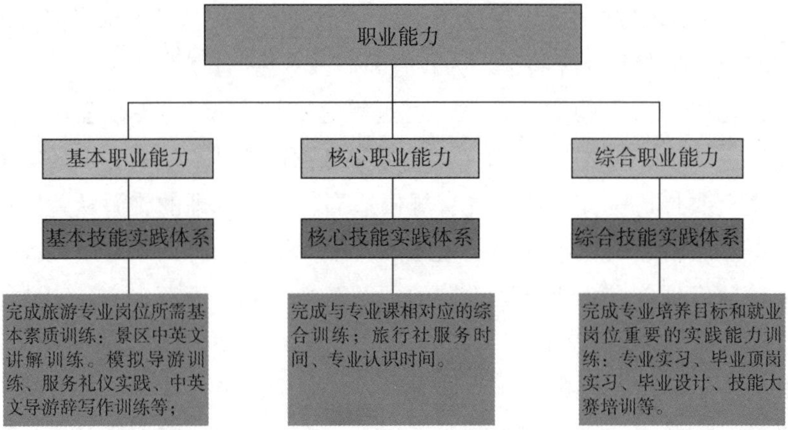

6. 打造专兼结合的教学团队。按照国家、省、州“十三五”旅游产业发展规划，结合各大院校实际，坚持整体推进、重点突破、后发赶超，以服务地方经济和学生全面发展为目标，为贵州打造旅游强省和黔西南州打造世界山地旅游目的地提供旅游人才支撑。政府应加强统筹，加大教育投入，积极探索职业教育管理体制、办学体制和运行机制改革，切实加强专业院校师资队伍建设，切实提升教育信息化建设水平。提高教师的教学素质，加强建设“双师型”教师队伍。通过学习锻炼、挂职任职和技术服务改造升级等多种方式，不断提高教师的专业实践能力、科研能力和社会服务能力，打造一流“双师型”教师队伍。同时按照高校专业带头人和骨干教师的评选方法和培养措施，通过组织旅游专业教师考察学习、参加国内外学术交流、参加外语培训和学习、职业教育研讨会和对区域旅游产业发展、人才需求的调研等渠道，帮助旅游专业教师提升专业能力和英语应用能力，创造和提供更好的发展机会和平台。加快引进复合型专业教师和科研人员，从地方的相关行业聘任一些具有良好的英语素养且具有丰富的工作经验的客座教授定期开展专题讲座，定期举办各类学术交流会。加强与各类院校、企业的合作与联系，通过多种方式，组建一支专兼结合、理论与实践结合、校企结合的师资队伍。

（四）社会服务

旅游英语专业培养的毕业生，除了应该具备较扎实的英语专业基础和丰富的旅游专业知识以外，在进入职场之后，还应该具备旅游英语专业岗位群的技能需要，如适应旅游景区、国际旅行社、涉外旅游酒店以及英语培训机构从事酒店前台接待、经营管理、餐饮服务、英语讲解、英语培训、会展服务、外事接待等岗位的工作需要。各类院校要充分发挥旅游管理专业基础和优势，加强与行政事业单位和行业企业开展多种形式的合作，扎实开展服务旅游节会、服务旅游赛事、服务旅游技能培训、技能大赛、技能鉴定、旅游扶贫、协同创新创业培训、以及帮助州内中职学校开展旅游专业教师培养和专业建设指导等社会服务[20]。

四、结语

如今，贵州旅游业正凭借其丰富的旅游资源进行经济“弯道超车”。贵州旅游业在“十三五”开局之年进入了新一轮的强劲发展期，作为永久的朝阳产业，2017 年，贵州旅游业已经连续 3 年实现“井喷”，从 2011 年至 2017 年，贵州经济增速已连续 7 年位居全国前 3 位。在如此高速发展的经济列车带动下，贵州旅游产业在 2015 年的增加值已占到 GDP 的 8.7%[21]。一支高素质高专业化的景区（景点）英语导游人才队伍，不仅能为旅游市场提供人才保证，也能提升地方形象，使黔西南走向世界舞台，深度开发国际客源市场，以国际营销带动国内营销，实现旅游国际化建设[22]，最终促进旅游经济又好又快地发展，积极为“一带一路”战略和中国文化的传播提供人才资源支持。

（作者单位：黔西南州民族职业技术学院）